WOSCHITZ · HUTTER · PRENNER

DAS MANICHÄISCHE URDRAMA DES LICHTES

KARL MATTHÄUS WOSCHITZ
MANFRED HUTTER
KARL PRENNER

DAS MANICHÄISCHE URDRAMA DES LICHTES

Studien zu koptischen, mitteliranischen und arabischen Texten

herder

Gesetzt auf Comp/Set von Max A. Theiss
Gesamtherstellung: M. Theiss, Ges. m. b. H., 9400 Wolfsberg
Umschlaggestaltung: Prof. Sepp Schmölzer, Klagenfurt
ISBN 3-210-24962-8

IN MEMORIAM
CLAUS SCHEDL
(1914—1986)

QUOTQUOT EUNT ANNI
NOS VOLUIT INSERERE LUCIDUM PECTUS DECUS TUUM
MEMORIAE ET DEBITAM TIBI REDDERE DAPEM,
TIBI, CLAUS SCHEDL, QUOD NEGARIT IMPROVISA VIS LETI
NEFASTO DIE A NOBIS RAPTUS
HOC OPUS IN MEMORIAM TRADITUR, TIBI CUSTODI FIDEI,
PLACIDO LUMINE,
LAUREA DONANDUS OB LINGUAM TUAM ET LITTERAS,
QUI EFFICACI DEDISTI MANUS SCIENTIAE THEOLOGICAE
IN UNIVERSITATE GRAECENSI.
SPIRAT ADHUC MEMORIA
ANNI NATIVITATIS TUAE SEPTUAGESIMI QUINTI
ET ANIMUM NOSTRUM OCCUPAT NUMEN TUUM.
GRATI REFERIMUS TIBI, INSIGNE, CAMENA,
NOS, QUI ENAVIGANDO VESCIMUR CREDITIS STUDIIS,
TE HONORANTES LIBRO SOCIANDI GRATIAE
MEMORESQUE ALMAE QUAE RAPUIT HORA VITAE TUAE
CONCINENTES MAIORE PLECTRO INCORRUPTAM FIDEM TUAM
LAUDIBUS EGREGIIS.
AD SUMMAM: HONORATUS FELIX TER ET AMPLIUS IN LUCE!

Vorwort

Die Studie zum System der Mani-Religion untersucht dieses, aus der dualistischen Perspektive heraus entworfene religiöse Welt-Bild in seiner breiten thematischen Streuung und seinen bekenntnisbildenden Brennpunkten. Es geht dabei um seine religiös-mythologische „Anschauung" mit all den Fragen nach Aufbau, Sinn, Zweck und Wert oder Unwert der Wirklichkeit, die durchherrscht ist von der Zweiheit (Dualität) und Spannung (Polarität) der aufeinander nicht rückführbaren Pole. Dieses über ein Jahrtausend wirksame und konsequent durchgeführte dualistische Lehrsystem verdankt sich der religiösen Stiftergestalt Manis (216—276) und seinem synthetisierenden und stabilisierenden Denkvermögen. Es fußt auf der Lehre von den „Drei Zeiten" oder „Drei Momenten" und erweist sich als universeller Entwurf eines kosmologischen, anthropologischen und soteriologischen Mythos, der darin die Daseinswidersprüchlichkeiten zu lösen unternimmt. Indem die pessimistische Welt- und Lebenserfahrung „vorgestellt" wird, wird sie identifikatorisch auf den Mythos übertragen und von ihm symbolisiert. Dieser hat seinen Kern im dualen Drama der Licht-Finsternis-Mischung und dessen Umkehrung im Prozeß der Entmischung, wobei synkretistische Lehren die Umrahmung bilden. Welch „anderen Geistes" die Vorstellungen sind, spiegelt sich in dem komplexen Mythengeflecht und seinem hermetischen Irrationalismus, seiner religiösen Sprache im Bezugsfeld der Symbole, Metaphern, der Begriffsgewinnung und Begriffsbehandlung. Manis Lehre findet ihre deutende Nachgeschichte und ihren literarischen Niederschlag in den Gemeindetheologien (1. Beitrag der Studie), wo der Erlösung des Menschen die Erlösung der Welt aus ihrem Unheilszustand korrespondiert. In einem geht es dabei um das Woher, den Grund, den Ursprung und Sinn von Welt und Mensch sowie um den Mythos im Dienst der Licht-Befreiung. Der 2. Beitrag analysiert jene Form des manichäischen Mythos, die der Religionsstifter für den Sasanidenherrscher Šābuhr konzipiert hat. In dieser mittelpersischen Lehrschrift versucht Mani seine gnostische Lehre als Reform der zoroastrischen Religion darzustellen, um diese als Vollender der Religion ersetzen zu können. Der 3. Beitrag behandelt die Widerlegung der manichäischen Prinzipienlehre und ihre Aspekte von seiten zweier islamischer Theologen, al-Qāsim und an-Naẓẓām. Ersterer wendet sich im besonderen von der empirischen Perspektive her gegen die Konsubstantialität von Schöpfer und Geschöpf, der zweite sucht die Kontingenz von Licht und Finsternis aus seinem naturalistischen Repertoire heraus zu erweisen. Diese Studien suchen aus den komplexen Thema der Mani-Religion drei größere Teilaspekte unter den jeweiligen Fragehinsichten zu skizzieren. Die Autoren sind sich der gebotenen Beschränkung einer „Zeichnung" bewußt, die mehr oder weniger nur Konturen setzen kann. Die Arbeit berührt aber auch indirekt ein Problemfeld und eine Ideengeschichte, die man als religiöse Apperzeption und Möglichkeit des Menschen neben anderen bezeichnen könnte. Die Mani-Religion stellt sich — ähnlich wie die gnostischen Strömungen — als Reflex auf eine objektive Problemlage des Menschen mit seinen Krisen- und Entfremdungserfahrungen dar. Ihre Faszination lag in einem radikalen und umfassenden Sinnangebot, zusammen mit der Suggestion, einer religiösen Avantgarde anzugehören und sich mit dem Licht-Mysterium identifizieren zu können. Steigt der Mensch auch nicht zweimal in denselben Fluß, so sind ihm die Fragen resistenter als die Antworten. Im Pluralismus unserer Gegenwart begegnen — ceteris paribus — Strömungen mit dem Bemühen, neuen Lebensstilen einen ideologischen Überbau zu geben, sich in neue Sinnmuster einzuüben, um mit der „Sinnkrise im globalen Dorf" fertigzuwerden. Es begegnen modern religiöse Bewegungen, die sich oft gewollt eklektisch mit anderen Bewegungen der Therapie- und Selbsterfahrungsszene überschneiden und auf dem „Königsweg" der Bewußtseinserweiterung und Selbstverwirklichung das Paradigma eines planetarischen Bewußtseins anstreben, die Gegenwart als kosmische Wendezeit und als Kampf zwischen Licht und Finsternis (G. Trevelyan) verstehen, um die „Reinigung der Erde" (G. Trevelyan) und die „Spiritualisierung der Menschheit" einzuleiten. Ein Programm, das in den sechziger Jahren als „Projekt der Moderne" (G. Habermas) angesagt war, findet seine Gegenzeichnung in der Suche nach der „Wiederverzauberung der Welt" (M. Bermann), der Remythisierung des Denkens und dem sogenannten „Heilingsfest" für „Mutter Erde". Diese Hinweise mögen genügen. Unsere Studie will zeigen, welche metaphysisch-mythische Gesamtdeutung in der Mani-Religion versucht wird und welche Scheu vor dem Licht-Hintergrund der Wirklichkeit durchscheint.

Diese Arbeit ist vom Institut für Religionswissenschaft (mit dem Fachbereich „Biblische Theologie") an der Kath.-theol. Fakultät der Karl-Franzens-Universität in Graz meinem Instituts-Vorgänger, Claus Schedl, als „Gedenkschrift" gewidmet. Der durch einen tragischen Verkehrsunfall 1986 aus seinem reichen Schaffen jäh herausgerissene Kollege und Freund hätte in diesem Jahr seinen Fünfundsiebziger gefeiert. Posthum sei ihm mit diesem Buch ein bescheidenes Denk- und Dankmal gesetzt, ganz im Sinne jenes Gedankens, den Denker und Forscher durch Denken und Forschen zu ehren — im Ethos des Aneinander-Denkens.

Graz 1989 Karl Matthäus Woschitz

Inhaltsverzeichnis

Kapitel 1: HINFÜHRUNG UND PROBLEMHORIZONT
1. Zum Wesen und Ursprung der manichäischen Lehre 15
2. Die Textkategorie der koptischen Kephalaia 19
3. Der mythische Denk-Typus und die „spekulative Scholastik“ der Kephalaia (Sprachkleid, Symbole, Bilder, mythologische Ästhetizität) 21
4. Exkurs 1: Motivgeschichtlicher Horizont: Grundweisen gnostischen Denkens (Desillusionierung und totales Wissen) 24
5. Exkurs 2: Mytho-philosophische Syntax 29
6. Exkurs 3: Typologie des gnostischen und manichäischen Mythos 31

Kapitel 2: DAS MANICHÄISCHE RELIGIONS-SYSTEM UND MANI ALS HEILSGESTALT (NACH KEPHALAIA I)
1. Keph. I als „summa theologica“ des manichäischen Mythos 35
2. Manis Selbstverständnis: als „Paraklet“, als „Apostel des Lichtes“, als Offenbarer der „Hoffnung des Lebens“ und als Vollender der Offenbarung 37

Kapitel 3: DER PRINZIPIENDUALISMUS DER KEPHALAIA UND DIE TRAGISCHE VERSTÖRUNG DER WELT
1. Die Allegorie vom „guten“ und „schlechten Baum“ (Keph. II: 16,33-23,13) 45
2. Zum Grundwesen der Dualität (ein Exkurs) 47
3. „Theologischer“ Dualismus (Ein religionsgeschichtlicher Exkurs) 48
4. Das Mythologumenon von der Hyle/Materie und das Motiv der „Begehrlichkeit“ 51
5. Das Licht als „absolute Metapher“ im Kontext des philosophischen und theologischen Kontext (ein Exkurs) 54
6. Die Religion des Nous, des erleuchteten Geistes 57

Kapitel 4: IDENTIFIKATORISCHE GRUNDFIGUREN DES MANICHÄISMUS (EMANATIONEN)
1. Der „mephistophelische“ Wille des Angriffs der Finsternis gegen das Licht 62
2. Die „vier Jäger“ des Lichtes und der Finsternis (Keph. V: 28,1-30,11) 64
3. Die emanative Symmetrie der „Hervorrufungen“ als Aspekte des Licht- und Finsterniswesens (das Mysterium des Tages und der Nacht) 67
4. Das Lehrstück von den „Fünf Vätern“ (34,14-36,27) 68

Kapitel 5: DIE ASTROLOGISCHE DUALITÄT UND IHRE VERSINNBILDLICHUNGEN (SONNE UND MOND, DIE TIERKREISBILDER UND PLANETEN)

1. Die Sonne-Mond-Metapher 71
2. Die Symbolik der Tierkreisbilder (ζῴδια/Zōdia) und Planeten .. 74

Kapitel 6: DIE LEHRE VOM „URMENSCHEN" (KOSMOGONISCHER UND SOTERIOLOGISCHER ASPEKT)

1. Der Motivhorizont 77
2. Die makro-mikrokosmische Grundbeziehung 78
3. Der „Urmensch" als Typus des Erlösten Erlösers und die „drei Zeiten" 80
4. Die Genesis Adams und Evas 84
5. Der Mensch als Ort der Wahrnehmung und das Drama der Mischung und Entmischung 86

Kapitel 7: EXKURS: DAS „TORMENTUM MALITIAE" – DIE FRAGE NACH DEM UNHEIL

1. Als theologisches und phislosophisches Problem 94
2. Die tragische Sicht 97

Kapitel 8: ANALOGIA DOLORIS: DIE UNIVERSALE LEIDENSGESCHICHTE DES LICHTES

1. Der „leidende Jesus" und der Gedanke der „mystischen Kreuzigung" des Lichtes 99
2. Die Vorstellung von „Jesus dem Knaben" (lilou) 102
3. Der indische Jinismus und die manichäische Naturfrömmigkeit (ein Exkurs) 105
4. Das Theologumenon vom „Ruf" (ptōchme) und vom „Hören" (psōtme) 108

Kapitel 9: NATUR UND WESEN DES MENSCHEN NACH DEN KEPHALAIA UND DIE MÖGLICHKEIT DES HEILES

1. Verhangene Existenz: „Schlaf", „Vergessenheit", „Gefangenschaft" und der erweckende „Ruf" zur „Erkenntnis" 111
2. Der Fleischesleib und die Rettung der Licht-Seele 115
3. Das Bild von der Rettung der „Perle" und das Perlenmotiv (soteriologisch, anthropologisch) 118
4. Existenzwunde und Heilung 122
5. Zwei Existenzweisen: Der „Alte" und der „Neue Mensch" 123
6. Die Existenznot der Seelenwanderung und ihre Aufhebung 126
7. Die Eschatologie der Seele (Wiedergeburt als „Umgießung") und die Attribute des Erlösten 130

Kapitel 10: LEBENSFÜHRUNG UND LEBENSGESTALTUNG (PARÄNESE IM DIENST DER LICHTBEFREIUNG)
1. Asketismus, Almosen, Gebet, Enthaltsamkeit als Lebensregulativ 135
2. Konkretionen und kasuistische Erörterungen 139
3. Das Würdeprädikat der Jungfräulichkeit 142

Kapitel 11: INTEGRATION
1. Grundperspektiven 145
2. Liebe, Weisheit und das Mysterium der Handreichung 147
3. Die große „Einsammlung“ als Eschatologie des Lichtdramas ... 149

Teil 1

DER MYTHOS DES LICHTES UND DER FINSTERNIS

Zum Drama der Kosmogonie und der Geschichte in den koptischen Kephalaia: Grundmotive, Ideengeschichte und Theologie

Karl Matthäus Woschitz

Kapitel 1
HINFÜHRUNG UND PROBLEMHORIZONT

1. Zum Wesen und Ursprung der manichäischen Lehre

Das manichäische religiöse Gedankengebäude[1] ist als entschlossener und übersteigerter Synkretismus[2] aufgebaut, der von überall her die „Strahlen" der guten Lehre aufnimmt und zu einer Synthese bringt: die vielschichtigen Systeme der Gnosis, die mythischen Elemente des Parsismus, jener zur Zeit Manis schon in starkem Maße hellenisierten Magier-Religion mit ihrem zurvanitischen Hintergrund, ihrem transzendentalen Monismus und der dualistisch aufgeteilten Erscheinungswelt, ferner die jüdisch-christlichen Traditionen, die selbst innerhalb ihrer Herkunftsbereiche inhomogen sind. Der in seiner eigenen Kirche „der Prophet der Syrer" genannte *Ephraem* kennzeichnet in seinen „Sermones polemici adversus haereses"[3] ein Jahrhundert nach Mani dessen Lehre dahin: „Die Manichäer sagen über Hermes in Ägypten, über Platon unter den Griechen und über Jesus, der in Judäa erschienen ist: ‚Sie sind Boten des einen Guten an die Welt!'" Was derselbe *Ephraem* dem Gnostiker *Bardesanes* zum Vorwurf macht, kann nach der

1 Vgl. *Baur, F. C.*, Das Manichäische Religionssystem nach den Quellen neu untersucht und entwickelt, Tübingen 1831 (Nachdr. Hildesheim 1973). Eine Darstellung des älteren Forschungsstandes bietet *Ries, J.:* Introduction aux études manichéennes. Quatre siècles de recherches I.II, in: AnLov III/7 (1957) 453-482; III/11 (1959) 362-409. Hiebei wäre hinzuweisen auf *Beausobre, I. de:* Histoire critique de Manichée et du Manichéisme, 2 Bde, Amsterdam 1739-44. Aus der neueren Literatur vgl.: *Wetter, G. P.:* Eine Untersuchung über hellenistische Frömmigkeit, zugleich ein Beitrag zum Verständnis des Manichäismus, Uppsala 1915, 102ff. *Alfaric, P.:* Les Écritures manichéenes, Paris 1918. *Burkitt, F. C.:* The Religion of Manichees, Cambridge 1925, 111ff. *Schaeder, H. H.:* Urform und Fortbildung des manichäischen Systems (Vorträge der Bibl. Warburg IV) Leipzig-Berlin 1927, 65-157. *Polotsky, H. J.:* PW Suppl. VI 240ff. *Ders.:* Manichäische Studien, in: Muséon 46 (1933) 247-271. *Puech, H. Ch.:* Le Manichéisme, Paris 1949 (Lit.). *Adam, A.:* Das Fortwirken des Manichäismus bei Augustin, in: ZKG 69 (1958) 1-25. *Widengren, G.:* Mani und der Manichäismus, Stuttgart 1961. *Ders.* (Hg.): Der Manichäismus. Wege der Forschung, Bd. CLXVIII, Darmstadt 1977. Darin zur Geschichte der Forschung: *Nyberg, H. S.:* Forschungen über den Manichäismus (1935) 3-27. Ferner eine ausgewählte Bibliographie: S. XXXI-XXXVI. *Rose, E.:* Die Manichäische Christologie. SOR 5, Wiesbaden 1979, gibt auf den ersten 29 Seiten einen Bericht über den Quellenstand und die Forschungslage. *Lentz, W.:* Mani und Zarathustra, in: ZDMG N. F. 7 (1928) 183ff vertritt den iranischen Ursprung der Mani-Religion. *Puech, H. Ch.:* Die Religion des Mani, in: Christus und die Religionen der Erde, 2. Bd, Wien ²1956, 499-563. *Arnold-Döben, V.:* Die Bildersprache des Manichäismus, Köln 1978. *Decret, F.:* Mani et la tradition manichéenne, Paris 1974.

2 Vgl. *Böhlig, A.:* Der Synkretismus des Mani, in: Synkretismus im syrisch-persischen Kulturgebiet, hrsg. v. *A. Dietrich,* Göttingen 1975, 144-169. *Ders.:* Denkformen hellenistischer Philisophie im Manichäismus, in: Perspektiven der Philosophie 12 (1986) 11-39.

3 *Mitchell, C. W.:* S. Ephraim's Prose Refutations of Mani, Marcion, and Bardaisan, I. II., London 1912 und 1921. II 73. Vgl. dazu *Beck, E.:* Ephräms Polemik gegen Mani und die Manichäer, Louvain 1973 (CSCO 391, Subsidia 55). *Ders.:* Bardaisan und seine Schule bei Ephräm, in: Le Muséon 91 (1978) 271-333.

treffenden Charakterisierung durch *C. W. Mitchell* auch das Vorgehen Manis kennzeichnen, nämlich „that he picked out analogies here and there where they suited his theories would not work. He ‚sailed about' rather like a butterfly."[4] Die Kraft zu solch einer Synthese liegt unzweifelhaft in der Persönlichkeit Manis (216-276),[5] der in seinem System die Intention aller Religion aufgreift, die der Erlösung aus einem Unheilszustand. Er will „Anfang, Mitte und Ende" (initium, medium et finem) des Dramas von Welt und Mensch darstellen,[6] d. i. die Wirklichkeit in ihrem anfänglichen Wesen, der tragischen Gemischtheit der Licht- und Finsterniswelt sowie in deren Entmischung. In den Manichäischen Homilien (I 7,11-13) heißt es. „Er [gab] uns das Wissen vom A n f a n g (psaune nen nthouite); er lehrte uns die [Mysterie]n (??) der M i t t e (ntmēte) und auch die Trennung des E n d e s (mnppōrž abal nthaē)." Manis universaler Geist, seine assimilierende und systembildende Kraft sucht von einem übernommenen und schematisierten dualistischen Ansatz her die Frage des Woher und Warum des Bösen („Unde malum et quare?" / πόθεν τὸ κακόν / pothen to kakon) anzugehen und auf dem alten orientalisch-hellenistischen Kulturboden ein Religionssystem zu entwerfen, das den entschlossensten häretischen Gegenwurf zum Glauben des Christentums bilden und mehr als 1200 Jahre dauern wird.[7] Er tut dies in einem weitgehend christlich-gnostischen Horizont, sodaß die Kirchenväter von einer christlichen Häresie sprechen und in Mani den Erzketzer der Gnosis erblicken. Auch *F. C. Baur* kennzeichnet die Mani-Religion als „eine Kardinalhäresie des Christentums".[8] Als Endstufe der Gnosis und ihrem Verständnis als Heils-„Erkenntnis" führt sie zu einer Kirchenbildung. Zu Manis „Botschaft der Wahrheit" mit der Erkenntnis der Unerlöstheit des Weltgeschehens und seiner impersonalen Licht-Mystik gehört fundamental ein Prinzipiendualismus, der die Wirklichkeit in einer Zweiheit (Dualität) und Spannung (Polarität) zueinander sieht. Die aufeinander nicht zurückführbaren beiden Pole bilden die Gegensätzlichkeit von Licht und Finsternis, Gut und Böse. Die Erörterung des Bösen aber ist bei Mani mit dem Thema der Befreiung und Erlösung verschränkt. Ausgangspunkt ist die Setzung seiner metaphysischen Notwendigkeit. Es ist nicht nichts, sondern ist die andere Urwesenheit gegenüber dem Guten. *Augustinus* charakterisiert es dahin: paratum est, ut veniat (Ep. 893,14) — und sieht darin

4 *Mitchell, C. W.:* a.a.O. II 75.

5 Vgl. *Ort, L. J. R.:* Mani. A Religio-Historical Description of his Personality, Leiden 1967.

6 *Augustinus,* C. Fel. I 9, hg. *Zycha,* CSEL 25,2 S. 811,13f: „Manichaeus ... per suam praedicationem docuit nos initium, medium et finem: docuit nos de fabrica mundi, quare facta est, et unde facta est, et qui fecerunt: docuit nos, quare dies et quare nox: docuit nos de cursu solis et lunae." Die Bedeutung, die Manis „Epistola fundamenti" hatte, drückt *Felix* bei *Augustinus* (Ep. fund. II 1) mit den Worten aus: „Ita epistola fundamenti est, quod et sanctitas tua bene scit, quod et ego dixi, quia ipsa continet initium, medium et finem." Vgl. *Feldmann, E.:* Die „Epistula Fundamenti" der nordafrikanischen Manichäer. Versuch einer Rekonstruktion, Altenberge 1987.

7 *Klimkeit, H. J.:* Der Untergang des Manichäismus in Ost und West, in: *H. Zinser* (Hg.): Der Untergang von Religionen, Berlin 1986, 113-124.

8 *Baur, F. C.:* Religionssysteme, a.a.O. VI. Vgl. *Böhlig, A.:* Die Bibel bei den Manichäern, Diss. Münster 1947.

die Paradoxie, daß im Licht-Finsternis-Kampfe Gott, die incorruptibilis substantia, von dem Bösen, der gens tenebrarum, angegangen und versehrt werden sollte (C. Fel. I 19). Dabei wendet er ein: Mani frage, „woher es sei, ohne zuvor zu fragen, was es sei."[9] *Augustinus,* der die Gnosis in der Gestalt des Manichäismus kennengelernt hatte,[10] wird das Leidens-Problem ethisieren. Es ist der Mensch selbst, der als entscheidungsfähiges Subjekt sich diese als Konsequenz seines eigenen Handelns zuziehe. Das menschliche Übel führt *Augustinus* auf den Mißbrauch des freien Willens zurück. In solch einer Sicht vermag der Begriff des „Übels" (malum) sowohl das moralische („malum quod homo facit") als auch das physische Übel („quod patitur") zu integrieren. In der ersten Form ist der Mensch dessen Verursacher (malum als peccatum), in der zweiten Form ist der, der es leidend als Strafe der göttlichen Gerechtigkeit erfährt. Wie nach den Leid-Ätiologien des AT gehe diesem eine Sünde und Verfehlung des Menschen voraus.[11] Das Malum wird vom göttlichen Strafgericht her interpretiert, sodaß als sein eigentlicher Urheber der Mensch erscheint.[12]

Anders aber ist für Mani das Böse als das völlige „Nicht-als-eigen-Anerkennen" gefaßt. Er geht in seinem Welt- und Existenzentwurf von dem dualen Mythos zweier sich bekämpfender Prinzipien aus, mit denen er die phänomenale Wirklichkeit im Ganzen und in ihren Teilaspekten begründet und deutet: ihren Widersinn, ihre Widersetzlichkeit und Widerständigkeit. Als „Apostel Jesu Christi" sucht er den Menschen zu sagen, „auf welche Weise die sichtbare Welt errichtet wurde" und was wirklich darin vor sich geht (C. Fel. I 9). In der Tat hatte kein anderes religiöses System die Welt und den Menschen so drastisch, in solcher Buchstäblichkeit als „Ver-Äußerung" eines geistlichen Kampfes behandelt. Das Herzstück des Manichäismus ist ja das Drama der Licht-Mischung (vgl. de dua. anim. 16). Mani bietet eine umfassende Welterklärung an und seine Lehre will ein Denken sein, das die Auffassung vom Bösen ohne Abschwächung festhält: es müsse

9 *Schaeder, H. H.:* Urformen, a.a.O. S. 74, Anm. 2. *Augustinus* fragt: „Woher kommt das Böse überhaupt?... Wenn von einem Menschen, woher kommt dann der Mensch? Wenn von einem Engel, woher dann der Engel? Und wenn man sagt, daß beide aus Gott seien,... scheint es, als ob Übel und Sünden wie mit einer Kette an Gott gebunden seien. In dieser Frage allein sehen die Manichäer bereits ihren Triumph: als ob Fragen schon Wissen wäre. Wenn das in der Tat so wäre: es gäbe niemand, der wissender ist als ich!" (De dua. anim. 11).

10 *Augustinus,* der nach seiner „Konversion" zur Philosophie neun Jahre lang ein „Hörer" unter den Manichäern war, erhoffte sich von ihnen eine Antwort auf die ihn umtreibende Frage nach der „Natur des Bösen", was es sei und warum wir es tun (De lib. arb. I 2,4 PL 32,1224; CC 29 Green 213). Er besuchte die Zusammenkünfte der Manichäer, um den großen „Brief der Gründung" des Mani zu hören: „Gesegnet ist, wer seine Seele kennt" (Psalmbook 219). Vgl. *Menasce, P.-J. de:* Augustin manichéen, in: Freundesgabe für Ernst Robert Curtius, 1956, 79-93. *Allberry, C. R. C.:* A Manichaean Psalmbook. II, in: Manichaean Manuscripts in the Chester Beatty Collection, Vol. II, 1938, 219.

11 *Hedinger, U.:* Wider die Versöhnung Gottes mit dem Elend, 1972, 43ff. *Ricoeur, P.:* Symbolik des Bösen, 1971, 281f.286.

12 *Scharbert, J.:* Der Schmerz im AT, 1955, 190.

mehr sein als nur das Tun und Leiden der Sterblichen.[13] Daraus spricht ein Sinn für die Tragik des menschlichen Lebens, wie sie uns im frühen Hellas begegnet, zugleich aber auch die Ahnung für das Mißverhältnis zwischen der harten Lebenswirklichkeit und dem rationalistischen Optimismus und Intellektualismus der nachplatonischen Tradition. Der manichäische Dualismus artikuliert diese Zerrissenheit und Konflikterfahrungen des menschlichen Lebens radikal.[14] Sein Mythos travestiert dabei die Christologie des NT in den Bahnen gnostischen Denkens in ein kosmologisches Geschehen. *A. Böhlig* skizziert in einem Aufsatz dessen Logik und Perspektive dahin: „Manichäismus: Der höchste Gott des himmlischen Reiches sendet seinen Sohn, den Ersten Menschen, in dem er selbst Gestalt angenommen hat, in den Krieg mit der ihn bedrohenden Finsternis. Sein Kampf mit ihr lähmt sie zwar, doch werden er und seine Waffenrüstung, die Seele, zunächst in der Tiefe festgehalten. Auch seine Befreiung und sein Aufstieg verhindern nicht, daß beträchtliche Lichtelemente noch weiter gefangen bleiben. Als Läuterungsmaschine wird die Welt geschaffen. Doch das Böse versucht, deren Wirksamkeit durch die Erschaffung der Menschen zu behindern. Durch Jesus werden diese im Anfang und später immer aufs neue über ihren Zustand aufgeklärt. Mani führt sie schließlich über die Kirche ins Lichtreich zurück."[15]

Der Gang der Untersuchung der „Kephalaia" wird zeigen, wie dieser spekulative Kunstmythos als grund-legendes und sinn-stiftendes Mittel zur religiösen Daseinsbewältigung dient und die erscheinende duale Wirklichkeit eine den Menschen einbeziehende Tiefenbedeutung hat[16] nicht bloß im Sinne distanzierter symbolischer Verweisung, sondern realer Präsenz und existenzieller Not.

---

13 Secundini Manichaei epistula ad Augustinum PL 42,572; 25,2 Zycha 983,14: ab illo malo, non quod nihil est aut quod factione passioneque mortalium gignitur, sed quod paratum est, ut veniat. Da für *Augustinus* Gott das reine, vollkommene Gute sei und ihm nichts fehlen könne, müsse er folglich auch unwandelbar sein und nicht vom Gott der Finsternis angegriffen werden können. Würde er sich verändern können, wäre er nicht unwandelbar.

14 Vgl. *Böhlig, A.:* Das Böse in der Lehre des Mani und des Markion, in: Makarios. Symposium über das Böse, hrsg. v. *W. Strohtmann,* Wiesbaden 1983, 18-35. *Ders.:* Ja und Amen in manichäischer Deutung, in: ZPE 58 (1985) 59-70.

15 *Ders.:* The New Testament and the concept of the Manichaean myth, in: The New Testament and Gnosis, ed. by *A. H. B. Logan/A. J. M. Wedderburn,* Edinburgh 1983, 90-104.91f.

16 Zur Forschungsgeschichte vgl. *Ries, J.:* Introduction aux études manichéennes, 4 siècles de recherches, in: EThL 33 (1957) 453-482 und 35 (1959) 362-409. *Tardieu, M.:* Les manichéens en Egypte, in: Bulletin de la Société française d'Égyptologie 94 (1982) 5-19. *Böhlig, A.:* Zur religionsgeschichtlichen Einordnung des Manichäismus, in: Manichaean Studies. Proceedings of the First International Conference on Manichaeism (August 5.—9. 1987), Lund 1988, 29-44.31f. *Decret, F.:* Aspects du Manichéisme dans l'Afrique Romaine. Les controverses de Fortunatus, Faustus et Felix avec saint Augustin, Paris 1970.

2. Die Textkategorie der koptischen Kephalaia

Mani verfaßte seine Schriften mit einer (persischen) Ausnahme in der syrischen Sprache, wobei wir über dessen (größtenteils verlorenen) Originalkanon hinaus eine umfangreiche theologische und liturgische Literatur in den jeweiligen Nationalsprachen des Ausbreitungsgebietes dieser kosmopolitischen Missionsbewegung besitzen: vom lateinischen Westen bis in den zentralasiatischen Osten (mitteltürkisch) und den chinesischen Raum (Turfan-Fragmente). Die vorliegende Studie wendet sich dem manichäischen Zeugnis der „halbkanonischen" koptischen „Kephalaia" und ihrer Theologie zu.[17] Der sensationelle Fund aus dem Jahre 1930/31 aus Medinet Madi, dem Südwesten des ägyptischen Fayûm, brachte mit seinen koptischen Papyruscodices eine manichäische Bibliothek ans Tageslicht, die die Berichte bei den Lateinern, Griechen, Syrern und Arabern ergänzt und uns Manis Stimme und das Echo darauf vernehmen läßt. Es handelt sich dabei um Texte, die wohl um 400 aus dem Syrischen oder Griechischen ins Koptische übersetzt wurden, ihrem Inhalt nach aber der ersten manichäischen Generation angehören. Die Übersetzung stammt aus dem Entstehungs- und Dialektgebiet von Assiût, dem Zentrum der oberägyptischen manichäischen Mission und kam von dort ins nördliche Fayûm. Sprachlich begegnen die Texte im sogenannten subachminischen Dialekt, der zwischen dem eigentlichen Achminischen und dem dieses literarisch allmählich verdrängenden Sahidischen (Thebanischen) steht. Er wurde in der Gegend von Assiût, dem alten Lykopolis gesprochen. Der Fund umfaßt die Briefe Manis, das Psalmbuch (Codex A), die Kephalaia,[18] die Synaxeis des Lebendigen Evangeliums, das historische Buch, die Logoi und (unbekannte) Einlagen. Die 1930 aus dem Antikenhandel von *C. Schmidt* erworbenen koptischen „Kephalaia" sind Übersetzungsliteratur manichäischer Texte. *P. Nagel*[19] plädiert — in Nachfolge von *A. Baumstark* und *F. Altheim* für ein aramäisches Original, *A. Böhlig* für ein griechisches.[20] Zwei Bände der „Kephalaia" sind veröffentlicht und zwar BP 15996, publiziert von *J. Polotsky* und *A. Böhlig* (Kephalaia, Stuttgart 1940; und Kephalaia II, Lfg. 11/12, bearbeitet von *A. Böhlig,* Stuttgart 1967). Die weiteren Publikationen betreut *P. Nagel.* Vom Chester Beatty Codex C waren bei Kriegsende 34[21] (30)[22] Blätter verglast. Nach dem Krieg hat *R. Ibscher* weitere 145 Blätter abgelöst, während *T. Orlandi*

---

17 Kephalaia. Manichäische Handschriften der Staatlichen Museen Berlin, Bd. I, 1. Hälfte: mit einem Beitrag von *H. Ibscher;* 2. Hälfte: bearbeitet von *A. Böhlig,* Stuttgart 1940 und 1966.

18 Epiphanius, haer. 66,2,9 zählt zu den manichäischen Schriften ein Werk mit dem Titel „Kephalaia". *Riggi, F.:* Epifanio contro Mani, Rome 1967.

19 *Nagel, P.:* in: *F. Altheim/R. Stiehl* (Hg.), Christentum am Roten Meer, Bd. I, Berlin 1971, 347, Anm. 63.

20 *Böhlig, A.:* Mysterion und Wahrheit. Gesammelte Beiträge zur spätantiken Religionsgeschichte, Leiden 1968, 177ff.

21 *Ders.:* a.a.O. 185. Vgl. *Böhlig, A.:* Probleme des manichäischen Lehrvortrages, in: *Ders.:* Mysterion, 228. *Ders.:* Neue Kephalaia des Mani, in: *Böhlig,* Mysterion, 252-266.

22 *Orlandi, T.:* in: Muséon 89 (1976) 325.

184 Seiten bzw. Fragmente zählt. Dieser Band ist noch unveröffentlicht und enthält außer dem zweiten Teil der „Kephalaia" noch einen weiteren unbekannten Text. Vom sogenannten Psalmbuch (Chester Beatty Codex A) sind 115 Blätter ediert (ed. *Charles R. C. Allberry,* A Manichaean Psalm-Book, Part II, Stuttgart 1938), in welchen Bema-, Jesus-, Herakleides-, Trinitäts-Lieder, Pilger- und Thomaspsalmen enthalten sind.

Inhaltlich liegt in den „Kephalaia" eine Sammlung von Lehrvorträgen Manis und seiner Schüler vor, die der Unterweisung dienen und sich als Volkskatechismus darbieten. Wieweit es sich bei diesen katalogisierend und logizistisch dargestellten Lehrgegenständen um ein durchgehendes „Autosepha" Manis handelt oder um eine bloß sinngemäße Wiedergabe seiner Gedanken, ist schwer zu entscheiden. Mani hatte ja selbst angeordnet, nach seinem Tode seine Schriften zu ergänzen, damit nichts verlorengehe. Die Blätter sind auf der Vorderseite mit „des Lehrers" (psach) und auf der Rückseite mit „Kephalaia" beschrieben, die Kapitel — oft lose und ohne inhaltliche Beziehung — aneinandergereiht, sind fortlaufend numeriert und mit besonderen Überschriften versehen. Die Belehrung beginnt mit den Prädikationen: „Er sprach zu seinen Jüngern", oder „Wiederum sprach der Apostel" bzw. der „Erleuchter" (der Phoster / φωστήρ)[23] oder „unser Herr Mani, der Apostel der Größe zu seinen Jüngern",[24] oder der „Lichtmensch" (prmouaine, 36,30) oder „unser Vater" (peniōt, 60,16; 102,20; 286,26 u. ö.) oder „unser Lichtvater" (peniōt nouaïne, 126,32). Sie wird manchmal durch eine Seligpreisung der Erkennenden und Verstehenden, einen Lobpreis der Jünger auf Mani[25] (102,5ff; 155, 2-5 u. ö.) oder mit einer Schlußparanäse beendet, die auf die Konsequenz des Gehörten abzielt.[26] Manche Kapitel sind dialogisch gestaltet, wobei die Jünger oder Mani oder aber auch andere Frager (z. B. Götzendiener oder Nazoräer, also Mandäer ((221,21f)) oder

23 Vgl. 9,21; 23,17; 25,11; 28,4; 30,17; 34,16; 43,25; 55,19; 58,4; 63,22; 77,25; 85,22; 84,22; 113,29; 118,16; 142,2; 151,8; 154,8; 180,30 u. ö.

24 17,21f; 183,13 u. ö.

25 25,35; 27,30; 30,8ff; 36,23-26: „Heil dem, welcher sie erkennt und versteht (νοεῖν), denn er wird das ewige Licht finden und die Licht-Gewänder empfangen, die gegeben werden den Gerechten (δίκαιος), [den Gläubigen (πιστός)], den Frieden-Gebern (εἰρήνη) und den Gutes-Tuern." 44,16f; 63,16: „Heil einem jeden, der diese Mysterien kennt..."

26 34,2ff; 37,26; 41,17ff; 104,6: „der zweite Tod". 71,19: „Höret auch dieses, so wie ich es euch lehren werde." 77,18f: „Seid selbst Läuterer und Erlöser für eure Seele, die überall steht." 79,4-12: „Ihr aber schützt euch vor seiner Mitte (?) und seinen bösen Lehren (od. Gesinnungen), die wohnen in eurem Körper, daß sie sich nicht mit euch vermischen und eure Mildherzigkeit verderben und eure Wahrheit in Lüge verwandeln. — Sondern werdet Eifrige (σπουδαῖος) und Vollkommene (τέλειος) vor dem Nous der Wahrheit, der sich euch offenbart hat, auf daß ihr ... und sie euch ziehen ... hinauf zur Höhe und ihr erbt [das Leben in] Ewigkeit." 81,13ff; 106,19; 144,8-12; 164,1-8: „Aber Heil sei euch, meine Geliebten. Heil euren Seelen, daß ihr das Mysterium des Tages und der Nacht erkannt habt; ihr habt eingesehen, daß der Tag dem Mysterium des Lichtes, die Nacht dagegen dem Mysterium der Finsternis entspricht, die nicht auseinander hervorgegangen sind. Heil dem, der dies Mysterium erkennen und unterscheiden (διακρίνειν) wird die beiden Wesen (οὐσία) des Lichtes und der Finsternis, die nicht auseinander hervorgegangen sind; denn er wird das ewige Leben ererben (κληρονομεῖν)." 165,19-23; 188,20ff; 216,25ff; 234,21; 244,14; 270,33; 286,21: „Als seiner Jünger (μαθητής) diese Worte hörten, freuten sie sich, lobten und priesen ihren Vater und verehrten ihren Lehrer."

ein babylonischer Katechumene) eine Frage aufwerfen.[27] Diese wird beantwortet, oft mit der Entkräftung von Gegenargumenten oder mit dem Aufwerfen einer neuen Frage. So bringt z. B. „der Erleuchter" (Phoster) zunächst die entgegengesetzte Anschauung und fährt mit einem „Ich aber sage euche" (vgl. 259,6ff; 264,15) fort. Dabei gibt es längere Kapitel, wo für eine Frage mehrere Blickpunkte zusammengefaßt sind und ihre Gliederung in Manis Antworten finden. Diese Form der mündlichen Auseinandersetzung korrespondiert in Aufbau, Dialog und Antithese in manchem der Form der kynisch-stoischen Diatribe, z. B. der eines *Dion von Prusa,*[28] der in seinen popular-philosophischen Lehrvorträgen eine Art praktiziert, diese in Scheingesprächen mit einem „schattenhaften" Mitunterredner aufzulösen. Zugleich ist man auch an die sokratischen Dialoge bei *Platon* erinnert.[29]

3. Der mythische Denk-Typus und die „spekulative Scholastik" der Kephalaia (Sprachkleid, Symbole, Bilder, mythologische Ästhetizität)

Sachlich spiegelt die „spekulative Scholastik" der „Kephalaia" ein Denken, das seine eigenen Möglichkeiten transzendiert. Was es zu erkennen gilt, liegt jenseits der menschlichen Intuition und Dialektik und bedarf der offenbarenden Stimme, vermittelt durch Mani. Dabei wird ein Begreifen angeboten, das sichins Geheimnis zurücknimmt. Unter der Decke einer mythologischen Bilder- und Begriffswelt tut sich eine tragische Tiefe, ein Ab-Grund der „vermischten" Wirklichkeit der Welt und des Menschen auf. Um all das darzulegen, bedient sich die Verkündigung einer z. T. (gnostisch) präfigurierten Kunstsprache von Symbolen, Allegorien, Gleichnissen, oft mit einer neuen Nomenklatur voll wuchernder Ornamentik. Es begegnen griechische Begriffe und Denkformen wie z. B. Nous, Psyche, Hyle u. a., die zunächst wie „herrenlos" erscheinen, aber mit einer neuen Bedeutung und Lebenssubstanz erfüllt sind. Es finden sich Schematisierungen, neue Bildgebungen, ding- oder personenhafte Hypostasierungen, die die „Botschaft der Wahrheit" (186,8ff; 187,19) vom dualistischen Wesen der Welt und des Menschen mit dem Drama der Mischung und Entmischung der Licht- und Finsterniswelt in expressiver Anschaulichkeit zum Ausdruck bringen. In katechismusartigen und homiletischen Einheiten werden theologische, kosmologische, anthropologische, soteriologische und ekklesiologische Themen

27 42,27; 44,23; 47,28; 56,30; 84,9; 89,21; 106,24; 111,20; 122,5; 123,29f; 133,7; 137,14; 144,15; 146,15f; 197,4; 204,27; 208,15; 213,26; 221,21; 240,19; 249,33; 280,24.

28 Seine Dialexeis, Diatriben, Dialoge zeichnen sich durch Lockerheit und improvisatorischen Ton aus, in denen er Theologie und Kosmologie mit seinen ethisch-politischen Gedanken verbindet. Vgl. *Arnim, H. v.:* Leben und Schriften des Dion von Prusa, 1898 (grundlegend, mit Sachindices).

29 Vgl. *Rudolph, K.:* Der gnostische „Dialog" als literarisches Genus, in: Probleme der Koptischen Literatur. Wiss. Beitr. der M.-Luther-Univ. Halle-Wittenberg 1968, 85-107.

ausgebreitet. Dabei erhalten sie ihr esoterisches sprachliches Kleid[30] durch Symbole, Metaphern, Gleichnisse, Allegorien, Mythologeme, Exempla, astrologische und physiologische Vorstellungen sowie spekulative Zahlenschemata (Triaden, Tetraden, Pentaden, Hebdomaden). Sie sind zu einem gewollten und gesuchten Gewebe versponnen und liegen uns in den 122 edierten Kapiteln der „Kephalaia" vor. Der sprachliche Bild-Schmuck als Eigenart des Sprachausdrucks und seiner Gestaltung bildet das, was wir Stil nennen (morphologisch, syntaktisch, strukturell). Die interpretatorische Leistung der „Kephalaia" ist die des Auslegens der religiösen Wirklichkeit in einer bestimmten Hinsicht: als Bildhaftigkeit und Anschaulichkeit, in verschiedenen Geläufigkeitsgraden, und in metaphorisch-suggestiver Direktfügung. Es kann das abstractum pro concreto und das concretum pro abstracto stehen. Es begegnen Figuren der Umschreibung und Verschleierung, Periphrasen, Antonomasien („anstelle des Namens"), Substitutionen des Eigennamens Manis durch ein charakteristisches Merkmal (z. B. „Erleuchter" / Phoster, „Lichtväter"), oder ein Appellativum („Paraklet"). Solche Antonomasien setzen eine mythologisch-religiöse Tradition voraus. Gedanken und Ideen werden „symbolisiert", d. i. mit einer irdisch-realen Erscheinung zum „Zusammen-Fall" gebracht und erlebbar gemacht. Die Bezüge zwischen dem Zeichen und dem Bezeichneten sind vielfältig und sinnenhaft erfaßbar. Aus dieser Modulationsvielfalt setzt sich die mythologische „Ästhetizität" der „Kephalaia" zusammen. Akte der Personifizierung geben einer erfahrenen Wirklichkeit gestalthafte Anschaulichkeit und wirkungsmächtige Plastizität, — mutatis mutandis — wie der Versuch des *Appelles*, eine „Allegorie der Verleumdung" zu malen und Dinge, „die man nicht malen kann" (*Plinius*, nat. hist. 35,96). So wird Äußeres zum Träger des Inneren und Sichtbares zur repräsentativen Funktion imaginiert. Die verschiedenen Sprachbilder der gnostisch-manichäischen Sonderwelt sind wiederum in ihrem Übersteigen der eigenen Grenzen auf irrationale Weise „rational" und suchen so die religiöse Welt des Manichäismus in Chiffren und Zeichen zu umklammern. Wir können von „emblematischen" Texten sprechen, die für einen Kenner-Kreis, dessen Lebensgefühl und Lebensverständnis darin „verschlüsselt" erscheint, ihren deutbaren Sinn haben. In solch einem Modalismus der Anschauung transzendenter Wesenheiten spiegelt sich zugleich die Abwandlungsfähigkeit dieses System-Ganzen, das in der Spätantike die bestorganisierteste Form von dualistischen Strömungen schuf.[31]

Im Durchgang des „Kephalaia"-Textes und im Nachgang seiner Themen geht es in der Studie um das Vernehmen der vox manichaica, wie sie bei-

---

30 Vgl. zur allgemeinen Frage *Pépin, J.:* Mythe et allégorie. Les origines grecques et les contestations judéo-chrétiennes, Paris 1976.

31 Vgl. *Flügel, G.:* Mani, seine Lehre und seine Schriften, Leipzig 1962 (Reprint Osnabrück 1969). *Rudolph, K.:* Gnosis und Manichäismus nach den koptischen Quellen, in: Koptologische Studien in der DDR. Wiss. Zeitschrift der Martin-Luther-Univ. Halle-Wittenberg, Sonderheft 1965, 156-190. *Merkelbach, R.:* Mani und sein Religionssystem, Opladen 1986. *Ders.:* Die Täufer, bei denen Mani aufwuchs, in: Manichaean Studies, Lund 1988, 107-133. *Menasce, J. de:* L'origine mazdéenne d'un mythe manichéen, in: RHR 124, 161-167.

spielshaft in diesen Lehrvorträgen ihren literarischen Niederschlag gefunden hat. Mani, die ideale Vollform des Lehrers, ordnet und klärt in Antworten die „Katechismus"-Fragen und erschließt mit seinem speculum doctrinae, der mythographischen Darstellung der dualen Prinzipien mit dem tragischen Ergebnis der Mischung und der Soteriologie der Entmischung, zugleich seiner Gemeinde die lebensgestaltende Kraft des Heilsprozesses. Ziel dessen, was gelernt und gewußt werden müsse, ist die theologische und praktische Bewältigung der Problematik des Daseins und der Welt. Die Untersuchung will dies anhand des „Kephalaia"-Buches tun und dabei stoffgeschichtlichen, religions- und ideengeschichtlichen sowie quellenvergleichenden Fragen nachgehen, um den mythologisch-verrätselten Sinnentwurf der Mani-Religion und ihrer Deutung der Wirklichkeit in seinen wesentlichen Konturen zu zeichnen.

Das manichäische Religionssystem geht aus einem Prozeß des Konstruierens, der Neuanpassung und Travestierung religiöser Traditionen hervor, in denen die Widersprüche und Dissonanzen der Welt und den Menschen radikal erfaßt sind. Es ist ein Denken am Werk, das in den Kategorien bipolarer Gegensätze denkt und die Erfahrung durch „kodierte Muster" zur Sprache bringt. Die Wirklichkeit ist nicht ein Unum, sondern ein Widerspruch und nur in ihrer Widersprüchlichkeit faßbar. Dort, wo das Leben sich in einer permanenten Auseinandersetzung und im tragischen Widerstreit (zweier) gegensätzlicher Kräfte begreift, denkt es sich zugleich als radikal religiöse Existenz. Der griechische Kosmosgedanke ist suspendiert, das tragische Leiden ist auf den ganzen Kosmos ausgebreitet — in der Inversion des „Jesus patibilis" oder der „crux luminis" als der physisch-geistigen Leidgestalt der Welt. Die polarisierte, zweideutige Weltordnung spiegelt das fundamentale Problem von Ordnung und Chaos der Welt, die Krisis der Mischung und den Heilsvorgang der Entmischung. Die Struktur der manichäischen Schriften wird als Teil eines Systems von Begriffen, Zeichen, Metaphern und Werten realisiert, sodaß das literarische Oeuvre auf seine Weise auf die eigene Kodierung von Erfahrung verweist, d. h. die Codes seines Systems durch Metaphernsprache verwebt, die eine „qasi-metasprachliche" Funktion ausüben. Das mythische Paradigma der manichäischen Kosmogonie und Weltkonstruktion, der Lehre vom Menschen und dem Heil der Welt, kleidet die Ideen in ein buntes Bildkleid. Mit seinen Visionen und Spekulationen wird der mythische Polytheismus der Spätantike noch einmal die Bühne der Welt betreten und im Typus des Gnostikers den auf „Rufweite" Angesprochenen sehen.

Bevor wir uns der Mythologie und Theologie der „Kephalaia" zuwenden, soll in drei Exkursen die Herkunft und die Fragehinsicht dieses religiösen Denkens und seiner Bezüge gestreift werden. Welche Fragezeichen sind der Wirklichkeit unterlegt und welche Antwortversuche beruhigen das Fragen?

4. Exkurs 1. Motivgeschichtlicher Horizont: Grundweisen gnostischen Denkens (Desillusionierung und totales Wissen)

Vor der Darstellung der Theologie der „Kephalaia“ soll jener geistig-religiöse Tiefenraum skizziert werden, der mit dem Oberbegriff Gnosis/Gnostizismus benannt wird und sich als dynamisches Prinzip von Sinnstiftung präsentiert. Als synthetisches Prinzip für die Mannigfaltigkeit mythischer Objektivationen und ihrer weitläufigen Metaphorik ist für diesen Grundmythos die „Fremde“ eine Allegorie der Welt und ihrer fatalen Wirklichkeit. So entwirft z. B. das „Apokryphon des Johannes“[32] als visionäres Erlebnis ein Weltbild, das zwei Fragen zu beantworten sucht: Wie ist das Böse in die Welt gekommen?, und wie kann sich der Mensch davon befreien? Auf diese unverrückbare Grundfrage des Menschen werden die gnostischen Systeme mit ihren hypotaktischen und parataktischen mythischen Konstruktionen sich auszulegen und zu entfalten suchen. Unsere Skizze ist zugleich von der Inversion der Antwort auf die zugrundeliegende Frage bewegt, ganz im Sinne einer hintergründigen Anekdote, die *Thornton Wilder* von der ihm befreundeten *Gertrude Stein* als ihrem letzten Wort auf dem Totenbett berichtet, die gesagt habe: „Was ist die Antwort?“, und nach einer Weile des Schweigens hinzugesetzt: „Was ist die Frage?“ Was sich hier in individueller Verdichtung ausdrückt, ist von grundsätzlicher Bedeutung. Das existentielle Anliegen des Menschen in seiner religiösen Dimension ist die Sehnsucht nach der Befreiung von all dem, was notvoll auf ihm lastet, sein Leben gefährdet und es als unheilvoll und schuldhaft erscheinen läßt.[33] Mit der religiösen Ursehnsucht des „liberari ab onmibus malis“ verbindet sich die Hoffnung, daß die Not nicht größer als die Rettung sein möge. Das Wort *F. Rükkerts:* „In allen Zonen liegt die Menschheit auf den Knie'n“ — läßt sich religionsgeschichtlich wohl in seinem ersten Teil bestätigen, nicht aber in seiner Fortsetzung: „vor einem Göttlichen, das sie empor will zieh'n“, welches letztere schon ein „Werden des Glaubens“ (*N. Söderblom*)[34] voraussetzt, und wo der Inhalt der Erlösungssehnsucht zugleich einen existentiellen Strukturwandel religiösen Erlebens sichtbar werden läßt. In einem solchen Weltverständnis liegt die existentielle Not nicht mehr bloß in einem Allerlei der Übel, sondern diesem liegt ein „Grundübel“ zugrunde, das die Gesamtsituation des Menschen als die des Unheils bestimmt. So ist auch das fundamentale Thema der gnostischen Erlösung einer Welt-Anschauung eingezeichnet, die die Wirklichkeit zutiefst widersprüchlich erfährt, nach Erlösung verlangt, sich aber auch als erlösungsfähig weiß. Die oberste kos-

---

32 *Krause, M./Labib, P.:* Die drei Versionen des Apokryphon des Johannes, Wiesbaden 1962.

33 *Wach, J.:* Der Erlösungsgedanke und seine Deutung, 1922. *Parker, J. W.:* The Ideal of Salvation in the World's Religion, London 1935. *Fröbe-Kapteyn, O.* (Hg.): Gestaltung der Erlösungsidee in Ost und West, Zürich 1986. *Ricoeur, P.:* Phänomenologie der Schuld, Bd 1 u. 2, Freiburg/München 1971.

34 Vgl. *Söderblom, N.:* Der lebendige Gott im Zeugnis der Religionsgeschichte, München/Basel ^{2}1966. *Ders.:* Das Werden des Gottesglaubens, Uppsala ^{2}1926.

mische Geisteskraft und die oberste menschliche Geisteskraft werden als substantiell identisch aufgefaßt und in einem kosmologischen und anthropologischen Doppelmythos gedeutet. Damit wird im Konzert der Stimmen der Spätantike der Versuch einer Antwort artikuliert, die sich als Heils-„Erkenntnis" versteht, einer „Gnosis", die jenseits und unabhängig aller diskursiven Erkenntnis verläuft.[35] Hatte die griechische Religion die Erscheinung von Vollkommenheit in der Wirklichkeit als „göttlich" apostrophiert und das übermächtig Erscheinende sprachlich mit „theoi" (θεοί/„Götter") benannt, so hat sie damit zugleich Mächtigeres verschwiegen und ihren „Todes-Bazillus" (wissend/unwissend) bereits in sich aufgenommen. Wo „theos" (θεός/„Gott") nicht als Subjekt, sondern als Prädikat (*U. v. Wilamowitz*) zur Sprache kommt, sodaß in solchem Reden das Gottes-Subjekt z. B. Zeus und die Olympier einnehmen, kommt es zur Verehrung der phänomenalen Wirklichkeit,[36] des Aufscheinens der Dinge (φαίνεσθαι/phainesthai), die so zum Objekt der Verehrung werden und in der philosophischen Betrachtung (θεωρία/„theōria") ihre Denk-Frömmigkeit finden. *Heraklit* wird diesen Sachverhalt im Horizont der Frage nach dem Logos diskutieren und diesen als „theos" bezeichnen, zugleich aber den Unterschied zwischen der offenbaren Wahrheit im Gegensatz zur verborgenen Wahrheit entdecken, welche verborgene, transzendente Wahrheit sich in der Immanenz zu „offenbaren", zu manifestieren vermag (B 78). Mit der Frage nach dem Sein ist so zugleich die Transzendenz des Allgemeinen in Bezug auf das Einzelne und Gewordene entdeckt. Im Unterschied zur bloßen sinnlichen Wahrnehmung (αἰσθάνεσται/aisthanestai) oder dem Meinunghaben (δοκεῖν/dokeīn) über eine Sache oder einen Sachverhalt ohne Gewähr, geht es solcher (philosophischen) Erkenntnisbemühung um das verstehende Erfassen einer Sache oder eines Sachverhalts als eines Wirklichen, d. i. des Seienden (ὄν/on) in seiner Wahrheit (ἀλήθεια/alētheia).[37] Dieses erkennende Hinsehen auf das „Anwesende", das den Beschauer „dabei" sein läßt und sich den Wesensgehalt des im objektiven Feststellen Erkannten erkennend aneignet (und damit die Wirklichkeit des Erkannten konstituiert), vollzieht sich in der griechischen Philosophie methodisch. Für den Griechen ist „Erkennen" das Erforschen der Wahrheit, wo der Mensch im denkenden Betrachten das Seiende geistig in Hut nimmt und in einem damit sich selbst. Dies bringt ihn nach platonischem Verständnis in die Nähe der Gottheit. Die platonische „Erkenntnis-Soterologie" steht in Bezug zu einer Salutologie der Seinsordnung. Bedingung der Möglichkeit hiezu ist ein Analogiebegriff, wie er in einem der letzten Dialoge von *Platon*, im Timaios (29b-c; 31c-32c. 47a-d; 90a-d), vorliegt. Hier wird die Eikon-Vorstellung dahin weitergedacht, daß sie ihre Zielsetzung in der Ähnlich-

35 *Rudolph, K.:* Die Gnosis, Leipzig 1977, ²1980 (Lit.).

36 *Otto, W. F.:* Die altgriechische Gottesidee, 1926. *Ders.:* Die Götter Griechenlands, Berlin ²1934. Vgl. *Weischedel, W.:* Der Gott der Philosophen, 2 Bde, Darmstadt 1971/72.

37 Vgl. *Fränkel, H.:* Wege und Formen frühgriechischen Denkens, München 1958, 157ff. 237ff.253ff. *Krings, H.:* Vom Anfang der Philosophie. Gedanken zu Parmenides, in: Interpretation der Welt, Festschrift für R. Guardini, München 1965.

werdung des denkenden Subjekts mit dem Gedachten findet.[38] Die ontologische Dialektik von Urbild und Abbild, Idee und Eidos läßt die „Befreiung" des Logistikon der Seele als Teilhabe am Sein jenseitigen „Heils" verstehen und den philosophischen Transzendentalismus geradezu als die „Soteriologie" schlechthin erscheinen. Diese griechische Seinsontologie mit ihrem salutologischen Konzept lebt in der Gnosis immer noch fort, mag sie sich in Mythologeme und Transzendentalität verflüchtet haben. Erkenntnis des transzendentalen Seins ist — dank der parmenidischen Gleichsetzung von Denken und Sein — zugleich Heilserfahrung.[39]

In der Gnosis ist die rationale Logosautonomie philosophischer Selbsterkenntnis aufgegeben. Gnosis ist religiöse Gnoseologie, sodaß „Erkennen" zu einem dialektischen Prinzip der Erkenntnis des göttlichen Selbst und damit des Heiles wird. Es geht ihr primär um das „erlösende Wissen", welche Erkenntnis ein anderes Wie, ein anderes Was, eine andere Antwort, ein anderes Ziel und eine andere Funktion hat. Sie steht im Dienste der „Selbsterkenntnis" sowie der Erkenntnis der tragischen Geschichte des aus der Lichtwelt stammenden und in die Materie verstrickten göttlichen Funkens. Es geht ihr nicht um eine Reflexion auf die geistigen Fähigkeiten des Menschen im Sinne des „Sich-selbst-durchsichtig-machens" (ἑαυτὸν ἐξετάζειν/heauton exetazein, *Platon,* Apol. 38a), sondern um eine Frömmigkeit des Erkennens um das Woher und Wohin. Sie unterscheidet sich sowohl in ihrem Vollzug wie in ihrem Ergebnis: Indem sich die Gnosis das Dunkle ihrer Situation aufzuhellen sucht, tut sie es mit der Deutung des „Woher" und verlegt die Problematik — den Menschen entschuldigend — in den Bereich des Göttlichen und seinen „Fall". Mit solcher Deutung ist zugleich das „Wohin" der erlösenden Rückkehr benannt. Dazwischen liegt die „conditio mundi et hominis": die materielle Welt ist an den Pranger gestellt und bis zum Exzeß entstellt gesehen, böse, Ausdruck des peccatum essentiale, für das es eigentlich keinen Plural gibt. Es ist dies das gnostische Symbol für das „Urmysterium unserer eigenen und aller menschlichen Existenz".[40] Tritt bei *Platon* das Wissen um das Schöne, Wahre und Gute in den Dienst der Weltgestaltung, so treibt das Wissen des Gnostikers diesen zu einer bestimmten Lebenshaltung und Lebensentscheidung, nämlich zur Abwendung von der Welt. Das von der gnostischen Metaphysik bestimmte Verständnis der Erlösung als „Erhaltung" (im Sinne der Selbstverwirklichung) wird dort besonders deutlich, wo der „Erlöser" (Sotēr) als Vermittler der

38 Vgl. *Taylor, A. E.:* A Commentary on Plato's „Timaeus", Oxford ²1962. *Mugler, Ch.:* La physique de Platon, Paris 1960. *Morrow, G. R.:* Plato's Theory of the Primary Bodies in the „Timaeus" and the Later Doctrine of Forms, in: AGPh 50 (1968) 12-28. Vgl. *Stenzel, J.:* Die Erleuchtung bei Platon, in: Die Antike 2 (1926) 235-257. *Brisson, L.:* Le même et l'autre dans la structure ontologique du Timée de Platon, Paris 1974.

39 In dem Lehrgedicht des Parmenides, das die wahre Erkenntnis zum Thema hat, enthüllt eine Göttin das „Herz" der Wahrheit, d. h. die Wahrheit über Wahrheit und Unwahrheit. Sofern die Art der Erkenntnis Wahrheit enthält, ist dieser Wahrheitsgehalt auf eine transzendente Bejahung bezogen (ὡς ἔστιν, ἔστι γὰρ εἶναι/hōs estin, esti gar einai, Parmenides, B 8,2; B 6,1) und durch den Bezug auf das unveränderliche und notwendige „ist" begründet.

40 *Otto, R.:* Die religiöse Idee der Urschuld, in: *Ders.:* Sünde und Urschuld, München 1932, 39.

Gnosis als Selbsterkenntnis gesehen wird. Im Evangelium Veritatis (cod. *Jung* 25, 10ff) heißt es: „Aus der Einheit wird jeder einzelne sich empfangen. In Erkenntnis wird er sich reinigen aus einer Vielzahl von Arten hinein in eine Einheit, während er die Materie in sich verschlingt wie Feuer, die Finsternis durch Licht, den Tod durch Leben." Oder nach dem ersten Teil des „Naassenerpsalms" (*Hippolyt,* Ref. V 10,2) ist die Welt durch „Unwissenheit (ἄγνοσις/ἄγνοια/agnosis bzw. agnoia) ein Ort des Schreckens und der Trauer. *Valentinos* betont: „Von hier, aus der Unwissenheit, der Betrübnis, der Furcht und dem Erschrecken, hat die stoffliche Substanz ihren Anfang genommen" (Iren., haer. I 2,3; vgl. I 4,1f).[41] Die Erde wird als erstarrter Schrecken, das Wasser als bewegte Furcht, die Luft als beharrende Betrübnis und das Feuer als vernichtendes Verderben (Iren., I 5,4) interpretiert.

Nach den östlichen Valentinianern liegt die Welt im Bann der Heimarmene (Exc. ex Theod. 74,2). So sagt *Valentinos* bei Iren. I 21,4: „Da durch Unwissenheit Fehl und Leidenschaft entstand, so wird durch Erkenntnis aufgelöst diese ganze aus der Unwissenheit entstandene Anordnung." In den Exc. ex Theod. 49,1 ist unter Rückgriff auf den Urmenschmythos die Rede von der „Sammlung der zerstreuten Glieder", wo das Fragment eines gnostischen Gebetes (Pistis Sophia, S. 330ff ed. *Schmidt-Till*) mit der stereotypen Rettungsformel aufgenommen wird. „Rette alle meine Glieder, die ... zerstreut sind, sammle sie alle ein und nimm sie in das Licht" (vgl. den Anonymus ebd. 352,22). Vollendung ist als „Auflösung der Welt" in ihrer Mangelhaftigkeit gedacht.[42] Im Evangelium Veritatis (cod. *Jung* 24, 37-25,4) heißt es: „Wie die Finsternis sich auflöst, wenn das Licht erscheint, so löst sich der Mangel auf in der Vollendung. Von diesem Augenblick an ist aber die Gestalt nicht mehr offenbar" (vgl. *Valentinos* bei Iren., I 24,4).

Das soteriologische Geschehen der Gnosis findet seinen hymnischen Ausdruck im 2. Teil des „Naassenerpsalms" (*Hippolyt,* V 10,2) und im „Lied von der Perle" (Acta Thomae 108f). Die Perle symbolisiert die in die Finsternis der Welt versenkte und als Lichtfunke vorgestellte Seele. Dabei wird die ambivalente Bedeutung gnostischer „Erlösung" im Sinne metaphysischer Seinserhaltung anschaulich (vgl. das Gleichnis von dem in den Schmutz gefallenen Goldschmuck bzw. der Perle bei *Valentinos:* Iren., I 6: vgl. EvPhil 48).

Das organisierende Prinzip der Gnosis ist somit die Idee eines totalen Wissens, das als solches selbst Thema der Synthese wird. *A. v. Harnack* bezeichnet die Gnostiker die ersten „Religionsphilosophen".[42] Da es nach griechischer Überzeugung nur eine Wahrheit gibt, kann der Vorgang der Erlösung als Aufhebung der dualen Entgegensetzung nicht vom Vollzug des Erkennens, der Gnosis, getrennt werden. Gnosis wird so zu einem „appellativischen" Begriff, da der Weg zum erlösenden Wissen in einem problema-

---

41 Vgl. dazu *Sagnard, F.:* La gnose valentinienne et le témoignage de s. Irénée, (EPhM 36), Paris 1947.

42 *Festugière, A. J.:* Notes sur les extraits de Théodote de Clément d'Alexandrie et sur les Fragments de Valentin, in: VigChr 3 (1949) 193-207. *Quispel, G.:* The Original Doctrine of Valentin, in: VigChr 1 (1947) 43-73. *Stead, G. C.:* The Vatentinian Myth of Sophia, in: JThS 20 (1969) 75-104.

tisch verstandenen Dasein und seiner Welt zu beschreiten ist. Das Selbst, um das es dabei geht, gehört nicht zum Kosmos, sondern zum akosmischen Sein. Gnosis hat erlösende und rettende Kraft. Rief die griechische Philosophie den Menschen auf, sich als Vernunftwesen selbst zu behaupten, so weiß die Gnosis, daß das unweltliche, betäubt, gefangen gehaltene göttliche Sein im Menschen sich aus diesem Zustand nicht selbst befreien könne, sondern eines ereignishaften Eingriffes, eines „Rufes“ aus der göttlichen Welt bedarf. Inhalt des Erlöstwerdens ist nicht die Selbstbehauptung des Menschen als Vernunftwesen, sondern Errettung aus der bannenden und versklavenden Macht der Materie.

Der Ausgangspunkt solch eines Entwurfes ist eine dualistische Welterfahrung, die auf den Menschen bezogen den Körper zum Gegenstand des Abscheus entwertet. Er ist eine den unvergänglichen Teil des Menschen bergende und knechtende Umhüllung. Diese duale Vorstellung hat eine lange Geschichte und findet schon bei *Empedokles* (Frg. 126: *Diels* I 362,5) seinen prägnanten Ausdruck vom „fremden Gewand des Fleisches“ ἀλλόγνως χιτῶν σαρκός/allognōs chitōn sarkós), das das Unvergängliche im Menschen umschließt. So ist auch bei *Platon* die Schau des göttlichen Schönen frei von „jeder Spur menschlichen Fleisches“ (Symp. 211e) und die unsterbliche Seele (ψυχή/psychē) ist weit mehr als der Körper (σῶμα/sōma, Leg 959a-c), denn der, den man begräbt, ist nicht das wahre Wesen des Menschen. Was an der Psyche sterblich ist, gehört mit der Sarx zusammen (Tim 61c.69c). Später werden *Plutarch* (Carn. Es. 4 II 998c) und *Porphyrius* (Stob. Ecl. I 49,60) die Gewand-Vorstellung des Fleisches bei der Behandlung der Wiedergeburt bzw. Seelenwanderungslehre (παλιγγενεσίσ, μετακόσμησις/palingenesía, metakosmēsis) verwenden. Auch das gnostische Evangelium Veritatis (20,30) wird vom Ablegen der „sterblichen Kleider“ und vom Anziehen der Unsterblichkeit sprechen.

Ein System, in welchem das Akosmische im Menschen als geknechtete Kreatur in Angst, Grauen, Heimweh, in Haß und Verachtung der Welt, in der Fremde und unter dem kosmischen Schicksals-Zwang die Klage erhebt, kann Erlösung nicht auf der Ebene des Kultischen konzipieren, denn alle Dinge sind ins Unheilvolle hineinverstrickt. Nur das Ruf-Geschehen (existentiell) — ex opere operantis cognitionis — kann dem Dasein rettende Orientierung sein. Wieweit ist solch ein Denken von der Schätzung des Kosmos als Ordnung des Logos entfernt, der als Weltnorm alles zusammenhält, und einem Denken, das die Welt als zusammenfassendes Ganzes einer Rechtsgemeinschaft der Dinge wie der Menschen versteht![44] Auch bei *Platon* sind Himmel und Erde, Götter und Menschen durch eine universale Ordnung zur Einheit zusammengefaßt (Gorg 507e-508a) und der Kosmos nichts anderes als das sinnliche und veränderliche Abbild des Ewigen, die Erscheinung einer ewigen Idee im Raum und in der Zeit (vgl. Tim 29.32c), ja ein sinnlich wahrnehmbarer „Gott“. Und bei *Euripides* wird der als „selig“ (ὄλβιος/ólbios) bezeichnet, „welcher der unsterblichen Natur nimmer alternde Weltordnung betrachtet“ (TGF 910).

43 *Harnack, A. v.:* Marcion. Das Evangelium vom fremden Gott, Leipzig ²1924.

44 Vgl. *Anaximander* Frg. 9; I 15,26ff *Diels.*

5. Exkurs 2: Mytho-philosophische Syntax

Am Ende der gnostischen Bewegung der religiös tiefbewegten ersten drei Jahrhunderte der christlichen Ära steht der *Manichäismus* mit seiner radikal dualistischen Stimmung. In Differenz zum optimistischen Weltverständnis der Stoa[45] und ihrer Wertung des Kosmos als eines sinnvollen Ganzen mit dem Glauben an die Herrschaft des Logos und der Ratio, hebt sich das gnostisch-manichäische Verständnis mit seiner pessimistischen Daseinshaltung radikal ab. Die stoische Lehre des Kosmos mit der Kosmosfrömmigkeit und seiner Schätzung als der „großen Polis der Götter und Menschen" ist suspendiert. Das größere Ganze, das nach der klassischen Ontologie früher und besser ist als seine Teile, um dessentwillen sie sind, von ihm begründet und mit Existenzsinn begabt, ist im gnostisch-manichäischen Entwurf seinen Teilen fremd. Das Göttliche, das Lichtprinzip, wird aus der Ruhe seines Bei-sich-Seins in ein Kampfgeschehen mit der Finsternis verwickelt, welches zur „inneren" Geschichte einer emanistisch verstandenen Schöpfung mit einer Serie von Zuständen wird. In diesem stufenweisen Hervorgang der „Welt" nach „unten" entfaltet sich diese als Katastrophengeschichte. Im Hintergrund steht eine radikal dualistische Stimmung, die alle systematischen Äußerungen durchzieht und Reflex eines pessimistischen Selbst- und Weiterlebens bildet. In der Gnosis stehen sich Mensch und Welt dual gegenüber, und in Parallele dazu, Welt und Gott als konträre (nicht komplementäre) Größen. Die polare Konfiguration aber ist dreigliedrig, wonach die Mensch-Welt-Dualität auf der Erfahrungsebene die Welt-Gott-Dualität wiederholt (und theoretisch ableitet). Gehören Mensch und Gott dem Kosmos gegenüber zusammen, so sind sie trotz ihrer wesenhaften Zusammengehörigkeit durch eben diese Welt getrennt. Die Welt wird als „Fremde" erfahren und das Dasein in seinem gegenwärtigen Fernsein von Gott in seiner Geworfenheit (ποῦ ἐνεβλήθημεν/pou eneblēthēmen: „wo sind wir hineingeworfen worden", Exc. ex Theod. 72,2).[46] *E. Voegelin* sieht in der Gnosis einen zwei Jahrtausende bestimmenden Widerpart zum sogenannten „mittelmeerischen" Denken und Handeln, wie es im griechischen Denken (*Platon, Aristoteles*) kulminierte und im christlichen Glauben sich ausdrückt. Sie kreist um das verlorene, religiöse Ich des Menschen und imaginiert sich einen Mythos, um das Dasein in seiner Geworfenheit aufzuhellen. Kosmologie und Anthropologie sind ihre Hauptthemen. Auch für *M. Heidegger,* der die Endlichkeit radikal denkt,[47] ist die Geworfenheit ein Existential des Menschen und fällt mit der unausweichlichen und undurchlichteten Faktizität zusammen: „Die Geworfenheit ist nicht nur nicht eine ‚fertige Tatsache', sondern auch nicht ein abgeschlossenes Faktum. Zu dessen Faktizität gehört, daß das Dasein, solange es ist, was es ist, im Wurf

45 Vgl. *Davidson, W. L.:* The Stoic Creed, Edingburgh 1907. *Mates, B.:* Stoic Logic, Berkeley (1953) ²1961.
46 Zur Auslegung s. *Jonas, H.:* a.a.O. I 206; vgl. 108.261.
47 *Heidegger, M.:* Sein und Zeit, Tübingen ¹1927, zit. ⁹1960, 134-137.284.

bleibt und in die Uneigentlichkeit des Man hineingewirbelt wird."[48] Oder wovor die „Angst sich ängstet" ist das „In-der-Welt-sein selbst"[49] (*M. Heidegger*). Diese Grundbefindlichkeit ist dem Menschen unentrinnbar durch die Existenz gegeben. Der Mensch kommt als ein „ins Nichts Geworfener" nicht aus eigenem Willen in diese Welt. Er ist also nicht für sein Sein verantwortlich. Die Einstellung der Gnosis ist letztlich nihilistisch, wenn man mit diesem von *J. Turgenjev* 1861 geprägten Wort die reflektierende Auflösung der Wirklichkeit benennt, oder im Sinne *Fr. Nietzsches* im „Willen zur Macht" eine transzendente Welt fingiert, um die wirkliche verurteilen zu können.[50] Letzteres führt in seiner Konsequenz zur Selbstverurteilung und schließlich zur Selbstzerstörung des sie praktizierenden Menschen. Die negative Welt- und Daseinsdeutung mit ihrer weltverneinenden Weltanschauung schlägt sich in der Gnosis in einem Kunstmythos mit seinen ihm eigenen Wortprägungen und Bildern nieder. Der naturhaften Verlorenheit des Menschen entspricht die naturhafte Erlösung des Gnostikers. In NHC II 175,14-17 („Titellose Schrift") heißt es: „Es ist nötig, daß jeder zu dem Ort geht, aus dem er gekommen ist. Denn jeder einzelne wird durch seine Handlung und seine Erkenntnis seine Natur offenbaren." Es geht um ein neu zu erweckendes Urwissen, das nicht in der Regie der Menschenvernunft oder des Menschenwillens liegt, denn alles innerweltlich Verfügbare erscheint dem außerweltlichen Pleroma kontrastiert. In der Erlösungslehre der Gnosis spielt der Faktor „Erkenntnis" die entscheidende Rolle und zwar bei der Umkehrung des „Falls" und der Aufhebung des uranfänglichen Dramas in der Gottheit, das durch Verlust an Erkenntnis zustande kam. Ein Mangel an Wissen und Erkenntnis affiziert einen Teil von ihr und verändert das Ganze dadurch, daß er wirksam wird in der Anmaßung und Verblendung demiurgischer Schöpfung. Damit ist diese Defizienz dauernd in der so entstandenen Welt verkörpert, ihr auferlegt und von negativen Mächten aktiv unterhalten. Der Weg der Erlösung wird als Weg der Wiederherstellung des Wissens beschritten. Dieses wird nicht auf naturhafte Weise gewonnen, sondern durch einen „Ruf" vermittelt, sodaß es den Zustand dessen, der es besitzt, qualitativ verändert. Inhaltlich deutet es dem „Gnostiker" seinen Ursprung, ist Mitteilung der Eigentlichkeit und der verheißenen Wirkung und untermauert so die erlösende Kraft der „Gnosis" metaphysisch und theologisch-kosmologisch.[51] Sie schließt die kosmologische bzw. kosmogonische, und im engeren Sinne theologische Erkenntnis ein mit dem Menschen als Mitte des Interesses. Es geht um die tragische Geschichte seines „Selbst", um seinen „Fall" in der Doppelbedeutung des Wortes. Es geht um die Deutung des Menschen in seinem zusammengesetzten und gefallenen Zustand und um seine wahre Bestimmung, sodaß das Thema des Menschen

48 *Heidegger, M.:* a.a.O. 179.

49 *Ders.:* a.a.O. §§ 12.13.41.

50 *Nietzsche, Fr.:* Zur Genealogie der Moral (1887) 2. Abt., Aph. 21.24; 3. Abt., Aph. 14. Vgl. *Bröker, W.:* Nietzsche und der europäische Nihilismus, in: ZphF 3 (1948) 161-177. *Heidegger, M.:* Der europäische Nihilismus, in: Nietzsche 2, Frankfurt 1961, 31-256.

51 Vgl. *Bianchi, U.* (Hg.): Le Origini dello Gnosticismo Colloquio di Messina 13-18 Aprile 1966, Leiden 1967. *Puech, H. Ch.:* En quête de la gnose I et II, Paris 1978.

zugleich ein theologisches, kosmologisches, anthropologisches und eschatologisches ist. Die Gegenwart des Menschen ist eine „falsche" Gegenwart. Dabei wird eine Weltsicht zur Darstellung gebracht, die radikal auf Erlösung aus ist. Geht es im Mysterienglauben um eine Vergottung des Menschen (vgl. CH 13,3: „ich bin nun nicht, was ich zuvor war" καὶ εἴμι νῦν οὐχ ὁ πρίν/kai eimi nyn ouch ho prin), um eine Metamorphose (μεταμορφούσθαι/metamorphousthai), so in der Gnosis um ein Wieder-Gott-Werden des Menschen, der durch Gnosis das wird, was er ursprünglich war und eigentlich prinzipiell immer ist (ActThom 15: ἵνα πάλιν γένομαι ὁ ἦμεν/hina palin genomai ho ēmen). Die Gottheit wird in ihrer radikalen Transzendenz gesehen: außerhalb der physischen Welt (d. h. topologisch transmundan), ontologisch als akosmisch, ja antikosmisch und so der „Andere", „Fremde", die „Tiefe", der „Abgrund" (*Valentinianer*), ja der „Nicht-Seiende" (*Basilides*).[52] Epistemologisch ist sie nicht durch die Natur vermittelt und daher von Natur unbekannt (naturaliter ignotus) und unaussprechlich. Das Gnostische der manichäischen Religion aber besteht darin, daß das Göttliche, die Syzygie des Menschen mit seinem göttlichen Selbst, des Menschen bedarf, um die Versehrungen zu heilen, welche durch den Angriff auf die Lichtwelt entstanden ist, sodaß in diesem Sinne von einem „erlösten Erlöser" die Rede sein kann: indem Gott den Menschen erlöst, erlöst er sich selber.

6. Exkurs 3: Typologie des gnostischen und manichäischen Mythos

Der Daseinswiderspruch, der in der Natur, im Menschen, in der Geschichte als lastende Tragik der Welt und als Tragik Gottes wahrgenommen wird, findet seine reflexe Deutung entweder in einem primär monistischen oder einem primär dualistischen Entwurf. *H. Jonas* unterscheidet zwei Haupttypen innerhalb der dualen Welt-Konzeption, den syrisch-ägyptischen Typus einerseits und den iranischen Typus andererseits.[53] Beim ersten handelt es sich um die Bewegungsrichtung von oben nach unten mit der Genese der Finsternis und des Bösen als eines Vorgangs der Hinabentwicklung und Verminderung (devolutio und depravatio) oder des „Falles". Der Gegensatz ist hier der von wahrem — jenseitigem, und diesseitigem — trügerischem Licht. Erlösung wäre der Weg aus der existential verstandenen Finsternis heraus, im Sinne des valentinianischen Schemas (vgl. Clemens Alex., Exc.

52 *Basilides* dürfte wohl zum ersten Mal dem Begriff des Nichts eine Bedeutung verliehen haben, die zur Grundlage aller negativen Theologie wurde, wenn er sagt: Gott ist das Nichts; oder in einem anderen Sinne: „So schuf der nichtseiende Gott eine nichtseiende Welt aus Nichtseiendem, indem er ein Samenkorn hervorbrachte, das den Samen der Welt in sich hatte." Vgl. *Hippolytos:* Ref. VII 20,2; VII 21,4; X 14,1. Dazu *Jonas, H.:* a.a.O. I 150f.250.

53 Vgl. *Jonas, H.:* Gnosis I., 256f.283f.328-331.

ex Theod. 78,2).[54] In diesem ersten Typus wird alles Sein (einschließlich der Materie) aus einer einzigen Quelle abgeleitet und das Böse emanativ als Loslösung vom Ursprung (Iren., haer. II 13,4: separatio) verstanden. Es liegt auf der Geschehensebene der Devolution und allmählicher Verfinsterung (*Irenäus* spricht von der descensio und deminoratio: II 13.6.7; 17,9). Dieses System begegnet vor allem im syrischen und ägyptischen Raum und sieht im seinsmäßigen Hervorgehen einen stufenförmigen Abstieg mit der devolutiven Verminderung an Sein und Wert. Die Depravation der Welt wird dabei physisch aufgefaßt, an welcher Un-Ordnung der Mensch durch seine Psyche teilhat. Seine Eigentlichkeit liegt in der den Kern des Menschen konstituierenden geistigen Wesenheit, dem Pneuma-Selbst, das als oberster Seelenteil von den anderen abgegrenzt werden kann. Dieses gute und lichte Selbst findet seine Erlösung in der Auflösung der Weltkonstitution der Psyche und in der Freisetzung des Pneuma-Teils im Menschen — durch „Gnosis". In solchem Erkennen vollzieht sich das Sein des Menschen in der Weise, daß nicht nur etwas an ihm geschieht, sondern dies die Bewegung seiner Existenz selbst ist. Erkennen und Sein decken sich, sodaß in der Gnosis schon das Ursprüngliche erfaßt ist und in solcher „Lichtung" die Rückkehr in die Einheit der geistigen Wirklichkeit beginnt. Die Gnosis bringt nicht nur das Heil mit sich, sondern gewährt es als erlösendes Wissen aus sich heraus. Als eine „bedeutsam angeordnete Realität" (*G. van der Leeuw*) sucht solches Denken den Menschen in seiner Wahrheit zu ergreifen und ihn auf sich, d. h. auf seine wahre Natur und auf seinen wahren Ursprung hin zu besinnen, sodaß er dadurch in sich das Göttliche erkennt und sich im Göttlichen wiedererkennt — inmitten der „Fremde" der Welt. Solche Erkenntnis ist Erkenntnis eines — de iure von Ewigkeit her erlösten Wesens — verdeckt in der Hüllung des Kosmos und der Hüllung der Zeit. Die Frage des „Ich" schweift in die Vergangenheit, stellt sich der Gegenwart und blickt in die Zukunft als dreifach-eine Frage mit dem Woher seiner Herkunft, dem Wo seiner Gegenwart und dem Wohin seiner Zukunft. Was ist der Mensch „an sich" und was hat er nie zu sein aufgehört — trotz seiner „condition humaine" in der Welt, das ist die bewegende Frage. Aufgrund seines Ursprungs gehört er „in der Welt" nicht zu ihr, denn sein wahres „Ich" ist von transzendenter Natur und ist damit jenseits von Welt und Werden. Durch Gnosis entdeckt der Gnostiker sein zeitloses ontologisches „Ich" in der Reflexio hin zum Ursprung und markiert sich in solcher Hin-sicht den uranfänglichen Status. Die drei Fragen des „Ich" des Gnostikers, „Was war ich?", „Was bin ich?", „Was werde ich sein?" als die Fragen nach der Vergangenheit, Gegenwart und Zukunft des Individuums, haben — wie noch gezeigt werden wird — ihre Spiegelungen in der manichäischen Lehre von den „Drei Zeiten" oder „Drei Momenten", auf welchen das manichäische System als der Mythos von Anfang, Mitte und Ziel (initium, medium et finis)[55] aufruht.

54 Vgl. *Sagnard, F. H. M.:* La gnose valentinienne et le témoignage de St. Iréné, Paris 1947. *Bernhard, J.:* Klemens von Alexandria. Glaube, Gnosis, griechischer Geist, Leipzig 1974. *Beyschlag K.:* Simon Magus und die christliche Gnosis, Tübingen 1974 (WUNT 16).

55 MH I 7,11-13; vgl. *Augustinus,* C. Fel. I 9, hrsg. v. *Zycha,* CSEL 25,2 S. 811,13f.

Mit einem anthropologischen, kosmologischen und soteriologischen Mythos wird ein universeller Entwurf versucht. In der Erfahrung des Bösen sucht der Gnostiker das Problem in einer dualistischen Theorie mit der Entgegensetzung der Materie oder eines bösen Prinzips Gott gegenüber zu lösen. Der Körper wird als ein vom eigentlichen „Ich" unterschiedener Gegenstand begriffen, ein Werkzeug des Leidens, des „pathos" im dreifachen Sinn des griechischen Wortes von Passivität, Leidenschaft und Schmerz, Instrument der Verirrung (ἄγνοια/agnoia oder anoia) und Versklavung, ein „Verließ" für die Seele, und zusammen mit der Welt, der terra oblivionis, Ort der Vergessenheit und des Vergessens sowie der „Fremde".[56] *Basilides* prägte den pessimistischen Aphorismus: „Angst und Elend begleiten die Welt wie Rost das Eisen." Der für die gemischte und daher zerrissene Existenz verantwortliche Verursacher kann nicht zugleich ihr Befreier und Erlöser sein.

Der zweite Typus hat vor allem in der manichäischen Gnosis (dem iranischen Typus)[57] eine radikal-dualistische Ausprägung gefunden, wobei dem uranfänglichen Licht eine ebenso uranfängliche Finsternis selbständig gegenübersteht. Das System fußt in manchem auf den Anschauungen *Markions,*[58] doch ist Mani in seiner Konsequenz radikaler. Das Weltendrama vollzieht sich nach ihm in den „drei Zeiten", der noch getrennt übereinander ruhenden beiden Reiche (Licht—Finsternis) in der Urzeit, ihrem Ineinander-Vermischtsein in der Weltzeit und der durch Mani in Gang gesetzten Entmischung in der anhebenden Endzeit und ihrer Dauer von 1468 Jahren, den 13 mal 100 und 13^2 minus 1 Jahr, um welches die Endzeit verkürzt wird. In dieser letzten Zeit verwirklicht sich das eschatologische Ziel der Befreiung der Lichtnatur aus der Fesselung durch die Materie — mit Hilfe von Erlösergestalten. Dabei dient das kosmologische System als Interpretationsrahmen und entfaltet das makrokosmische Drama.

Das manichäische Religionssystem ist ein Phänomen sui generis, das seinem inneren Charakter nach von diesen zwei Prinzipien her gestaltet ist und diese als präexistenten Dualismus versteht. Die Selbstgenugsamkeit der göttlichen Welt zerbricht durch eine „Revolution von unten" und liefert der Mani-Lehre den mythischen Hintergrund für das tragische Lebensgefühl mit seiner so dissonant erfaßten Wirklichkeit, ihrem Unheilsaspekt und ihrem alles entwertenden Weltpessimismus. Der Aufstand der präexistenten Ur-Finsternis gegen das Lichtreich mit seinem Kampfmotiv deutet die gespaltene Welt dualistisch und bringt das Metaphysische als Natursystem zur Darstellung. Die Kosmologie kennt keine Abstufungen oder Schattierungen, sondern nur das Entweder-Oder dieses Ur-Widerstreits. Die sicht-

---

56 Vgl. *Lüdemann, G.:* Untersuchungen zur simonianischen Gnosis, Göttingen 1975 (GThA 1).

57 Zur iranischen Gnosis vgl. *Colpe, C.:* Die religionsgeschichtliche Schule. Darstellung und Kritik ihres Bildes vom gnostischen Erlösermythos, in: FRL 78 (1961) 177-182. Vgl. *Decret, F.:* Manichéisme et la tradition manichéenne, Paris 1974. *Puech, H. Ch.:* Die Religion des Manichäismus, in: *König, F.* (Hg.): Christus und die Religionen der Erde II., Wien ²1961, 499-563.

58 Vgl. *Harnack, A. v.:* Marcion. Das Evangelium vom fremden Gott. Neue Studien zu Marcion, Leipzig ²1924; Nachdr. Berlin-Darmstadt 1960. *Ehlers, B.:* Marcion, in: ZThK 70 (1973) 420-447.

bare Welt kommt nur vermittels dieses Kampfes ins Dasein und kann als Mischung des Guten und Bösen nur eine endliche sein. Die beiden Prinzipien bedingen sich nicht gegenseitig, sondern stellen sich gegenseitig in Frage. Dieser metaphysisch anhängige Kampf um die Herrschaft des Bösen über den Menschen ist übergeschichtlich verursacht, aber geschichtlich erfahrbar. Im Manichäismus werden die Prinzipien als Substanzen vorgestellt und dokumentieren sich — in Gnostisierung des iranischen Dualismus — in der Licht-Finsternis-Begrifflichkeit. Licht wie Finsternis hier als „absolute Metaphern" (*H. Blumenberg*)[59] sind als Adäquationen jenseits der Gleichung von übertragener und uneigentlicher Rede. Beide Bereiche haben jeweils ihre Repräsentanten. Die christliche Erlösungsvorstellung hingegen weiß die Erlösung als Fremderlösung, d. h. als von jenseits des Menschen kommende Zu-Wendung Gottes in Jesus Christus. Wohl empfindet das hellenistische Christentum eine Spannung zwischen dem Schöpfungs- und Erlösungsglauben, da Erlösung eine gewisse Korrektur der Schöpfung bedeutet (vgl. auch *Markion*), d. h. in gewisser Weise die neue Offenbarung die alte korrigiert. Dagegen aber begreift die Gnosis die Schöpfung als „Fall" des Göttlichen in den Stoff und Erlösung als Befreiung und Rückkehr des Göttlichen zum Ursprung. Mit Hilfe der Gnosis, der Erkenntnis, wird letztlich etwas vollzogen, was wie eine erobernde Durchschauung des Erkannten erscheint, als Identifizierung des Erkannten mit dem Erkennenden in dessen eigene (göttliche) Helle und Selbst-Verständlichkeit hinein, eine Identität, wobei sich das Erkannte entschleiert („ent-schließt") und in eine seinsvermittelnde Gnosis (γνῶσις οὐσιωδής/gnōsis ousiōdēs) aufhebt. Für die Gnosis wäre Erlösung Wiederherstellung des Urzustandes. Christliche Erlösung hingegen lehnt die Annahme eines widergöttlichen Prinzips der Körperwelt ab, denn dies würde die Erlösungsunfähigkeit der Körperwelt bedeuten. Die Erlösung wäre nur imstande, die eine Hälfte der gegebenen Wirklichkeit zu ergreifen.[60] Nach christlicher Offenbarung ist Erlösung nicht nur eine Erlösung innerhalb der Weltwirklichkeit, sondern Erlösung der Weltwirklichkeit.

59 Vgl. *Blumenberg, H.:* Paradigmen zu einer Metaphorologie, in: ABG 6 (1960) 9.15f.42. *Ders.:* StGen 10 (1957) 432ff.

60 Vgl. *Puech, H. Ch.:* Der Begriff der Erlösung im Manichäismus, in: Er. 1936 (1937) 183-286. *Scheftelowitz, J.:* Die Entstehung der manichäischen Religion und des Erlösungsmysteriums, Berlin 1922.

Kapitel 2
DAS MANICHÄISCHE RELIGIONS-SYSTEM UND MANI ALS HEILSGESTALT (nach Keph. I)

Die zur manichäischen Schriftengruppe gehörenden koptischen „Kephalaia“ sind vom Jüngerkreis Manis aufgezeichnet worden. Sie sind Teil der reichen manichäischen Literatur und ihrer überkommenen Schriftkultur. Ihre Themen und Inhalte konstituieren sich von einem katechismusartig ausgeschriebenen Text her, der in einer ungebrochenen manichäischen Tradition steht und aus der Verkündigungsgeschichte hervorgegangen ist. Es spiegelt sich darin die Religiosität und das Nachdenken der Mani-Gemeinden. Welche Gestalt Mani seiner Lehre gegeben hat, welche „Urform“ die Grundgehalte gehabt, wie sie fortgebildet und adaptiert wurden, ist nicht mit letzter Sicherheit zu sagen. In der folgenden Untersuchung geht es um das kosmogonische und soterologische Geschehen dieses religiösen Entwurfes, in welchem gnostische und christliche Mythologumena und Theologumena verarbeitet sind, um die duale Distinktion, das tragische Weltverständnis, die religiöse Soteriologie und Kathartik, die Eschatologie, die Auswechselbarkeit der theologischen Begriffswelt und ihre Umstilisierung in christliche Terminologie, mit einem Wort, die konstitutiven Elemente des Systems, den religiösen, mythologischen und spekulativen Gesichtskreis der darin begriffenen und ausgesagten Sachverhalte, ihre ausgeführten Linien und das oft nur in Themenansätzen Berührte.

1. Keph. I als „summa theologica“ des manichäischen Mythos

In der Einleitung der „Kephalaia“ wird der Horizont des manichäischen Entwurfes vorandeutend abgesteckt und in Stichworten und korrespondierenden Chiffren als „Paratheke“ Manis notiert mit der Anweisung, diese zu sammeln. Daraufhin folgt das 1. Kapitel (Keph. I) über das „Kommen des Apostels Mani“. Der Bericht ist Mani selbst in den Mund gelegt und auf den Mythos der Erweckung Adams durch Jesus und die Offenbarung der „Gnosis“ an Adam abgestimmt. Manis Selbstverständnis als inkarnierter „Paraklet“,[1] als „Vater des Lichtes“[2] und seine Bindung an den „Licht-Nous“, aus dem alle Kirchen hervorgehen, prägt sein Sendungs- und Selbstbewußtsein.

Die textlich stark lädierte und fragmentarische Einleitung (3,1-9,10) zu den „Kephalaia“ („die Kephalaia des Lehrers“ / nkephalaion mpsakh) be-

1 Vgl. *Nagel, P.:* Der Parakletspruch des Mani (Keph. 14,7-11) und die altsyrische Evangelienübersetzung, in: Mitteilungen der Ägyptischen Sammlung 8 (1975) 303ff.

2 Keph. 126,32 („unser Lichtvater“: pniōt nwaïne).

nennt bereits die Grundgehalte des manichäischen Religionssystems: das Urdatum der dualen Entgegensetzung von Licht (waïne 3,18.21.29) und Finsternis (pkeke 3,23), die nicht auseinander oder aus einem ihnen vorausliegenden Prinzip hervorgegangen sind. Es ist von der „Trennung" (pōrež 3,3; vgl. 3,33) die Rede, entsprechend dem später in den „drei Zeiten" ausgeführten Zustand der Getrenntheit, die aufgehoben wird im „Krieg-führen" des Finsternis-Reiches gegen das Licht-Reich. Es heißt: „Die Finsternis führte Krieg gegen das Licht, indem sie zu herrschen wünschte über eine Ousia (οὐσία) die nicht die ihrige war" (4,1-2). Dahinter stehen die jeweiligen personifizierten Exponenten mit ihren Hypostasen oder „Gliedern". Weiters ist vom „Hinaufkommen" (4,4) die Rede, ihrem Drang, aus der finsteren Enge nach oben zur lichten Höhe zu gelangen. Der dadurch entstehenden „Not" (ananghkē 4,5) wird durch „Berufungen" oder „Erzeugungen" begegnet. Es wird das Herauskommen der Kraft genannt (4,5), der „Urmenschen" (pšarp nrōme 4,6), der mit seiner „Licht-Rüstung" (tpanhoplïa nwaïne 4,7) gegen die Finsternis kämpft, von ihr überwältigt wird, wobei seine fünf Elemente von den finsteren Äonen verschlungen werden. Rekonstruiert man den lädierten Text vom manichäischen Gesamtmythos her, so holt die Emanation des „Lebendigen Geistes" die Archonten herauf, kreuzigt sie am Firmament und ordnet sie an nach dem Maße des in ihnen konzentrierten Lichtes zu Sonne, Mond, Gestirnen, Himmeln und Erden. Aus dem mit Licht und Finsternis vermischten Stoff ist die gegenwärtige Welt erschaffen. „Diese Welt erhielt ihre Aufstellung ... zu einer Fesselung der bösen Kräfte und (?) ... des Lichtes, die sich mit der Finsternis vermischt hatten" (4,31-33). Nach diesen kosmogonischen Notizen wird für das Erlösungswerk (nach dem Urmenschen und dem lebendigen Geist) der „Dritte Gesandte" (presbeutēs 4,34) „berufen", der das Läuterungswerk der Lichtbefreiung und Erlösung für alle Dinge vollbringen soll (4,34-36). Dieses wird aus der Versprengung zusammengeführt und geht hinauf zur Ousia. Das eschatologische Finale kommt durch den Weltbrand und die Apokatastasis in den Blick (5,3-5) und findet in der Fesselung der Finsternis und dem Herrsein des „Königs des Lichtes" (prro nte pwaïne 5,18) sein optimistisches Ende, welcher nun ein einziger Gott sein wird über dem All, ohne einen Widersacher (5,16f).

Gemäß den „drei Zeiten" der Getrenntheit, Vermischung und Entmischung sind es „drei Worte" (pišamt nseže 5,21), die Mani den Seinen als „Ausmaß der gesamten Weisheit" (5,27) geoffenbart und in seinen „Lichtbüchern" (nažme nwaïne 5,23) als den Inhalt seiner Lehre und Verkündigung anvertraut hatte. In der folgenden Aufzählung seiner „Lichtbücher" werden genannt: das Große Evangelium (5,23), der Schatz des Lebens (5,23f), die Pragmateia (5,24), die Mysterien (5,24), die Parther-Schrift (5,25), seine Briefe, Psalmen und Gebete. Sie dienen der „Unterscheidung" (5,28) und der „Erkenntnis" (5,29), sodaß der, der sich an diese „drei großen Worte" (5,33) hält, als der „wahre Lehrer" (psah mmēe) (5,32) bezeichnet wird. Die Jünger sollen seine „ganze Weisheit" aufschreiben, d. h. die Fragen, nach denen sie ihn gefragt, die Deutungen (hermeneia), die er ihnen zuteil werden ließ (6,20; 7,9), die Reden (homilia) und Worte (nseže 6,21), die er zu den Lehrern der Gemeinden (archegoi), den Erwählten (electi), den Katechumenen und den Freien gesprochen hatte (6,22) als seine Weisheit (tsophia 6,26), Überzeugung (pismonē 6,29) und Wahrheit (tmē), die er der Welt enthüllt und geoffenbart hatte (7,5f).

Mani versteht seine Religion als ausgesprochene „Buchreligion". Betont wird herausgestrichen, daß die früheren Religionsstifter, die „Väter der Gerechtigket" (8,7f), nämlich Jesus (7,18-26), Zarathustra, „der Apostel des Lichtes" (7,27-33) und Buddha (7,34-8,5) ihre Weisheit nicht selbst niedergeschrieben haben (8,8) und sie so der Verfälschung (kapeleuein 8,14) und dem Irren (planasthai 8,12.13.26) ausgesetzt hatten. In einem Schreibbefehl werden die Mani-Jünger aufgefordert, nach dessen Tode sich an seine Verkündertätigkeit zu erinnern (9,6), die „viele Weisheit (9,2.6f) und „Deutung" zu sammeln und sie zur Erleuchtung und zum Nutzen der Menschen aufzuschreiben (9,8f). Damit regt Mani eine nachkanonische Literatur an. In unserem Fall ist sie paradigmatisch niedergeschrieben in den Lehrvorträgen der „Kephalaia", in welchen es um die Weitergabe manichäischer Glaubensinhalte und ihre didaktischen Verarbeitung geht. Der darin dargestellte religiöse Mythos wird in Einzelpunkten und als Antwort und narratio auf gestellte Fragen hin behandelt. Gegen den breiten Strom des spätantiken Gnostizismus mit seinem vielfältigen verästelten Mythos werden die Kirchenväter ihr theo-logisches Denken setzen und gegen den gnostischen Weltpessimismus den Idealismus des spätantiken, christlich gefärbten Platonismus aufbieten.

2. Manis Selbstverständnis: als „Paraklet", als „Apostel des Lichtes", als Offenbarer der „Hoffnung des Lebens" und als Vollender der Offenbarung

Inmitten der bunten religiösen Welt des „asiatischen Hellenismus", in der religiösen Wetterecke Syriens und Mesopotamiens und mit dem „Wetterleuchten" Persiens wurde ein Religionssystem geschaffen, in welchem sich sein Stifter Mani als Erfüller der Erkenntnis des Religiösen und als Vollender von Jesus, Zarathustra und Buddha versteht. Dieses Selbstverständnis findet in der Einleitung und im ersten Kapitel der „Kephalaia" seinen Ausdruck, wo „über das Kommen des Apostels" die Rede ist (vgl. auch *Fihrist* 49-51). Das erste Evangeliumsblatt von Turfan beginnt mit dem Satz: „Ich, Mani, der Abgesandte (ἀπόστολος/apostolos) Jesu" (wie *Paulus*).

Mani entstammt dem Geschlecht der als Philhellenen (φιλέλληνες) bezeichneten Arsakiden,[3] denen hellenisches Denken, aber auch das iranische religiöse Gut der parthischen Epoche vertraut ist. Es dient ihm dabei als

3 Vgl. *Klima, O.:* Manis Zeit und Leben, Prag 1962. *Decret, F.:* Mani et la tradition manichéenne, Paris 1974. Vgl. auch *Tayizadeh, S. H.:* The Early Sassanians, in: BSOAS 11 (1943) 6-51.

Vorbild die religiöse Form des iranischen Zurvanismus mit seiner dualistisch-pessimistischen Lebens- und Weltanschauung sowie der Vorstellung vom „erlösten Erlöser", der selbst das Gesamt der zu erlösenden Seelen ist.[4] Als Schüler des *Bardesanes* (154—222), eines syrischen Christen und Häretikers, vollzieht er in dessen Umkreis die innere Auseinandersetzung mit dem Christentum mit. So legen schon *Markion, Basilides, Bardesanes* u. a. das Christentum im Lichte der iranisch-dualistischen Anschauung aus. Mani aber weiß sich als Kritiker der vorausgehenden religiösen Systeme, denen er nur eine relative Wahrheit zuspricht. Wie *Bardesanes* vertritt er die Anschauung vom Angriff der uranfänglichen Finsternis auf die Lichtelemente. *Bardesanes,*[5] Vertreter einer halbkirchlichen Gnosis, lebte am Hofe Abgars von Edessa (179—216), einem geistigen Schmelztiegel, in dem syrische, iranische und hellenistische Einflüsse zusammenströmten und sich mischten. Er beeinflußte mit seiner griechisch-gnostischen Weltentstehungslehre die religiöse Natur-„Philosophie" Manis und dessen kosmologischen Mythos nachhaltig. So kam *H. H. Schaeder* in der Gnosis nicht mehr nur eine „akute Hellenisierung des Christentum" (*A. v. Harnack*) sehen, sondern die „Hellenisierung — d. h. Rationalisierung — der altorientalischen Religionen."[6] Unter dem Anspruch einer absoluten Wahrheit verkündet Mani sein eigenes theosophisch-gnostisches System, amalgamiert sich gnostische und christliche Traditionen und exegetisiert Jesusworte, wo immer er dualistische Wahrheitselemente oder Analogien hiefür findet. Das Theodizeeproblem stellt sich ihm existentiell als dualistische Erfahrung und als diakritisches Mittel seiner Hermeneutik. Die Offenbarung sieht er zyklisch, d. h. in Mani erfüllt und vollendet sich die erlösende Weisheit. Er offenbart den Weltprozeß der Entmischung, welcher nicht nur Inhalt seiner Verkündigung ist, sondern zugleich Aufgabe für die Adressaten: indem sie von dieser kosmischen Krisis hören, sind sie aktuell in sie hineingestellt. Damit erweist sich diese Religion als eine Religion des „Engagements", wo der Mani-Gläubige durch sein Wissen und seine Daseinsentscheidung seine existentielle Wesensbestimmung gewinnt. Der Zentraltopos dieser religiösen Denkwelt ist der ontologisch gesetzte Wesensbegriff des Dualismus.

Vom Stil seiner Frömmigkeit her ist Mani ein Gnostiker bzw. Theosoph, sein Auftreten hat die Züge des Prophetischen. Im Jahre 242 verkündet er vor dem persischen Großkönig *Schapur I.* seine Botschaft und sagt im Schapurakan von sich selbst: „Ein Sänger bin ich, der aus Babel gekommen ist, um in der Welt einen Ruf erschallen zu lassen." Er lebt in verschiedenen

4 *Colpe, C.:* Die gnostische Gestalt des erlösten Erlösers, in: Islam 32 (1956/57) 195-214. *Ders.:* Die religionsgeschichtliche Schule. Darstellung und Kritik ihres Bildes vom gnostischen Erlösermythos (FRLANT 60) Göttingen 1961.

5 Vgl. *Ehlers-Ahland, B.:* Mani und Bardesanes - zur Entwicklung des manichäischen Systems, in: Synkretismus im syrisch-persischen Kulturgebiet, Göttingen 1975, 123-143. Anders: *Drijvers, H. J. W.:* Mani und Bardaisan, in: Synkretismus a.a.O., 487-492, wo es um eine Problem- und Motivkontinuität geht. *Schaeder, H. H.:* Bardesanes von Edessa in der Überlieferung der griechischen und syrischen Kirche, in: ZKG 51 (1932) 21-73.

6 *Ders.:* Urform und Fortbildung des manichäischen Systems. Vorträge der Bibl. Warburg IV, 1924/25. *Ders.:* Der Orient und das griechische Erbe, in: Die Antike 4 (1928) 226ff.

religiösen Traditionen und bringt sie in Ausprägung und Umprägung zu einer Synthese. Was *Origenes* über *Platon* schreibt, hat mutatis mutandis auch für Mani Geltung, nämlich er habe die großen Lehrsätze in die Hüllung eines mythischen Schemas hinein geborgen: τὰ μεγάλα δόγματα κρύψαι ἐν τῷ τοῦ μύθου σχήματι (*Origenes,* c. Cels. 4,39). In einem Kunstmythos wird die Thematik der „drei Zeiten" in der Form einer Handlung und mit agierenden Figuren dargestellt.

Nach dem Kölner Mani-Kodex (KMH)[7] hat sich Mani vom angestammten judenchristlichen Täufertum gelöst und sich dem heidenchristlichen Gnostizismus zugewandt, um in dessen Horizont sein Religionssystem zu entwerfen. Selbstbewußtsein spiegeln die Sätze der „Kephalaia:" „Ich, ein einziger Μανιχαίος (Manichaios), bin ich die Welt allein gekommen... und viele Menschheit hat sich mir unterworfen, viele Gottheiten und Idolentum im Schmelzofen" (100,23ff). Ferner „[Keiner] hat in der Welt die Freiheit (ἐλευθερία/eleutheria) gegeben seinen Söhnen und seinen Brüdern und seinen Verwandten (συγγενής/syngenēs) und sie frei gemacht von der διαφορά (diaphora) aller Dinge, so wie ich alle meine Söhne frei gemacht habe von allen Leiden..." (101,9-12). Er stellt sich weiters als der vor, der sie bekleidet hat mit der „Rüstung [der] Weisheit (101,14), sodaß sie unbesiegbar sind. Er hat in der Kirche „alle Güter (ἀγαθόν/agathon) gelegt" (101,23), das „Gute (ἀγαθόν) gepflanzt" und die „Wahrheit gesät" (101,24) nah und fern. Er weiß sich im Vergleich mit den früheren Apostel als unvergleichlich (101,26ff). In den „Manichäischen Homilien" werden ihm vor dem Perserkönig *Bahrām* folgende Worte in den Mund gelegt: „Frage alle Menschen nach mir: ich habe keinen Meister und keinen Lehrer, von dem ich diese Weisheit gelernt hätte [oder] von dem ich diese Dinge hätte. Sondern: als ich sie empfangen habe, habe ich sie von Gott durch seinen Engel empfangen" (MH 47, 6-10). Mani legitimiert sich in Keph. I durch seine „Berufung" zum „Apostel" und bindet damit die Seinen an sich und sein Amt, damit aber auch an seine theologische Grundkonzeption, die seine Verkündigung tradierbar macht. Er weiß sich durch einen Himmelsboten auf seinen Weg berufen. In der Stifterlegende wird er als ein gesteigerter Jesus und als dessen Vollendung gesehen. Ein himmliches „alter ego", der „Paargenosse", der „Zwilling" kommt zu ihm (14,31ff). Als der letzte Gesandte des Lichtes weiß er sich als „Siegel des Propheten", als „Apostel des letzten Geschlechtes", als „lebendiger Paraklet" (15,19f), als Inkarnation des Nous, wobei es ihm um ein Letztes geht hinsichtlich des Angebotes wie seiner höchsten Form. Nach der Einleitung der „Kephalaia" beantwortet das 1. Kapitel die Jüngerfrage nach dem Apostelamt Manis (ἀποστολή/ apostolē) und dessen Kommen in die Welt (9,16-16,39). In der Metaphorik des Bauern und dessen Arbeit in den Monaten des Säens und Erntens, des „Parmuthi" und „Paophi" (9,27ff-10,1ff), ist Manis Kommen ein Werk des

7 *Henrichs, A./Koenen, L.:* Ein griechischer Mani-Codex, in: ZPE 5 (1970) 97-216 („Vorbericht"). *Dies.:* Der Kölner Mani-Komplex. Edition der Seiten 1-72, in: ZPE 19 (1975) 1-85. Edition der Seiten 33-99, in: ZPE (1978) 87-200. *Coyle, J. K.:* The Cologne Mani-Codex and Mani's Christian Connections, in: Église et Théologie 10 (1979) 179-193.

Aberntes der Früchte, ein Befreiungsgeschehen, ja der soteriologische Vorgang schlechthin. In 10,24 heißt es, daß Mani die Gestalt (μορφή/morphē) seiner Kirche „freimacht" (vgl. 10,15; 12,5). Er ist ihr Führer (11,9), ihr Helfer und Beschützer (11,11), er hilft denen, „die in dem Fleische stehen" (11,10), indem er „sie verwandelt" (11,13). Sein Werk gleicht dem Abernten der Reifen und ist ein Freimachen der Gestalten seiner Kirche in der Höhe (12,5) von der Fesselung, indem er sie erlöst und vom Fleisch [der Sünde] befreit (12,8). Das Kommen des Apostels wird in einer Reihe von vorausgehenden Offenbarungen und als deren Abschluß gesehen, und der Reihe von Sethel, dem erstgeborenen Sohn Adams (12,10) bis Enoch (12,11), von Enoch bis Sem, von Buddha und Aurentes bis zum Kommen des Zarathustra und Jesu (Christi), „des Sohnes der Größe" (12,19f), der „ohne Leib" (χωρὶς σώματος/chōris sōmatos) kam (12,24) in einer geistigen Seinsweise (12,22). Nach all dem geschah Manis Apostelamt (14,4) durch den „lebendigen Parakleten" (pparakletos etanh 14,32), der zu ihm kam und mit ihm redete und ihm das verborgene Mysterium offenbarte (14,32; 15,1ff).

So gehört zum Selbstverständnis der Mani-Religion der Charakter der offenbarenden Selbstmitteilung durch den Parakleten mit seiner vielgestaltigen Kundgabe (14,32), gleichsam a parte Dei und mit Mani als dem Empfänger a parte hominis. Damit sieht er das Transzendente in der endlichen Welt zum Ausdruck und zur Wirklichkeit gebracht und sich selbst als vermittelndes Medium. Damit gibt Mani seiner Botschaft eine überindividuelle Verbindlichkeit und mythische Evidenz. Manis „Ich" wird — modern gesprochen — in die Transzendenz erweitert und das Übermittelte aussprechbar und identifizierbar gemacht. Die Offenbarung des verborgenen Mysteriums an ihn wird zum Erkennen und Ergreifen des Mysteriums für die Mani-Gemeinde. Eine eklektische und synkretische Theosophie mit der Lichtrettung als Kern sei ihm als Offenbarung zuteil geworden. Er beschreibt seine Berufung in K. 15,1-24 folgendermaßen:

„Er offenbarte mir das verborgene Mysterium,
das verborgen ist (od. war) vor den Welten und den Generationen (γενεά/genea), das Mysterium der Tiefe
und der Höhe. Er offenbarte mir das Mysterium des Lichtes
und der Finsternis, das Mysterium des Kampfes und des Krieges (? πόλεμος/polemos)
und des großen Krieges — . . ., den die Finsternis angestiftet hat.
[Darnach?] offenbarte er mir auch, wie das Licht hat . . .
die Finsternis durch ihre Vermischung und wie diese Welt aufgerichtet worden ist.
Er klärte mich auch darüber auf, wie die Schiffe befestigt worden sind, damit
[die Götter] des Lichtes sich in ihnen nieder lassen, um das Licht auszuläutern [aus]
der Schöpfung, den Bodensatz und den Abfluß (? ἀπόρροια/aporroia) [zu werfen in den]
Abgrund; das Mysterium der Erschaffung (πλάσσειν/plassein) Adams, des ersten Menschen.

Er belehrte mich auch über das Mysterium des Baumes der Erkenntnis, von dem Adam gegessen hat, (wodurch) seine Augen sehend wurden.
Auch das Mysterium der Apostel, die in die Welt gesandt werden, [damit sie] die Kirchen auswählen; das Mysterium der Electi [und ihrer]
Gebote (ἐντολή/entolē); ‹das Mysterium der Sünder und ihrer Werke›; das Mysterium der Katechumenen, ihrer Helfer (βοηθός/boēthos) und [ihrer]
Gebote (ἐντολή); das Mysterium der Sünder und ihrer Werke
und der Strafe (κόλασις/kolasis), die ihnen bevorsteht (?). Auf diese Weise ist alles, was geschehen ist
und was geschehen wird, mir durch den Parakleten offenbart worden...
Alles, was das Auge sieht und das Ohr hört und das Denken
denkt und... ich habe durch ihn erkannt
alles. Ich habe gesehen das All (alles) durch ihn und wurde ein Körper
und ein Geist."

Mani versteht seine Verkündigung als Predigt von der „Hoffnung des Lebens" (thelpis mpōnh 15,25; vgl. 16,7), dem „Wort des Lebens" (pseže mpōnh 15,33), als Auswählen der „guten Auslese, der heiligen Kirche" (16,3f), oder im Bild aus dem bäuerlichen Leben als Aussäen des „Korns des Lebens" (pbere nte pōnh 16,5). Im Zusammenhang damit wird der Kreis der Mani-Mission gezogen, der Indien, Persien, das Land Babylon und Parthien bis hinauf nach Adiabene und zu den Grenzmarken des Römerreiches umfaßt (15,27-16,2), sodaß voller Stolz gesagt wird: „Nicht einer von den Aposteln hat jemals solches getan" (16,9). Damit stellt sich die manichäische Missionstätigkeit in einen überdimensionalen Horizont und weist auf ihr welthistorisches „Notabene" hin. Seine Verkündigung integriert sich in eine erleuchtende und erlösende Erkenntnis. Es heißt: „Als aber die Kirche das Fleisch angelegt hatte, da war die Zeit gekommen, die Seelen zu erlösen" (15,24f).

Das Kap. I der „Kephalaia" schließt mit der Freude der Jünger über die Erleuchtung ihres Sinnes (νοῦς/Nous) und dem Dank über das Glaubenssumarium der Mani-Lehre:
„Wir danken
Dir, o Herr, daß Du uns über dein Kommen geschrieben hast in den Schriften (γραφή/graphē). So wie es geschehen ist, haben wir es angenommen und daran geglaubt,
aber Du hast es uns hier in kurzer Zusammenfassung verkündigt, wir [aber] haben es ausführlich angenommen und geglaubt, daß Du bist der [Paraklet], der aus dem Vater (kommt), der Offenbarer
aller Geheimnisse" (16,25-31).

Mani sieht sein Nachfolgeverhältnis zu Jesus im Sinne der paulinischen Selbstbezeichnung als „Apostel Jesu Christi", und in der Überzeugung, daß „der Heiland (σωτήρ/sōtēr) durch den Mund seines Apostels verkündet" (229,10-15). Er weiß sich in der Reihe der Verkünder der Erlösungswahrheit und in der unmittelbaren Nachfolge Jesu, „der in Judäa erschienen ist" und der der letzte der „Apostel der Wahrheit" war. So wird Mani die Worte

Jesu als Zeugnisse für die Wahrheit seiner Sache zitieren. Auch Manis letztes Gebet, überliefert in den „Manichäischen Homilien“, wendet sich an Jesus: „Ich fand mich, indem ich ... mich benenn- mit Deinem großen Namen ... Ich sehe ... Deine Herrlichkeit ... Du bist es, zu dem ich rufe ... antworte mir, o mein ... meine Seele aus den Bedrängnissen“ (MH 54,3f). Für die manichäische Gemeindetradition ist Mani der legitime Deuter der Jesus-Botschaft und Beantworter der Jüngerfragen „als unser Herr Mani“ (zu Lk 6,43f vgl. K. 17,21ff; IX u. X 37-43). Er selbst versteht sich als Vollender der Botschaft und Lehre Jesu und hält sich für den von Jesus im Johannesevangelium verheißenen Parakleten. In den Acta Archelai spricht er „johanneisch“ von seiner Sendung: „Sum quidem ego paracletus qui ab Jesu mitti praedictus sum, ad arguendum mundum de peccato et de iudicio et de justitia.“[8] Und in den „Kephalaia“ sagt er von sich: „Auf diese Weise ist alles, was geschehen ist und was geschehen wird, mir durch den Parakleten offenbart worden“ (15,19f). Weiters heißt es: „Ich habe gesehen das All (alles) durch ihn und wurde e i n Körper und e i n Geist“ (sc. mit ihm) (15,23f). Darum lehnt Mani eine Abhängigkeit von irdischen Lehrern ab: „Frage alle Menschen nach mir: ich habe keinen Meister und keinen Lehrer, von dem ich diese Weisheit gelernt hätte [oder] von dem ich diese Dinge hätte. Sondern: als ich sie empfangen habe, habe ich sie von Gott durch seinen Engel empfangen“ (MH 47, 6-10). Damit liegt seine — in Verbindung mit dem Parakleten — ihn vor allen anderen auszeichnende Würde, sodaß seine Attribute lauten: „Apostel in der Welt“, „Apostel des Lichtes“, Apostel dieser Generation“ (MH 54,3-13; 16,3-10) oder „Phoster“ und „wahrer Apostel“ (MH 85,33). Bewußt knüpft er an Jesus, „der in Judäa erschienen war“, an und bekennt sich wiederholt als den von diesem verheißenen Parakleten, um sich so als der authentische Lehrer und Interpret der Wahrheit auszuweisen. Die vom Jesus des Glanzes dem Adam im Paradies geoffenbarte „Botschaft der Wahrheit“ ist ja zu verschiedenen Zeiten und an verschiedenen Orten den drei „Propheten der Wahrheit“ bzw. „Wahrheitszeugen“, Buddha, Zarathustra und Jesus zuteilgeworden, um ihren Gipfelpunkt in Mani, dem endgültigen und vollkommenen Offenbarungsempfänger zu finden.[9] In K. 8,7-12 heißt es: „Dies aber ist es, daß die Väter der Gerechtigkeit (δικαιοσύνη/dikaiosynē) ihre Weisheit nicht in Büchern geschrieben haben ... wußten, daß ihre Gerechtigkeit (δικαιοσύνη) und ihre Kirche [vergehen werden] aus (? in) der Welt, deswegen haben sie nicht geschrieben ... Denn wenn sie sie (sc. Weisheit) in Bücher geschrieben hätten, [so wäre ... nicht] verloren (oder in die Irre) gegangen.“ Demnach versteht sich die Mani-Gemeinde auch als die rechte Kirche Jesu, die nicht

8 *Beeson:* Kap. 15, S. 24; vgl. auch Kap. 37, S. 52f; Kap. 31, S. 44,22f.

9 *Gnoli, G.:* De Zoroastre à Mani. Quatre leçons au Collège de France, Paris 1985. *Lieu, S. N. C.:* Manichaeism in the Later Roman Empire and Medieval China, Manchester 1985, bibliogr. 314-344. *Sunderman, W.:* Zur frühen missionarischen Wirksamkeit Manis, in: Acta Or. Ac. Scient. Hung. 24 (1971) 79-125. 371-379. *Ries, J.:* Bouddhisme et manichéisme. Les étapes d'une recherche, in: Indianisme et bouddhisme, Louvain-la-Neuve 1980, 281-195. *Ders.:* Enfance et jeunesse de Mani à la lumière des documents récents, A. O. B., 2, L'enfant dans les civilisations orientales, Leuven 1980, 133-143.

ein Opfer der Verirrung (plane) und die Sekten (dogma) ist. Sie kann den „Herrentag“ (kyriake) als ihren Festtag (nesteia) (195,6; 233,7) feiern und legitim und authentisch die Kirche Jesu vertreten. So sind z. B. die manichäischen „Jungfrauen und ‚Enthaltsame‘“ letztlich Jesu Jungfrauen und Enkratiten (MH 14 u. Index unter „parthenos“ und „enkrates“). Der eschatologische Weltenrichter Jesu wird am Ende der Tage, seinen Richterstuhl, sein „bema“, in der manichäische Ekklesia aufrichten. Diese Hoffnung ist Trost für die vor dem „Großen Krieg“ mit Drangsalen erfüllte Endzeit. So ist auch der koptische „Sermon“ vom „Großen Krieg“ auf dem Hintergrund der ecclesia pressa der Manichäer zu sehen (MH 7ff).

Die Manichäischen Homilien sprechen von Manis Tod als einer „Kreuzigung“,[10] wenn dieser auch in Wirklichkeit an den Folgen seiner 26tägigen Kerkerhaft in Bēlapat, dem „Ort der Kreuzigung“ gestorben sei, dem „Ort, an dem der Becher (‚des Leidens‘) gemischt worden war“ (MH 45,9f; 48, 19-22). Obwohl mit dem Schwert umgebracht, „trank er den Becher der Kreuzigung seines Herrn“ (MH 83,14f), womit sein gewaltsamer Tod umschrieben wird. Nach der 3. Homilie der Fayûm-Texte ist Manis Leichnam auf die Straße geworfen und sein Haupt an einem der Tore von Bēlapat ausgesetzt worden.[11]

---

10 Mk 42,10; 44,18; 60,3; 71,15; 76,6 u. 26; 81,13; 83,9.15 u. 25; 85,33.

11 Vgl. auch Fragmente von Turfan T II D 163, veröffentlicht 1942 durch *W. B. Henning* im Bulletin of the School of Oriental and African Studies 10 (1942) 941-953. *Pestalozza, U.:* Appunti sulla vita di Mani, in: Rendiconti del Reale Istituto Lombardo di scienze e lettere 71 (1938) 3-52.

Kapitel 3
DER PRINZIPIENDUALISMUS DER KEPHALAIA UND DIE TRAGISCHE VERSTÖRUNG DER WELT

1. Die Allegorie vom „guten“ und „schlechten Baum“ (Keph. II: 16,33-23,13)

Kephalaia II bringt das Gleichnis (παραβολή) vom guten Baum und der guten Frucht und dem schlechten Baum und der schlechten Frucht (17,5f), um damit die dualistische Vorstellung von den zwei Prinzipien zu veranschaulichen. In hermeneutischer Ausdeutung eines synoptischen Stoffes, und zwar über die Bezugnahme von Mt 7,17-20 und Lk 6,43 hinaus, werden die Frucht, die Wurzel, die Zweige u. a. allegorisiert.[1] Geht es bei Matthäus um das Tun, an dem die Worte der Propheten gemessen werden, ohne zu sagen, worin die gute oder schlechte Frucht besteht, so sind bei Lukas die Worte das Kriterium, an dem der Mensch gemessen wird. Ein für die Weisheitsliteratur charakteristisches volkstümliches Bildwort dient einer allgemeinen Schlußfolgerung (Mt 7,18), wobei die Frucht Metapher für die Tat ist. Lukas hingegen (wahrscheinlich schon die Logienquelle) hat aus der allgemeinen profanen Sentenz die Warnung werden lassen, auf die eigenen Worte zu achten. Matthäus hingegen hat die Paranäse zu einer Polemik gegen den pneumatischen Enthusiasmus, die Schwärmerei und den falschen Prophetismus zugespitzt. Die Urchristenheit will sich hier bei Matthäus sowohl gegenüber dem Pharisäismus wie gegen den Enthusiasmus abgrenzen.

In den Kephalaia II ist es der erste synoptische Stoff, um dessen Deutung (ἑρμηνεία/hermēneia) die Jünger nun Mani bitten (16,35f). Sie sprechen zu ihm:

> „Wir bitten Dich, o Herr,
> daß du nun [belehrest] und uns eine Deutung gibst
> (ἑρμηνεύειν) betreffs dieser
> beiden Bäume, [die Jesus] seinen Jüngern verkündet hat,
> indem sie geschrieben sind
> im Evangelium...“ (17,2-5).

Der gute Baum hat fünf Glieder (μέλος/melos), die die fünf Grundaspekte der Seele benennen und auf die religiöse Wirklichkeit hin gedeutet werden. Es sind dies die „Überlegung“ (λογισμός/logismos), die die heilige Kirche meint, das „Sinnen“ (ἐνθύμησις/enthymēsis), das auf die Säule der Herrlichkeit, den vollkommenen Mann weist, die „Einsicht“ (φρόνησις/phrónēsis), die den „Urmenschen“ bedeutet, der im Schiff der (leben-

1 Vgl. dazu *Böhlig, A.:* Die Bibel bei den Manichäern, Diss. Münster 1947, 74.

digen) Wasser wohnt, das „Denken“ (ἔννοια/ennoia), welches der „Dritte Gesandte“ ist, der in dem Schiffe[2] des lebendigen Feuers wohnt und der Nous (Νοῦς), der in den Aeonen des Lichtes weilt. Ebenso besitzt der schlechte Baum fünf Glieder (μέλος/melos) (21,28): und zwar die „Überlegung“, die das Gesetz des Todes ist, das „Sinnen“, das die Seelenwanderung (μεταγγισμός/metangismos) ist, die „Einsicht“, die die Feuer-Öfen (κάμινος/kaminos) in der mit Qualm erfüllten Hölle bedeutet, ferner das Denken und den Nous der den Klumpen (βῶλος/bōlos), die letzte Fessel meint.[3] Identifizierend wird vom schlechten Baum gesagt, er sei die Materie/Hyle (22,32). Er ist einem mit (Finsternis) und Tod angefüllten bösen Lande gewachsen ist. Die abschließende Seligpreisung gilt dem, der um die Unterscheidung dieser beiden Bäume weiß, d. h. „sie voneinander trennt und weiß, daß sie nicht auseinander entstanden sind und hervorgekommen nicht auseinander und nicht aus Einem hervorgekommen“ (23,1-3). Einem solchen tut sich der Aufstieg zum Aeon des Lichtes auf. Im „Buch der Giganten“ heißt es:

> „... Das Gute, — das sie auch als ‚Licht‘ und ‚Baum des Lebens‘ bezeichnen, hat die Gegenden gegen Osten, Westen und Norden inne, diejenigen des Südens und des Mittäglichen dagegen der Baum des Todes.“
>
> „(Aber) der Baum des Todes hat kein Leben in seiner Wesenheit und hat an keinem seiner Zweige Früchte des Gutseins.“[4]

Das Bildmotiv der zwei Bäume begegnet in gnostischen und manichäischen Schrifttum in konträrer oder antithetischer Verwendung. Die Gnosis kennt den „Baum des Lebens und der Unsterblichkeit“, den „ewigen Baum“ (NHC VII 3; 76,15ff), der die Seele mit ihrer Lichtheit hervorbringt und sie mit unverweslichem Pneuma begabt. Der andere Baum symbolisiert das hylische, widergöttliche Prinzip und spendet Unwissenheit und Finsternis. Der Heimarmene entringt sich die dunkle Klage: „... der Baum, aus dem wir hervorwuchsen, hat als Frucht die Unwissenheit, und selbst in seinen Blättern wohnt der Tod, und Finsternis ist der Schatten seiner Zweige ...“ (NHC XIII 1; 44,20ff). Im „Apokryphon des Johannes“ (NHC I 1) symbolisieren die zwei Bäume die göttliche und die widergöttliche Welt. Dem letzteren entspricht in seiner Wesenheit die Hyle als das finstere, verderbenbringende Prinzip, von dem es heißt: „... seine Wurzel ist bitter, seine Zweige sind Schatten des Todes, seine Blätter sind Haß und Betrug, sein Fett ist eine Salbe der Schlechtigkeit und seine Frucht ist die Begierde des Todes“ (AJ, BG 56,19ff). Der „Baum der Erkenntnis“ hingegen ist das Symbol des Lichten, dem die Kraft eignet, von Adam die Unwissenheit zu nehmen, „damit er sich an seine Vollendung erinnere“ (AJ 61,5).

---

2 Vgl. *Augustinus:* de nat. boni 44: navis vitalium aquarum.

3 *Jackson, A. V. W.:* The Doctrine of the Bolos in Manichaean Eschatology, in: JAOS 58 (1938) 225-234.

4 *Adam:* Texte, 11-12, zitiert aus dem „Buch der Giganten“.

2. Zum Grundwesen der Dualität (ein Exkurs)

Das Prinzip der Zweiheit mit den beiden einander entgegengesetzten, einander entgegenwirkenden und sich gegenseitig beschränkenden Wesen und ihren widerstreitenden Kräften durchzieht das ganze theologische System der Mani-Religion. In vielfältigen Abwandlungen wird dies in den folgenden „Kephalaia"-Kapiteln sinnenhaft veranschaulicht, sodaß zunächst das Grundwesen der Dualität in einem umfassenden Fragehorizont und als Problemskizze notiert werden soll.

Die im Menschen aufgeregte Frage nach dem Bösen und damit zusammenhängend nach dem tormentum malitiae ist für ihn, der sich der Wirklichkeit des Bösen konfrontiert weiß, wortwörtlich ein Zerbrechen der natürlichen Reflexion und des Versuches, sich einen Weg zu dessen metaphysischer Ergründung zu bahnen. Der Verstand, der zur Abdankung gezwungen wird, borgt sich die mythische Imagination und veranschaulicht sich die Wirklichkeit in einer Zweiheit (Dualität) und Spannung (Polarität) zueinander, wobei die beiden Pole nicht aufeinander zurückführbar verstanden werden. Nach *Augustinus* heißt nach dem Grund des Bösen forschen, die Finsternis sehen wollen (Civ. Dei XII 7). Die Erörterung verschränkt sich mit den Fragen der Erlösung, des Heiles, aber auch mit der Frage nach Gott und seiner „Verrechenbarkeit" mit dem Malum.

Die Prämisse des Dualismus erscheint als mehrwertig und different. Das dualistische Denken mit dem Gut-Böse-Gegensatz hat verwandte Voraussetzungen in jenen Traditionen, wo die Welt von einem ursprünglichen Antagonismus durchzogen erscheint.[5] Zu denken ist dabei z. B. schon an das Gesetz der sogenannten „Enantiodromie" bei *Heraklit*. Vom Gesetz des Widerstreits ist aber auch im alttestamentlichen Jesus Sirach die Rede: „Und schaust du auf alle Werke des Höchsten: zwei und zwei sind sie, eines entspricht dem andern" (δύο, δύο, ἓν κατενάντι τοῦ ἑνός, unum contra unum, 33,15), ferner: „Dem Bösen gegenüber ist das Gute, dem Tod gegenüber das Leben, und dem Frommen gegenüber ist der Sünder" ('Απέναντι τοῦ κακοῦ τὸ ἀγαθόν ... ἀπέναντι εὐσεβοῦ ἁμάρτωλος 33,14). Auch Test.Naph. 2 aus der Intertestamentarliteratur beruft sich für die discretio rerum darauf, um sich die spezifischen Funktionen der Leibesglieder und die Individuation des Scheidewerkes des Schöpfers zu veranschaulichen (V.7). „Sagst du zum Auge, es soll hören, so kann es nicht; so kann ich auch im Finstern nicht des Lichtes Werke vollbringen" (V.10). Dieser Dualismus ist innergeschöpflich verstanden. Wo aber diese antithetischen Begriffe in Hypostasen verwandelt werden, wird die Entwicklung der Welt zur Entwicklung Gottes imaginiert mit der daraus folgenden und abgeleiteten metaphysischen Notwendigkeit des Bösen. Der numerus clausus der Einstellungen dem Bösen Gegenüber ist vielfältig: z. B. die spekulative oder praktische Toleranz zahlt den tragischen Preis der Gleichgültigkeit von Ja und Nein. Sie wird zu einem illusionären Dualismus, der in der erlösenden Erkenntnis aufgehoben wird. Der unerlöste Mensch weiß sich hineingestellt in das Auseinandergespanntsein

5 Vgl. *Petrement, S.:* Le dualisme dans l'histoire de la philosophie et des religions, Paris 1946.

von erkennendem Subjekt und erkanntem Objekt und dessen Aufhebung in der erlösenden Erkenntnis. So lesen wir auch in den Upanishaden: „Solange nämlich eine Zweiheit zu sein scheint, solange sieht einer den anderen, riecht einer den anderen ... Sobald aber einem alles zu Atman geworden ist, womit sollte er wen sehen ...? Durch den er dieses alles erkennt, womit sollte er diesen (Atman) erkennen?" (Brihadâranyaka Up. 4,5,15). Nach der Lehre der späten Upanishaden und des akosmistischen Vedânta erweist sich auch der Dualismus von Gott und Welt als Illusion: „Die Doppelheit (von Gott und Welt) würde aufhören, wenn sie von jemandem behauptet wird ... Wenn (das Brahman) erkannt ist, gibt es keine Zweiheit mehr" (Mândûkya-Kârikâ 1,18).

Der Daseinswiderspruch, den der Mensch in sich selbst, in der Geschichte, aber auch als Kampf zwischen Aufbauendem und Zerstörendem im Kosmos erfährt, läßt ihn die Wirklichkeit in ihrer Gegensätzlichkeit deuten. Die philosophische Reflexion weiß um den Gegensatz zweier Elementarkräfte, sei es der von Krieg und Frieden bei *Heraklit,* von Liebe und Streit bei *Empedokles,* sei es die Differenz einer guten oder bösen Weltseele bei *Platon,* sei es die gesamte Gegensatzontologie des *Aristoteles* in seiner Schrift „περὶ ἐναντίων"/Peri enantiōn („Über die Gegensätze") oder die Unterscheidung zwischen aktivem Geist (Gottheit) und passiver Materie in der Stoa. Hinzukommt der auf bestimmte religiöse und mythologische Vorstellungen sich stützende räumliche Dualismus (aber in philosophischer Umklammerung) von einem vollkommenen, göttlichen, supralunaren Bereich „Oben" und einem vergänglichen, von Verwirrung und Leid beschatteten und vom Ineinanderwogen von Gut und Böse erfüllten sublunaren Bereich „Unten", in dem die Menschen leben mit der Erfahrung ihrer Tragik und der der Welt.

3. „Theologischer" Dualismus (Ein religionsgeschichtlicher Vergleich)

Anders als ein solcher, sich in den Bahnen pythagoreischer Traditionen bewegender Dualismus ist der eigentlich „theologische Dualismus" der persischen Religion, der von einem Weltbild ausgeht, das zwei einander entgegengesetzte Prinzipien kennt, die voneinander unabhängig sind. Es stehen sich ein guter und ein böser Gott gegenüber, eine Konzeption, die den Griechen früh bekannt war und ihr philosophisches Nachdenken mehrfach beschäftigt hatte (vgl. *Aristoteles,* De philos, Frg. 6, *Ross*), aber im Horizont ihrer Theologie unvollziehbar blieb. Soweit das Böse nicht dem Menschen oder der Naturwirklichkeit angelastet werden konnte, ist es von den Olympiern genauso gewirkt wie das Gute, um zu strafen, zu warnen oder um ihre Macht zu erweisen. In der religiösen Ausdrucks- und Vorstellungswelt der zoroastrischen Religion[6] ist der metaphysische Dualismus zweier sachlicher

6 Vgl. *Nyberg, H. S.:* Die Religionen des alten Iran, in: MVÄG 43 (1938) bes. 28.102ff.381ff (Lit.). *Duchesne-Guillemin, J.:* Ormazd et Ahriman, MR 31, 1953. *Zaehner, R. C.:* Zurvan.

Prinzipien durch den Dualismus zweier Willenskräfte ersetzt, die als Gottheiten konzipiert sind. Dieser Typus der Entgegensetzung feindlicher metaphysischer Prinzipien gipfelt in einer Zweigeisterlehre (vgl. 3.Gatha: Y. 30,3ff). Danach entscheidet sich von den beiden uralten Zwillingsbrüdern der zu Ahura Mazdāh haltende heiligste Geist (spenista mainyu) für das Bessere (vahyah), während sich der Zwillingsbruder in seiner Torheit der „drug" („Lüge, Trug", altpers. daruga) anheimgibt und das Böse (aka) wählt „im Denken, Reden und Tun". Während Ahura Mazdāh und Heiliger Geist (spenta mainyu) im Namen des ersteren (Ormazd) verschmelzen, wird der Böse Geist als Ahriman (mittel- und neupersische Form für avestisch „angra mainyu" — „arger Geist") zum Namen des Gegengottes selbst.[7] Die Thematik des letzteren weitet sich aus bis hin zu kosmologischen Spekulationen und eine breit ausgemalte, von Dämonen bevölkerte, böse Schöpfungswelt. In der zoroastrischen Mythologie bewohnt Ahura Mazdāh seit Urbeginn die lichte und tugendhafte Sphäre der Oberwelt und gestaltet zuerst die himmlischen Wesen und dann die Welt als Fallgrube, um das Böse gefangenzusetzen. Dieser über den Polaritäten der Welt thronende Willensgott ist von Anfang an ein Gott sittlicher Reinheit, sodaß es von ihm im Avesta heißt: „Derjenige, der kundigen Sinnes durch Asha (Gesetz) Recht von Unrecht unterscheiden kann, ist Ahura Mazdāh." Er schafft die Welt zunächst in geistiger und dann in materieller Gestalt sowie den archetypischen, vorbildlichen Menschen Gayomard und das Ur-Rind als Ursprung allen tierischen und pflanzlichen Lebens. Ahriman hingegen, der „zerstörische Geist", weilt in der dunklen Sphäre der Unterwelt und ist numinoser Repräsentant des Bösen sowie Erschaffer unheilvoller Dämonen und zerstörerischer Lebewesen (z. B. der Schlangen). So wird zum Charakteristikum dieser religiösen Anschauung ein doppelter Dualismus, und zwar der von Geist und Stoff und der von Gut und Böse. Dem „Guten Sinn" ist der „Böse Sinn" entgegengesetzt, der Wahrheit die Lüge, der guten geistigen Welt, die böse geistige Welt und der guten körperlichen Welt, die böse körperliche Welt. Nutzen erwächst aus der einen, Schaden aus der anderen Schöpfung (Y. 45,7; 30,11). Der Sinn von Welt und Mensch liegt nicht im Gegebenen, sondern im Aufgegebenen und seinem künftigen Zustand der Vollendung. In diese dualistische Konzeption kommt damit das Grundmoment des Kampfes und der Entscheidung hinein (Y. 43,7ff). Der Mensch steht unter dem ethischen Appell, das Gute durch „Gutes Denken, Reden und Tun" zu mehren (Y. 33,2.14; 51,12). Mensch und Welt aber finden sich in einem Unvollendet-Sein vor. Die Geschichte des Menschen wird so zu einer Geschichte des Wählens und des Kampfes zwischen der guten und der bösen Welt.

A Zoroastrian Dilemma, Oxford 1955 (zugleich wichtige Sammlung mittelpersischer und außeravestischer Textstellen). *Ders.:* The Dawn and Twilight of Zoroastrianism, London 1961. *Duchesne-Guillemin, J.:* L'originalité de Zoroastre, in: L'Âme de l'Iran, Paris 1951, 15-38. *Humbach, H.:* Die Gathas des Zarathustra I.II, 1959. *Rudolph, K.:* Zarathustra — Priester und Prophet, in: Numen 8 (1961) 81-116. *Bianchi, U.:* Il dualismo religioso. Saggio storico ed etnologico, Rom 1958.

7 Vgl. *Duchesne-Guillemin, J.:* Ormazd et Ahriman, l'Aventure dualiste dans l'Antiquité, Paris 1953. *Boyce, M.:* A History of Zoroastrianism, 2 Bde, Leiden/Köln 1975/1982.

Der griechische Dualismus ist ein metaphysischer zwischen einer höheren geistigen und einer niederen, minderwertigen körperlichen Welt. Das nacharistotelische Denken zeigt sich wesentlich beherrscht vom Monismus der Stoa, die gegenüber der orphisch-platonischen Transzendenzströmung den Prozeß zur innerweltlichen Transformierung und Immanenz fortsetzt und in einer „pantheistischen“ Physik die wesentliche Autarkie des Welt-Seins bekennt. In der Apokalyptik hingegen begegnet uns ein eschatologischer Dualismus mit der Aufteilung des Laufes der Welt in diesen bösen Äon und den am Ende bzw. im Umbruch der Zeit kommenden Äon des Heils. „Der Höchste hat nicht einen Äon geschaffen, sondern zwei“ (4 Esr 7,50). Diese dualistische Gesamtanschauung wandelt das Geschichtsdenken der Propheten ab und radikalisiert das dominium Dei über die Welt, seine Herrschaft über die Zeit und alle Daseinsbereiche.

Was aber ist das Wesen des gnostischen Dualismus?[8] Ihm liegen zwei duale Formen voraus, und zwar der persische und der griechisch-platonische Dualismus. Kennzeichnend für den persischen ist die innerweltlich-tätige Reinigung der göttlichen Schöpfung von der eingedrungenen Verderbnis. Gott kämpft (mit dem Menschen als seinem Bundesgenossen) um seine Welt. Das Prinzip der Finsternis ist als feindlich aktives und initiatives verstanden, das der Lichtwelt gegenübersteht, zum Angriff übergeht, sie in sich hineinzieht und gefangenhält. Dieses dualistische Anschauungsschema ist von der Gnosis und von Mani als formales Mittel der Objektivation entlehnt. Der Gnosis geht es dabei um den Gegensatz zwischen der guten geistigen Welt und der bösen körperlichen Welt, auf dem Hintergrund einer pessimistischen Grundanschauung und leidenschaftlichen Weltangst. Den Terminus „Dualismus“ hatte vor fast 300 Jahren *Th. Hyde* in seiner „Historia religionis veterum Persarum“ (Oslo 1700) geprägt und in die Theologie eingeführt. Die Untersuchung der „Lichttheologie“ in den „Kephalaia“ wird zeigen, wie sich die Gnostisierung des iranischen Dualismus im Wirksamwerden der Licht-Finsternis-Begrifflichkeit dokumentiert und als Natursystem, als Darstellung des Metaphysischen im Physischen zeigt.[9] Das manichäische System wird die Dualität der beiden, von Anfang an bestehenden Prinzipien konsequent durchhalten und sie sowohl als Substanzen, wie als Bereiche vorstellen mit dem dramatischen Geschehen der Mischung und Entmischung. In immer neuen Variationen wird diese Dualität mythologisch entfaltet, zusammen mit den Emanations-Vorstellungen, die im mani-

---

8 Vgl. *Peterson, E.:* Der Haß wider das Fleisch. Versuchung und Fall durch die Gnosis, in: WuW 7 (1952) 5-10. *Rochedieu, E.:* Le dualisme chez Platon, les Gnostiques, les Manichéens, Basel 1954. *Elsas, Ch.:* Neuplatonische und gnostische Weltablehnung in der Schule Plotins, Berlin/New York 1975.

9 Vgl. *Mensching, G.:* Gut und Böse im Glauben der Völker, Leipzig 1941, Stuttgart ^{2}1950. *Adam, A.:* Der manichäische Ursprung der Lehre von den zwei Reichen bei Augustin, in: ThLZ 77 (1952) 385-390. *Petrement, S.:* Le dualisme chez Platon, les Gnostiques et les Manichéens, Paris 1947. Zum Konstruktionsversuch der Entwicklung des manichäischen Dualismus vgl. *Strousma, G.:* „König und Schwein“. Zur Struktur des manichäischen Dualismus, in: *Taubes, I.* (Hg.): Gnosis und Politik (Religionstheorie und Politische Theologie, Bd. 2), München 1984, 141-153.

chäischen Religions-System — wie in der Gnosis — von zentraler Bedeutung sind. Schon bei *Platon* begegnet als Ideogramm für Teilhabe die Vorstellung der ἀπορρή/aporrē (Phaidr. 251b), wonach dem schönen Gegenstand eine Emanation der absoluten Schönheit innewohnt. In der Gnosis hingegen meint es ein abgeleitetes, gemindertes Sein, wonach die Emanation einen minderen Seins-Wert als die Quelle hat. Nach den „Kephalaia" „fließt" jeweils Transzendentes aus einem der beiden Erstprinzipien „heraus".[10]

Eine weitere Frage gilt nun dem zweiten Fundamentalprinzip, der Hyle.

4. Das Mythologumenon von der Hyle (Materie) und das Motiv der „Begehrlichkeit"

Anders als der Hyle-Begriff der griechischen Philosophie als Rezeptivität für alle möglichen Formen ist diese im Manichäismus mythologisiert. Die Differenz zeigt sich im Vergleich des philosophischen Logos mit dem Mythos. *Aristoteles* sieht in der Hyle (ὕλη/hylē/Materie) „das, woraus etwas entsteht" (τὸ ἐξ οὗ/to ex hou, Phys. VII 3, 245b 10; Met. VII 7 1033 a 5) und setzt es jeweils in Beziehung zu dem, wofür es Materie ist. Ist es ontologisch das der Möglichkeit nach Seiende, so erkenntnis-theoretisch das durch die Form Bestimmbare. Für die Stoa aber, für die das Sein eines ist (SVF I 88; II 424.544), ist ihr wichtigstes Kennzeichen die Fähigkeit, etwas zu erleiden oder zu bewirken (SVF II 525; vgl. 336). Nur die Körper (σώματα/sōmata) können etwas erleiden oder bewirken (SVF I 90.98; II 140.336.387), sodaß das Seiende durch sie gebildet erscheint (SVF II 319f.329.359.469.525). Demnach ist derjenige Materie-Teil, der die Fähigkeit des Erleidens besitzt, das Zugrundeliegende, d. h. die Materie im engeren Sinne (ὕλη SVF I 85; II 301). Als Grundstoff des Kosmos ist er körperlich, aber qualitätslos (ἄποιον σῶμα/apoion sōma SVF II 320.326; vgl. 310.325). Der aktive Materie-Teil, der die bewirkende Kraft ist, wird als Vernunft (λόγος/lógos), als „Gott" (θεός/theos) und luftartiger Hauch (πνεῦμα/pneuma) gekennzeichnet (SVF I 85; II 1027) und besteht nach ihrer Vorstellung aus einer Luft- und Feuer-Mischung (SVF I 127.135; II 442.471.786).

In den gnostischen Systemen aber wird die Materie im Sinne eines Prozesses der Deszendenz gedeutet, die sich über mehrere Stufen hinweg vollzieht und bei denen die jeweils darauffolgende Stufe mehr „Vielheit" enthält als die vorhergehende. Es entsteht so der Geschehenszusammenhang von dem Einen — dem noetischen Bereich (Nous) — dem psychischen Bereich (Psychē) und dem sinnlichen Stoff (Hylē). Wiederum anders ist der Hyle-Begriff im manichäischen Naturpantheismus konzipiert. Als eine „intelligible" Natur hat sie — entgegen dem platonisch-aristotelischen Begriff ihre eigene Strebekraft (δυνάμεις/dynameis, κίνησις/kinēsis, ὀρέξεις/oréxeis). Als Aufruhr von der Tiefe her und als gegen sich selbst gespaltene

10 Vgl. *Adam, A.:* Der manichäische Ursprung der Lehre von den zwei Reichen bei Augustin, in: ThLZ 77 (1952) 385-390.

Finsternis und Krise (vgl. *Theodoret,* der vom διαστασιάσαι πρὸς ἑαυτὴν/ diastasiásai pros heautēn spricht), geht sie nach Wahrnehmung des Lichtes in „Begierde nach dem Besseren" über (ἐπιθυμία τοῦ κρείττονος/epithymia tou kreittonos) und greift dieses an. Damit setzt sie das Drama in Gang. Sobald die Hyle die ausgesandte Licht-Kraft erblickt, wird sie vom Verlangen nach dieser erfaßt und verschlingt sie. Durch diese Einverleibung durchdringen und mischen sich die verschlungene Kraft des Lichtes und die der verschlingenden Hyle, sodaß die Licht-Seele in einen Leidenszustand, einen status passionis gerät. Die sichtbare Welt ist Austrag dieser Vermischung der Seele mit der Hyle, Gemächte der Glieder des unterliegenden Urmenschen und der Finsternis. Die Welt ist so als eine gewaltsame und anormale Mischung zweier entgegengesetzter und unvereinbarer Naturen oder Seinsweisen verstanden. Damit verleiht der Mythos einer fundamentalen tragischen Welt-Erfahrung Ausdruck. Dieses religiöse System als Arbeit an einem universalen Entwurf basiert gänzlich auf der Lehre von den „Drei Zeiten" oder „Drei Momenten", dem „Anfang", „der Mitte" und dem „Ziel" (initium, medium, finis) eines Dramas von Licht und Finsternis und entfaltet es als Kosmologie, Anthropologie und Soteriologie.

Ein Existeltial der Hyle ist der Neid (φθόνος/phthonos). Davon spricht K. LXXIII (178,25-180,26): Er entstand dadurch, daß die Hyle das erste Bild des Gesandten beneidet hatte, welches er ihr in der Höhe geoffenbart hatte (179,1-3). Es wird gesagt: „Sie hat das Siegel und Bild des Fleisches geschaffen (und) den Charakter jenes Bildes in das Fleisch gelegt, ihr eigenes Erzeugnis" (179,3-5). Der Neid richtete sich auch auf den ersten Menschen, Adam, von dem sie Kraft genommen (179,6f), ferner gegen alle Erstgeborenen und Urväter Christi, der der Vater aller Apostel ist. Von der Hyle wird gesagt: „Seine [Geduld (ὑπομονή/hypomonē)] aber hat sie beneidet (φθονεῖν/phthonein) am Holz des Kreuzes (σταυρός/stauros)" (179,11f). Der Neid aber richtet sich auch gegen Mani und seine Gerechtigkeit, seine ganze Gemeinde und die ganze Versammlung seiner Katechumenen, denn Hyle kann keinen verständigen, wahrhaftigen und geraden Menschen sehen, der in der Wahrheit ist und im Glauben vollkommen ist (179,16-28). Dieser Neid manifestiert sich außen durch Krankheiten und körperliche Leiden der Menschen, innen durch falsche Zeugnisse, Gerüchte und lügenhafte Anklagen (180,1-15), denn der Wille der Hyle ist das „Sinnen (ἐνθύμησις/ enthymēsis) des Todes" (180,16). Gefordert ist vom Mani-Anhänger als dem „verständigen Mann" das Ausharren in der Wahrheit und in der Hoffnung des Glaubens (180,19-26).

Der manichäische Begriff der Hyle als eines außerhalb von Gott angenommenen bösen Prinzips ist mythisch-bildlich versinnlicht. Er findet als abstrakte Idee seine räumliche Veranschaulichung. Die Fragen, die hier für die Widerstreiter des manichäischen Systems auftauchen, lauten: wenn die beiden gegensätzlichen Prinzipien (ob gleichzeitig oder anfanglos) getrennt nebeneinander stehen, müsse das eine das andere hinsichtlich seiner Substanz begrenzen und beschränken und könne so nicht absolut sein. Denn zum Begriff eines Prinzips gehöre es ja, daß es älter als alles sei und alles beherrsche (vgl. *Titus von Bostra* I 5). Ein solcher Begriff des Bösen widerstreite, worauf *Augustinus* hinweist, dem Gottesgedanken. Er fragt neben dem „quid est?" nach dem „unde est?" und kommt zu einem ursprünglichen nihilum, das als corruptio bestimmt wird. *Augustinus* übernimmt den neuplatonischen Begriff des Nichts und deutet ihn zu einem Element des menschlichen Lebens um. Diese Umdeutung richtet sich gegen die manichäische Ansicht vom Bösen. Er erklärt, daß es nach christlicher Überzeugung keine Gott, dem höchsten Sein, entgegengesetzte Substanz oder „Natur" gibt, „nisi quod omnino non est".[11] Die Manichäer deuten das Nichts aber im Sinne eines Wesens und beziehen sich dabei auf die Stelle im Johannesprolog, „ohne ihn ist nichts geworden", ohne zu begreifen, daß das Nichts ein privativer Begriff sei. Ist das Lichtreich mit seinem Herrscher gleichewig, so hat diese Gleichheit der Natur den Charakter des ungeschaffenen Absoluten. Widersprüchlich ist, wenn Mani das Reich der Finsternis für ewig hält, aber zugleich die Sphäre des Wechsels, des Werdens und Vergehens wie des Materiellen darin impliziert sein läßt. Wo alles als eine Substanz erscheint, ist das endliche Sein nur eine Modifikation des Absoluten und tritt erst durch die Mischung der beiden Extreme und Prinzipien ins Dasein. Nach der mythischen Gestaltung der Hyle — bei *Platon* als Rezeptivität für alle möglichen Formen verstanden — ist diese der Protagonist der Mischung und damit der Schaffung der materiellen Welt.[12] Im Erblicken des Lichtglanzes ist die Begierde geweckt, zum oberen Ort zu kommen, was zugleich den Angriff auf das Licht bedeutet. Die dabei aufbrechende Frage, wie das von Natur Untere und Finstere sich nach oben zum Licht erheben könne (vgl. *Alexander von Lykopolis* c.9),[13] ist im manichäischen System nur von dem „positiven" Begriff des Bösen her möglich, seiner Streberichtung auf das Gute hin, sodaß sein Kampf gegen das Gute Ausdruck einer Haß-Liebe und Begierde nach dem Guten enthält. *Augustinus* charakterisiert bei der Behandlung der Dualität der manichäischen Grundwesen die Entwicklung der Welt nach ihren drei Hauptmomenten: habet in capite bellum Dei, in medio contaminationen Dei, in fine damantionem Dei. Dem Angriff und

---

11 *Augustinus:* C.Secundinum 10. CSEL 25,919; De moribus II 1,1; De civ. Dei XII 2. Vgl. „Praepropere ac praepostere quaesivit, unde esset, quod primo non quaesierat, quid esset. Et ideo nullo modo poterant quaerenti occurrere nisi vana phantasmata, quibus difficile animus carnalibus sensibus multum pastus exuitur" (Contra ep. Man. c.36; vgl. De natura boni c.4).

12 Vgl.*Baur, F. Ch.:* Das Manichäische Religionssystem, Tübingen 1831, 41ff.

13 Vgl. *Adam, A.:* Texte zum Manichäismus, in: Kleine Texte für Vorlesungen und Übungen, 175, Berlin 1954, ²1969, 16 Nr. 7. Auch *Alexander von Lycopolis,* De placitis Manichaeorum 3: PG 18,414 D: der gute Gott „hatte nicht die Fähigkeit des Bösen, um es damit selbst zu strafen, da nichts Böses im Hause Gottes ist." Der polemische Traktat des *Alexander von Lykopolis* gegen die Manichäer (Contra Manichaei opiniones disputatio) wendet sich in geschulter Dialektik gegen deren Annahme zweier Prinzipien, Gott und Hyle. Ferner bekämpft er die manichäische Anthropologie und die damit zusammenhängende Askese. *Alexander von Lycopolis* dürfte Mani gekannt und die manichäische Mission in Ägypten selbst erlebt haben (vgl. disp. 2.5). *Villey, A.:* Alexandre de Lycopolis. Contre la doctrine de Mani, Paris 1985. *Hawkins, J. B.:* Treatise of Alexander, Bishop of Lycopolis. On the tenets of the Manichaeans, in: The Ante-Nicene Library, vol. XIV, Edimbourg 1869, 236-266. *Horst, P. W. van der/Mansfeld, J.:* An Alexandrian platonist against dualism: Alexander of Lycopolis' treatise „Critique of the doctrines of Manichaeus", Leyde 1974.

der Einwirkung der Gottheit gegenüber setzt diese eine aus ihrem Wesen emanierende Kraft entgegen, die Weltseele. In *Augustinus* konkreter Darstellung ist es der „erste Mensch", die anima bona.

Die manichäische Kosmogonie sieht in den beiden einander entgegenwirkenden Kräften, dem absoluten Guten und dem absoluten Bösen, eine gegenseitige Bindung und Begrenzung, sodaß sich die gegenwärtige Weltordnung als Ausgleich der Gegensätze wahrnehmen läßt. Das Böse wird als blind wirkende Kraft, als regellose Bewegung verstanden (ἄτακτος κίνησις/ataktos kinēsis).[14] Die aus Gott emanierende kosmogonische Potenz im Erscheinungsbild des Urmenschen, ist eine täuschende und mit dem Wechsel der Formenvielfalt spielende: „mutabiles et mendaces formae." Doch davon später. Das Problem des Bösen ist im Manichäismus in seiner radikalsten Weise konzipiert: es ist unleugbar, von Ewigkeit her seiend. Es ist nicht zu mindern, weil es in keiner Weise vom Guten her abgeleitet werden könne noch von ihm her bestimmbar oder abhängig sei. Die Materie ist vom Glanz des Lichtes geblendet und hat das „Begierde" (epithymia), sich ihm anzugleichen. Damit beginnt das tragische Drama der Vermischung.

5. Das Licht als „absolute Metapher" im Kontext des philosophischen und theologischen Dualismus (ein Exkurs)

In einer kleinen exkurshaften Propädeutik geht es um die Licht-Finsternis-Metapher im philosophischen Nachdenken und seiner Notierung. Es ist zu fragen, was sich mit dieser Metapher anzeigt, was sie umschließt und welche Veränderungen sie erfährt in der Verhältnisbestimmung des Menschen zur erfahrenen Wirklichkeit hin.

Die Licht-Metapher begegnet meist in übertragender und uneigentlicher Rede. Wieweit aber handelt es sich dabei um eine „absolute Metapher", wo das „Licht" zugleich als Grund dafür gesehen wird, daß es in der Sprache metaphorologisch verwendet werden könne? Die Metapher des Lichtes reicht von der Symbolisierung für Heil, erfülltes Leben,[15] Glück u. a. innerhalb des religiös-kultischen Horizonts bis hin in den philosophischen Verwendungsbereich als Bedingung der Möglichkeit für Einsicht und Erkennen. So schildert z. B. der Vorsokratiker *Parmenides* in Frg. 1 (*Diels* I 228)

---

14 Vgl. *Chavannes, A./Pelliot, P.:* Un traité manichéen retrouvé en Chine, in: JA, sér. X,18 (1911) 499-617.546: Der chinesische Traktat zeigt deutlich, daß der manichäische Mythos vom Eindringen des Reiches der Finsternis in das Reich des Lichtes die Erfahrung des Individuums dahin widerspiegelt, daß dessen gute, für-sich-seiende Seele von einer unkontrollierten, fremden Macht des Bösen überfallen wird. Vgl. *Troje, L.:* Zum Begriff „ataktos kinesis" bei Platon und Mani, in: Museum Helveticum 5 (1948) 96-115. Ferner *Maher, J. P.:* Saint Augustine and Manichean Cosmogony, in: Augustinian Studies 10 (1979) 91-104.

15 *Aischylos:* Pers. 299; Choeph. 61ff; *Sophokles:* Oid.Tyr. 375 u. ö.

den Weg vom Hause der Nacht zum Licht, den Weg der Wahrheit als den Weg, das im Grunde Licht-Sein ist.[16]

Es heißt: „Aber nachdem alle Dinge Licht (φάος/phaos) und Nacht (νύξ/nyx) benannt und das, was ihren Kräften gemäß ist, diesen und jenen als Namen zugeteilt worden, so ist alles voll zugleich von Licht und unsichtbarer (ἄφαντος/aphantos) Nacht, die beide gleich(-gewichtig); denn nichts ist möglich, was unter keinem von beiden steht" (Frg. 9,1ff; *Diels* I 240f). Hier sind Licht und Finsternis ohne eine moralische Wertung (vgl. Frg. 8,54; *Diels* I 239) oder terminologische Ausbildung des Gegensatzes rein (methodisch) gegenübergestellt. Diesem Ansatz entspricht auch die Zweiteilung seines Gedichtes, das im ersten Teil die Wahrheit, im zweiten Teil die Meinungen der Sterblichen behandelt (Frg. 8,50ff).[17] *Parmenides* weist den Licht-Finsternis-Gegensatz dem Bereich der Meinung zu: das Licht, zu dem der Weg der Wahrheit führt, ist nicht wesenhaft auf sein Gegenteil, die Finsternis bezogen und angewiesen.[18] Die Konzeption des Lichtes bleibt auch bei *Platon*[19] aus dem Dualismus herausgelöst, wenn er auch eine ausgesprochene Lichtmetaphysik entfaltet. Sein „philosophischer Dualismus" unterscheidet zwischen Ideen oder Formen (ἰδέαι, εἴδη/ideai, eidē) als dem eigentlich, weil ewig Seienden (ὄντως ὄν/ontōs on) und Gegenstand wahrer Erkenntnis, von den bloß abbildlichen Erscheinungen, den Dingen im Werde- und Vergehensprozeß, von denen es nur eine „wahre Meinung" gibt. Dualistisch ist auch die definitorische Frage des *Sokrates* nach dem „Guten" angelegt, der es von den Gütern zu unterscheiden lehrt - mit der Unterscheidung der Sorge um „das, was zu einem gehört" (τῶν ἑαυτοῦ/ton heautou) und der Sorge um das Selbst (ἑαυτοῦ/heautou; Apol. 36c). In solch einer dualen Sicht der Seinsweisen ist der Mensch vor das für sein Leben entscheidende Wählen gestellt. Aber dieser philosophische Dualismus von eidetischem Sein und einem nur quasiseienden „Nicht-Sein" (μὴ ὄν/me on) wird von *Platon* noch von der Idee des Guten überstiegen, die als Grund alles Seienden und aller Seinserkenntnis jenseits des Seins gesucht wird (Resp. 509b). Dort, wo er auf die Notwendigkeit einer Paideia auf den Philosophenpolitiker zu sprechen kommt (Resp. 484e-504a), erörtert er anhand des „Sonnengleichnisses" die Grundlage, den Maßstab und das Ziel all dieser Erziehung. Höchste Erkenntnis liegt für ihn in der Schau der reinen „Gestalt des Guten", der ἰδέα τοῦ ἀγαθοῦ (idea tou agathou) (504a-509b). Wie die sinnenfälligen Dinge erst durch die Sonne sichtbar werden (Resp. 508c 1f), so wird das Sein erst durch die Idee des Guten erkennbar. „Jen-

---

16 Vgl. *Beierwaltes, W.:* Lux intelligibilis. Untersuchungen zur Lichtmetaphysik der Griechen, München 1957. *Wetter, G. P.:* Phōs (φῶς). Eine Untersuchung über hellenistische Frömmigkeit; zugleich ein Beitrag zum Verständnis des Manichäismus, Uppsala/Leipzig 1915—1917, 1-189.

17 Vgl. *Kranz, W.:* Über Aufbau und Bedeutung des Parmenideischen Gedichtes, SAB 1916, 47 (1916) 1158-1176. *Burkert, W.:* Das Prooem des Parmenides und die Katabasis des Pythagoras, in: Phronesis 14 (1969) 1-30.

18 *Parmenides:* VS 28 B 1, LO; vgl. B 8,34ff; B 9. Für die griechische Philosophie bis *Demokrit* vgl. *Luther, W.:* Archiv für Begriffsgeschichte 10 (1966) 1-240.

19 *Platon:* Resp. 507bff.

seits“ der Ideen (Resp. 509b 9) und doch in ihnen lichtend gegenwärtig, ist das Gute (ἀγαθόν/agathón) das „Leuchtendste des Seienden“ (Resp. 518c 9), was „Allem Licht gewährt“ (Resp. 540a 8). Das wahre Sein ist licht und kann erhellen.[20] Durch das Lichtsein der Ideen ist erst Erkenntnis möglich, und umgekehrt gilt, daß die Erkenntnis das Sein lichtet: Das Gute, das ἀγαθόν/agathon ist ja das „Leuchtendste des Seienden“ (τοῦ ὄντος τὸ φανότατον/tou ontos to phanotaton, Resp. 518c 9). Licht und Wahrheit stehen in einem Korrespondenzverhältnis (Resp. 508b). In der „Politeia“ *Platons* (Resp. 540a) heißt es: Man muß sie ... „nötigen, ‚das Auge‘ der Seele aufwärtsrichtend in das allen Licht Bringende hineinzuschauen, und wenn sie das Gute selbst gesehen haben, dieses als Urbild gebrauchend, den Staat, ihre Mitbürger und sich selbst ihr übriges Leben hindurch in Ordnung zu halten...“ (ἀνακλίναντας (aufwärts richten) τὴν τῆς ψυχῆς (Auge) εἰς ἀυτο ἀποβλέψαι τὸ πᾶσι φῶς παρέχον, καὶ ἴδοντας τὸ ἀγαθὸν ἀυτό, παραδείγματι χρωμένους ἐκείνῳ...). Im sogenannten „Höhlengleichnis“ beschreibt *Platon* den Weg des notwendigen Aufstiegs von den minderen Stufen der Erkenntnis bis hin zu der alles normierenden höchsten der „Idee des Guten“ (514a-521b), durch welche sich eine Entfesselung und Umkehr (περιαγωγή/periagōgē) vollzieht aus dem „nachthaften Tag in den wahren“ (Resp. 521c 6f). Er ist zugleich Erleuchtung und Bewußtwerden der Transzendenz und Immanenz des Lichtes.[21] Geht *Platon* vom Lichtsein der Dinge aus, so ist es bei *Aristoteles* der Nous, der den Gegenstand zum Leuchten bringt, sodaß seine Tätigkeit mit dem Licht verglichen werden könne.[22] Während *Platon* im „Licht“ die Beschaffenheit der Ideenwelt sieht, wird dieses im Hellenismus zum gestaltlosen Lichtreich. Es beginnt sich auch die Verhältnisbestimmung zwischen Lichtreich und Welt und zwischen rationaler Erkenntnis und religiöser Gnosis zu verändern. Der Weg zum Göttlichen als Licht vollzieht sich durch die Verwandlung und Verbindung mit der überweltlichen Substanz. Die Gnosis vollendet, was sich im außergnostischen Hellenismus anbahnt.[23] Das Licht ist das „Selbst“ des zu Erlösenden und des Erlösten. Das Licht ist das Ziel des Weges der Gnosis. Finsternis aber ist, existential verstanden, das Woraus des Erlösungsvorgangs, Sphäre der Selbstentfremdung und Fesselung.

Die manichäische Kosmologie kennt keine Abstufungen, keine Schattierungen von Gut und Böse, sondern nur den Widerstreit, das Entweder-Oder. Der Mythos erzählt vom Aufstand der Ur-Finsternis gegen die Lichtwelt. Anders als das mit sich selbst eins seiende und nur sich selbst wollende Licht (128,3ff) begehrt die Finsternis etwas außerhalb ihrer selbst und ist gespalten. „Als sie (sc. die fünf Häuser der Finsternis, das Pendant zu den

---

20 Zur Geschichte der Höhlenmetapher vgl. *Blumenberg, H.:* StGen 10 (1957) 437f; *Ders.:* Das dritte Höhlengleichnis, in: Stud. Ricc. Stor. Filos. 39, Turin 1961.

21 Vgl. den philosophischen Exkurs im VII. Brief *Platons* (Ep. VII 341c 6-d2).

22 *Aristoteles:* An. III 5p 430 a 14f.

23 Vgl. *Pétrement, S.:* Le dualisme chez Platon, les gnostiques et les manichéens, Paris 1947. *Noble, E.:* Il Dualismo nella filosofia, Neapel [2]1935. *Rochedieu, E.:* Le dualisme chez Platon, les Gnostiques, les Manichéens, Basel 1954. *Krämer, H. J.:* Der Ursprung der Geistmetaphysik, Amsterdam 1964.

fünf Größen des Lichts) nun untereinander Krieg führten, wagten sie ihre Hand zu legen an das Land des Lichtes; sie dachten bei sich, sie vermöchten es zu erobern, aber sie wissen nicht, daß sie das, was sie zu tun gedachten, auf sich selbst herabziehen werden" (PB p 9,21ff; Adam, Texte 39f). Der Einfluß der Denkweise des Zurvanismus[24] auf die altgriechische Philosophie, angefangen von *Heraklit,* der *Orphik* und dem *Pythagoreismus* bis hin zum *Neuplatonismus, Neupythagoreismus* und die *Gnosis* ist von tiefprägender Kraft und dürfte als ein in Reaktion auf die Verkündigung Zarathustras[25] entwickeltes System anzusehen sein. Der Zurvanismus basiert auf einigen aus dem Gesamtzusammenhang der Lehrgesänge Zarathustras (Gathas)[26] herausgelösten, dann umgedeuteten und verabsolutierten Sätzen, wie z. B. auf Vers 3 der dritten Gatha: „Die beiden ersten Geister, welche in einem Traum als Zwillinge vernommen wurden, sind ja im Denken, Reden und Handeln das Bessere und das Schlechte." Sieht der Zarathustrismus in diesen beiden Ersten Geistern hohe, engelartige und geschaffene Wesen, die durch persönliche Entscheidung zum Anführer des Guten oder zum Vorkämpfer des Bösen wurden und so einen relativen Dualismus repräsentieren, so interpretiert der *Zurvanismus* diese Verse im Sinne eines absoluten Dualismus und versteht die beiden Ersten Geister als gleichursprüngliche Prinzipien, wie dies auch der Manichäismus tun wird. Als funktionsloser Gott, als deus otiosus, stellt „Zurvan", die „Zeit", nur einen Begriff dessen dar, was alles Geschehen umgreift.

6. Die Religion des Nous, des erleuchteten Geistes

Die manichäische Soteriologie setzt bei der stimulierenden Dynamik des Lichtes ein. Jeder ist ein Lichtzentrum in sich, eine „unendliche Totalität", der durch das Ethos der Enthaltung von der Welt als einem Geschehen der Lichtbefreiung die Lichtsubstanz auf ihren höchsten Wert bringt mit dem beglückenden Ziel der Scheidung in die anfängliche Dualität. Die tragisch dual-determinierte Freiheit des einzelnen kennt den Ideal-Typus der Erlösung, wobei es nicht um den edel-trefflichen Menschen der Antike geht,

24 Vgl. *Boyce, M.:* A History of Zoroastrianism, 2 Bde, Leiden/Köln 1975/1982. *Lommel, H.:* Die Religion Zarathustras nach dem Avesta dargestellt, Tübingen 1930. *Waldmann, H.:* Die beiden Ersten Geister und der sog. zarathustrische Dualismus, in: Proceedings of the First European Conference of Iranien Studies, Rom 1988. *Zaehner, R. C.:* Zurvan. A Zoroastrian Dilemma, Oxford 1955. *Elsas, Ch.:* Neuplatonische und gnostische Weltablehnung in der Schule Plotins, Berlin/New York 1975.

25 *Zölzer, F.:* Leben und Lehre Zarathustras nach den Gathas, Würzburg 1979.

26 Vgl. *Andreas, F. C.:* Die dritte Ghātā des Zarathustro, in: NGG (1909) 42-49. *Tavadia, J. C.:* Zur Interpretation der Gata des Zarathustra, in: ZDMG 100 (1950) 232-237. Die beiden einander entgegengesetzten Geister bestimmen den Menschen. Er hat zwischen ihnen zu wählen. „Und im Anbeginn waren diese zwei Geister, die Zwillinge,... das Gute und das Böse. Zwischen ihnen haben die gut Handelnden richtig gewählt, nicht die schlecht Handelnden. Und als diese beiden Geister zuerst zusammenkamen, da bestimmten sie Leben und Tod" (Yasna 30,3f; vgl. 45, 2 u. ö.).

sondern um den entmischten. Das „Agendum" ist ein Schritt zur Enthaltung und ruht auf dem „Credendum" des Mythos auf. Alles, der Mensch und der Kosmos, steht im Problemkreis dieser Entmischung. Die eigene Aktivität wird durch „Erkenntnis" sichergestellt und ist im Lichtfunken fundiert. Das Wesen des Menschen wird bis auf seinen Grund hin durchschaut als vermischte Abgründigkeit. Die Vermischtheit ist wie ein metaphysischer Grundsatz, der in allen Situationen das Seiende bestimmt. Der Nous, um den als der Lichtintelligenz alles kreist, bildet das Hauptstück des Vorgangs der erlösenden Entmischung. Er ist Bewußtsein und Wissen, Instrument des Erwachens und der Wiedererinnerung, des Urteils und des Willens.

Schon in der philosophischen Terminologie der Griechen hatte der Begriff νοῦς/Nous eine Umprägung erfahren und zwar von der Wortbedeutung des „Sinnes" hin zu „Vernunft" oder „Geist". Damit tritt die theoretische Beziehung des Denkens und Erkennens in den Vordergrund. In der platonischen Lehre von den Seelenteilen hat er innerhalb der Dreiteilung (νοῦς = το λογιστικόν) die vornehmste Stelle inne und hat als das reine Denken die Idee zum Gegenstand,[27] aber auch die Tugend und das sittliche Handeln. *Platon* illustriert dies durch das Gleichnis vom Steuermann.[28] Der hohen Schätzung des Nous (νοῦς) im Mikrokosmos entspricht die im Makrokosmos, wo er als König Himmels und der Erde herrscht (Phileb. 28c) und als „der wahre und göttliche Nous" (ἀληθινὸς καὶ θεῖος νοῦς/aléthinos kai theios nous)[29] bezeichnet wird. In der Zuwendung zum reinen Sein (τῷ ὄντι ὄντως/tō onti ontōs) entspringt aus dieser geistigen Vermählung die Wahrheit (ἀλήθεια/alētheia) als ihre Frucht (Resp. VI 49ab). So birgt die Vernunft als höchste Form des menschlich-geistigen Vollzugs das Gottesbewußtsein in sich, einer der tiefsten und fruchtbarsten Gedanken, die *Platon* der antiken Religionsphilosophie überantwortet hatte. Diese Gleichsetzung von Nous mit dem Prädikatsbegriff „Gott" (θεός/theos) begegnet uns bei *Euripides,*[30] aber auch bei *Aristoteles,*[31] wo er als Element des Logischen das vornehmste Stück der menschlichen Geisteskraft und als Inbegriff des Göttlichen erscheint. Seine theologische Nachgeschichte und Hauptgeschichte aber findet der Nous im plotinischen System, wo er als die „denkende Substanz" mit dem Einen (ἕν/hen), aus dem er hervorgeht, die oberste Wesenheit und höchste Hypostase im Reich des Intelligiblen bildet.[32] Im Nous zerteilt sich die Einheit des Urwesens in den Gegensatz von Denken und Gedachten (III 8,9; V 1,4). Er denkt das Seiende und ist es

27 Phaidr. 247c; Resp. VI 508d; vgl. Phaid. 83b u. ö.

28 Phaidr. 247cd; Leg XII 961e.

29 Phileb. 22c; Tim 30ab, 46cff.

30 *Aristoteles,* vgl. Frg. 49 (p 55,19f *V. Rose*); An I 4p 408b 29f; Eth Nic. X 7p 1177a 15f; 9p 1179a 26: der ist νοῦς ist τὸ συγγενέστατον den Göttern, νοῦς das Element des Logischen und Inbegriff des Göttlichen. Diese beiden Erkenntnisse der klassischen griechischen Philosophie über die Gegensätze der Schulen hinweg Gemeingut des antiken Denkens geworden. Vgl. auch *Plutarch,* De procreatione animae 27 (II 1026e).

31 Vgl. *Euripides,* Tro. 886: Ζεύς = νοῦς βροτῶν. TGF fr. 1018: ὁ νοῦς γὰρ ἡμῶν ἐστιν ἐν ἑκάστῳ θεός.

32 Eine natürliche Theologie, die Religion mit der Philosophie verbindet, fragt nach einem letzten, überpersönlichen Einen. Ausgehend von der alten „orphischen" Einheitsidee („Aus

zugleich (V 5,1ff) als Demiurg (δημιουργός) und κόσμος νοητός (kosmos noētos) (V 9,9). Er wirkt in dem unter ihm liegenden Bereichen der übersinnlichen und sinnlichen Welt, geht in die Seele ein und ist ihr Psychopomp zum Licht der Gnosis. Das Feld der Kompilation von philosophischer Tradition und synkretistischer Amalgamierung der Heilslehren ist vielfältig. Seine bedeutende Rolle spielt er als synkretistischer Gottesname, als Aion Nous dann im Manichäismus, und travestiert so den philosophischen Begriff in einen soteriologischen.

---

einem ist alles geworden und in eines kehrt alles zurück": vgl. *H. Diels,* Doxographi Graeci, 1879, 179; vgl. den orphischen Zeushymnus bei *Platon,* Leg. IV 715e) findet sie ihren krönenden Abschluß in der monistischen Begriffmetaphysik *Plotins* mit der Idee des Einen (Ἕν). In ihm hat das All seinen Ermöglichungsgrund und von ihm geht der Nous aus (*Plotin,* Enn. I 7,1; VI 8,20; VI 9,4; VI 9,9).

Kapitel 4
IDENTIFIKATORISCHE GRUNDFIGUREN DES MANICHÄISMUS (Emanationen)

Der für das gnostische Denken und Weltsystem konstitutive Grundbegriff der „Emanation" begreift den Vorgang des aus einem einzigen Prinzip Entstandenen als Loslösung von seinem Ursprung. *Irenäus* spricht von einer Trennung (separatio, haer. 2,13,4) in der Weise des Abstiegs (descensio) und deminoratio (haer. 2,13; 6.7; 17,9). Der Hervorgang aus dem Einen schließt in seinem stufenmäßigem Absteigen die Verminderung an Sein und Wert ein. Diese Vorstellung liegt dem Typus der syrisch-ägyptischen Gnosis zugrunde und leitet alles Sein (einschließlich der Materie) aus einer einzigen Quelle ab. Das Böse wird als Geschehen der Devolution und als allmähliche Verfinsterung verstanden. So ist *Basilides* von der Frage nach dem Ursprung des Bösen umgetrieben (Epiph. 24,6: ἔσχεν δὲ ἀρχὴ αὐτῆς τῆς κακῆς προφάσεως τὴν αἰτίαν ἀπὸ τοῦ ζητεῖν καὶ λέγειν πόθεν τὸ κακόν). Der andere Typus der Gnosis ist der sogenannte „iranische" mit seiner höchsten Ausformung im Manichäismus. Die Ausgangskonzeption ist eine dualistische, wobei dem uranfänglichen Licht eine ebenso uranfängliche Finsternis selbständig gegenübersteht.[1] Dem Welt- und Erlösungsdrama Manis liegen die beiden uranfänglichen geschiedenen Prinzipien des Guten und des Bösen zugrunde — duae substantiae a se divisae (*Augustinus,* ep. Fund. 13) als Vorstellung einer dualistischen Urgeschiedenheit und Spaltung des Seins.[2] Beiden sind die Prädikate „unerschaffen", „anfanglos" und „ewig" eigen. So heißt es in der 123. Homilie des *Severus v. A.:* „Jedes von ihnen ist ungeschaffen (ἀγέννητος/agénnētos) und ohne Ursprung (ἄναρχος/anarchos)." Das gute Prinzip, der „Vater der Größe" (VII; 34,21f), der „der erste Einzigartige" (Μονογενής/Monogenēs 34,23), der mandäische „Herr der Größe" ist, hat außerhalb seiner selbst als seine Exponenten eine Pentade (34,24), eine Fünfheit von Škinas, die fünf Lichtelemente „Bewußtsein", „Vernunft", „Denken", „Vorstellung", „Gesinnung",[3] von denen bei *Basilides* als den fünf Hypostasen die Rede ist, die den höchsten Gott umgeben. Nach dem Avesta[4] sind es die Amesha Spentas („unsterbliche Heilige"), die

---

1 Vgl. *Jonas, H.:* Gnosis I, a.a.O. 283.

2 Theordor bar Khonai, XI. Buch der Scholien, in: *Reitzenstein, R./Schaeder, H.:* Studien zum antiken Synkretismus, Anhang I, S. 342ff ist von kjana = φύσις/phýsis die Rede, bei *Alexander von Lykopolis,* πρὸς τὰς Μανιχαίου δόξας/pròs tàs Manichaiou doxas (ed. *Brinkmann*) Kap. 3, p. 4,24-8,4, von den ἀρχαί/archai.

3 *Augustinus* spricht von den membra dei, die Acta Archelai, von den πεντε ονοματα/pentē onomata (τῆς ψυχῆς/tēs psychēs). In den Acta Thomae (§ 27, p. 142,19: *Bonnet*) sind es πέντε μέλη/pente melē, fünf Glieder.

4 Vgl. *Lommel, H.:* Die Religion Zarathustras nach dem Awesta dargestellt, 1930, 30ff.255ff. 269ff. *Wesendonk, O. G. v.:* Das Weltbild der Iranier, 1933, 77ff.

Ahura Mazdāh als seine „Leiber" (Y. 13,81) umgeben. Sie sind Vollstrecker seines Willens und Vorkämpfer für das Reich des Guten, Entfaltungen und Aspekte seiner Kraft. In den manichäischen Texten bilden sie die fünf Lichtelemente.

1. Der „mephistophelische" Wille des Angriffs der Finsternis gegen das Licht

Das böse Prinzip, der „König der Finsternis" als Hyle (Ὕλη/Hyle) personifiziert,[5] steht dem guten Prinzip als geistig-tätiges Wesen entgegen mit dem „mephistophelischen" Willen zum Angriff gegen das Licht.[6] Es ist als intelligible Natur verstanden und hat entgegen dem platonisch-aristotelischen Begriff seine eigenen Kräfte (δυνάμεις/dynameis), seine ungeordnete Bewegung (ἄτακτος κίνησις/ataktos kinēsis) und seine Strebungen (ὀρέξεις/orexeis).[7] Sein Wille zur aufrührerischen Revolte bricht von der Tiefe her nach oben aus und auf und setzt damit das Drama der Fesselung des Lichtes in der Tiefe in Gang. Zugleich begründet es die Tragödie der Vorfindlichkeit des Lichtes in dem ihm entgegengesetzten Bereich. Es ist dies die manichäische Variante der „Unde-malum"-Problematik. Dabei geht das gegen sich selbst gespaltene Wesen[8] der Finsternis mit der Wahrnehmung des Lichtes zum Kampf gegen das Licht über, evoziert durch die „Begierde nach dem Besseren" (ἐπιθυμία τοῦ κρείττονος/epithymia tou kreittonos). So heißt es schon im Bundehesh: „Ahura Mazda wußte vermöge der Allwissenheit, daß Angra Mainyu existiert... Angra Mainyu war vermöge seines Nachwissens mit der Existenz des Ahura Mazdā unbekannt; und darauf erhob er sich aus der Tiefe, ging in das Licht, und als er das Licht des Ahura Mazdā sah, ... lief er aus Begierde zu töten und wegen seiner neidischen Natur zum Morden herbei... und erhob sich zum Streite... Und als er die Geschöpfe der Unterredungen, schienen sie ihm preiswürdig" (S. 2, Justi). Und bei *Hegemonius* 67, 96f (*Beeson*) wird eine Meinung des *Basilides* über die Lehre gewisser „Barbaren" berichtet: „Quidam horum dixerunt initia omnium duo esse, quibus bona et mala adsociaverunt... Haec cum apud semetipsa essent, proprium unumquodque eorum vitam agebant... Postquam autem ad alterutrum agnitionem uterque pervenit et tenebrae contemplatae sunt lucem, tamquam melioris rei sumpta concupiscentia insectabantur ea et coadmisceri ac participari de ea cupiebant." Schon in dieser vormanichäischen Vor-

5 Vgl. *Augustinus:* c. Faust. 20,3, läßt Faustus sagen: Bonis omnibus principium fateor Deum, contrariis vero hylen; sic enim mali principium ac naturam theologus noster (Mani) appellat.

6 *Ephraem* berichtet im 3. Memra an *Hypathius*, Mani habe gelehrt, „daß einst die Hyle Denkfähigkeit gewonnen habe." *Severus* von Antiochien wirft in seiner 123. Homilie den Manichäern vor, daß sie die Finsternis gleichzeitig „eine Materie" und „immateriell und geistig" nennen.

7 *Alexander* von Lykopolis, p. 5 (*Brinkmann*).

8 Vgl. *Theodoret:* Haeret. fabul. compendium I 26, Migne PG 83, col. 378 B: διαστασιάσαι πρὸς ἑαυτήν/diastasiasai pros heautēn.

stellung geht es um den Raub des Lichtabglanzes (enfasis, color, species quadam lucis) und die Aufrichtung der Welt mit Hilfe des Geraubten. Zu vergleichen wäre auch die mandäische Stelle G 279: „Da stieg er empor... und erblickte die Welten des Lichtes aus der Ferne an den Grenzen der Finsternis und des Lichtes, wie ein Feuer... Er sann in seinem Innern nach ... und sprach: ‚Wenn es diese Welt gibt, wozu soll mir diese Wohnung der Finsternis...? Ich will zu dieser leuchtenden Erde emporsteigen und mit ihrem König Krieg führen.'" Und J 56: „Vom Tage an, wo der Böse zu denken anfing, bildete sich Böses in ihm. Er geriet in großen Zorn und begann einen Kampf mit dem Lichte." Aufgrund der Revolte wird die in sich ruhende Gottheit zu „Schöpfungen" evoziert. *Theodor von Khonai* schreibt: „Der Vater der Größe rief die ‚Mutter des Lebens' hervor, und die Mutter des Lebens rief den ‚Urmenschen' hervor, und der Urmensch rief seine fünf ‚Söhne' hervor, wie ein Mensch, der (seine) Rüstung zum Kampfe anzieht." Welche Darstellung findet sich in den „Kephalaia"? Im K. VII heißt es: „Er nun, der herrliche Vater, hat berufen drei Emanationen (προβολή/probolē) aus sich" (34,26f). Diese bei sich seiende Lichtgottheit, das bei sich seiende und in sich ruhende göttliche Selbstbewußtsein als lichtende Urpotenz ruft eine soteriologiche Welt hervor, die sich stufenmäßig aus sich herausgebiert — gleichsam als Ekstase der lichten Transzendenz — ein schaffendes Herausspringen in eine Reihe von Prinzipien. So wird z. B. „der Große Geist, die erste Mutter" (34,27f) hervorgebracht, aber auch der „Urmensch", die soteriologische Zentralgestalt des Systems, um für die Lichtwelt als sein unterliegendes Opfer zu kämpfen. (Siehe *Augustinus,* de nat. boni 42). *Augustinus* bezeugt: Cavisse Deum ne invaderetur ab hostibus saepissime (sc. in libris manichaeis) significatur (de mor. Manich. 12,26). Durch die Niederlage des „Urmenschen" wird die Lichtwelt in das Weltdrama hineingezogen, aber auch in das Werk seiner Erlösung.

Die Vorgeschichte des Emanations-Begriffs liegt nach wie vor (wie die Frage nach Entstehung der Gnosis) im Dunklen. Ein Verursachtes „fließt" aus einem Ursächlichen „heraus", ein zweites Transzendentes geht aus dem einen hervor. Die Erklärungsversuche reichen von der ἀπόρροια-Lehre (aporroia) der Vorsokratiker (Erkenntnis der Dinge sei nur möglich durch deren emanistische Ausflüsse ins Subjekt)[9] bis hin zu den heidnischen Theogonien[10] und dem platonischen Teilhabebegriff der ἀπορρή/aporrē (Phaidr. 251b), wonach dem schönen Gegenstand eine Emanation der absoluten Schönheit innewohnt, sowie bis zu den Hypostasierungen der mittlerischen Denkakte, bedingt durch die Übersteigerung der göttlichen Transzendenz.[11]

Im Manichäismus sind die verschiedenen Emanationsstufen durch Systematisierung der Gedanken entstanden (vgl. die mit *Tatian* zusammenhängenden apokryphen Apostelgeschichten der Enakratiten).[12] Sachlich han-

9 Vgl. *Diels-Kranz:* VS 3,66 (Belege). Ferner *Müller, H. F.:* Plotinische Studien I, in: Hermes 48 (1913) 408-425.413 und *Armstrong, A. H.:* Emanation in Plotinus, Mind 1937, 61ff. *Roeser, T. P.:* Emanation and Creation, in: New Scholasticism 19 (1945) 85-116.

10 *Clemens Alex.:* Strom 5,14,126,2. *Irenäus:* haer. 2,14.

11 *Jonas, E.:* Gnosis 2,1 a.a.O. 74ff.

12 *Peterson, E.:* Einige Bemerkungen zum Hamburger Papyrusfragment der Acta Pauli, in: VigChr 3 (1949) 142-162 bes. 160ff. *Roques, R.:* L'univers dionysien, Paris 1954, 68-81.101f.

delt es sich um eine Verquickung von mythologischem und reflexivem Denken, von Personifizierung und Abstraktion, sodaß die Hypostasen in ihrem Gehalt vielfach als personifizierte ontologische Begriffe erscheinen. Die zu fünf Škinas hypostasierten Lichtelemente bilden eine Rüstung des Urmenschen: καὶ ταύτα (τὰ στοιχεῖα ἐνδυσάμενον ὡς πρὸς κατασκευὴν πολέμου καὶ κατελθεὶν κάτω καὶ πολεμῆσαι τῷ σκότει (*Hegemonius,* Acta Archelai, 7). Oder: Primum hominem cum quinque elementis (*Augustinus,* c. Faust. 20,9). Aber auch die Hyle bewaffnet sich mit ihren fünf Manifestationen, dem Qualm, dem Brand, der Finsternis, dem Glühwind und dem Nebel und besiegt den Urmenschen, indem sie eine Licht-Fünfheit verschlingt und ihn mit seinen Elementen umgibt. Im manichäischen Beichtspiegel Kap. 1 heißt es: „Gott und Teufel, Licht und Finsternis, wurden damals vermischt. Die Trabanten Chormuztas, die Fünfgötter, (d. h.) unsre Seelen, kämpften eine zeitlang mit den Teufeln und wurden verletzt und verwundet. Und sich mit der Schlechtigkeit der Obersten aller Teufel und des unersättlichen, schamlosen Gierteufels usw. vermischend wurden sie gedanken- und sinnlos: (sie), die aus sich selbst geboren und aus sich selbst entstanden waren, vergaßen ganz das ewige Götterland und wurden von den lichten Göttern getrennt." Bei *Hegemonius,* in den Acta Archelai, kommt es zu der für das System so fundamentalen Gleichsetzung von Rüstung und Seele: „Die Archonten der Finsternis fraßen von seiner Rüstung, — das ist die Seele." Die Seele wird als von der Finsternis geraubte und erbeutete auch sonst so genannt: So bei *Serapion von Thmuis:* τὴν δὲ οὐσίαν τῆς ὡς σκῦλον ἢ λάφυρον ἀπὸ θεοῦ ληφθεῖσαν, ὑπὸ δὲ τοῦ πονηροῦ λαφυραγωγηθεῖσαν (98,34: *Lagarde* — Appendix zu Titus von Bostra). Auch *Augustinus* schreibt: Lucem a tenebris devoratam et ligatam et inquinatam (c.Faust. 13,18); ferner: Deum pugnasse contra gentem tenebrarum et miscuisse naturae daemonum polluendam et ligandam partem suam (c.Felic. II 1). Das kosmologische Drama mit seiner katastrophalen „Mischung" beginnt in der „mittleren Zeit". Die sichtbare Welt ist mittels eines Kampfes ins Dasein gekommen. Folge der aus dem guten Gott ausgehenden Emanation ist ein leidvoller, vermischter Zustand. Die Gottheit aber mußte sich selbst der Endlichkeit unterwerfen und wurde durch die unreine und böse Materie befleckt. Ein solcher Kampf impliziere eine sich selbst aufhebende Gottesidee, denn sie wird einem ihrem Wesen unwürdigen Schicksal unterworfen. So wird die Rechtfertigung der manichäischen Idee der Gottheit, die manichäische Theodizee, in der endlichen Entwicklung des großen Kampfes gesehen. Die selbsttätige Hyle greift das gute Prinzip an, welchem damit zugleich das durch das Gesetz des Gegensatzes geforderte Gleichgewicht entgegengesetzt wird. Die Tätigkeit des guten und bösen Prinzips begegnet so in einem Mittleren, Gemischten: sie können sich nur in einer aus heterogenen Elementen bestehenden Welt ausgleichen. Die ganze Wirksamkeit des guten Prinzips ist daraufhin angelegt, das mit dem Bösen Vermischte wieder von der Verunreinigung zu befreien. Wie wird das im einzelnen vorgestellt?

2. Die „vier Jäger“ des Lichtes und der Finsternis (Keph. V: 28,1-30,11)

Die durch das Licht aktualisierte Gefährlichkeit der Finsternis kommt auch in Kap. V (28,1-30,11) zum Ausdruck, das über die „vier Jäger (= Fischer) des Lichtes und der Finsternis“ handelt. Gemäß dem gestalthaften Denken der manichäischen Theologie werden die dualen, entzweiten Kräfte „verbildlicht“. Der Mythos individualisiert die Gedanken und macht sie zu handelnden Personen im Zusammenhang der großen Auseinandersetzung zwischen Licht und Finsternis. Die Aktivität der beiden Reiche ist als kämpfend dargestellt, wobei die allegorische Freisetzung der „vier Jäger des Lichtes“ zugleich eine Beschreibung des Erlösungsvorganges ist. Diese sind vom Licht ausgesandt zur Erfüllung des Willens der Größe (28,5f) als Kräfte des Lebendig-Wirksamen. Der erste Jäger ist der „Urmensch“,[13] Vorbild für weitere Erlösergestalten und ihren Kampf gegen die Mächte der Finsternis. Er kommt herab zu den fünf „Wohnungen“ (ταμιεῖα/tamiēia) der Finsternis (28,8f). Von ihm heißt es: „Sein Schiff sind seine vier Söhne, die gehüllt sind über seinen Körper“ (28,12f). Sonst ist von den fünf Lichtelementen, gleichsam den fünf göttlichen Grundhypostasen als seinen Söhnen die Rede. Der zweite Jäger ist der „Dritte Gesandte“, der dem in allen Dingen gefangenen Licht nachstellt (28,18). Die sonst nicht mit dem Kampfmotiv verbundene Gestalt hat im Lichthaften ihr Netz und in der Sonne, dem Meer und der Welt ihr Lichtschiff. In 35,15-17 wird als seine besondere Emanation die „Jungfrau des Lichts“ genannt, „die herrliche Weisheit (tsophia), die das Herz der Archonten und der Mächte hinreißt durch ihre Erscheinung (εἰκών), indem sie erfüllt den Willen der Größe.“ Mit dieser kann sie die Archonten verführen und damit die Freisetzung einiger Lichtteile bewirken, die jedoch wieder in den Materiebereich fallen und in ihm eingeschlossen werden. Vom zweiten Jäger heißt es: „Der zweite [Jäger ist der] Dritte Gesandte — dieser, weil er duch seine [Licht-]Erscheinung (εἰκών), die er der unten befindlichen Tiefe zeigte, dem gesamten Licht nachstellte ... Sein Netz ist seine Licht-Erscheinung (εἰκών) ... [Sein] Schiff ist sein Lichtschiff ... ist die Welt“ (28,15-22). Der dritte Jäger ist „Jesus [der Glanz]“ (28,26), der von der Größe entsandt wurde. Er stellt dem Licht und Leben nach, um es zur Höhe hinaufzuführen (28,27). Nach der Göttergenealogie von K. VII ist seine Hauptemanation der „Licht-Nous“, „der Vater aller Apostel, der Erste aller Kirchen (ἐκκλησία/ekklēsia)“ (35,21f). Durch den Licht-Nous, die Erkenntnis als seinem Netz will er — wie er einst die Seele Adams gerettet hatte, — auch die Seelen mit Hilfe der Kirche als seinem Schiff retten aus dem Meer des Irrglaubens und dem Gesetz der Sünde (28,28-34). „Sein Netz ist seine Weisheit, [die Weisheit] des Lichtes“ (pephšne pe tephsophia [...] nouaïne 28,28). Mit dem vierten Jäger, dem Großen Gedanken

13 Vom Urmenschen heißt es ferner: „[Der Anfang] aller [Jäger] und der Waidmänner (κυνηγός) ist der Ur[-mensch]“ (43,34-35). Über die ταμιεῖα (tamieia) des Todes wird gesagt: „der... [Ur]mensch erjagte ihre Gesinnungen und ihre Hausbewohner...“ (129,24-25).

des Lebens (28,35), wird eine eschatologische Gestalt und ihre endzeitliche Funktion benannt. Bei der Auflösung der Welt wird er sich selbst aus der Materie einsammeln und seine Seele in der „Letzten Statue" (ἀνδριάς/andrias) gestalten (ζωγραφεῖν/zōgraphein) (29,1-4). Durch seinen „Lebendigen Geist", der sein Netz ist, fängt er das in allen Dingen befindliche Licht und Leben (29,4-6) ein, indem er es aus allen Banden und Fesseln löst und befreit (29,10-14). Sein Schiff ist die Lichtwolke (29,7). In einem Makarismus wird den Adressaten dieser eschatologische Erlösungsakt nahegebracht: „Heil einem jeden, der vollkommen sein wird in seinen Werken, damit er [bei?] seinem Ende dem großen Feuer [entkomme], das bereitet ist der Welt am [Ende] ihrer Zeiten" (29,12-14). Es fehlt hier das Element des Meeres. Die endzeitliche Handlung des vierten Jägers ist die der letzten Läuterung vor dem Untergang des Reiches der Finsternis, der Materie und der Nicht-Erlösten im Feuerbrand des „großen Feuers" (29,13) am Ende der Welt. Vom Großen Gedanken heißt es: „... das Licht und das [Leben; er wird] es retten und lösen aus allen Banden und Fesseln" (29,10-11). Auch in der gnostischen Soteriologie geht es um die Wiedersammlung der zerstreuten Lichtelemente. So heißt es z. B. im Fragment eines von *Epiphanius* (Panar. 26,3) überlieferten Evangeliums der Eva in der Sprache der Offenbarung: „Ich bin du und du bist ich, und wo du bist, bin ich, und in alle bin ich zerstreut. Und woher du nur willst, sammelst du mich; indem du aber mich sammelst, sammelst du dich selbst." Ferner heißt es im Panar. 26,10: „Wer aber zu dieser Gnosis gelangt und sich selbst aus dem Kosmos sammelt, ... der wird nicht mehr hier festgehalten, sondern übersteigt die Archonten ..." Gemäß der Aufgabe des Gesandten, die versprengten Lichtteile an sich zu ziehen, heißt im Philippus-Evangelium die Zauberformel für den Aufstieg der Seele: „Ich habe mich selbst erkannt und habe mich selbst von allen Orten gesammelt und habe dem Archon keine Kinder gezeugt, sondern seine Wurzeln entwurzelt und die zerstreuten Glieder gesammelt" (ibid. 26,13).[14]

Aber auch der Finsternis-Bereich hat seine vier bösen Jäger (29,17f), die mit ihren Netzen den Lichtteilen nachstellen. Der erste Jäger ist der König des Reiches der Finsternis, „der der Lebendigen Seele nachgestellt und mit seinem Netz (šne) am Anfang (ἀρχή/archē) der Welten. — Sein Netz ist sein Feuer und seine Begierde (ἐπιθυμία/epithymia), die er auf die Lebendige Seele geworfen hat; er hat sie verstrickt ..." (29,18-22). Der zweite und dritte Jäger sind als psychologische Größen vorgestellt: Der zweite Jäger ist der böse Sinn (psažne bōōn) (29,23), der dritte Jäger ist die Begierde (ἐπιθυμία/epithymia) in der Macht des Fleisches (29,29-30), der vierte ist

14 Der *Plotin*-Schüler *Porphyrios* schenkt den theurgischen Elementen der heidnischen Religion viel Beachtung, da diese der Seelenerlösung dienlich sind. Die gnostische Soteriologie erscheint in der Briefstelle an Marcella (Kap. 10) philosophisch-mystisch travestiert, wenn er schreibt: „Trachte danach, in dich selbst aufzusteigen und aus dem Körper einzusammeln all deine zerstreuten und solange in die Vielheit zersplitterten Glieder in der großen Kraft und Macht der Einigung. Sammle und einige die angeborenen Ideen." *R. Reitzenstein* führt in seiner Historia Monachorum, S. 99, Fußn. 1, den Ausdruck συλλέγειν ἑαυτόν/syllegein heauton) auf den ägyptischen Bildkreis des osirianischen Totenkultes mit dem Ritual des Wiederzusammenfügens der Glieder des Verstorbenen als eines Wiederbelebungsmysteriums zurück.

der Geist der „Finsternis“ (pkeke), das Gesetz der Sünde und des Todes, das in allen Sekten (δόγμα/dogma) herrscht, indem er nachstellt den Seelen der Menschen, sie umgarnt und gefangennimmt durch das Netz der Irr-Lehre (πλάνη/plané) (29,34-30,2) voll List und Tücke. Damit „treibt er sie in die ewige Strafe (κόλασις/kolasis)“ (30,3). Ein abschließender Lobpreis gilt dem Erkennenden, dem um die duale Unterscheidung Wissenden: „Heil einem jeden, der diese bösen Jäger erkennt in Erkenntnis (genau) [und sich] vor ihnen rettet und ihrer Fessel und ihrer Bande entgeht [bis in] alle Ewigkeit“ (30,8-11).

3. Die emanative Symmetrie der „Hervorrufungen“ als Aspekte des Licht- und Finsterniswesens (das Mysterium des Tages und der Nacht)

Die duale Wirklichkeit wird unter weiteren Aspekten imaginiert.[15] In K. IV (25,8-27,31) geht es um die Belehrung über die „vier großen Tage“, die auseinander hervorgekommen sind sowie über die „vier Nächte“. Der erste (große Tag) ist der Vater, der Gott der Wahrheit (25,13); die zwölf Stunden dieses großen Tages sind die zwölf reichen Götter der Größe, berufen nach dem Ebenbild seiner Größe (25, 15-18) und verteilt auf die vier Himmelsrichtungen (κλίμα/klima). Der zweite Tag ist der im Lichtschiff wohnende „Dritte Gesandte“ (25,20f) und seine zwölf Stunden sind die von ihm berufenen zwölf Jungfrauen. Der dritte Tag ist die Säule (στῦλος/stylos) der Herrlichkeit, der große Omophoros (25,23f). Seine zwölf Lichtstunden sind die fünf Söhne des Urmenschen, die fünf Söhne des Lebendigen Geistes, die alle Lasten der Welt tragen, ferner der „Ruf“ und das „Hören“ (25,26-28). Der vierte Tag ist der in seiner Kirche wohnende „Jesus der Glanz“ (25,30f) mit den zwölf Weisheiten als seinen Licht-Stunden.

Wie es vier Tage gibt, so gibt es auch vier Nächte (26,2). Die erste Nacht ist das Land der Finsternis mit zwölf finsteren Stunden als zwölf Schatten, welche sind die fünf Elemente der Finsterniswelt mit den darin wohnenden fünf Geistern. Aus der ersten Nacht wird die zweite geboren (26,28). Diese ist die Hyle (26,11), die Bildnerin (πλάσσειν/plassein)[16] der Archontenschaft (ἀρχοντική/archontikē) in der Finsterniswelt (26,13) der zwölf Geister. Sie hat sie gestaltet in fünf „Aistheteria“ (αἰσθητήρια), fünf männliche und fünf weibliche, sowie das Feuer (tsete) und die Lust (ἡδονή/hēdonē) (26,14f). Die Hyle, die Enthymesis des Todes, reizt den König des Reiches der Finsternis und seine Kräfte zum Krieg und zum Kampf gegen die Aeonen der Größe (26,18-20). Dieser wird gefangengenommen und hingestellt „oberhalb und unterhalb in der [ganzen] Welt in den fünf Teilen, die oberhalb in den Himmeln sind, sowie den fünf [Teilen, die] unterhalb sind

15 Zum Fragenkomplex vgl. *Armstrong, A. H.:* Emanatism in Plotinus, Mind 1937, 61ff. *Roeser, T. P.:* Emanatism and Creation, in: NSchol 19 (1945) 85-116.
16 Vgl. *Augustinus:* de nat. boni 18 (862,9 Zy.): formatrix corporum.

in den unterhalb befindlichen Erden, sowie die Hitze [und die] Kälte, welches der Vater und die Mutter ist, ihr Feuer und ihre Lust (ἡδονή) (26,23-27). Es kommt dabei zur „vermischten Welt“ (kosmos ettēt) (26,30), die „der Lebendige Geist gekreuzigt (σταυροῦν/stauroun) hat in der [vermischten?] Welt, oben und unten in dem Himmel“ (27,11f). Aus der zweiten Nacht wird die dritte geboren (27,10f) mit ihren zwölf Nachtstunden, die da sind die fünf Welten des Fleisches (26,33f), die fünf männlichen und fünf weiblichen sowie das Feuer und die Lust (27,7f). Die vierte Nacht hingegen ist das Gesetz der Sünde (27,13), welches ist der finstere Geist, der in den zwölf Sekten (δόγμα/dogma), den zwölf Tierkreisbildern (ζῴδιον/zōdion) der Hyle redet. Ihre Stunden sind der „Alte Mensch“, der in den Sekten herrscht als die zwölf bösen Geister (27,14-20). Schon in dieser Tag-Nacht-Dualität wird die dramatische Entgegensetzung der beiden Prinzipien deutlich.

Anfänglich ist der „Vater“ gedacht, „der Gott der Wahrheit“ (25,13) mit seinem Reich des Lichtes (= des Tages) als Inbegriff des Guten. Als erstes Datum ist dieses Transzendente ein allem Welthaften überlegenes väterliches Prinzip, das für sich selbst und für das Licht der Grund ist. Er ist die Kraft unfaßbarer, ungeheurer göttlicher Lichtung. Diese transzendente göttliche Lichtpotenz, das transzendente väterliche Prinzip stellt sich in verschiedenen „Berufungen“ dar. Die „Ekstase“ seiner Transzendenz wird begrenzt durch ein zweites Prinzip, das Reich der Finsternis (= Nacht). Diese andere Seite der Wirklichkeit, das zweite Prinzip ihrer Konstitution kommt als neidisches Prinzip mit seiner Begehrlichkeit in den Blick. Wodurch es bewegt wird, wird als Aufgebracht-Sein gegen die väterliche Urmöglichkeit objektiviert, als Empörung und Kampf. Damit ist die Wirklichkeit als ein fundamentaler Konflikt erfaßt mit dem Drama der Rebellion von unten.

Der manichäische Dualismus präsentiert sich als ein Natursystem, wo sich das Metaphysische im Physischen darstellt. K. IV ist im größeren Horizont der Licht-Finsternis-Metaphorologie der „Kephalaia“ zu sehen und seiner dualen Weltsicht.

4. Das Lehrstück von den „Fünf Vätern“ (34,14-36,27)

In K. VII geht es um die Götter-Genealogie der „Fünf Väter“. In der *Louis Claude de Saint Martin* im 18. Jahrhundert geschaffenen Studie über die Symbolik der Zahlen (von *Matthias Claudius* ins Deutsche übersetzt) heißt es zur Zahl fünf: „Die Zwei nimmt man als den Anfang der geraden und die Drei als den Anfang der ungeraden Zahlen. Durch die Vermischung derselben miteinander entsteht die Fünfzahl, welche mit Recht geehrt wird, da sie die erste aus der geraden und der ersten ungeraden Zahl mit dem Weibe sowie der ungeraden mit dem Manne die Ehe genannt wird.“ Die Fünf wird hier als Zahl der Vereinigung und Begegnung hochgeschätzt. Auch im Manichäismus besaß sie eine Vorrangstellung, wenn es heißt: „Der Urmensch rief seine fünf Söhne hervor ... er bewaffnete sich mit den fünf Geschlechtern: dem leisen Windhauch, dem Wind, dem Licht, dem Wasser, dem

Feuer." Waren die materiellen Elemente Produkt des Demiurgen und damit böse, so standen diesen fünf geistgeprägten Elemente gegenüber: Äther, Wind, Wasser, Licht und Feuer. Die Fünfheit weist in ihrer Ausdeutung auf die psychologische Ebene hin und ist in solcher „Anthropologisierung" ein Reflex des seelisch-geistigen Zustandes des Manichäers. So wird auch jedem der fünf Bäume eine geistige Kraft zugeordnet. Es handelt sich dabei um Seelenglieder, die den Menschen als Besitzer der Gnosis ausweisen. In den Thomasakten Kap. 27 begegnen diese Geistessinne als Verstand, Gedanke, Klugheit, Überlegung, Beherzigung und charakterisieren so den Menschen als Wissenden. Wenn diese Kräfte im Menschen am Werk sind und sein Verhalten bestimmen, ist dieser auf dem Weg der Erlösung. Im Thomas-Evangelium heißt es: „er wird den Tod nicht kosten" (Log. 18).[17]

K. VII spricht von den nacheinander berufenen „fünf Vätern". „Der erste Vater ist der Vater der Größe, der Herrliche, der Gepriesene" (34,21f), der vor allem Seiende, der „erste Ewige, die Wurzel aller Lichter" (35,3f). Damit ist seine absolute Transzendenz ausgedrückt. Er ist topologisch transmundan, ontologisch akosmisch, ja antikosmisch, Licht, ein anderes, fremdes; epistemologisch verborgen, weil die Natur nicht auf ihn hinweist noch ihn offenbart (naturaliter ignotus). Er übersteigt jeden Begriff. Er hat aus sich „drei Emanationen" berufen (34,27), und zwar: den „Großen Geist, die erste Mutter" (34,27f), dann den zweiten Vater, der der Geliebte der Lichter (34,29f) ist und den dritten Vater, der der Dritte (Gesandte) (34,32) ist. Das Werk dieser „Berufungen" ist die Demütigung der Finsternis und die Vernichtung ihres Willens (35,5f).

Das anfänglich gute Prinzip ist als Substanz des göttlichen Wesens verstanden, wie in der Gnosis, als das reinste intelligible Licht, als eine transkosmische „Lichtungs"-kraft, als göttliches Lichtwesen, Quelle der Lebenskraft und Erkennbarkeit. Diese Potenz wird z. B. in den Ps.-Clementinen (Recogn. 2.49) als „aliqua virtus immensae et ineffabilis lucis" genannt, die Kraft unfaßbarer, ungeheurer göttlicher Lichtung. Diese transzendente Lichtkraft, das göttliche Licht als Potenz, als „dynamis", als konkrete, unfaßbare, ungeheure Urmöglichkeit ist ein allem Welthaften überlegenes Väterliches. Die urgöttliche Potenz ist als väterliches Vermögen verstanden, als eine Möglichkeit für sich und für die Welt. Es hat bei sich — so die gnostischen Systeme — ein Denken, ein Nachgedachtes, das immer schon ein Gedachtes bzw. Nachgedachtes ist, d. h. ein Gedanke. Die Kraft der Lichtung ist die „Dynamis" des Denkens Gottes, sodaß seine erste Konzeption die „Mutter" von allem ist. Der Gedanke ist das Prinzip des Allmütterlichen, jenes Urprinzip, das Woher aller Dinge, das sich, sich denkend, von der Lichtung her empfängt und zugleich gebiert. Der Gedanke denkt jenes Gedachte nicht aus sich, sondern aus der Kraft der Lichtung, sodaß gesagt werden kann: erkennend, empfangend, gebärend, wirkt sich im Denken und

17 Vgl. *Woschitz, K. M.:* Das Theologumenon „den Anfang entdecken" im koptischen „Evangelium nach Thomas" (Logion 18: NHC II 84,9-17), in: Anfänge der Theologie, FS J. Bauer, Graz 1987, 139-153.

Gedanken das transzendente Urvermögen der Lichtung aus, das der gute Gott ist.

Das emanistische Geschehen geht weiter. Der zweite Vater ist der „Dritte Gesandte", das Bild des Königs der Lichter. Auch er hat drei Kräfte berufen und aus sich entsandt, und zwar die „Säule der Herrlichkeit" (pstylos mpeau). Dieser hat als Epitheta „der vollkommene Mann", der alle Dinge trägt, „die große Säule des Lobpreises", der „große Omophoros", der größer ist als alle Omophoroi (35,10-13). Von der zweiten und dritten Kraft heißt es:

> „Die zweite ist Jesus der Glanz, der herrliche,
> durch den das ewige Leben gegeben wird. — Die
> dritte ist die Lichtjungfrau, die herrliche Weisheit,
> die das Herz der Archonten und der Kräfte wegnimmt
> durch ihre Erscheinung (εἰκών/eikōn), indem sie erfüllt
> den Willen der Größe" (35,13-17).

Aus dem zweiten Vater geht der dritte hervor, nämlich „Jesus der Glanz" (35,19), der gleichermaßen wie der zweite Vater drei Berufungen beruft, und zwar den Licht-Nous (35,21), von dem gesagt wird, er sei „der Vater aller Apostel, der Erste alle Kirchen (ἐκκλησία/ekklēsia), den Jesus nach unserem Ebenbilde eingesetzt hat in der heiligen Kirche" (35,22-24). Die zweite berufene Kraft ist „der große Richter" (κριτής/kritēs) der Menschenseelen (35,24-27) und die dritte Kraft ist „der Knabe" (35,28). Der „vierte Vater" ist der alle Kirchen erwählende Licht-Nous (36,1), der ebenso wie Jesus drei Kräfte (nšamte nčam) beruft. Die erste Kraft ist der Apostel des Lichtes (36,3f), der sich mit der Kirche des Fleisches der Menschheit bekleidet. Die zweite Kraft ist der Paargenosse (36,6-8), der sich dem Apostel offenbart und ihn als Helfer begleitet. Die dritte Kraft ist die Licht-Gestalt (μορφή/morphē), welche die Erwählten (electi) und Katechumenen annehmen, wenn sie der Welt entsagen (36,9-11). Vom „fünften Vater" heißt es, daß er die „Licht-Gestalt" sei, die sich einem jeden offenbart, der seinen Körper hinter sich läßt „nach dem Ebenbild der Erscheinung (εἰκών/eikōn) des Apostels, zusammen mit den drei großen herrlichen Engeln, welche mit ihr kommen" (36,13-15): der eine trägt den Siegespreis (βραβεῖον/brabeion), der andere das Licht-Kleid, der dritte „hält das Diadem und den Kranz (στέφανος/stephanos) und die Krone des Lichtes" (36,17f).

Kapitel 5
DIE ASTROLOGISCHE DUALITÄT UND IHRE VERSINNBILDLICHUNGEN (SONNE UND MOND, DIE TIERKREISZEICHEN UND PLANETEN)

1. Die Sonne-Mond-Metapher

Als Spenderin des Lichtes und Beherrscherin des Tages hat auch die Sonne[1] in die religiöse Spekulation der Mani-Religion Eingang gefunden. Aber auch der Mond mit seinem Gestaltwandel ist Thema in Manis religiösem Denken. Sonne und Mond werden im zweiten kosmologischen Akt vom „Lebendigen Geist“ aus den gereinigten Lichtteilchen geschaffen. Sie haben im manichäischen System eine soteriologische Aufgabe, indem sie die zur Erlösung bestimmten Seelen von den letzten, ihnen anhaftenden Materie-Resten läutern. Für diese bedeuten sie das letzte Reinigungsvehikel vor dem Eingehen in das Lichtreich. In der Benennung der Sonne als „Schiff des lebendigen Feuers“ (24,10) und des Mondes als „Schiff der lebendigen Wasser“ (24,17) spiegelt sich das Woraus ihres Gebildetseins. Der Lebendige Geist schuf die Sonne aus geläutertem Feuer und den Mond aus geläutertem Wasser.[2] Andere Bezeichnungen für Sonne und Mond sind „Schiff das Tages“ und „Schiff der Nacht“ (82,29.32). Von Jesus dem Glanz heißt es: „Seine Größe ist das Schiff der lebendigen Wasser, in welchem er wohnt [und sich befindet]“ (64,3-4). Sonne und Mond als „Schiffe“ (žeu) versinnbilden Erlösergottheiten und wirken so an der Entmischung der Lichtseele mit. Im Psalmbuch vernehmen wir den Lobpreis: „The sun and the moon glorify thee, all the Gods that are in them, the helmsmen that dwell with them“ (Psalmb. 144,26-28). Die Gestirne sind für die Seele „... the ships of my Father, the sun and the moon(?)...“ (nežeu mpaiōt prē menpooch Psalmb. 75,4). Die Seele wünscht sich in den Manich. Homilien: „Möge ich übersetzen in den Lichtschiffen und zur Ruhe gelangen...“ (mariwōtbe abal chennežeu mpwaïne, MH 6,27f).

Bei den in den Gestirnen sich befindlichen Thronen der Götter bezieht sich die zweite Reihe der Throne auf die in der Sonne und im Mond befindlichen. Zur Sonne gehören der Dritte Gesandte, der Lebendige Geist und der Große Geist (24,9-13) und die Mutter des Lebens (24,9-13). Von den Thronen im Mond heißt es: „Der erste ist der Thron Jesu des Glanzes, [der zweite ist der des] Urmenschen, der dritte ist der [der Jungfrau des] Lichts“ (82,33-83,1). Die anderen neun Throne aber befinden sich in dieser Welt

1 Vgl. dazu auch *Boll, F.:* Die Sonne im Glauben und in der Weltanschauung der alten Völker, Stuttgart 1922. *Nilsson, N. P.:* Sonnenreligionen, in: ARW 30 (1933) 141-173. *Gese, H.* u. a.: Die Religionen Altsyriens, Altarabiens und der Mandäer, Stuttgart 1970.

2 Kephalaia 28, vgl. Anm. 1 und 2.

(82,28) und bestehen aus den Thronen „im Schiff des Tages" und „im Schiff der Nacht". Zum ersteren gehören der Thron des „Gesandten", dann der des „Großen Geistes" und der des „Lebendigen Geistes"; zum Schiff der Nacht aber der „Thron Jesu des Glanzes", der des „Urmenschen" und der der „Jungfrau des Lichts" (82,29-83,1a). Auf dem siebenten Thron, der im siebenten Firmament (στερέωμα/stereoma) errichtet ist, sitzt der „Große König der Ehre" (83,2f). Auf dem achten Thron, der in der Luft errichtet ist, sitzt der „Richter der Wahrheit" (phritēs nte tmēe), der alle Menschen richtet. Vor ihm scheiden sich die drei Wege, der eine zum Tod, der andere zum Leben und einer zur Vermischung (83,4-8). Der neunte Thron ist in der „Heiligen Kirche" für den Apostel als Richter der Gerechtigkeit errichtet (83,8-11). Von der „Größe der Sonne" und ihrer „Göttlichkeit, wie sie nach dem Bilde der ersten Größe gestaltet wurde" (158,29f) als ein Tor des Lebens und ein Fahrzeug des Friedens zum großen Äon des Lichtes (K. LXV 158, 25-164,8) heißt es: Vom Satan angefeindet, weil sie „das Tor ist des Herausgehens der Seelen" (159,1f), werden diese daran gehindert, ihr Antlitz von allein zum Licht zu wenden (159,5f). Die Menschen haben die Größe dieses großen Erleuchters nicht erkannt und die sie erhellende Gnade verleugnet. Sie haben nicht ihre Guttaten begriffen, mit welchen sie täglich siebenfach beschenkt werden: als Licht, das die Augen aller Menschen öffnet, die Finsternis hinwegnimmt und die Angst verscheucht, das Amt des Wachens übernimmt, den Bäumen und Pflanzen auf der Erde Kraft, Geschmack und Geruch (160,1-3) gibt, die Schlangen und „scharfzahnigen" Tiere sich in ihre Höhlen zurückziehen (160,4-6), und „die Wunde (πληγή/plēgē) der Menschen ruhig vom Schmerz" (160,7f) werden läßt. Die siebente Guttat der Sonne ist der Erleuchter. Er „offenbart und enthüllt der Welt das Zeichen des Glanzes der Äonen des Lichtes, aus denen er hervorgegangen ist, indem er hier in dieser Welt als ihr Zeichen ist, indem er die ganze Schöpfung erleuchtet" (160,10-13).

Auf der anderen Seite aber steht die Nacht mit ihren „sieben Übeltaten in der Welt" (160,22): sie erfüllt die ganze Welt mit Finsternis (160,24), sodaß die Augen der Menschen voll werden von Dunkelheit (160,27f). Ferner „bekleidet ihr Schrecken und ihr Zittern alle Menschen (und) die ganze Welt wird voll von der Nacht" (160,32-34). Wenn es nicht wird, „ziehen (φορεῖν/phorein) alle Geschöpfe Rebellion an" und sinnen auf „Übeltat und Verderbnis" (161,1f). Es legt sich die Last des Schlafes auf die Menschen (161,3f). Die fünfte Negativcharakterisierung ist die der Häßlichkeit der Nacht, die die Schönheit der Menschen verhüllt (161,5-10). Die Nacht ist ferner die Zeit der Übeltäter und Räuber wie die der bösen Tiere und Geister, zu welcher Zeit die Schlechtigkeit mächtig wird (161,11-19). Sie offenbart „das Zeichen der Finsternis, ihres Vaters, aus dessen Wesen (οὐσία/ousia) sie hervorgegangen ist" (161,20f). Sie ist hervorgegangen aus der ersten Finsternis, „die festgeheftet und gebunden ist in allen Werken droben und drunten" (161,24f).

In einer weiteren Unterweisung kommt Mani auf die fünf Typen in der Sonne zu sprechen, die diese wirkt: ihr alles erleuchtende Licht, ihre Schönheit, die sie über alles ausbreitet, ihr Friede, mit dem sie die Menschen begrüßt und das Leben der Lebendigen Seele, die sie aus allen Fesseln und Banden „des Himmels und der Erde erlöst“ (162,9f) und schließlich die Kraft, der Geruch und Geschmack, den sie dem gesamten Licht-Kreuz gibt (162,11f). Im Blick auf das erste Mysterium der Größe wird an ihr offenbar die „Füllung der Scheibe (δίσκος/diskos) ihres Schiffes“. Sie nimmt nicht wie der Mond ab, sondern ist zu aller Zeit gefüllt. Diese Füllung „offenbart das Mysterium des Vaters der großen Größe, aus der alle Mächte und Götter herausgekommen sind“ (162,26-28) und übertrifft und überragt alles gemäß dem „Mysterium des Vaters der Größe“ (163,3f). Das Mysterium des Tages und der Nacht, des Lichtes und der Finsternis findet im folgenden noch einmal seine Zusammenfassung, wenn es heißt: „Das Mysterium des ersten großen Lichtes ist [die] Sonne, welche der zweite Erleuchter (φωστήρ/ phōstēr) ist, welche täglich in die Welt kommt, indem sie alle Wunder seiner Gnadengaben (χάρισμα/charisma) offenbart, indem sie über sich selber Offenbarung und Zeichen gibt, daß sie gut (ἀγαθός/agathos) vom Wesen (οὐσία/ousia) des Guten (ἀγαθός) ist. Sie ist herausgekommen aus dem guten (ἀγαθός) Vater und hat sich in dieser Welt offenbart“ (163,14-20). Die Nacht aber entspricht dem Mysterium der Finsternis und offenbart ihr Wesen in all den Übeltätern (163,20-24). Darum gilt es, die beiden Mysterien unterscheiden zu können. Die Mani-Jünger sind ja „die Söhne des Tages [und] die Söhne des Lichtes“ (163,30f).

In seiner weiteren Reflexion über das Wesen der Sonne in K. LXVI (164, 9-165,24) sieht Mani in ihrem Auf- und Niedergang sich zwei Mysterien offenbaren: das Geheimnis des Erwachens hin zur aufgehenden Sonne und das des Schließen des Mundes bei ihrem Untergang. Beim Herauskommen der Menschen und aller Geschöpfe beim morgendlichen Aufgang der Sonne beginnt das tragische Zerstören des „Licht-Kreuzes“ (σταυρός/stauros), das in „Schweigen“ dasteht (164,24-28). Es gleicht dem Mysterium des Urmenschen, der beim Herauskommen aus der Größe aufging über allen Söhnen der Finsternis, die dadurch aus ihren finsteren Abgründen herauskamen und den Körper seiner ihn kleidenden fünf Söhne in jenem ersten Kampfe versehrten (164,29-165,1). Im Mysterium des Sonnenuntergangs hingegen spiegelt sich das Mysterium des Endes, „indem es das Ende (συντέλεια/synteleia) des Kosmos anzeigt“ (165,5). Bei der Reinigung und Ausläuterung des Lichtes im Kosmos und der Einbringung aller Dinge wird die „letzte Säule“ sich sammeln, sich in der letzten Stunde des Tages bilden und dann aufsteigen zum Äon des Lichtes (165,6-11). Der Feind aber, der Tod, wird in das Gefängnis der Seelen der Leugner (ἀρνητής/arnétés) und Lästerer, die die Finsternis geliebt haben, eingehen, in die Fesselung und finstere Nacht (165,11-14).

Nach K. LXVII (165,26-166,16) wird der „Erleuchter“ (Phoster) alle Gerechten, d. i. die Electi bei seinem Hingang versammeln und zu sich ziehen und „keinen von ihnen in der Finsternis lassen“ (166,8f). Er weiß sich mit ihnen verbunden, weil seine Weisheit in sie alle gesalbt ist und er als der „große Herrliche“ in ihnen allen wohnt (166,11-13).

2. Die Symbolik der Tierkreisbilder (ζῴδια/Zodia) und Planeten

In K. LXIX (166,32-169,22) werden astrologische Gedanken der Tierkreisbilder (Zōdia) und Planeten mit dem religiösen System Manis in Verbindung gebracht. Sie sind eine Schöpfung des „Lebendigen Geistes“, der nach der Befreiung des Urmenschen den Kosmos mit der Sphaira, dem „sich drehenden Rad“ gebildet und daran die Sternenbilder und Planeten befestigt hat. Sie gehören zur Archontenschaft und verkörpern gegenüber der Sonne und dem Mond (169,17-22) das Finsternisprinzip der Hyle in den fünf Welten der Finsternis.

Im einzelnen spricht Kap. LXIX über die zwölf Tierkreiszeichen und die fünf Sterne, die gefesselt und angeheftet sind an der Sphaira. Ihrem Wesen nach sind sie alle Archonten und stehen miteinander im Widerstreit (167,20). Sie sind herausgezogen aus den fünf Welten der Finsternis und an die Sphaira gebunden, zwei für jede Welt: Die Zwillinge (Δίδυμος/Didymos) und der Schütze (Τοξότης/Toxotés) gehören der Welt des Rauches (καπνός/kapnos), welche der Nous ist, an. Der Widder (Κριός/Krios) und der Löwe (Λέων/León) gehören dagegen zur Welt des Feuers, der Stier (Ταῦρος/Tauros), der Wassermann (Ὑδρηχόος/Ydrēchoos) und die Waage (Ζῦγον/Zygon) zur Welt des Windes (167,26-28). Der Krebs (Κάρκινος/Karkinos), die Jungfrau (Παρθένος/Parthenos) und der Fisch (Ἰχθύς/Ichthys) gehören zur Welt des Wassers. Der Steinbock (Αἰγοκέρως/Aigokerōs) und der Skorpion (Σκορπίος/Skorpios) gehören zur Welt der Finsternis (167, 29f). Sie sind die zwölf Archonten der Schlechtigkeit, die das Böse in der Welt, im Baum und im Fleisch wirken. Von den fünf Sternen, den Wegführern aber heißt es: „Der Stern des Zeus wurde erzeugt aus der Welt des Rauches (καπνός/kapnos), welche der Nous ist. Die Aphrodite hingegen ist aus der Welt des Feuers entstanden. Der Ares aber gehört zur Welt des Windes. Der Hermes gehört zur Welt des Wassers, während Kronos zur Welt der Finsternis gehört“ (168,2-7). Hinzugefügt wurden noch die zwei Ἀναβιβάζοντες/Anabibazontes, die zum Feuer und zur Lust (ἡδονή/hédoné) gehören, „welche sind das Trockene und das Feuchte“ (168,7-9). Auch diese Sieben werden als die alle Schlechtigkeit und Bosheit (κακία/kakia) vollbringenden Übeltäter in allen Bereichen hingestellt.

Die zwölf Zodia sind zu je drei an den vier Seiten der kreisenden Sphaira angeheftet: Bei der Beraubung der einzelnen Dreiheiten auf ihren Seiten treten jeweils Drangsale auf und zwar unter den vierfüßigen Tieren (168, 26-30), dann „unter dem Kraut und den Gurken und allen Baumfrüchten“ (168,31-169,2), ferner unter den Gewässern auf der Erde (169,4) und schließlich bei den Menschen (169,5-8).

V. Stegemann[3] sieht im Hintergrund des „Kephalaia“-Kapitels Vorstellungen eingezeichnet, die die sog. „Tetrabiblos“ des *Cl. Ptolemaios* (II 2) spie-

3 Vgl. dazu auch *Stegemann, V.*: Zu Kapitel 69 der Kephalaia des Mani, in: ZNW 37 (1938) 214-223.

geln und auf noch viel ältere Materialien des *Poseidonios* zurückgehen.[4] Die hier angeordneten Trigona kämen in ihrer Auswirkung bezüglich ihrer Unglücksgaben und Plagen, ähnlich wie in Offb 8,6ff zum Ausdruck. Er schreibt: „Das 1. Dreieck wirkt sich ‚zu jener Stunde', da der ‚Aufseher' ‚beraubt', auf die Vierfüßler aus, das 2. auf Kraut, Gurken und Bäume, das 3. auf die Gewässer der Erde und das 4. auf die ‚Verminderung in den . . . der Menschheit an jedem Ort'".[5] Diese Bezugnahme auf die antike Astrologie diene dazu, das Wesen der Welt in ihren schädlichen Einflüssen zu versinnbilden.

4 *Stegemann, V.:* a.a.O. 220. Vgl. *Cl. Ptolemaios:* Tetrabiblos, ed. Melanchton Basileae 1553 (2. Ausgabe); Vetti Valentis Anthologiarum libri primum edidit *G. Kroll,* Berlin 1908. Vgl. *Boll, Fr.:* Studien über Claudius Ptolemäus, in: Jb f. class. Philol. Suppl. 21 (1894) 181ff, vor allem 194ff. *Cumont, Fr.:* Cal. codd. astrol. Graecor., Brüssel 1898ff Indices.

5 *Stegemann, V.:* a.a.O. 222.

Kapitel 6
DIE LEHRE VOM „URMENSCHEN"
(kosmogonischer und soteriologischer Aspekt)

1. Der Motivhorizont

Die Frage nach der Vorstellung des prototypischen „Urmenschen" und seiner Bedeutung im manichäischen System ist zugleich die nach der urzeitlichen Ausprägung Adams als Anfang im soteriologischen Drama und die seiner erlösungsbedürftigen Nachfahren. Der Bruch zwischen dem kosmischen Adam — salvator und dem von der Finsterniswelt versklavten salvandus — ist ein dualistischer. Der gnostische Urmensch ist eine Ursprungsfigur, eine hypostatisch individuierte Gestalt, in der sich verschiedene Grundanschauungen zusammenfassen: Die Urmenschlehre verarbeitet iranisches und jüdisches Material (Gen 1,26f) zu einem Anthropos-mythos, wonach der (androgyne) Anthropos Urbild des vollkommenen „Menschen" ist. Dieser ist entweder als der höchste Gott (Anthropos protos) gedacht, oder/und dessen Abbild (Eikon) und Emanation. Durch ein „Fall"-Geschehen gerät er in sein irdisches Abbild (Adam-Mensch), wo das unsterbliche Element (Pneuma, innerer Adam, Makroanthropos) in allen Menschen der Erlösung harrt.[1]

Was der Mensch sei und wer er sei, ist ihm ein Geheimnis, das nicht zutage liegt. Die Naassener-Predigt wiederholt dies des öfteren (*Hippolyt,* Elenchos 5,7.22.27; 8,37), denn das Mysterium „Mensch" ist nur denen offenbar, die den Geist haben (9,6.21), die die Eingeweihten und Vollkommenen (τέλαινοι/telainoi 8,9) sind, d. i. denen sich die Erkenntnis des Menschen als eine existentielle erschlossen hat. Sie eröffnet sich nur dem Menschen in der Bewegung auf sich selbst hin, als ein Weg zur Vollendung mit einem Anfang und Ende. Bezeichnend ist der zweimal bei *Hippolyt* zitierte Satz: „Der Anfang der Vollendung ist die Erkenntnis des Menschen, Gottes Erkenntnis ist vollkommene Gnosis" / ἀρχὴ τελειώσεως γνῶσις ἀνθρώπου, θεοῦ δὲ γνῶσις ἀπερτισμένη τελείωσις (*Hippolyt,* Elenchos 5,6.6 u. 5,3.38). In der Entschlüsselung des Menschen erschließt sich dieser als „Gott", sodaß er auf dem Weg der Selbsterkenntnis sich findet, den „Gott" findet. Wer ist der Mensch? Er ist der Mensch mit dem hohen Namen, „Adam", Adamas, der große, selige, obere Mensch (7,7; 7.30; 8,1), der vollkommene Mensch (7.7), der Urmensch (ἀρχάνθρωπος/archanthrōpos 7.30; 7,36; 8.9; 8.10), der

1 Vgl. *Quispel, G.:* Der gnostische Anthropos und die jüdische Tradition, in: ErJb 22 (1953) 195-234. *Rudolph, K.:* Ein Grundtyp gnostischer Urmensch-Adam-Spekulation, in: ZRGG 9 (1957) 1-20. *Drower, E. S.:* The Secret Adam, Oxford 1960. *Dies.:* Adamas-humanity: Adam-mankind, in ThLZ 86 (1961) 173-180. *Schenke, H. M.:* Der Gott „Mensch" in der Gnosis, Göttingen 1962. *Abegg, E.:* Urmensch und Messias bei den Iraniern, in: Asiat. Studien 14 (1961) 1-8.

Mensch in seinem Urwesen, der Mensch als transzendentales Wesen, vor allem Geschlecht und vor jeder Spaltung in Mann und Frau, das Woher des Alls, die arché des Alls. Als das transzendentale Wesen des Menschen, das seine Projektion, sein Bild bei sich hat, ist der Mensch das Woher von allem (5,6.4), der Vater von allem. Als Vater und Mutter zugleich, als der Zeugende und empfangend Gebärende in einem, ist er das, wodurch und woher alles ist, das All und die Äonen, das Gesamt der unendlichen Weltzeiten und Zeiträume. Irdisches Dasein aber schließt einen Wesenssturz des transzendentalen Menschen ein. Das Licht liegt geraubt in der Fremde der Finsterniswelt. Es findet sich vor in seinem Leid, in jener Bildsäule, von der die Gnostiker des öfteren reden — so bei *Satornin* (Iren., I 24.1), den *Ophiten, Mandäern* und in den apokryphen gnostischen Adamsschriften, sowie in der Bildsäule der Naassener-Predigt, die von vielen bösen Kräften erzeugt ist (7,6f) mit einer Psyche, dem Prinzip des Todes.

Dieser „Mensch" trägt im gnostischen Schrifttum die Prädikate „vollkommener", „erster", „ewiger", „lichter", „unsterblicher", „mannweiblicher", „vorher seiender". Er wird mit dem „Vater", dem „lebendigen Vater", dem „Bythos", dem „Vater der Wahrheit", dem „Nous" und „dem All" gleichgesetzt.[2] Eine dem Pleroma-Wesen des obersten Gottes zwar untergeordnete, aber dafür sowohl im Pleroma als auch im mythologischen Geschehen umso zentralere Figur heißt „Mensch", nicht nur im außermanichäischen Schrifttum,[3] sondern auch in den „Kephalaia" LI, mit der Überschrift „Über den Urmenschen", wie noch zu zeigen sein wird.

2. Die makro-mikrokosmische Grundbeziehung

Fragt man ideengeschichtlich nach der Verhältnisbestimmung des Makrokosmos-Mikrokosmos-Gedankens, so ist dieser von der Entsprechung und Verwandtschaft der beiden Bezugsgrößen her gesehen. Der Kosmos und die Teile werden auf ihre grundlegenden Strukturen hin als identisch interpre-

2 Vgl. Apokryphon des Johannes, ed. *Till. W.:* Die gnostischen Schriften des koptischen Pap. Berolinensis 8502, TU 60 (1955); vgl. auch Sophia Jesu Christi, ebd. 96,12. Die Belege aus den Nag-Hammadi-Fassungen siehe bei *Krause, M./Labib, P.:* Die drei Versionen des Apokryphon des Johannes im koptischen Museum zu Alt-Kairo, Abhandlungen des Deutschen Archäologischen Instituts Kairo, Koptische Reihe 1 (1962), Register. Apokr. Joh. 22,9; 47,15; 48,3f u. ö. ferner Thomasevangelium Log. 24 (86,7ff); 106 (98,18ff), ed. *Guillaumont, A./Puech, H. C./Quispel, G./ Till, W./Abd al Masih, Y.:* 1959; vgl. *Haenchen E.:* Die Botschaft des Thomas-Evangeliums, 1961, 53.65; „Titellose Schrift" 151,19; 152,26; ferner im System der Ophiten nach *Irenäus,* haer I 30; in der Schrift: *Eugnostos der Selige,* Cod. Cairensis Gnosticus III 76,23f; 77,10-14; 85,10.21f; 88,6f; 89,8f; bei den Valentinianern nach *Clemens Alex.,* Strom. II 36,2-4; *Epiphanius,* haer 31,5,5; 36,2,2f; in den Naassener-Predigt, *Hippolyt,* Ref V 7,3-9,9, im sethianischen System nach *Hippolyt,* Ref V 19-22.

3 Vgl. Wesen der Archonten 139,2; 144,33; Sophia Jesu Christi 93,15; 94,9-11; 95,5; 96,12 u. ö.; bei den Valentinianern nach *Epiphanius,* haer 31,5,5; im PhilEv 108,23f; 123,19-22; 124,1; bei den Sethianern nach *Hippolyt,* Ref V 19; im Poimandres-Traktat 12-15 (*Nock-Fest* I 1-28).

tiert. Diese Übereinstimmung des Teils mit dem Ganzen beruht auf alten astrologischen Spekulationen und hat vielfältigen Niederschlag gefunden. So sieht die Stoa den gesamten Kosmos und alle Teile in ihm durch das seelenähnliche Prinzip der „Sympatheia“ miteinander verbunden.[4] Der Mensch habe mit den Steinen das Dasein gemein, mit den Pflanzen das Leben, mit den Tieren die Wahrnehmung und den Geistwesen die Vernunft. Schon in *Platons* „Timaios“ findet sich der Gedanke einer Analogie der Seelenkräfte (der Bewegung, der Wahrnehmung und der Vernunft) der Menschen-, Welt- und Sternen-Seele.[5] In der Spätantike leben stoische Harmonie- und Sympathievorstellungen (verbunden mit der auf *Poseidonios* zurückgehenden Idee) auf, wonach die menschliche Seele von der Sonne über den Mond zur Erde gelange.[6] Von solch einer Konzeption her, wo zwischen Kosmos und Mensch ein tiefer Wesenszusammenhang besteht, läßt sich die Kraft des Makrokosmos „mikrokosmisch“ in ihm selbst wiederfinden. Diese Entsprechung wird uns in K. LX (151) und XVII (35b,36ff) begegnen. Auch hält das griechische Denken den Kontrast zwischen göttlichem Nous (νοῦς) und materiellem Soma (σῶμα) fest und sieht im Menschen beide Sphären vereint.[7]

Der ideengeschichtliche Ursprung der „Urmensch“-Vorstellung dürfte in der Makrokosmos-Mikrokosmos-Idee liegen, die den Aufbau des Kosmos nach der Analogie des Menschen versteht. Der Gedanke kann in der Gnosis zu einem universalen Pleroma spiritualisiert werden oder sich innerhalb dieses Pleromas zu einer zentralen Hypostase verdichten. Als solche ist der Urmensch sowohl im Makro- wie im Mikrokosmos der oberste und beste Teil der Weltseele und der Menschenseele, d. h. Himmelsmensch im kosmischen Bereich und innerer Mensch im äußeren Erdenmenschen. Dort, wo der Urmensch als bester Teil der Lichtwelt mit der Finsterniswelt vermischt erscheint, wird eine Erlösungslehre der Entmischung entwickelt und der „Licht-Jesus“ als Repräsentant für das Heilsgeschehen in Anspruch genommen, mythologisiert und doketisiert. Dieser hypostatisch individuierte und die Lichtfülle repräsentierende Anthropos-Jesus bringt Erlösung durch den Anruf an Adam, durch Offenbarung der Identität, durch den Vorgang der Entmischung der Lichtteile und ihre Wiederverschmelzung mit dem Licht. Als Jesus patibilis ist er naturhaft mit dem Kosmos verbunden, und hypostatisch zerspalten und in die manichäische Soteria-Spekulation hineingenommen.[8] Der Mensch als Mikrokosmos ist dem Makrokosmos wesensgleich. Durch seine Konstitution, die commixtio tragica, faßt er die Vermischung aller Elemente in sich zusammen, sodaß sich in ihm die Geschehnisse der dualen Wirklichkeit wiederholen. Nach K. LXX (169,24-175,

---

4 Vgl. SVF 2,170,32: Nr. 534; 172,39: Nr. 546; 302,25: Nr. 1013; 347,12: Nr. 1211. Ferner dazu *Allers, F.:* Microcosmos, in: Traditio 2 (1944) 319ff.

5 *Platon,* Tim 34b-41e. Vgl. Phileb 28d-30c.

6 Vgl. *Sextus Empiricus,* Adv. math. IX 71b-73.

7 Anders hingegen sieht die biblische Vorstellung von der Unweltlichkeit Gottes und seiner Heiligkeit sowie von der des sündigen Menschen diese Unterscheidung.

8 Vgl. *Haardt, R.:* Das universaleschatologische Vorstellungsgut in der Gnosis, in: Vom Messias zum Christus, hg. v. *K. Schubert,* 1964, 315-336.

24) ist der Körper entsprechend dem Bild des Kosmos eingerichtet: „Sein Haupt entspricht der ἀπαρχή (aparchē) der fünf Kleider. Von seinem Hals aber abwärts bis zum Orte seines Herzens entspricht er den zehn Firmamenten (στερέωμα/stereōma). Das Herz aber entspricht dem Rade der σφαῖρα/sphaira, die sich dreht. Von seinem Herzen aber abwärts bis zu seinem Zwerchfell(?) entspricht er der Luft (ἀήρ/aēr), die von der σφαῖρα zur Erde herabkommt. Die Scham des Körpers entspricht dieser großen Erde. Von seinem Zwerchfell(?) aber abwärts bis zu seinen Lenden entspricht er den drei Erden. Die Schienbeine aber entsprechen dem Raum, in dem der Ὠμοφόρος (Omophoros) dasteht. Seine Fußsohlen entsprechen der großen Erde, auf der der Ὠμοφόρος steht, und den vier Befestigungen, die unter seinen Füßen sind. Seine Leber (ἧπαρ/hēpar) entspricht dem Fahrzeug des Feuers. Sein Fleisch entspricht dem Fahrzeug der Finsternis. Sein Blut entspricht dem Fahrzeug des Wassers. So nun entspricht der kleine Körper dem großen (d. h. dem Makro-)Kosmos in seinen Firmamenten (στερέωμα), in seinen Ordnungen, in seinen Bergen, seinen Mauern und seinen Fahrzeugen, wie ich euch offenbart habe“ (170,1-20).

3. Der „Urmensch“ als Typus des Erlösten Erlösers und die „drei Zeiten“

Im Manichäismus findet dieser Gedanke seine großartigste Ausprägung, wo der Urmensch als Sohn der „Mutter der Lebendigen“ die zentrale Gestalt des ganzen Mythos bildet. Er ist der „erste Mensch“,[9] „der vollkommene Mann“, bzw. der Adamas des Lichtes, die Säule der Herrlichkeit, eine Berufung des Dritten Gesandten. *W. Bousset* kennzeichnet ihn im vierten Kapitel seiner Erörterung über die Hauptprobleme der Gnosis dahin: „Der in die Materie hinabsteigende und hier besiegte, gefangengehaltene und nur mühsam und unter Verlust seiner Lichtrüstung befreite Urmensch ist deutlich eine kosmogonische Potenz. Die ganze Weltentwicklung wird hergeleitet aus der Vermischung der Lichtteile des Urmenschen mit den Elementen der Finsternis.“[10] Diese Anschauung *Boussets* vom Urmenschen als einem kosmogonischen Prinzip jedoch trifft nur für die manichäischen Texte zu, in denen die Entstehung der Welt als Verstrickung des Urmenschen in die Materie gedeutet wird. Auch nach *R. Reitzenstein* habe es eine vorchristliche, auf iranischem Boden ausgebildete Lehre gegeben, „welche die Seele oder den inneren Menschen als Gottwesen faßt, das aus der Lichtwelt in die Materie herabgesendet und aus ihr wieder befreit und zurückgerufen wird.“[11] Demnach wäre der gnostische Mythos in seinem Grunde ein Mythos vom Gotte „Mensch“. *H.-M. Schenke* sieht den manichäischen

9 Vgl. *Henning, W. B.:* Geburt und Entsendung des manichäischen Urmenschen, 1933. *Scheftelowitz, J.:* Der göttliche Urmensch in der manichäischen Religion, in: ARW 28 (1930) 212-240.

10 *Bousset, W.:* Hauptprobleme der Gnosis, FRLANT 10, Göttingen 1907, 217f; vgl. 215-223.

11 *Reitzenstein, R.:* Das iranische Erlösungsmysterium, Bonn 1921, S.V.

Urmenschmythos neben der iranischen Tradition vom Urmenschen Gayomart auch von der gnostischen Lehre vom Gotte „Mensch" abhängig[12] sowie vom gnostischen Theologumenon vom Fall der Sophia. Nach der manichäischen Lehre sind Adam und Eva von den Archonten nach dem Bilde des „Dritten Gesandten" geschaffen worden. Der kosmogonische Mythos Manis erzählt dieses mehrstufige Geschehen. Aus dem Vater der Größe emaniert die „Mutter des Lebens", die den Urmenschen als zentrale soteriologische Gestalt hervorbringt. Dieser wird als der „Erste Gesandte" aus dem Lichtreich in das Reich der Tiefe und der Finsternis gesandt, um den Angriff von unten abzuwehren (vgl. auch *Augustinus,* de nat. boni 42). Der Urmensch wird von den Archonten der Finsternis überwältigt und seine Lichtrüstung (seine fünf Söhne, die fünf strahlenden Götter: der leise Lufthauch, der Wind, das Licht, das Wasser und das Feuer) von ihnen verschlungen: „Die Archonten der Finsternis fraßen von seiner Rüstung, — das ist die Seele." Diese Identifizierung bildet eine Schlüsselstelle im System. „Sie macht ihn wie blind und taub, bewußtlos und verwirrt, damit er zunächst seinen Urgrund und seine Herkunft nicht erkenne."[13] Um den Urmenschen zu retten, wird der „Lebendige Geist" (= der „Zweite Gesandte") aus der Lichtwelt herabgesandt, der ihn um den Preis des Einverleibtwerdens eines Teils seiner selbst durch die Archonten befreit. Zur Rettung dieses Licht-Restes geschieht aus der Schlachtung der Hauptarchonten die Schöpfung des Kosmos, wobei aus ihren Leibern die Erde und aus ihren Häuten der Himmel gebildet werden. Das dabei frei werdende Licht wird in die beiden Himmelsschiffe, Sonne und Mond, verwandelt. Durch das Erscheinen des mann-weiblichen „Dritten Gesandten" wird der Vorgang der Licht-Ausschöpfung in Gang gesetzt. Dieser steigt in das Sonnenschiff und durchfährt die Himmelsregionen. Die am Himmel als Sterne befestigten Archonten werden bei seinem Anblick sexuell erregt, die männlichen durch seine schöne Weiblichkeit, die weiblichen durch seine schöne Männlichkeit. Die einen lassen ihren Samen, die anderen Fehlgeburten mit ihrem jeweiligen Lichtanteil auf die Erde fallen. So verwandelt sich der auf die Erde gefallene Same in fünf sprossende Bäume, die Vorstufe der Flora und die Fehlgeburten in Dämonen von tierischer Art. Letztere schlingen die Knospen der lichthaltigen Bäume in sich hinein. Diese Fehlgeburten bzw. Kinder der Archonten erzeugen das erste Menschenpaar, in welchem sich das unerlöste Licht als Seele im Menschen befindet. Alle Soteriologie wird sich um ihn drehen.

Eine Synopse der über die „Kephalaia"-Kapitel verstreuten Stellen von Urmenschen und die damit zusammenhängende Kosmogonie und Anthropogonie ergibt folgendes Bild: In der Darstellung der „drei Zeiten" in Kap. XVII (54,14-24) umfaßt die erste Zeit das Hinabsteigen des Urmenschen in den Abgrund, seinen Krieg mit dem König der Finsternis und seinen Kräften, dessen Fesselung und die seiner Söhne durch die Finsternis in der Welt, ferner die Sendung des „lebendigen Geistes, des Vaters des Lebens" und die

12 *Schenke, H. M.:* Der Gott „Mensch" in der Gnosis, Göttingen 1962, 108ff.
13 *Henning, W. B.:* a.a.O. 218f.

Heraufholung des Urmenschen in das Land des Lichtes (55,25-56,6). Es ist dies die Zeit des Weilens des Urmenschen in der Welt der Finsternis (57,5) und hat die längste Erstreckung. Die zweite Zeit (sie heißt „mittlere Zeit") beginnt mit dem Heraufkommen des Urmenschen (57,20) und ist die Zeit, wo der Dritte Gesandte „die Schönheit von allen Mächten" abscheidet und zur Höhe hinaufschöpft (56,15-18). Mit dem Zeichen seiner Erscheinung und dem Ausläutern des Lichtes durch den Dritten Gesandten setzt „der Gegenlauf" der Sünde ein (56,19-21), sodaß er seine Erscheinung (56,21) verhüllt und Bäume formt. Es fallen die Aborte herab und es werden Adam und Eva im Fleisch geformt (ζωγραφεῖν/zógraphein). Es wird Jesus entsandt, Adam die Hoffnung (ἐλπίς/elpis) gibt und der wieder hinaufgeht zur Höhe (56,26). Es ist dies die Zeit, in der der Vater des Lebens und die Mutter des Lebens die Welt mit ihren Ordnungen errichten. Die dritte Zeit (χρόνος/chronos) reicht vom Zeigen der Erscheinung des Dritten Gesandten bis zur Heraufkunft der Statue (ἀνδριάς/andrias) aus dem Bōlos (βῶλος 57,16-18). Es ist dies die Zeit der Auflösung der Welt (57,55.28). Im Horizont einer so bestimmten Zeit vollzieht sich das manichäische Licht-Finsternisdrama als Ereignis seines Kampfes. Dem liegt das mythologische Grundkonzept zugrunde, daß die transzendente Lichtkraft, das transzendente väterliche Prinzip begrenzt wird durch ein zweites Prinzip, das Reich der Finsternis mit dem Obersten der Archonten an der Spitze. Weiters wird das Lichtreich vom Finsternisreich „beneidet" und „begehrt". Dabei handelt es sich um das weit verbreitete gnostische Motiv des „Neides" als des Grundzuges der selbstherrlichen Welt, die sich nicht einem (verfehlten) göttlichen Wesen verdanken will. Dieser „Neid" wird zum Movens des Angriffes —, zusammen mit dem Motiv der Eifersucht, bzw. des Willens des Sieges über das Licht. Um dies zu verhindern, „beruft" der Vater der Größe aus sich den Urmenschen, damit dieser mit den Archonten der Finsternis streite, begleitet von seinen fünf Söhnen, den ihn wie eine Waffenrüstung umgebenden fünf Lichtelementen. Dieses Heraustreten, diese Ekstase der Transzendenz ist ein Kampf mit dem neidischen Prinzip der Finsternis und seiner Begehrlichkeit, dem Grundmotiv des zweiten Prinzips und dessen, was sie bewegt, objektiviert als Aufgebracht-Sein der Finsternis-Nacht gegen die väterliche Urmöglichkeit. Die Finsternis, der Adversarius der Empörung, ist das zweite konstitutive Prinzip, die andere Seite des Zwiespalts der Wirklichkeit. Damit ist die Wirklichkeit im manichäischen System von einem fundamentalen Konflikt her ins Auge gefaßt als Drama einer Rebellion von unten. Im Kampf mit der Finsterniswelt unterliegt der Urmensch mitsamt seinen fünf Lichtelementen und wird gefangengenommen, sodaß damit ein Teil der Lichtwelt gefangengenommen und geschändet ist. Was sich in der Gnosis als ständige Schändung dessen erweist, worin sich die Gottheit verfehlt hatte, nämlich in ihrem in der Welt gefangengehaltenen Gedanken, ist hier als Gefangennahme des Lichtes konzipiert und als dessen Vermischung, bewegt vom metaphysischen Neid her. Die Finsternis erweist sich als bindende Macht, die sich im Leiblichen verdichtet, im Leib präsent ist. Auch in der Gnosis beherrschen die Mächte die Welt durch die Substanz des Leiblichen.

Diese Thematik wird in den „Kephalaia“ in mehreren Abschnitten umkreist und entfaltet. Kap. XXIII (66,28-70,7) spricht vom Kampf zwischen dem Licht und der Finsternis. Dabei wird gesagt, wie der Urmensch sich der Macht der Finsternis entgegengestellt und sie gehindert hatte (67,23f), aber wie es dabei zur Vermischung des Lichtes mit der Finsternis, des Lebens mit dem Tode (67,25f), und wie es zur Gefangennahme des Lichtes in der Finsternis, des Lebens im Tode (67,29f) gekommen ist. Aber bereits Kap. XVI (49,11-55,14) hatte gezeigt, wie die Finsternis durch die „fünf Größen“ besiegt wurde (49,14). Die erste Größe ist der „Vater der Größe“ (49,15), der verborgen im Lichtland ruht, „in seiner alleinigen Ousia“ (49,17), aus welcher „vier Größen“ herausgekommen sind, die sich in zehn Teile teilen und als volle Zwölf aufstellen (49,17-19). Aus der „ersten Größe“ erscheint als zweite Größe „die Mutter des Lebens, der große Geist, sowie der Urmensch [nebst seinen] fünf Söhnen (49,21f). Die dritte Größe ist der Geliebte der Lichter, der lebendige Geist und die fünf Söhne des lebendigen Geistes (49,23-25). Die vierte Größe ist der Dritte Gesandte und die Säule der Herrlichkeit und alle aus ihm erschienenen Lichtkräfte (49,26-28). Die fünfte Größe ist „Jesus der Glanz“ und alle seine gerufenen und in Erscheinung getretenen Kräfte und Emanationen (49,29-31), das sind die fünf Söhne des Urmenschen, die fünf Söhne des lebendigen Geistes, der Ruf und das Hören (49,32-50,2). Das Kommen des lebendigen Geistes (50,23) dient der Heraufholung des Urmenschen (50,27f), des edlen Sohnes. Er gleicht einem Richter (κρίτης/kritēs 50,29), der das dem edlen Sohne zugefügte Unrecht beseitigt und Vergeltung übt am Frevel der Archonten, die er im gerechten Gericht richtet (51,27) und sie an Himmel und Erde fesselt (51,28), bis am Ende der Zeit die Welt sich im großen Feuer auflösen werde (52,16f). Dabei geht es um die Abscheidung: Das Licht geht zu seinem Land (χώρα/chóra), die Finsternis aber bleibt auf immer gefesselt (52,18f). Das Kommen Jesu des Glanzes (53,18) wird mit dem Umhauen der schlechten Bäume und ihrem Verbrennen verglichen (53,18ff) sowie mit dem Pflanzen des „Baumes des Lebens“ (53,27), der gute Früchte bringt. Dies alles geschieht in der Zone der Mächte (54,3f) und er bringt Adam die Hoffnung und die frohe Botschaft (54,6f). Es kommt so der „Ruf“ und das „Hören“, der große Gedanke des Lebens zu den Elementen in ihrem vermischten Zustand: er vereinigt sich mit ihnen, sammelt sie zu sich ein und sammelt damit seine eigene Seele ein, um sie „zur letzten Statue“ (ἀνδριάς/andrias) zu formen. Dieses Geschehen ist ein Vorgang der Entmischung und Auflösung und ist ein Einsammeln allen Lebens und allen Lichtes in allen Dingen, womit er seinen Körper gestaltet. Weitere Reflexionen über den Urmenschen in Kap. XXVI (76,27-77,21) stellen diesen im Vergleich dar als einen Mann, dem sein Vermögen (χρῆμα/chrēma) weggenommen worden ist und der nun gekommen ist, „um hinter seinem Vermögen (χρῆμα/chrēma) herzulaufen“ (76,29-31). Der Vorgang wird als Ausläuterung und als Einsammeln seines „unter seine Feinde“ zerstreuten Vermögens verstanden (76,33f). Ein weiteres Bild zieht den Vergleich der Errettung der ihm weggenommenen (76,35f) oder von ihm wegversprengten zwei Söhne, das sind „seine Lebendige Seele, die sich in den zwei Mächten“, befindet (77,2f). In der Abhandlung über die zwölf Richter

(K. XXVIII (79,14-81,20)), der vom Vater der Größe zu verschiedenen Werken entsandten „großen mächtigen Urteilsverkünder" (79,17) steht an erster Stelle der Urmensch. Die Licht-Finsternis-Auseinandersetzung ist hier als ein Gerichtsvorgang verstanden, als großes Werk der Scheidung. Der Urmensch hat am Anfang den Archonten der Finsternis gedemütigt und ihn wegen seiner Erhebung gegen das Reich des Lichtes gerecht gerichtet (79,23-25). Auch der zweite Richter, der „Lebendige Geist" vollzog das Gericht an den Finsternismächten wegen ihrer Verletzung der Gewänder des Urmenschen (79,26-28). Der dritte Richter, die „Mutter des Lebens, der Große Geist", richtet die Archonten an dem ihnen nicht gemäßen Ort oberhalb und fesselt sie (79,29-33). Der vierte Richter ist der „Große (Baumeister)", der ein Gefängnis für den Feind baut, für den Urmenschen und alle „Väter des Lichts" hingegen einen Thron errichtet (79,33-80,4). Kap. LI (126,1-127,23) spricht ebenfalls vom Urmenschen und seinem „Kleid des lebendigen Feuers", durch das er „die Geschwollenheit des Feindes zunichte gemacht, seine Geschwätzigkeit (φλυαρία/phlyaria) und seinen Übermut heruntergeholt" hat (127,1-4). Mit dem Schwachwerden des ersten Kleides erhielt er noch vier weitere, das des Windes, des Wassers, des Lichtes und der Luft (des ἀήρ/aēr) als Hilfe (127,6-8). Im Kampf mit der Finsternis kam es zur Vermischung mit der Macht des Feindes, mit Ausnahme der lebendigen Luft, „die ohne Wunde zurückgeblieben ist" (127,9-19). Auch Kap. LIII (129,6-131,9) handelt vom Urmenschen und seiner Sendung in den Krieg, von seinen Kleidern — und dem Erjagen der Hyle, jenem Sinnen (Enthymesis/'Ενθύμησις) des Todes. Der Lebendige Geist errichtet aus den erjagten Archonten diese Welt, die Wohnungen (ταμιεῖα/tamieia) des Todes. Es heißt: „Der Urmensch erjagte ihre Gesinnungen und ihre Hausbewohner, die in ihnen waren" (129,24f). Aus ihnen ist die Finsternis hervorgesprudelt (130, 15f). Die „tamieia" haben ihre Kraft durch die Hyle, bis diese ihnen genommen wird (130,16ff; 131,5f). Wie aber wird die Erschaffung Adams und Evas vorgestellt?

4. Die Genesis Adams und Evas

Kap. LV (133,5-137,11) spricht über die Bildung (πλάσσειν/plassein) Adams[14] und erzählt, daß der Gesandte sein Bild (εἰκών/eikon) in der Welt offenbarte und damit ihre Archonten und Mächte begehrlich machte, als sie sein Bild sahen, ihre Gestalten nach seinem Bilde zu formen, welches ist „Adam und Eva". Doch es lag im Willen Gottes, daß es die Menschheit geben sollte (133,15-20). Das Kommen der Gesandten geschah primär deshalb, daß er der Welt seine Seele und seinen Sohn offenbare und so „ihm eine Erlösung bereite und sie (die Seele) befreie aus allen Fesseln und Banden, in denen sie verhaftet und gebunden ist" (133,22-29). Das Bilden Adams und

14 Vgl. *Titus von Bostra,* Adv Manich III c.4, p. 68,10 (ed. *Lagarde*) wo es heißt: φήσι... ἐπιγράψας τὸ κεφάλαιον περὶ τῆς ἀνθρωπίνης πρωτοπλασίας.

Evas durch die Archonten ist nur eine Nachahmung „in Ähnlichkeit", nicht aber „in der Wahrheit" (134,5-7). Die Offenbarung des Bildes des Gesandten wird mit der freien, reichen und schönen Frau verglichen, die ihr Gemach verläßt, unter die Menschen geht und so begehrt wird. Durch ihren Anblick begehren die Archonten ihr Bild und bilden nach dem Bilde des Gesandten Adam und Eva ohne den Willen der Größe (135,21-24). Das soteriologische Motiv klingt im folgenden Gedanken an: Der Dritte Gesandte, der kam und sein Bild gegenüber allen Mächten offenbarte, ist nicht gekommen, „damit alle Archonten und Mächte (ἐξουσία/exousia) eine Gestalt (μορφή/morphē) [nach] seinem Bilde bilden (ζωγραφεῖν/zōgraphein) sollten, sondern er ist wegen seines Sohnes gekommen, indem er im All gekreuzigt (σταυροῦν/stauroun) wird, damit er ihn befreie, löse und aus der Trübsal (θλῖψις/thlipsis) errette" (135,15-21). Weiters heißt es: „Durch den Glanz des Lichtes nämlich und die Liebe zu ihm (fem. d. h. dem Bild) wurden sie glühend in ihrer Lust (ἡδονή/hédonē), sie wurden nackend, sie eiferten in ihrer Begierde (ἐπιθυμία/epithymia) wie ein [Mann, der] den Glanz eines begehrenswerten (ἐπιθυμία) Gesichtes sieht..." (136,1-4). Das zweite Gebilde ist die auf die Erde fallende Physis, die das Meer aufnahm und der ihre eigene Enthymesis zum Bildner wurde: „sie bildete (πλάσσειν/plassein) sich selbst zu einer Natur (φύσις/physis), die die Wurzel des Todes ist" (136,27-31). Gegen ihr Heraufkommen zum Verderben wird der „Adamas des Lichtes, die große Lehre der Stärke" gesandt um sie niederzuwerfen (136,31-137,2). Das dritte Gebilde ist die auf das Trockene gefallene Natur (φύσις), die den Baum bildete und sich in ihm hinstellte (137,5f). Kap. LVI (137,13-143,12) spricht über Saklas und seine Mächte und greift noch einmal die Frage nach Adam und Eva auf. Die Mani-Jünger fragen, woher all diese „Aborte", zu denen Saklas, seine Paargenossin und die Archonten gehören, die Adam und Eva gebildet haben, „woher haben sie dieses schöne Bild (εἰκών/eikōn) gefunden und es auf ihr Gebilde (πλάσμα/plasma) gelegt, obwohl (καὶ ταῦτα/kai tauta) sie, als es ihren Vätern offenbar wurde, noch nicht existierten und das Bild (εἰκών) des Gesandten nie gesehen haben, und woher haben sie das Siegel des Bildes des Gesandten genommen und es an [das] Gebilde Adams und Evas gegeben?" (137,14-22). Der Phoster antwortet, daß die aus den Archonten herausspringende Sünde, „welche die Hyle ist", zum Bild des Gesandten hinaufstieg und von jenem Orte aus abgeschnitten wurde und zur Erde herabkam. Hier „bildete sie den Baum, stellte sich in ihm innerhalb des Holzes auf und bildete die Früchte" (137, 23-29). Der Archon erheischt von seinen Gefährten ihr Licht und verspricht ihnen das Herstellen eines Bildes „nach dem Bilde des Erhabenen" (138,1-3). Resümierend heißt es: „Die Archonten haben Adam und Eva durch die Kraft (ἐνέργεια/energeia) der Sünde gebildet, die in sie in den Früchten hineingegangen ist, und haben ihn angeordnet nach dem Bilde des Erhabenen" (138,17-19).

5. Der Mensch als Ort der Wahrnehmung und das Drama der Mischung und Entmischung

Im folgenden wird eine bildlich imaginierte Anthropologie dargestellt: „Der Bildner (πλάστης/plastēs) setzte in das Gebilde (πλάσμα/plasma) Adams und Evas Glieder, draußen und drinnen, zur Wahrnehmung (αἴσθησις/aisthēsis) und Kraft (ἐνέργεια/energeia); er teilte ihn in einzelne Häuser. Alles, was seine αἰσθητήρια (aisthētēria) und die στοιχεῖα (stoicheia) draußen aufnehmen, es hat ταμιεῖα (tamieia) drinnen und Aufbewahrungsorte (ἀποθήκη/apothēkē) und Höhlen (σπήλαιον/spēlaion), [und sie] nehmen es zu sich und bringen es ein in ihnen" (138,20-26). Die Enthymesis (Erwägung/Gedanke) der Augen nimmt auf und bringt es heraus, wie die der Ohren, des Geruchorganes, des Geschmackes, des Tastens, des Herzens (139,6-140,19). Letzteres wird einem „König" verglichen, „bei dem sich alle Ratsherrn seiner Stadt und die Anführer seines Heeres befinden" (140,22-24). Ferner werden die „Sehorte", die „Hörorte", die „Riechorte" (142,5f) des Körpers mit bewachten Toren verglichen. Die Enthymesis im Körper aber ist seine Lehre, „die Königin des ganzen Lagers (παρεμβολή/parembolē), damit sie, wenn sie will, öffnet, wenn sie will, schließt (142, 9-11). Die Archonten, die die Tore des Körpers bewachen, wollen den Licht-Nous an seinem Kommen hindern (κωλύειν/kōlyein) (142,14). Er aber demütigt sie „in seiner Weisheit, seinem Schrecken und seiner Stärke" (142,17) und nimmt die Riegel von allen Toren des Körpers (142,19f); „die Tore, die sich seiner Zeit den Vorstellungen (φαντασία/phantasia) der Begierde (ἐπιθυμία/epithymia) geöffnet hatten, um die Bilder (θεωρία/theōrie) der Lust (ἡδονή/hēdonē) aufzunehmen, um die Worte der Fürsorge (μελέτη/meletē) der Sorgen des Lebens (βίος/bios) einzusammeln, um die Geschmäcker der verschiedenen Nahrungsmittel (τροφή/trophē) von befleckten Speisen aufzunehmen sowie die Sünde, die sich in ihm befindet. Wer diese aufgenommen hat, dessen Herz zieht es zu ihr" (142,20-26). Mit den in den Händen des Licht-Nous befindlichen Riegeln des Körpers ist dieser innerhalb des gerechten Mannes und läßt alles Gott Wohlgefällige aufnehmen, die Anblicke der Liebe, der Gerechtigkeit, der Pracht (142, 26-31). Der gerechte Mensch findet so Wohlgefallen an den Gestalten der Frömmigkeit, Gerechtigkeit, Demut (143,8f), sowie auch die Ohren, die sich einst eitlen Stimmen und den Gesängen der Begierde (ἐπιθυμία/epithymia) und dem Verborgenen der Bosheit geöffnet haben, den Worten der Magie und den bösen Mysterien, wollen nun die Worte der Gerechtigkeit hören, die Worte der Psalmen, Gebete, Hymnen, die Worte der Wahrheit und das Wissen der Almosen (143,10-19). Damit wurde der „Lebendige Geist" Herr über alle seine Glieder, „er hat sie mit einer Fessel des Friedens gebunden, mit dem Siegel (σφραγίς/sphragis) der Wahrheit gesiegelt und die Tore des Körpers dem Guten (ἀγαθόν/agathon) geöffnet. Deshalb kommt das Gute (ἀγαθόν/agathon) ihnen zu den Ohren und Augen herein; es läßt sich im Herzen nieder. Der Heilige Geist ist Herrscher. Er tut alles, was er will. Er vereitelt [den] Willen der Sünde, den ersten und den letzten; der Wille des heiligen Geistes [dagegen] ist geschehen und die Entscheidung (γνώμη/gnōmē) des Licht-Nous" (143,25-32). Mit einem Zuruf, die Tore des Körpers zu festigen, daß die Sünde nicht über sie stark werde und von ihnen das Licht nehme und es zerstreue, endet das Kap. LVI (144,1-12).

K. LVIII (147,22-148,20) spricht von der Betrübnis der vier Mächte über das Geschehen tragischer Mischung und bringt so in die ganze Problematik einen psychologischen Aspekt. Die „Mutter des Lebens" wird betrübt „wegen ihrer Söhne, die in der Trübsal (θλῖψις/thlipsis) dastehen, indem sie vermischt wurden mit der Finsternis und dem Gift; sie wurden gebunden in der ganzen Archontenschaft (ἀρχοντική/archontikē)" (147,26-28). Der Urmensch ist betrübt wegen „seiner fünf Söhne" (148,1), die „weinen und schreien wegen der Schläge und Wunden (πληγή/plēgē) des Feindes, der täglich über sie kommt" (148,4f). Der dritte Betrübte ist Mani selbst, der die heilige Kirche erwählt und in die Freiheit des Licht-Nous gesetzt hat, sie aber in Betrübnis und Verfolgung sieht durch ihre Feinde. Seine Betrübnis aber ist auch wegen des verscherzten Heiles der Menschen, wenn er spricht: „Ich habe keine andere Betrübnis (λυπή/lypē) außer der um die Seelen (ψυχή/psychē), die die Hoffnung (ἐλπίς/elpis) nicht angenommen haben und sich nicht in dieser Festigung und diesem Stehen [der Wahrheit] befestigt haben. Sie werden herauskommen, verderben und in die Hölle (γεέννα/geenna) gehn ewiglich. Deswegen betrübe (λυπεῖσθαι/lypeisthai) ich mich um sie, daß sie nicht die Reue (μετάνοια/metanoia) angenommen haben und sich nicht mit der Rechten des Friedens (εἰρήνη/eirēnē) und der Gnade versöhnt haben, die ich aus dem Vater herausgebracht habe" (148, 14-20).

Ein eigenes Kapitel, K. LIX (148,22-151,4) berichtet von den Elementen, die vor dem Prinzip der Finsternis in Tränen (prime) ausbrechen. Es weinen die Söhne der Urmenschen, wenn sie der feindlichen Finsternis ansichtig werden (148,29ff). Im Kampf gegen den Feind bemächtigten sie sich seiner und überwinden „seinen Tod und seinen Brand und seine Finsternis" (149,2). Das zweitemal weinen die Elemente beim Heraufsteigen ihres Vaters, des Urmenschen aus der Finsternis, als dieser sie unten zurückläßt „in der Feindschaft" (149,4-13), das drittemal, wenn der „Lebendige Geist" die drei Kleider der Stärke auszieht und sie „unterhalb aller Werke" hinlegt und sie zu dem für sie bereiteten Ruheort ruft. Ihr Zurückbleiben treibt sie ins Weinen (149,14-28). Das vierte Weinen wird ein eschatologisches sein und anheben, wenn „die Säule sich erheben wird am letzten Tage und sie die Seelen der Leugner (ἀρνετής/arnetēs) und der Lästerer beweinen werden" (149,29-31), die in der ewigen Trübsal zurückbleiben werden. Sie werden mit der Finsternis gefesselt werden gemäß ihrem Begehren und ihrer Liebe zur Finsternis (150,1-18).

Das bisher Gesagte läßt sich dahin konvex bündeln: Als Gegenstück zum göttlichen Urmenschen haben die Archonten der Finsternis aus fünf dunklen Elementen den Protoplasten Adam mit den in ihm gefesselten Lichtpartikeln geschaffen, die seine Seele bilden: „Seine (Seele) aber nahmen sie von den fünf Lichten Göttern und fesselten sie in den fünf Gliedern des Körpers" (K. 95,15-17; vgl. 133,4ff; 137,12ff). An seine Seite erhält Adam die

Tochter des Fürsten der Finsternis, Eva, bar jeder Lichtsubstanz, damit die Menschenkinder ein mit der Finsternis vermischtes Dasein als Erbe trügen und sich dieser tragische Zustand fortsetzte in all den nachgeborenen Geschlechtern. In den „Acta Archelai" heißt es vom Ersten Gesandten, dem Urmenschen, der das Urbild abgibt, nach welchem die Archonten den Adam schaffen: „Über Adam aber, nämlich wie er geschaffen wurde, sagt er folgendes: Der, der spricht . . . ‚Kommt und laßt uns einen Menschen schaffen nach unserem Bilde und uns ähnlich oder nach der Gestalt, die wir gesehen haben', ist ein Archont, der zu den anderen Archonten spricht: Kommt, gebt mir von dem Lichte, das wir empfangen haben, und laßt uns einen Menschen schaffen nach unserer, der Archonten, Gestalt und nach der (Gestalt), die wir gesehen haben, das ist der Erste Mensch; und so schuf er den Menschen. Eva aber schufen sie ähnlich und gaben ihr von ihrer (pl.) Begierde, damit sie Adam verführe."[15] Ähnlich heißt es in Kap. VIII 2: „Damals nun schuf auch die Hyle aus sich heraus die Pflanzen, und nachdem sie von einigen Archonten geraubt worden waren, rief sie alle Obersten der Archonten und nahm von ihnen je eine Kraft und bildete den Menschen, der nach dem Bilde jenes Ersten Menschen (gestaltet wurde), und fesselte die Seele in ihm."[16] Aus all dem wird deutlich, daß der manichäische Urmenschmythos sich an die gnostischen Anschauungen anlehnt, aber in Abwandlung des Urbild-Gedankens für den irdischen Menschen, der auf den Dritten Gesandten bezogen ist. Die Änderung ist dadurch bedingt, daß nach manichäischer Vorstellung der Urmensch ein kosmogonisches Prinzip ist, während das himmlische Urbild des irdischen Menschen der Gottesbote, der Dritte Gesandte ist.

Das kosmogonische und anthropogonische Geschehen begegnet in vielfacher Variation und mythologischer Ausfaltung in Texten wie z. B. des *Theodor bar Khonai,* vermutlich einem Exzerpt aus einer Lehrschrift Manis, wo es heißt: „Und er (Mani) sagt, daß diese Töchter der Finsternis vorher schwanger waren durch ihre (eigene) Natur. Und wegen der Schönheit des Anblicks des Boten, die sie sahen, abortierten sie ihre Foeten. Sie (die Foeten) fielen auf die Erde und fraßen die Schößlinge der Bäume. Die Fehlgeburten berieten sich miteinander und erinnerten sich an die Gestalt des Boten, die sie gesehen hatten. Sie sagten: ‚Wo ist die Gestalt, die wir gesehen haben?' Da sprach Asaqlun, der Sohn des Königs der Finsternis, zu den Fehlgeburten: ‚Gebt mir eure Söhne und eure Töchter, so will ich euch eine Gestalt machen ebenso wie die, die ihr gesehen habt!' Und sie brachten (sie) und gaben (sie) ihm. Die männlichen aber fraß er auf, die weiblichen gab er der Nebroel, seiner Gattin. Dann koitierten Nebroel und Asaqlun miteinander. Sie wurde schwanger, gebar von ihm einen Sohn und gab ihm den Namen Adam. Sie wurde (wieder) schwanger, gebar eine Tochter und gab ihr den Namen Eva" (Liber scholiorum XI). Auch *Augustinus* bringt in seiner Schrift „De natura boni" ein Zitat aus Manis „Epistula Fundamenti"

15 Acta Archelai XII 1f *Beeson* 19,13-20,6.
16 Acta Archelai VIII,3 *Beeson* 12,2-6.

von der Erschaffung des irdischen Menschen durch den Fürsten der Finsternis: „Nachdem nun etwas Feindliches ersonnen worden war, sprach er zu denen, die anwesend waren: ‚Wofür haltet ihr dieses überaus große Licht, das sichtbar wird? Bedenkt, auf welche Weise es den Pol bewegt, auf welche Weise es die meisten Gewalten erschüttert. Deswegen ist es recht und billig daß ihr mir lieber den Teil des Lichtes herausgebt, den ihr in euren Kräften habt. Dann werde ich nämlich ein Abbild jenes Großen, der sich ruhmvoll zeigte, schaffen, durch das wir imstande sein werden zu herrschen, endlich einmal von dem Umgang mit der Finsternis befreit.‘ Nachdem sie das gehört und lange miteinander beratschlagt hatten, hielten sie es für das richtigste, das, was von ihnen gefordert wurde, zu geben. Sie glaubten nämlich nicht, daß sie selbst das Licht beständig zurückhalten könnten. Deswegen glaubten sie, es lieber ihrem Fürsten übergeben zu sollen, wobei sie keineswegs zweifelten, daß sie auf eben diese Weise herrschen würden. Auf welche Weise sie also dasselbe Licht, was sie hatten, darreichten, ist (nun) zu betrachten. Dies ist nämlich auch allen göttlichen Schriften und himmlischen Geheimnissen nebenbei hinzugefügt worden. Für die Weisen aber ist es gar nicht sehr schwierig zu wissen, auf welche Weise (sc. das Licht) übergeben wird. Nämlich mit eigenen Augen und deutlich wird es von dem erkannt, der (es) wahrhaftig und gläubig anschauen will. Da die, die zusammengekommen waren, eine nicht gesonderte Menge von Weibern und Männern waren, veranlaßte er sie, sich gegenseitig zu begatten. Bei dieser Begattung verspritzten die einen, die männlichen Wesen, den Samen, die anderen, die weiblichen Wesen, wurden schwanger gemacht. Es waren aber Kinder, die denen, die (sie) erzeugt hatten, ähnlich waren und die die meisten Kräfte der Eltern sowie des Ersten besaßen.[17] Diese empfing ihr Fürst wie ein vorzügliches Opfer und hatte Wohlgefallen daran. Und so, wie wir (es) auch heute geschehen sehen, daß die Bildnerin der Körper (formatrix corporum = ὕλη/hylē) die Natur des Bösen dadurch bildet, daß sie aus ihr (sc. der Natur des Bösen) die Kräfte empfängt, so empfing auch der vorher genannte Fürst die Nachkommen der Gefährten, die den Sinn, die Klugheit und das einmal mit ihnen bei der Erschaffung erzeugte Licht der Eltern besaßen, und fraß sie auf. Und nachdem die meisten Kräfte verzehrt worden waren von der so beschaffenen Speise, in der nicht nur Stärke enthalten war, sondern vielmehr auch der Sinn der Verschlagenheit und Schlechtigkeit, der aus dem wilden Geiste der Erzeuger stammte, rief er eine eigene Paargenossin für sich hervor, die aus demselben Stamm wie er entstanden war. Er begattete sie und befruchtete sie — wie (es) die übrigen (mit ihren Paargenossen getan hatten) — mit der Fülle der Laster, die er verschlungen hatte. Er fügte auch selbst etwas hinzu von seiner Erkenntnis und Kraft, damit es sein Sinn wäre und der Sinn ihrer aller, was der Schöpfer und Ordner hatte hervorströmen lassen. Seine Gefährtin fing dies auf, wie der bearbeitete Acker den Samen sehr gut aufzunehmen pflegt. In ihr nämlich wurden erbaut und zusammengesetzt die Abbilder aller himmlischen und irdischen Kräfte, so daß entsprechend das Wesen, das gebildet wurde, eine Ähnlichkeit mit dem ganzen

17 Mit dem „primus“ (Zycha 885,24) ist der Urmensch, der Erste Gesandte gemeint.

Weltkreis erlangte."[18] Das maximum hoc lumen, quod oritur (Zycha 885,2) und ille magnus, qui gloriosus adparuit (Zycha 885,6) ist der „Dritte Gesandte", der bei den nordafrikanischen und chinesischen Manichäern Jesus bzw. Christus heißt.[19] Nach unserem Text ist der Mensch nicht nur das Abbild des Dritten Gesandten, sondern als Mikrokosmos auch Abbild des Makrokosmos. Eine ähnliche Darstellung der manichäischen Kosmogonie bietet *Alexander von Lycopolis:* „Eine andere Kraft nämlich, die nach dem Demiurgen in Tätigkeit trat, betreibt diese Sache eifrig, nachdem sie zu dem Licht der Sonne heruntergekommen ist. (Ihr) Tun ist offenkundig und sozusagen einem Blinden sichtbar. Denn wenn der Mond zunimmt, empfängt er die losgelöste (Licht-)Kraft von der Hyle und füllt sich mit ihr während dieser Zeit an; nach dem Vollmond aber, wenn er wieder abnimmt, schickt es sie zur Sonne hinauf. Diese schickt sie (weiter) zu Gott. Nachdem sie das aber getan hat, empfängt sie schon wieder von der nächsten Vollmondzeit den zu ihr kommenden Seelentransport. Sie empfängt ihn ebenso (wie das Mal zuvor) und veranlaßt, daß er automatisch zu Gott gebracht wird. Dieser Prozeß wiederholt sich immer wieder. In der Sonne aber wurde ein Bild gesehen, das aussah wie die Gestalt des Menschen; und die Hyle wetteiferte in Ruhmgier, um den Menschen aus sich selbst heraus zu schaffen entsprechend der sie ganz durchdringenden Vermischung mit der (genannten) Kraft, so daß auch er einen Teil der Seele besaß. Die äußere Gestalt war allerdings sehr förderlich, so daß der Mensch in stärkerem Maße als die anderen sterblichen Lebewesen an der göttlichen Kraft teilhat, denn er ist ein Bild einer göttlichen Kraft."[20] Der irdische Mensch wird nach der göttlichen Kraft in der Sonne, die der Dritte Gesandte ist, geschaffen. Dieses Theologumenon begegnet auch bei *Titus von Bostra,* wo es heißt: „Wörtlich aber sagt jener (Mani) oder irgendeiner seiner Schüler, wenn er zusammenfassend über die Schöpfung des Menschen schreibt: ‚Weil' nämlich ‚die Archonten erkannten, daß, wenn das einmal völlig in ihre Mitte gefallene Teil des Lichtes (ihnen) weggenommen würde, der Tod sie schnell ereilen würde, bewerkstelligten sie den Abstieg der Seele in die Körper, womit sie bezweckten, daß sie (die Seele) entweder überhaupt nicht wieder aufsteigt oder, wenn sie doch aufsteigt, des von oben kommenden Rufes nicht würdig erfunden werde, wenn sie mit der Befleckung des Fleisches behaftet sei.' Und ein kurzes Stück danach: ‚Deswegen verwandelte sich, wie er sagt, jeder der Archonten der Hyle sc., wie ich vorher sagte, wegen der einsetzenden Bewegung und dessentwegen, der zum erstenmal zur Erlösung der Seele in Erscheinung trat, während die Tür zum erstenmal geöffnet wurde, aus Bestürzung in eine Falle für die Seele, indem er unfreiwillig die in ihm befindliche Kraft herabschickte, und bildete auf der Erde ein Abbild von ihm (dem Erscheinenden), wo er die bezauberten Seelen ohne Hoffnung

18 *Augustinus:* De natura boni, Zycha 884,29-886,17.

19 Vgl. *Pedersen, N. A.:* Early Manichaean Christology, primarly in Western Sources, in: Manichaean Studies, Lund 1988, 137-190. *Peterson, E.:* Jesus bei den Manichäern, in: ThLZ 53 (1928) 241-250.

20 *Alexander von Lycopolis:* Contra Manichaei opiniones disputatio IV: *Brinkmann* 6,22-7,14.

auf Wiederbefreiung sich aufzuhalten zwang. Und ihr erstes Gebilde ist Adam, ein Werkzeug der Begierde, ein Köder für die von oben stammenden Seelen und ein Mittel, um sie in die Körper hineinzulocken."[21]

Der Einfluß der Seele in den Körper ist ihre äußerste Grenzsituation und Erniedrigung, zugleich aber Grund der Möglichkeit ihrer Errettung durch die Lichtmächte. Durch die Erscheinung des Dritten Gesandten, der den Archonten seine schöne Gestalt zeigt, bilden diese aus einem nicht lichthaltigen Teil ihrer selbst den irdischen Adam nach dem Vorbilde des Dritten Gesandten. Die Göttlichkeit der Gestalt Adams zieht das göttliche Licht aus den Archonten in den Leib Adams hinab, wo es die menschliche Seele bildet.

Wir haben gesehen, wie der Urmensch, der erste himmlische Gesandte, sich bewaffnet hat mit fünf lichten Elementen (fünf Zîwane), die seine „Rüstung" oder seine „Kleider" bilden, um der Revolte der Finsternismächte (K. 72,19f) entgegenzutreten. Seine Kleider heißen auch „die Söhne des Urmenschen" oder die „Söhne des Lichtes" und sind mit ihm als die eigentliche Substanz des Lichtreiches als Luft (ἀηρ/aēr), Wind (ἄνεμος/anemos), Licht (φῶς/phōs), Wasser (ὕδωρ/hydōr) und Feuer (πῦρ/pȳr) wesenseins. Sie werden von der Macht der Finsternis verschlungen und vermischen sich mit ihr, nun als gefesselte Lichtsubstanz Erlösung heischend. Die Gestalt des Urmenschen ist eine täuschende und mit einer wechselnden Formenvielfalt spielende Potenz, die die Mächte der Finsternis durch die Wandlungen seiner Scheingestalten in die Irre führt, ehe sie von ihnen ergriffen und gebunden werden kann.

Dieser mythologische Sachverhalt hat viele Spiegelungen. Schon in der Weltanschauung der *Veden* wird das Urwesen als ein in menschlicher Form sich darstellender Prototyp gedacht, dessen Glieder die Elemente des Weltganzen sind. Der Hervorgang der endlichen Vielheit aus dem „Einen Absoluten" wird als Teilung des Urwesens verstanden und die Schöpfung als Opferhandlung des Weltgeistes. So ist z. B. in Indien „Maia" als Grund des sichtbaren Daseins der Welt dem Brahma gegenüber die täuschende Göttin des Scheins und der Erscheinung, die den in die nichtige Sinnenwelt hereinfallenden Lichtstrahl in tausend bunten Reflexen spiegelt.

Nach der jüngeren orphischen Theogonie zeugt auf Kreta Zeus mit Persephone den Dionysos (Zagreus), dem er die Herrschaft über die Welt übereignet, der aber auf Geheiß Heras von den Titanen zerrissen wird. Zeus tötet die Titanen mit seinen Blitzen und bildet aus ihrer Asche die ersten Menschen einer neuen Weltordnung, die sowohl am Titanischen als auch am Dionysischen teilhaben, d. h. an der Göttlichkeit des Dionysos wie an der Ruchlosigkeit der Titanen.[22] Der zerrissene Dionysos-Zagreus stellt die in der Materie verteilte göttliche Kraft dar: er ist der von den Titanen zerstückelte junge Gott, die im bunten Farbenspiel erscheinende Sinnenwelt und Bild der Vereinzclung der Teile in der dis-harmonischen Welt.

---

21 *Titus von Bostra:* Contra Manichaeos III 4f: *Lagarde* 68,10-27.

22 Vgl. *Platon,* leg. 701 b.c. Vgl. *Kerényi, K.:* Die Herkunft der Dionysos-Religion, 1956.

So verwandelt sich auch der Proteus[23] der Mythologie, in der Odyssee (4,349ff), der als ἅλιος γέρων νημερτής (halios gerōn nēmertēs) bezeichnet wird. Er kennt die Tiefen des Meeres (Od 4,385f) und vermag sich in alle Gestalten, ja sogar in Feuer zu verwandeln (Od 4,418). Dieser Meergott erscheint bei *Herodot* II 112ff, und nach ihm bei den griechischen Dichtern und Mythographen, als ein ägyptischer König (Diodor 1,62). Diodor erklärt seine Verwandlungsfähigkeit aus der Sitte der ägyptischen Könige, sich Tiermasken von Löwen, Drachen, Stieren und dergleichen überzustülpen, als Sinnbilder der Stärke. Bei *Vergil,* Georg. 387ff haust Proteus als „Neptuni vates“ im Ägyptischen Meer und hütet die Robbenherden Neptuns, der ihm die Gabe verliehen habe, alles zu kennen, „quae sint, quae fuerint, quae mox ventura trahantur“ (vgl. Orph. h. 25,4). Es hält sich die Vorstellung durch von einem gleich dem Meer jeder Wandlung fähigen, alle Tiefen des Meeres kennenden, der Gegenwart, Vergangenheit und Zukunft kundigen göttlichen Wesens durch, vielgestaltig und schwer faßbar, dessen Name schon im Altertum sprichwörtlich geworden ist. *Philostratos,* Apollonios von Tyana 6 gibt nach der märchenhaften Erzählung, daß der Mutter des Apollonios bei dessen Geburt Proteus erschienen sei und ihr auf die Frage, was sie gebären werde, geantwortet habe: mich, den ägyptischen Gott Proteus, folgende bezeichnende Auskunft über dieses Rätselwesen: ὅστις μὲν δὴ τὴν σοφίαν πρωτεὺς ἐγένετο, τί ἂν ἐξηγοίμην τοῖς γε ἀκούουσι τῶν ποιητῶν, ὡς ποικίλος τε ἦν καὶ ἄλλοτε ἄλλος καὶ κρείττων τοῦ ἁλῶναι, γιγνώσκειν τε ὡς ἐδόκει καὶ προγιγνώσλειν πάντα.

Bevor die Unheilsgeschichte in den „Kephalaia“ dargestellt wird, soll in einem Exkurs der Menschheitsfrage nach dem Unheil und Bösen nachgegangen werden.

23 Vgl. *Herter, H.:* RE 23,1 (1957) 973f.

Kapitel 7
EXKURS: DAS „TORMENTUM MALITIAE" — DIE FRAGE NACH DEM UNHEIL

Die Frage nach dem Woher und dem Was des Übels wie die nach seiner Überwindung gehört zu den zentralen Problemen in Gnosis und Manichäismus. Im Gegensatz zur griechischen Weltfrömmigkeit und Kosmosverehrung findet sich im Manichäismus die radikal dualistische Vorstellung von zwei gleichrangigen Urprinzipien von gleicher Ewigkeit. Geht in den gnostischen Systemen die Gottheit der Welt voran, sodaß diese als Resultat eines schicksalshaften „Falls" und Vorgangs im Göttlichen beschrieben wird, der zu ihrer gottfeindlichen Verselbständigung führt, so ist der manichäische Dualismus absolut. In solcher Entlastung der Gottheit erübrigt sich eine theologische oder philosophische Theodizee. Das gute Lichtwesen Gott und das böse Finsterniswesen, die Hyle, stehen sich feindlich gegenüber. Ihre Personifikationen erstrecken sich in ihren jeweiligen „Reichen" über ihre personale Repräsentanz zu den jeweiligen fünf Welten hinaus. Ist das Lichtwesen personifizierte Gutheit, so die Hyle die personifizierte und materiell-geistige Bosheit, von der der Impuls zum Weltgeschehen ausgeht. Ihre regellose Bwegung (ἄτακτος κίνησις/ataktos kinēsis)[1] richtet sich aus Neid und Bosheit gegen das obere Lichtreich und trachtet es zu erobern. Im Verlauf dieses Kampfes vermischt sich die Finsternis mit einem Teil des Lichts in der Schöpfung. Im Gegensatz zur Gnosis kommt es daher zu keiner totalen Abwertung des Kosmos und der ontischen Verankerung des Übels im Kosmos (vgl. die Bezeichnung des Kosmos als „Fülle des Übels" πλήρωμα τῆς κακίας/plērōma tēs kakias).[2] In der Gnosis erscheint die böse Materie in der negativ qualifizierten Harmonie der archontischen Planetensphären, die das kosmische Schicksal vollziehen (εἱμαρμένη/heimarmenē). Der Kosmos wird als Zwangssystem[3] erlebt, als Gefängnis, Tyrannei, Labyrinth,[4] Gottferne, als ein Festgehaltensein in dieser Welt durch den „Wall des Bösen, die in Ewigkeit geschlossenen Tore der Archonten".[5] Die dämonische Fremdbestimmung erlebt der Mensch darin, daß die bösen Weltherrschermächte zugleich Seelenherrscher sind. Nur der Pneumafunke im Menschen ist ihrem Regiment entzogen.

---

1 *Alexander von Lycopolis:* Contr. Manich. 22,5.
2 Corp. Herm. VI 4.
3 *Hippolyt:* Ref. V 16,1; 17,6.
4 *Ders.:* Ref. V 10,2.
5 *Origenes.:* C. Cels. VI 31.

1. Als theologisches und philosophisches Problem

In seiner Auseinandersetzung mit dem Verständnis des Bösen im Manichäismus übernimmt *Augustinus* den Nichts-Begriff des Neuplatonismus und interpretiert ihn zu einem Element des menschlichen Lebens um. Mit dieser Umdeutung stellt er heraus, daß es nach christlicher Überzeugung keine dem höchsten Sein (Gott) entgegengesetzte Substanz oder „Natur" gibt, „nisi quod omnino non est".[6] Mit dieser Umschreibung des Nichts als eines privativen Ausdrucks[7] widerspricht er dem manichäischen Verständnis, wo das Nichts als ein Etwas im Sinne eines Wesens gedeutet wird. *Augustinus* wirft den Manichäern, die sich dabei auf das Wort im Johannesprolog „ohne ihn ist nichts geworden" (Joh 1,3b) beziehen, vor, sie hätten nicht verstanden, daß es nichts bedeutet, ob man sagt: „Sine illo factum est nihil", oder „sine illo nihil factum est." „Wer aber möchte mit solchen Menschen reden, die von eben dem, was ich sagte, ‚es bedeutet nichts', sagen können, also bedeutet es etwas, weil das Nichts selbst etwas ist?" *Augustinus* weist darauf hin, daß all das, was die „Spur" von „Maß, Form und Ordnung" erkennen läßt, auf irgendeine Weise ist.[8] Darum kann auch die Materie nicht nichts sein, denn als zwar selbst formlose ist sie durch Gottes Güte formbar. *Augustinus* bezeichnet sie als das „prope nihil", — die, wie alle „Naturen", sich der Schöpfung Gottes aus dem Nichts verdankt.[9] Deswegen ist das Nichts im Reich des geschaffenen Seins in der Weise der Defizienz, Veränderlichkeit und Vergänglichkeit, als ein „tendere" oder „vergere ad nihilum" anwesend:[10] „Nichts ist nämlich alles, was fließt, was sich auflöst, was zerrinnt und gewissermaßen ständig vergeht" (nihil est enim omne, quod fluit, quod solvitur, quod liquescit et quasi semper perit).[11]

Wie aber ist auf diesem Hintergrund die manichäische Lehre vom Menschen entworfen? Sie unterscheidet sich im Ansatz von allen Teilaspekten einer biblischen Anthropologie, denn sie ist radikal dualistisch. Stärkster Ausdruck des biblischen Menschenbildes hingegen ist die In-Bezug-Setzung des Menschen zum Schöpfer und die Lehre von seiner Gottesebenbildlichkeit. Den Menschen erkennen bedeutet, zu wissen, wozu und woher er sei, und wie in ihm der Konflikt seines „Falles" mit Gott zum Austrag kommt. Dieser aber wird aus einem „zeitlichen" Geschehen her verstanden, in welchem die vorherige Harmonie zerstört wurde, weil und indem das Gottesverhältnis zerriß. Damit ist die Anthropologie des Menschen grundlegend

6 *Augustinus:* C. Secundinum 10. CSEL 25,919; De moribus II 1,1; De civ. Dei XII 2. Vgl. auch *Brunn, E.:* Le dilemme de l'être et du néant chez S. Augustin, in: Rech. august. 9 (1969) 3-102; *Ders.:* ‚Être' ou ‚ne pas être', in: Rév. august. 14 (1968) 91-98.

7 Vgl. *Augustinus:* De Genesi ad litt. 8,16,34.

8 *Ders.:* De nat. boni 25,25.

9 *Ders.:* Conf. XII 6,6-8; De vera rel. 18,36.

10 *Ders.:* De imm. an 7,12; De mor. II 2,2; II 6,8; C. Sec. 11; De div. quaest. 83, q. 21.

11 *Augustinus:* De beata vita 2,8. Zum Ganzen vgl. ferner: *Philips, G.:* La raison d'être du mal d'après saint Augustin, Louvain 1927. *Jolivet, R.:* Le problème du mal après saint Augustin, Paris 1936. *Ders.:* Essai sur le rapports entre la Pensée grecque et la pensée chrétienne, Paris [2]1955. *Journet, C.:* Le mal, Fribourg 1961. *Pike, N.:* God and evil, New York 1964.

„verzeitlicht" und das Tun des Menschen als Freiheitsgeschehen gesehen. Er steht in einem „dynamischen" Zusammenhang, der sein Erkennen und Wollen übergreift. „Sünde" ist biblisch gesehen individuelle Tat, der Bruch des Freiheits-Verhältnisses zu Gott. Der „Fall" Adams in der Genesis (Gen 3,1ff) ist mitbedingt durch das Phänomen der „Schlange" als einem Grenzbegriff, wenn auch ihr Woher unbefragt bleibt. Dieses irrationale Ereignis geschieht in der vollendeten Schöpfung, wo der Mensch als ein durch Gott Gewarnter die Verantwortung für seine Übertretung übernehmen muß. Sie ist ihm in seine Hände gelegt und affiziert irreversibel seine Freiheit. Als der Ver-Antwortliche bewegt er sich nicht im Raum einer blinden Determiniertheit, sondern schreitet den Weg seiner Geschichte aus, die nicht in die göttliche Sphäre transponiert erscheint, sondern die Konkretion seiner Freiheitsentscheidungen ist.

Ein religionsgeschichtlicher Umblick zeigt folgende Aspekte: Versteht Hellas „Schuld" ethisch-juridisch in der Differenzierung des Kosmos- und Polis-Gesetzes sowie als Unterscheidung von absichtlicher und unabsichtlicher Verfehlung, so sieht das biblische Alt-Israel sich im nachexilischen Zeitraum immer stärker unter der heteronomen Tora-Verpflichtung als religiös-ethische Existenz. *Paulus* wird die Reflexion darüber bis zum „Begriff" der unfreien Freiheit vorantreiben, eine Aussage, die erst nach der Erfahrung der Befreiung dieser Freiheit durch Christus möglich ist.[12]

Schon die nur in Spuren faßbare „orphische Lehre" vom Schicksal der in der Verbannung befindlichen Seele teilt den Menschen in Leib und Seele auf. In den orphischen Traditionen ist die Erzählung von der Zerreißung des Dionysos durch die Titanen und von der Entstehung des Menschen aus den Resten der getöteten Titanen von Belang. Der Mensch bestehe somit aus der Göttlichkeit des Dionysos wie aus der Ruchlosigkeit der Titanen.[13] In dieser Verbindung des Göttlichen mit dem Irdischen geht es um das Thema des im Weltlichen gefangenen Jenseits, das der Befreiung harrt. Für *Platon* hingegen ist die Unterscheidung des Bereichs der Wahrnehmung und des Bereichs des Denkens wesentlich, wobei aufgrund der Wahrnehmung noch nichts Gültiges über das Intelligible ausgesagt werden könne. Ihr analoges Verhältnis zueinander läßt die Einzeldinge nur schattenhafte Spiegelung der Ideen sein. Demnach ist die Wahrnehmung nur das unvollkommene, stets fehlerhafte Analogon zum Denken. In der Welterklärung des *Timaios* (30b) ist es der Demiurg, der der Welt Form und Ordnung vermittelt. Der Schöpfergott, der als Nous die Materie nicht berühren kann, bildet die Weltseele und überträgt ihr die Aufgabe, die Schöpfung zu vollenden. Der Schöpfer als Funktion des Guten hat kein kontradiktorisches Gegenteil. Es wird ein Begriff von Materie konzipiert, der als vollkommen passiv bestimmt wird. Das Moment der Widersetzlichkeit ist erst auf einer

12 Vgl auch *Mensching, G.:* Gut und Böse im Glauben der Völker, 1950, 83ff. *Lüthi, K.:* Gott und das Böse,1961, 154ff. *Baumbach, G.:* Das Verständnis in den synoptischen Evangelien, Berlin-Ost 1967, 208ff.

13 Vgl. *Platon:* leg. 701Bf; *Damaskios:* princ. I 316,18-319,11 R; Orph. Frg. 28.54.60. *Kern; Hesiodos:* theog. 184ff.

höheren Stufe der Formung angelegt, wonach nur ein Tun und nicht der Stoff selbst böse sein könne. Bosheit entsteht, wenn eine Seele aus Hybris oder Übersättigung sich nicht von der ihr eingepflanzten Vernunft, dem Logistikon (λογιστικόν) leiten lasse. Hier ist dem Guten das Gegenteil entgegengesetzt (Theait. 176d) und hat nur im Bereich der Seele seinen Platz. Der platonische Kosmos hat drei Stufen: Nous, Seele und Diesseits, die später bei *Plotin* zu Hypostasen des Einen werden, das sich zu immer größerer Vielheit entfaltet. In der religiösen Frage, wie sich das Diesseitige aus dem Transzendenten herleite, ist das vielverhandelte Problem der Eins-Vielheit berührt. Die neuplatonische Lösung wird die Sache so denken, daß die Eins die ihr nachgeordneten Wesen (Nous und Seele) mit einem übernatürlichen Strebevermögen begabt, die Einung zu bewirken und sich dem Anderen beizugesellen (vgl. die Einigungsformel des *Ammonios Sakkas*). In Rückgriff auf *Platon* wird um die Zeitwende (vgl. auch *Philo v. Alex.*) ein neuer „Platonismus" mit dem Transzendentwerden des Geistes lebendig, der sich in einer dualistisch-transzendenten Metaphysik des Neuplatonismus äußert. Das „alexandrinische Weltschema" (*F. Heinemann*) mit seiner Synthese von Platonismus und Gedanken der spätantiken Mysterienfrömmigkeit legt seiner Weltbetrachtung den Dualismus zwischen Gott und Materie zugrunde und sucht diese Diastase durch eine Zwischenwelt von Mittelwesen (devolutiv) zu erklären und zu überbrücken. Das große Paradigma der Hellenisierung dieses Gedankens ist die nach dem Eros-Schema entworfene gnostische Erlösungslehre. In diese Zeit hinein (wenn auch mit etwas nachklappender Gleichzeitigkeit) fällt ihre Entfaltung, Blüte und epochale Neuartigkeit. Diese „Pseudomorphose" (ein Ausdruck *O. Spenglers*) schafft in der spätantiken Welt ein religiöses System von suggestiver Kraft, in welchem die Welt als Ausdruck eines bösen Geistes erscheint, sodaß nicht die stoffliche Unvollkommenheit negiert wird, sondern ihre Form selbst, ihr kosmisches System. Im platonischen Dualismus hingegen ist — wie bereits gesagt wurde — der Stoff das Qualitätslose, die Möglichkeit der Gestaltung durch die sich in ihm verwirklichende Idee. Wohl eignen sich die Formeln und Begriffe für das gnostische Denken und seine Hypostasierungen, doch gewinnt oft das „Gleichlautende" in der „Wiederholung" eine neue Bedeutung. So sagt z. B. *Hippolyt* (VIII 8) von den Doketen, daß nach deren Vorstellung das Licht von oben in das drunten befindliche Chaos hineingeleuchtet habe. Dieses habe daraufhin Festigkeit angenommen und alle die Ideen von oben aufgenommen. Doch wird das „Platonische" im weiteren suspendiert: Wie der „dritte Äon" (hier = der Mittlerlogos) gesehen habe, daß alle Abdrücke aus der Welt des Lichtes im Chaos gefangen gehalten wurden, habe er, da er die Macht der Finsternis erkannt habe, nicht mehr zugelassen, daß die „Lichtabdrücke" von oben noch weiterhin von der Finsternis hinabgerissen würden.

Die orphische Unterscheidung von Leib und Seele erhält im gnostischen Mythos von der „geraubten" oder (unverschuldet) „gefallenen" Seele, die im Körper als dem Ort des Exils, der Knechtung und Versuchung weilt, ihren Ausdruck. In der Erkenntnis dieses Zustandes als solchen, also in der „Gnosis" („Erkenntnis") ihrer vergessenen Göttlichkeit, kann sie ihr Heil finden. In solcher „Eidetik" des Mythos als Entfaltung der Tragödie der Welt und des Menschen geht es um mehr als um eine bloß distanzierte Erkenntnis; es geht um ein existentielles Eingeständnis dieser gefallenen Vorfindlichkeit. In solch einer transzendentalen Deduktion versteht sich der Gnostiker im Horizont einer depravierten, geknechteten-knechtenden Welt. Diese Deutung der Wirklichkeit im Symbol des „Falles" wird in einem Mythos entfaltet, der jenseits der Geschichte geschehen, diese bestimmt und dem reflektiven Bewußtsein des Gnostikers die Möglichkeit auftut, in neuen Sinnbegriffen zu denken. Die bestimmende Perspektive ist eine durchgehend dualistische, der Ausgangspunkt liegt im „Sitz in der Existenz", die „Gnosis" aber gewinnt die Kapazität von „Heil". So ist das Grundmotiv der Gnosis Reflex eines bestimmten Welt- und Selbsterlebnisses, der Welt als einer entgötterten und eines widergöttlichen Zwangsystems. Diese Vorzeichenänderung und Weltverkehrung, diese Umkehrung des Kosmos ins Widergöttliche und die Umdeutung der Planeten zu exponierten mythischen Objekten, ist Ausdruck eines neuen Bewußtseinsfeldes und einer neuen Weltsicht. *E. Peterson*[14] nennt den gnostischen Menschen den „desinkarnierten" und fragt weiterführend. „Wie erklärt sich nun die Erscheinung des desinkarnierten Menschen, der der gnostische Mensch ist?" Er antwortet darauf: „Ich glaube, daß der entfleischte Mensch die häretische Antwort auf den fleischgewordenen Gott ist."[15] Dieser habe den Kreis durchbrochen, der nach antiker Vorstellung den Menschen und das Universum umschloß. Das Bekenntnis zum menschgewordenen göttlichen Logos (Joh 1,14) aber entbinde zu einer neuen kosmischen Freiheit.

2. Die tragische Sicht

Wiederum einem anderen Aspekt begegnen wir in der griechischen Tragödie mit dem ganz objektiv gemeinten „Verschulden" einer Tat.[16] Im Typus des tragischen Mythos,[17] wie er im Theaterrund von Hellas seine szenische Darstellung erhalten hatte, ging es um die tragische Theologie der Gottheit, die als Versucher in Erscheinung tritt, die Existenz des Helden durch Verblendung „verhängt" und dessen Weg in die Irre leitet. Der tragische Held wird schuldig, auch wenn er nicht schuldhaft handelt. Schuld erscheint als von der Existenz unterscheidbar. Das „Heil" wird in einer Art „ästhetischer Erlösung" gesehen, bewirkt durch das Schauspiel des Tragischen selbst. Dieses wird in der Tiefe der Existenz verinnerlicht und wandelt die tragische

14 Vgl. *Peterson, E.:* Frühkirche, Judentum und Gnosis, Freiburg-Wien 1959.

15 *Peterson, E.:* Marginalien zur Theologie, Freiburg-Wien 1956, 65-78 („Versuch und Fall durch die Gnosis").

16 Vgl. *Fritz, K. v.:* Tragische Schuld und poetische Gerechtigkeit in der griechischen Tragödie (1955), in: Antike und moderne Tragödie (1962) 1-112.

17 Vgl. dazu *Pohlenz, M.:* Die griechische Tragödie, 2 Bde (1930) ^{2}1954. *Lesky, A.:* Die tragische Dichtung der Hellenen, 1956. *Ders.:* Die griechische Tragödie, ^{2}1958. *Kitto, F. D. H.:* Greek Tragedy. A Literary Study (1939) ^{3}1961.

Situation um in das Erbarmen mit sich selbst. Ein solches Verständnis läßt den Willen des Menschen und seine Freiheit mit der schicksalshaft erfaßten Notwendigkeit zusammenfallen. Das Bemühen des Menschen richtet sich darauf, der ihm zur Kenntnis gebrachten Schicksalsbestimmung entfliehen zu wollen. Sein Denken und Tun setzt dabei Handlungen, die aber erst dieses Schicksal effektiv werden lassen, sodaß dieser dabei Opfer seines Unwissens von der Welt ist wie auch seiner Verantwortung. Er ist der unwissend Verantwortliche und der wissend Nichtverantwortliche zugleich (vgl. *Sophokles, Oedipus Rex*). Seine Entschuldigung liegt in der Schuld durch Gott und in Gott.[18] Durch die Affekte des Schauders und Jammers (ἔλεος καὶ φόβος/ eleos kai phobos)[19] vollzieht sich am Zuschauer — modern gesprochen — eine „Übertragung". Beim Anblick des tragischen Geschehens an einem ihn ähnlichen (ὅμοιος/homoios) Menschen, mit dem er sich identifizieren kann, und den die Schläge des Übels treffen und niederschmettern, befällt ihn Schauder (phobos) und bei der Erkenntnis des unverdienten (ἀνάξιος/ anaxios) Erleidens der Jammer (ἔλεος/eleos). Der hellenische Glaube kennt Situationen der Bedrängtheit, aus denen der Mensch durch die zuständige Gottheit gerettet wird, wenn er sie geziemend anruft. Er kennt auch Zustände der Besudelung, die durch die Reinigung getilgt werden müssen. Die Mysterienkulte kennen Zustände der Verbanntheit der Seele aus dem Bereich des Göttlichen, sodaß der Zustand der Fremde nur durch einen Prozeß der Läuterung aufgehoben werden könne.

Auf dem ganz anderen Hintergrund seines religiös-weltanschaulichen Denkens entwirft Mani seine Soteriologie. Das „Sein" der gemischten Natur bildet die Grundlage der Forderung des „Sollens". Dabei stellt sich die Frage, ob der Mensch mit diesem „Voraus" der Mischung wirklich frei sei, um schuldig sein zu können, oder ob die Frage der Schuldverhaftung mit seiner Existenz zusammenfällt. Wohl könne der Mensch gegen das Licht existieren, nicht aber ohne das Licht. Dieses „nicht ohne das Licht" ist Bedingung der Möglichkeit für den Schritt zur Reintegration des Selbst, der sich in der Erkenntnis äußert. Setzt die Besinnung auf die Freiheit des Menschen in der antiken Tragödie mit der Not der Gewisseneinsamkeit ein und vollzieht sie sich dialektisch zwischen Determinismus und Indeterminismus, so gewinnt die Entscheidung zum lichthaften Selbst als Kern der Existenz ihre Kontur aufgrund der Deutung des Ursprungs als einer rufenden Forderung und eines fordernden Rufes. Die Entscheidung wird in die Notwendigkeit des Rufes „eingeklammert". Doch davon später.

---

18 Vgl. *Woschitz, K. M.:* Die Vision von der Tragik des Menschen, in: De homine. Existenzweisen, Graz 1984, 72-89.

19 Vgl. *Schadewaldt, W.:* Furcht und Mitleid? (1955), in: Hellas und Hesperien, 1960, 346-388. *Pohlenz, M.:* Furcht und Mitleid? Ein Nachwort, in: Hermes 84 (1956) 49-74. Vgl. zum Problemfeld *Adkins, A. W. H.:* Merit and responsibility, Oxford 1960. *Burkert, W.:* Greek tragedy and sacrificial ritual, in: GRBS 7 (1966) 87-121. *Dodds, E. R.:* The Greeks and the irrational, Berkeley/Los Angeles 1951. *Girard,R.:* La violence et le sacré, Paris 1972. *Lefcowitz, B. F.:* The inviolate grove. Metamorphosis of a symbol in Oedipus at Colonus, in: Literature and Psychology 17 (1967) 78-87. *Lesky, A.:* Die tragische Dichtung der Hellenen, Göttingen [3]1972. *Seek, G. A.* (Hg.): Das griechische Drama, 1979.

Kapitel 8
ANALOGIA DOLORIS: DIE UNIVERSALE LEIDENSGESCHICHTE DES LICHTES

1. Der „leidende Jesus“ und der Gedanke der „mystischen Kreuzigung“ des Lichtes

Das bis in die Wurzel durchdringende und präsumierende „Geschick“ der Vermischung ist die alles umfassende Vorzeichnung und Hauptstigma der manichäischen Weltwirklichkeit. Mit der unverkennbar emotionalen Funktion des „leidenden Jesus“ als Chiffre für eine Passionstheologie der Welt begegnet uns im manichäischen Religionskreis eine Überhöhung der Passion Jesu ins Überindividuelle als „Leidensgeschichte“ des Lichtes in der Welt. Ein besonderes Merkmal der manichäischen Religiosität ist ihre quasimystische Beziehung zur Welt. Der durch die Entmischung die ursprüngliche Zweiheit wieder herzustellende Vorgang in der Zeit führt über die Zeit hinaus und gibt das Gott Gehörende ihm wieder zueigen als Teil seiner Substanz. *Titus von Bostra* spricht vom τὸ ἀποδοθῆναι γὲ τῷ θεῷ τὸ αἰκεῖον ἀυτῷ als einer Rückkehr zum Ursprünglichen, und *Augustinus* von der „sua patria“, den „propria regna“, den „propriae sedes“. In solcher Deutung steht der geistigen Natur Christi eine quasi-materielle Natur gegenüber, die den „leidenden Jesus“ (Jesus patibilis) als Natur der in der materiellen Welt zerstreuten und gequälten Lichtelemente sieht. Dieser „naturalisierte“ Jesus ist in solch einer Vorstellung entgeschichtlicht und zu einer transhistorischen und transpersonalen Wirklichkeit des Geistes und der Natur gemacht. Mani symbolisiert damit das Mythologumenon von der in die finstere Welt vermischten und gekreuzigten Lichtseele und setzt die gefesselte Lichtsubstanz mit den „leidenden Jesus“ gleich, dem der Materie beigemischten, gefangenen und leidenden Licht. Damit wird der „leidende Jesus“ zu einem umfassenden Natursymbol, zu einem „universale passionis“ für alles Leiden in der Welt. Zugleich ist dies die manichäische Lösung des Theodizeeproblems. *H. Ch. Puech* schreibt: „Das Werden der Welt rollt also die Leidensgeschichte eines Gottes, der sein eigener Erlöser ist, ab, und die Geschichte der Menschheit ist das Drama unserer Passion und unserer Erlösung, die in Wesenseinheit verbunden sind mit diesem Wesen und diesem mythischen Prozeß. Auf diese Weise bekommt die Welt einen Sinn.“[1]

Die Kreuzigung des Lichtes vollzog sich im kosmologischen Mythos der Mani-Religion als Kampf des Urmenschen, bei welchem er seine „Seele“ an die Finsternis verlor. „Von der Zeit an, da das Licht auszog und in der Finsternis gekreuzigt (σταυροῦν/stauroun) wurde ...“ (55,19-20). Und: „... [von der] Zeit, als der Urmensch in den Abgrund hinab [stieg], führte er Krieg

1 *Puech, H.-Ch.:* Der Begriff der Erlösung im Manichäismus, in: ErJb 4 (1936): Gestaltung der Erlösungsidee in Ost und West. Hrsg. v. *Olga Fröbe-Kapteyn,* Zürich 1937, 180ff.

(πόλεμος/polemos) und Kampf [mit] dem König der Finsternis samt seinen Kräften. Er errang Siege, indem [seine Söhne] bei ihnen in den Welten zurückblieben(?)... (55,25-28). Eine Weise des Licht-Kreuz-Seins ist die „Lebendige Seele", sind die „Söhne" des Urmenschen. Es ist verletzbar, quälbar, verwundbar. Es hat seine „passio cosmologica" in der Seele des Urmenschen, in den fünf Lichtelementen, die im ersten kosmologischen Akt als seine „fünf Söhne" (seine Rüstung, seine Seele) in der Materie zerstreut wurden und dort die „Lebendige Seele" bilden (die ψυχὴ ζῶσα/psychē zosa) die substantia vitalis als dem Teil Gottes (pars Dei).[2] In allem ist ein Teil der in der materiellen Welt zerstreuten und gequälten Lichtelemente erlösungsbedürftig. Die Welt ist ein universales Licht-Kreuz, eine crux luminis. Mani fragt seine Jünger nach der Bedeutung des Lichtkreuzes und beantwortet die Frage selbst: „Das ‚[Licht]-Kreuz (σταυρός/stauros)' aber... die ‚Licht-Kraft', die gebunden ist..." (177,30-31). „... Kreuz (σταυρός/stauros) des Lichtes, das im All [erniedrigt wird], indem es sich in dem befindet, was offenbar und was nicht offenbar ist" (268,25-27). „So steht es auch mit der Lebendigen Seele, sei es mit der auf Erden, sei es mit der im Lichtkreuz (σταυρός/stauros). Wenn du auf ihr auf dem Wege wandelst, wenn du das Kreuz (σταυρός/stauros) trittst, wird es nicht mit dir rechten in Streit (?) und Zorn. Denn es weiß, daß du auf ihn wandelst zur Beruhigung und Heilung, um für es zu predigen, indem du seinetwegen wandelst, um seine Mysterien zu offenbaren" (210,24-29). Bei *Faustus von Mileve* ist der „an jedem Holze hängende" Jesus die aller Verletzung, Schändung, Versehrung preisgegebene und in der Welt gekreuzigte Lichtnatur Jesu. Im Kölner Mani-Kodex lesen wir: „Als Elchasaios ein Stück Land bebauen wollte, sprach der Acker zu ihm: ‚Warum gewinnt ihr aus mir euren Profit(?)' Elchasaios aber nahm Staub von der Erde, die zu ihm gesprochen hatte, weinte, küßte ihn, legte ihn in seinen Schoß und begann zu sprechen: ‚Das ist das Fleisch und das Blut meines Herrn'" (KMK 96, 21-97,10). Der Manichäer *Faustus* sagt bei *Augustinus:* „Patibilis Jesus, qui est vita et salus hominum, omni suspensus ex ligno." Ferner: „Crucis eius mysticam fixionem, qua nostrae animae passiones monstrantur vulnera" (XXXII 7): „Wir sehen überall die mystische Heftung des Jesus an sein Kreuz (crucis ejus mystica fixio). Durch sie werden offenbar die Wunden der Passion, die unsere Seele erleidet." Mit dem „Jesus patibilis" ist die leidhafte und erlösungsbedürftige Seite des kosmischen und zeitlosen, in der Materie gekreuzigten Jesus benannt, die den Menschen, die Tier- und Pflanzenwelt und sogar die unbelebte Materie umfaßt.[3] Es tritt das vegetative Moment hervor,

2 Von der Lebendigen Seele als der Lebenskraft in der Welt heißt es im Psalmbuch: „The Cross (σταυρός) of Light that gives life to the universe, I have known it and believed in it; for it is my dear soul, which nourishes every man, at which the blind are offended because they know it not" (Psalmb. 86,27-30).

3 *Augustinus:* C. Faust II,5: „non solum in caelo atque omnibus stellis, sed etiam in terra ... confixum et conligatum atque concretum Christum dicere". *Ders.:* C. Faust XX 11: „Terra patibilem gignit, omni non solum suspensus ex ligno, sed etiam iacens in herba." *Ders.:* Evodii de fide contra Manichaeos, Kap. 34: „dicitis Christum quotidie nasci, quotidie pati, quotidie more."

wenn es heißt: daß die Sonne „Geruch und Geschmack dem gesamten Kreuz (σταυρός/stauros) des Lichtes“ gibt, d. h. der ganzen Vegetation (K. 162,12). Die Tiere gewinnen Anteil am Licht-Kreuz über die Pflanzen und die Raubtiere durch Verzehr der pflanzenfressenden Tiere. K. 177,16-19 heißt es: Es „ist diese lebendige Kraft, die angeheftet, gemäht, geschnitten, verschlungen und unterjocht wird in den fünf Welten des Fleisches (σάρξ/sarx), die kriechen, indem sie wandeln an jedem Ort“. Und bei *Theodor bar Khonai* werden dem „Licht-Jesus“ folgende Worte über „seine Seele“ in den Mund gelegt: „Allem ausgesetzt, den Zähnen der Panther und den Zähnen der Elephanten, verschlungen von den Verschlingern, verzehrt von den Verzehrern, von den Hunden gefressen, vermischt und eingekerkert in allem, was existiert, gefesselt in den Gestank der Finsternis“.[4] Der Jesus patibilis ist auch in die unbelebte Natur und Sternenwelt hineingebunden. Es ist „diese leuchtende Kraft, die verschlungen ist, indem sie vermischt und angeheftet ist im [Kör-]per der Welt in den Archonten oben, die sich in allen Firmamenten befinden“ (K. 177,6-9). Der Mensch kann es durch seine negativen Eigenschaften und Verhaltensweisen das Licht-Kreuz verletzen, auf der psychologischen Ebene z. B. durch Haß. „Auch das Kreuz (σταυρός/stauros) des Lichtes (und) die Lebendige Seele, er vernichtet sie (pl.) und tötet sie (pl.), wie er es im Anfang getan hat“ (156, 29-31). Positiv wirkt der Mensch auf das Licht-Kreuz ein, wenn er sich müht: Er soll „... sich auch die Ruhe [der] Hände erwerben, um seine Hand ruhig zu halten vor dem Kreuz (σταυρός/stauros) des Lichtes“ (192,9-11). Von daher bestimmt sich auch die manichäische Ethik, die sich zusammenfaßt in den drei Siegeln (signacula), die den Zweck haben, das Lichtkreuz in der Natur in seinem vegetativen und animalischen Charakter nicht zu verletzen. In dem Kap. LXXXV über das Licht-Kreuz heißt es: „Es ziemt sich für den Menschen, daß er zu Boden blickt, wenn er auf einem Weg wandelt, damit er nicht das Kreuz (σταυρός) des Lichtes mit seinem Fuße trete und die Pflanzen verderbe“ (208,17-19). Der Glaubende steht vor der notvollen Frage, daß er beim Tun des Guten (Almosen), immer auch auf seinen Wegen „die Erde trete und das Lichtkreuz drücke“ (208,31-33) und dadurch sündige. Die Antwort, die er von Mani erhält, lautet: „Wenn du auf [deinem] Wege wegen eines göttlichen Werkes wandelst, indem dein Großer, der über dir ist, dich schickt, dann hast du keine Sünde. Denn nicht wandelst du auf ihm wegen eines begehrlichen (ἐπιθυμία/epithymia) Werkes“ (209,5-8). Und es folgt die Erklärung: „Jeder erwählte (ἐκλεκτός/eklektos), gerechte (δίκαιος/dikaios) Mensch, der auf einem Wege wegen des Werkes Gottes wandelt, auch wenn (κἄν/kán) er auf der Erde wandelt, auch wenn er mit seinen Fußsohlen das Lichtkreuz (σταυρός/stauros) tritt, hat er keine Sünde, sondern ein Kranz und Palmzweig ist sein ganzer Weg. Denn er wandelt nicht in seiner eigenen Begierde (ἐπιθυμία), noch eilt er wegen Erwerb (χρῆμα/chrēma) und eitler Dinge, wenn er auf die Erde und das Lichtkreuz (σταυρός) tritt“ (209,13-19). Anders hingegen ist der Wandel des Menschen aus eigener Begierde ein Wandel in Sünde, nicht aber der Wandel dessen, der unter dem Geheiß des

4 *Adam*, Texte 22.

Großen wandelt. Dieser wandelt „zur Beruhigung und Heilung, um für es zu predigen“ und „um seine Mysterien zu offenbaren“ (210,28f). Dieses „Quälen“ wird demnach nicht zur Sünde, sondern führt zum Sieg (vgl. 210,29-31), zum vollständigen Einsammeln zur Ruhe (211,2f). Auch das menschliche Wort kann das Lichtkreuz schlagen und schädigen (βλαπτειν): „Wenn ein Mensch ein Wort spricht wegen der Tötung eines Menschen oder der Tötung der Tiere oder wegen der Tötung der Bäume und des Lichtkreuzes, das Lügenwort, das des Zornes und das der Erregung (χολή/cholē) oder ein neidisches (φθόνος/phthonos)... oder ein anklagendes Wort, das einer gegen seinen Bruder anstiftet“ (211,9-14). Ein solches Wort erzeugt aus sich Dämonen. Der „in der Hyle gekreuzigte“ Jesus patibilis aber schenkt den Menschen die Gnosis und erlöst sich dabei selbst oder müsse von den Menschen erlöst werden, „a vobis salvandum“, wie *Augustinus* polemisch sagt (Contra Faustum II 5). Bei jedem Verzehr von Speise durch die Electi vollzieht sich eine Entmischung, eine „Herabnahme“ des Gekreuzigten vom Holz.[5] Dabei handelt es sich um die gesamte lichthafte, in der Materie verstreute Substanz, sodaß Erlösung Zusammenfügen der „Glieder“ bedeutet, das Wiederzusammenschließen (συλλέγειν/syllégein) der eigenen lichthaften göttlichen Substanz, des lichthaften Ich, des Pneumas, des Nous, des Adam-Phōs. Der Erlöser ist selber der im Lauf der Welt zu erlösende „erlöste Erlöser“. Als die Summe der zu erlösenden Seelen ist er die All-Seele, der All-Intellekt oder All-Nous. Letzteres verwenden die koptischen Texte.

2. Die Vorstellung von „Jesus dem Knaben“ (lilou)

„Jesus der Knabe“ (lilou) symbolisiert die die Erlösung herbeisehnende Lichtseele und steht komplementär zum Theologumenon des Lichtkreuzes. Der „Knabe“ ist „Ruf“ und „Antwort“, womit die gefangene Lichtkraft wach und bei Bewußtsein erhalten wird.[6] *W. Henning* charakterisiert die „Kind“-Manifestation einmal treffend als „den personifizierten Erlösungswillen der Seele“. Es versinnbildlicht das bewußte Leiden, welchem die Erlösungssehnsucht entsteigt. Es hat Ähnlichkeit mit der „Enthymesis des Lebens“ bzw. mit dem „Großen Gedanken“. Die Lebendige Seele ist „still“, „steht in Schweigen da“ (151,28), hat im Kind eine Stimme, sodaß „sie redet, indem sie offenbart über die Betrübnis des Körpers, [der] an seiner Wunde [krank?] ist“ (152,5-7). Nach der „vierten Errettung“ durch Jesus den Glanz ist von „der fünften Entweichung und Errettung“ die Rede, „das ist die des

---

5 Vgl. *Augustinus:* Ennarationes in Psalmos CXL 12; PL 37, 1823.

6 Vgl. den parthischen Hymnus M 42; dazu *Asmussen, J. P.:* A Dialogue between Jesus the Splendor and his Alter Ego, Jesus the Boy, the Bound Light, in: Manichaean Literature, 110f. Sowie *Henning, W.:* Mitteliranische Manichaica aus Chinesisch-Turkestan, Mir. Man., 878, Anm. 4, Berlin 1934, SPAW P. H. *Ries, J.:* Jésus-Christ dans la religion de Mani. Quelques élements d'une confrontation de saint Augustin avec un hymnaire christologique manichéen copte, in: Aug(L) 14 (1964) 437-454.

Großen Gedankens, [welcher ist] der Ruf und das Hören“ (61,29-30). Oder: „Der Gedanke [des] Lebens, welches der Ruf und das Hören...“ (63,2-3).

Die „Lebendige Seele“ als Weltseele ist die leidende Manifestation des manichäischen Jesus. Die „psyche etanj“, die viva anima (*Augustinus*) ist ein allumfassendes panpsychistisches Grundsymbol und Erbgut der altgnostischen Lehre. Sie ist ein Kollektivbegriff, eine „Gesamtseele“, eine „Gesamtheit der Seelen“ als die in der ganzen Welt festgehaltene und gequälte göttliche Substanz. Als manichäische Spielart des gnostischen Psyche-Mythos ist mit der „Lebendigen Seele“ die Summe aller in den Finsternisfesseln gefangenen Lichtelemente in Mensch, Tier, Pflanze, Erde und Weltall benannt. Ist die Psyche-Idee eine eher theoretische Konzeption, so steht dafür als zweites Symbol die Anschaulichkeit des „Jesus patibilis“. Mensch und Natur sind in die Schicksalshaftigkeit und in den Heilsprozeß der Licht-Seele einbezogen. Die „fünf großen Kleider“ werden erklärt als die „fünf νοερά/noera, [die vollkommen gemacht] haben den Körper der Säule (στῦλος/stylos) der Herrlichkeit, des vollkommenen Mannes, die ausgeläutert wurden beim Kommen des Gesandten“ (177,2-5). Der Dritte Gesandte zieht fünf Lebenskräfte aus den gefangenen Elementen und bildet die Säule der Herrlichkeit, drei „große Gewänder“ des Windes, Feuers und Wassers (177,20f), ferner „die Elemente“ (stoicheia), „die Kraft, die in allen Dingen drunten steht, indem sie heraufkommt, [in] den Gebärmüttern aller Erden, indem sie eingesammelt wird und ausgegossen ist über alle [Dinge]“ (177,27-30). Unter dem Namen der „großen zerrissenen und zerfetzten Gewänder“ ist die animalische Lebenskraft gemeint, ferner geht es um die vegetative Kraft, „die man geschlachtete, getötete, bedrängte, gemordete Seele“ genannt hat. Beides ist der leidende Jesus. „Der Gedanke des Lebens“ ist der, „der in all diesen Kräften, die wir genannt haben, wandelt, indem er sie erweckt, ihnen Weite gibt und ihnen winkt, daß sie wandeln“ (178,5f.3-5). Diese Vielfalt der Namen und Gestalten war ursprünglich eine Einheit und hat sich im ersten Kampf in diese Teile aufgespalten, d. h. sich „in all diesen verschiedenen Gestalten und Namen hingestellt“ (178,13-17). Der Namen „hinstellen“ ist der koptische terminus technicus für „existieren“. „Vielleicht nun (ἀμέλει τε οὖν/amelei te oun) wenn sie alle diese... ablegen und alle diese σχήματα (schēmata) ausziehn und sie sich von allen diesen Namen trennen, werden sie sich versammeln und eine einzige Gestalt, einen einzigen unveränderlichen, nie wandelbaren Namen bilden im Lande (χώρα/chōra) ihres ersten Wesens (οὐσία/ousia), aus dem sie gegen den Feind gesandt wurden“ (178,17-23). Der uranfängliche Zustand wird wieder hergestellt und am Ende der Weltentwicklung wird „das Letzte wie das Erste sein“. Die gefesselte und gemischte Lichtwelt ist befreit, die ursprüngliche Getrenntheit von Licht und Finsternis wieder hergestellt, wobei die Finsternis durch den Lebensverlust tödlich versehrt ist. Die Welt wird nicht vergottet, sondern durch das sich Zurückziehen der göttlichen Lichtsubstanz eine starre, leblose Masse (bōlos).

Ein Hymnus des Psalmbuches bringt diesen Doppelaspekt der „Lebendigen Seele“ als der Weltseele zum Ausdruck. Sie ist die Summe aller in der Fesselung der Finsternis gefangenen Lichtelemente und fällt mit dem Symbol des leidenden Jesus zusammen.

Jesus that hangs to the tree	that ert near and far
Youth, son of the dew	that art hidden and revealed
milk of all trees	that art silent and speakest to
sweetnese of the fruits	thine is all the glory.

(Psalmb. 125,24-27 u. 36-39)

Darin kommen die Doppeltheit der Lebendigen Seele zum Ausdruck, die sich im Bild vom Licht-Kreuz, bzw. im Jesus patibilis (mit der Dominanz der vegetativen Aspekte: Vorstellung der besonderen Fülle der Lichtsubstanz in den Bäumen) und dem Bild von Jesus dem Knaben ausdrückt als dem symbolisierten Schrei nach Erlösung. Von ihm heißt es: „The Youth groaned and wept in the pit which is at the bottom of Hades". Sein Hilferuf ergeht an den Großen Glanz, der ihm den Adamas sendet: „... he called an Envoy (πρεσβευτής/presbeutēs), the Adamās of Light... [saying], ‚Go down, go, o Adamas, succour (βοηθεῖν/boéthein) the Youth ..." (Psalmb. 209,13 u. 22-31; 210,1-3). An einer anderen Stelle wird er gezeigt, wie der Knabe am Euphratufer musiziert und auf den Gesandten wartet, der ihn ins Lichtreich heimführen soll: „... there is a Youth sitting, making music (ψάλλειν/psallein)... He said, ‚My heart, be a mountain (?) fort me; my conscience (συνείδησις/syneidēsis), grow (?) fort me into a mind (νοῦς/nous)... for they took an Envoy (πρεσβευτής/presbeutés) they sent him after me, he grasped the ... of my hand, he [brought] me up to the Land (χώρα/chōra) of Peace" (Psalmb. 211, 15-24). In Erwartung des Licht-Gesandten stärkt der Knabe sein Bewußtsein und ist die personifizierte Erlösungssehnsucht.

Jesu Wirken wird aber auch mit dem Besteigen von „14 Fahrzeugen" verglichen. Als Jesus zu den Welten kam und sich der Größe offenbarte, bestieg er 14 Fahrzeuge (36,28ff), deren erstes das „Lichtschiff" (pžai nwaïne) ist (36,34), das zweite das des Urmenschen (37,1), das dritte ist die „Säule der Herrlichkeit, der vollkommene Mann" (37,3), da Jesus in ihm erschien und in der Welt erglänzte (37,3f). In der weiteren Aufzählung und Ausdeutung ist das vierte Lichtschiff der über seinen Körper angelegte „Ruf" (ptōchme) (37,5f), das fünfte das über den Ruf gehüllte „Hören" (psōtme) (37,6f), das sechste ist die lebendige Luft (ἀήρ/aér), mit dem er sich salbte, das siebente ist der „lebendige wehende Wind" (37,9), das achte des „leuchtende Licht" (37,10), das neunte das „lebendige Wasser" (37,10f), das zehnte das „lebendige Feuer, das über von ihnen allen ist" (37,11). Diesem Wandel Jesu durch alle Ordnungen hindurch als „Anlegen" seiner transzendenten Wirklichkeit folgt seine Epiphanie „im Fleische" (hen tsarx 37,15) und das Auswählen der Kirche in weiteren „vier Fahrzeugen", die da sind „alle heiligen Brüder", „die reinen Schwestern", „alle Katechumenen, die Kinder des Glaubens" und „die Katechumeninnen, die Kinder des Lichtes und der Wahrheit“ (37,16-19). Sie alle zusammengenommen bedeuten das Vollbringen des Willens des Vaters. Dieses wird beschrieben mit den Worten: „Er belebte, rettete und gab den Sieg denen, welche die Seinen sind. Er tötete dagegen, fesselte und vernichtete diejenigen, welche ihm Fremde sind. Er pries den Vater, der ihn gesandt hat und das ganze Reich des Lebens“ (37,22-25).

3. Der indische Jinismus und die manichäische Naturfrömmigkeit (ein Exkurs)

Ähnliche Vorstellungen begegnen uns bereits in der nach dem Buddhismus zweitwichtigsten heterodoxen Religion Indiens, dem Jinismus,[7] dem eine Ontologie mit einem naturphilosophischen Kategorieschema zugrundeliegt. Die „Grundtatsachen“ des Seins werden dort mit den beiden Kategorien des Unbelebten und Belebten erfaßt. Es stehen sich einander gegenüber der Materiestoff einerseits und die unendliche Zahl von geistigen individuellen Seelen (jiva) andererseits. Der Materiestoff hat fünf ungeistige Wirklichkeitsmomente, nämlich die Modi, „Bewegung“ (dharma) und „Hemmung“ (adharma), sowie „Raum“ (ākāsa), „Stoff“ (pudgala) und „Zeit“ (kāla), welch letztere räumlich begrenzt ist. Die Zahl der individuellen Seelen ist unendlich groß. Sie sind das Andere gegenüber dem Materiestoff. Die ewigen, erkennenden, tätigen Individualseelen erfüllen sich vor allem in Seligkeit, Allwissenheit und sittlicher Vollkommenheit. Durch ihr Verstricktsein in die Fesseln der Materie können sie sich nicht entfalten. Das macht ihre Unheilssituation aus und begründet ihr Streben nach Erlösung. Bei der Betätigung der Seele in Gedanken, Worten und Werken mit der Welt des Gegenständlichen strömen immer auch Materie-Teilchen in sie ein und infizieren sie. Die der Seele wesenfremde Materie kristallisiert sich ihr als „Werkfrucht“ (karma) an und hindert die natürlichen Anlagen an ihrer Entfaltung. Dies bedingt den unterschiedlich sittlichen Wert der Individuen und bindet sie an die Sequenz der Wiedergeburten. In einem Vortrag über *M. Webers* Interpretation der indischen Theodizee sagt *W. D. O. Flaherty:* „Das Karma ist eine Tatsache für alle Südasiaten. Für Hindus ... handelt es sich dabei um eine gute Tatsache, für Buddhisten ... dagegen um eine schlechte. Für diejenigen, die den Übeln entrinnen wollen, die sie im Leben wahrnehmen, ist Karma ein Ausweg; für diejenigen, die mehr von dem Guten haben wollen, das sie im Leben wahrnehmen, ist Karma ein Weg, um

7 Vgl. dazu *Glasenapp, H. v.:* Der Jainismus, eine indische Erlösungs-Religion (1925) Berlin ²1964. *Schubring, W.:* Die Lehre der Jainas, Berlin 1935. *Bhattacharyya, N. N.:* Jain Philosophy, New Delhi 1976. *Shanta, N.:* Histoire, spiritualité, vie des ascètes pélerines de l'Inde, Paris 1985. *Deo, Sh. Bh.:* History of Jaina monachism from inscriptions and literature, Poona 1956. *Basham, A. L.:* History and Religion of the Ajivikas, Oxford 1951. *Frauwallner, E.:* Geschichte der indischen Philosophie 2 (1956) 252-256.333ff. *Bareau, A./Schubring, W./Fürer-Haimendorf, Chr. v.:* Die Religion Indiens III. Buddhismus-Jinismus-Primitivvölker, Stuttgart 1964. *Padmarajiah, Y. R. A.:* Comperative Study of the Jaina Theories of Reality and Knowledge, Bombay 1963.

dieses Gute zu erlangen. In beiden Fällen aber wird Karma als ein dramatischer unvorhersagbarer und im wesentlichen unbegreiflicher Prozeß aufgefaßt, in dem sich die emotionalen Bedürfnisse und Sehnsüchte des einzelnen widerspiegeln."[8] Die individuellen Seelen bleiben nach der Vergeltungskausalität des Karma in vielen Seelenwanderungen an die Materie gebunden, solange ein schlechtes Tun die Erlösung verhindert, neue Stoffpartikeln in sie einströmen und vorhandenes Karma als stoffliche Verunreinigung der ewigen Einzelseele (jiva) nicht getilgt ist. Die Grundbestandteile der Wirklichkeit zerfallen in belebte (jiva) und leblose (ajiva) Substanzen mit einem jeweils quantitativen Anteil und Unterschied in der Stofflichkeit. Die in die Seele eindringenden Materie-Teilchen können deren Fähigkeit einschränken, sie mit dem Körper unhüllen und in den Samsara stürzen. Taten, aber auch schlechte Gedanken bewirken das „Einströmen" (āsvara) des entsprechenden Karma. So heißt es: „Da ist denn von dem Herrn die Erkenntnis der Zwecklosigkeit von Lobes-, Achtungs- und Ehrerweisungen gegenüber diesem Leben verkündet worden, damit die Befreiung von Geburt und Tod geschehe und so dem Leiden gesteuert werde. Alle diese Betätigungen durch Handlungen in der Welt müssen als schädlich erkannt werden. Der aber, dem diese Betätigungen durch Handlung in der Welt etwas als schädlich Erkanntes sind, der ist ein Weiser, der die Handlung als schädlich erkannt hat."[9]

In der jinitischen Ethik steht das Gebot der „ahimsa", des Nicht-Tötens und Nicht-Schädigens alles Lebenden an der Spitze: „Also spreche ich: Alle Heiligen (Arhatŝ) und Ehrwürdigen (Bhagavants) in der Vergangenheit, in der Gegenwart und in der Zukunft, sie alle sagen so, reden so, künden so und erklären so: Keinerlei Geschöpfe, keinerlei beseelte Dinge, keinerlei Wesen darf man töten, noch mißhandeln, noch beschimpfen, noch quälen, noch verfolgen. Das ist das reine, ewige, beständige Religionsgebot, das von den Weisen, die die Welt verstehen, verkündet worden ist."[10] Zum Ahimsa-Gebot tritt das der Enthaltung von „jeder Wortsünde unwahrer Rede", ferner die Verbote der „unerlaubten Aneignung" und „jedes geschlechtlichen Tuns" sowie des Besitzes, welche Erfüllung nur im mönchischen Leben möglich ist, während die Laien einer weniger strengen Observanz mit der Erlaubis der Ehe und des Erwerbs in gewissen Grenzen unterworfen sind. Weil den Gläubigen von der jinitischen Lehre her eine Reihe von Beschäftigungen wie z. B. Ackerbau unmöglich sind, betreiben sie kaufmännische Berufe und drängen in „studierte" Berufe. Nach jinitischer Lehre sind nicht nur Menschen, Tiere und Pflanzen beseelt, sondern auch Steine, Flammen, Wassertropfen, die Luft u. a. Die Menschen sind zu einem strengen Vegetarianismus verpflichtet. Ebenso sollen sie sich jener Tätigkeit enthalten,

8 *O'Flaherty, W. D.:* Emotion und Karma. Überlegungen zu Max Webers Interpretationen der indischen Theodizee, in: *Schluchter, W.* (Hg.): Max Webers Studie über Hinduismus und Buddhismus, in: Interpretation und Kritik, Frankfurt/M. 1984, 87-103.94.

9 Vgl. *Jacobi, W.:* Gaina Sutras (SBE XXII und XLV), Oxford 1884/87.

10 *Schubring, W.:* Worte Mahaviras, in: QrG 14, Göttingen-Leipzig 1926. *Ders.:* Die Lehre der Jainas nach den alten Quellen dargestellt, 1934. *Jacobi, H.:* Jaina-Dogmatik, Umâsvâti's Tattvârthâdhigama Sûtra, übers. u. erl. Z. dtsch.morgenländisch.Ges. 60, 1906.

welche die Schädigung lebender Wesen verursachen können, wie z. B. das Graben und Pflügen. Die ahiṃsā gebietet das Vermeiden auch unabsichtlicher Schädigung der Lebewesen beim Gehen, Almosensammeln, beim Aufheben oder Niederlegen einer Sache u. a. m. Die erlösende Läuterung der Seele vom Karma, deren Wesen reines Erkennen ist und die durch jenes immateriell sroffliche Einströmen verunreinigt wird, geschieht durch bewußte „Abwehr", d. h. durch Askese wie sittliche Zucht im Denken, Reden und Tun.[11] Alles Tun ist Karma und hat seine Folgen, auch vorhandenes Karma muß getilgt werden.[12] Nach der endgültigen Reinigung inkarniert sich die Seele nicht mehr, sondern steigt zu den höchsten Sphären des Universums empor und verharrt dort in seligem Erkennen ohne Wirken. Den Weg dazu haben vierundzwanzig Heilkünder (tīrtkáṅkara) als Übermenschen in langen Zeiträumen gewiesen, als deren letzter Mahāvīra aufgetreten sei.

Diese panpsychische Vorstellung einer Beseelung von allem ist in der Mani-Religion im tragischen Mythos von der Vermischung der Lichtteilchen in der Materie imaginiert. Im Hintergrund dürfte die mythische und mystische Erfahrung der Natur stehen als Erfahrung „numinoser Emotionen" (*R. Otto*), die hier in einem ausgearbeiteten System vorliegen. Der Verdichtungspunkt im Jinismus hat also seine späte Variante in der Mani-Religion mit der Konzeption einer materiell-spirituellen Zwiefältigkeit der Wirklichkeit — in Fortsetzung der indischen und iranischen Konzeption. So sind die Atman-Theorien Nordindiens im 7. und 6. Jahrhundert v. Chr. bereits von animistischen Rationalisierungen geprägt, vor allem in den Upanishaden[13] mit ihren zentralen Fragen von Geburt, Tod und Wiedertod, Schicksal nach dem Tode und Erlösung. Dabei kristallisiert sich als causa movens des „Rads der Geburten" der Karma-Gedanke heraus, das Zentraldogma aller indischen Religionen und die indische Form des Glaubens an eine sittliche Weltordnung.[14] Im Jinismus vertritt es die Stelle eines unparteiischen Richters. Zugleich wird damit die Verschiedenartigkeit der Dinge und ihr differenziertes Schicksal erklärt. Die Aufhebung des Karma geschieht durch eine das Karma nichtende selbsterworbene Erkenntnis (vgl. Gnosis).

Mani lernte durch Lektüre und seine Reisen (von denen ihn wenigstens eine nach Indien führte) die verschiedenen Formen des Gnostizismus, das theologische System des *Markion* und des *Bardesanes,* den Buddhismus, den

---

11 Durch Askese soll das Eindringen neuer Karmastoffe verhindert werden. Fünf Gelübde (vrata) sollen von den Mönchen/Nonnen und Laien eingehalten werden, von letzteren in abgeschwächter Form und zwar die Enthaltung von Leidzufügung und Totschlag in bezug auf alle Wesen (ahimsā), Lüge (satya), Diebstahl (asteya), Sexualität (brahmácarya; bei Laien Ehebruch), Besitz (aparigraha; bei Laien Enthaltung von Habgier).

12 Vgl. *Glasenapp, H. v.:* Die Lehre vom Karman in der Philosophie der Jainas, Berlin 1915.

13 Sie tritt zuerst in der Brihadāranyaka-Upanishad IV 4,5 mit der Lehre vom Karma und von der Wiedergeburt auf: „nach dem, wie einer sich benimmt, so wird er. Derjenige, der das Gute tut, wird gut, dagegen wird der Übeltäter übel" (vgl. auch IV 4,3; 4,6 u. 7; VI 2.16-16). Vgl. *Dandekar, R. N.:* Vedic Bibliography II, Poona 1961, 56ff.

14 *Glasenapp, H. v.:* Unsterblichkeit und Erlösung in den indischen Religionen, Berlin 1938, 13ff. *Ders.:* Die Lehre vom Karma in der Philosophie der Jainas, Bonn 1915.

Jinismus, das Judentum und das orthodoxe oder häretische Christentum kennen. Das Babylonien des 3. Jahrhundert war — wie die 1939 in Persepolis entdeckte Inschrift des *Mobed Katir* bestätigt, ein Ost-West-Schnittpunkt von Juden, Christen, „Nazaräern", buddhistischen Mönchen und Brahmanen.[15] Mani, der sich in der Nachfolge von Buddha, Zarathustra und Jesu weiß, amalgamiert sich die Wahrheitselemente seiner Vorläufer. In K. 154 lesen wir: „Die Schriften und die Weisheit und die Apokalypsen und die Parabeln und die Psalmen von allen früheren Kirchen haben sich in allen Orten versammelt und sind hinzugekommen zu meiner Kirche und haben sich hinzugesellt zu der Weisheit, die ich geoffenbart habe. Wie ein Wasser sich hinzugesellen wird zu einem anderen Wasser und werden zu vielen Gewässern, so auch haben sich die alten Bücher meinen Schriften hinzugesellt und sind geworden eine große Weisheit, deren gleiche nicht verkündet worden ist unter allen alten Geschlechtern."

Wie ein Jaina kann auch bei Mani der Mensch unzähliges Leben zertreten und zerstören. Der Gläubige steht in Gefahr, immer wieder das Licht des Kreuzes zu treten, zu schädigen und zu quälen, sodaß die Begriffe „Jesus patibilis" und „crux luminis" den passiv verstandenen Erlöser in der Erscheinung seiner Licht-Passion bezeichnen. Hinzu kommt das vegetative Moment, wonach die Sonne „Geruch und Geschmack dem gesamten Kreuz (σταυρός/stauros) des Lichtes", d. h. der ganzen Vegetation (162,12) gibt. Die Licht-Seele wird im ganzen Kosmos gequält und „gekreuzigt".[16]

4. Das Theologumenon vom „Ruf" (ptōchme) und vom „Hören" (psōtme)

Das Bild vom „Ruf" und der „Antwort" ist fundamental für die Gnosis, wobei der Ruf als Manifestation des Transmundanen sein Korrelat im Hören, bzw. in der Antwort hat. So ist z. B. „Rufer des Rufs" Name für den Missionar der Mani-Religion. Im Ruf wird das Transzendente im Innerweltlichen manifest und wirklich, das Nichtweltliche wird selbst weltlich und ein Faktor in der Welt. Dieses Geschehen findet im Manichäismus seine Hypostasierung und Personifizierung. So heißt es in der manichäischen Kosmogonie bei *Theodor bar Khonai:* „Und sie begaben sich (nämlich der „Lebendige Geist" und sein Gefolge) zum Finsternisland und fanden den Urmenschen verschlungen in der Finsternis. Da rief der Lebendige Geist mit seiner Stimme, und die Stimme des Lebendigen Geistes wurde einem scharfen Schwerte gleich ... (Es folgt das Zwiegespräch und heißt dann weiter:)

15 Vgl. *Ort, L. J. R.:* Mani. A Religio-Historical Description of his Personality, Diss. Leiden 1967. *Sundermann, W.:* Mani, India and the Manichaean religion, in: Journal of South Asian Studies 2 (1986) 11-19.

16 Vgl. *Böhlig, A.:* Zur Vorstellung vom Lichtkreuz in Gnostizismus und Manichäismus, in: Gnosis. FS für H.Jonas, hg. v. *B. Aland* u. a., Göttingen 1978, 472-491. *Geerlings, W.:* Der manichäische „Jesus patibilis" in der Theologie Augustins, in: ThQ 152 (1972) 124-131.

Und es geleiteten einander Ruf und Antwort und stiegen empor zur Mutter des Lebens und zum Lebendigen Geist. Der Lebendige Geist bekleidet den Ruf und die Mutter des Lebens bekleidet die Antwort, ihren geliebten Sohn." Für den von der „Mutter des Lebens" geschaffenen Urmenschen ist die „Antwort" als Äußerung seines erwachten eigentlichen Selbst repräsentativ. Es korrespondieren einander der „Ruf" als Manifestation des Lichtgesandten und die „Antwort" des Urmenschen.[17] In K. LXXV (181,32-183,9) spricht Mani über den „Ruf" und das „Hören" (182,1), den Ruf, der vom Lebendigen Geist an den Urmenschen erging als Grußbrief mit der Botschaft über die Ereignisse einerseits und die Antwort des Urmenschen über die Kriege und Kämpfe andererseits (182,1-20). Ebenso ist der aus dem „geliebten Χριστός" (Christos) (182,20) herausgekommene Licht-Nous als Brief des Friedens zur heiligen Kirche gesandt worden mit all den Offenbarungen und aller Weisheit. Auch die aus der heiligen Kirche erzeugte Nachkommenschaft ist ein Brief mit der Botschaft aller getanen guten Werke (182,27-31) wie Fasten (νηστεία/nēsteia), Beten und Gutestun (183,1).

Auch das Kind vereinigt die beiden Größen in sich, den „Ruf und Antwort". Ebenso sind sie in der „Enthymesis des Lebens" oder in dem „Großen Gedanken" oder „Gedanken des Lebens" zu einer Einheit verbunden und treten zu den im vermischten Zustand sich befindenden gefangenen Elementen. Im Kap. „Über die zwölf Richter" (K. XXVIII 79,14-81,20) ist als letzter „der Große Gedanke, der der Ruf und das Hören ist", genannt, „der sich befindet in den Elementen (στοιχεῖον/stoicheion), der, welcher eine Trennung vollzieht zwischen den Guten und den Bösen. Zum Schluß aber wird er sich selbst einsammeln und sich selbst bilden (ζωγραφεῖν/zōgraphein) in der Letzten Statue (ἀνδριάς/andrias) und wird trennen [das Licht von der Finsternis]" (81,1-6). „Ruf" und „Hören" erscheinen als das vierte bzw. fünfte Fahrzeug Jesu (37,5-7). Nach der „vierten Errettung" durch „Jesus den Glanz" ist von der „fünften Entweichung und Errettung" die Rede, „das ist die des Großen Gedankens, [welches ist] der Ruf und das Hören" (61,29-30). „Der Gedanke [des] Lebens, welches der Ruf und das Hören ist..." (63,2-3). „Jesus das Kind" ist der mehr bewußte und ansprechbare Teil des leidenden Jesus, das große manichäische Weltsymbol für die in der Materie gefangene und leidende Licht-Seele. Die Passionsgeschichte Jesu der christlichen Tradition wird zu einem mythischen Symbol travestiert und im Licht-Kreuz über der ganzen Natur ausgespannt. Der salvator salvandus birgt in sich ein Doppelwesen mit zwei grundverschiedenen Funktionen: als Lichtgesandter und Verkörperung des Licht-Nous ist er der Retter der Seelen, als Jesus patibilis, als Jesus das Kind, als das Licht-Kreuz, die „Kind"-Hypostase verkörpert er die Ansprechbarkeit des Objektes und ist Anknüpfungspunkt für die Erlösung.

---

17 *H. H. Schaeder* sieht darin eine Eigenkonzeption Manis. *Reitzenstein, R./Schaeder, H. H.:* Studien zum antiken Synkretismus, in: Vorträge der Bibliothek Warburg, Leipzig-Berlin 1926, 270.

Kapitel 9
NATUR UND WESEN DES MENSCHEN NACH DEN KEPHALAIA UND DIE MÖGLICHKEIT DES HEILES

1. Verhangene Existenz: „Schlaf", „Vergessenheit", „Gefangenschaft" und der erweckende „Ruf" zur „Erkenntnis"

Auf dem Hintergrund der radikalen Erfassung des Bösen als eines selbsttätigen Prinzips wird der Mensch als Mikrokosmos im Widerstreit dieser entgegengesetzten Kräfte gesehen. Seine Erlösungsbedürftigkeit liegt im Unwesen des Vermischtseins der Seele mit der Hyle/Materie, wobei sich im religiösen Bewußtsein das zweipolige Erlebnis der notvollen und tragischen Licht-Finsternis-Mischung spiegelt und der Vermessenheit eines totalen Wissens, wobei Mani den Nous in seiner Wirkung vermitteln will. Der Licht-Nous als „Emanation" Jesu vollbringt das von Jesus an Adam Getane. Von ihm heißt es, daß er „aus dem geliebten Χριστς herausgekommen ist" (82,20f). Ein Existential der manichäischen Anthropologie ist die Sicht des Daseins als „Vergessen" und als Schlaf von Gefangenen. Von der Lebendigen Seele heißt es: „... Sie vergaß ihre οὐσία (ousia) und ihr Geschlecht (γένος/genos) und ihre Sippe... Sie wurde mit ihrem Vater verfeindet" (96,2-5). Am Vorgang des Vergessens ist das dämonische Wesen der Finsternis aktiv beteiligt. So heißt es im „Liber scholiorum" XI des *Theodor bar Khonai* über die manichäische Kosmogonie: „Als die Söhne der Finsternis sie verschlungen hatten, wurde den fünf lichten Göttern (den Söhnen des kosmogonischen „Urmenschen") das Bewußtsein genommen und sie wurden durch das Gift der Söhne der Finsternis wie ein Mensch, der von einem tollen Hunde oder einer Schlange gebissen ist" (314,43-47).[1] Klassisch schön dargestellt findet sich dieser Gedanke im syrischen „Lied von der Perle" und dessen Wirkgeschichte für die manichäische Symbolsprache.[2] Im „Apo-

1 Z. B. heißt es im kosmogonischen Hymnus S. 9 aus Turfan: „Dann formte sie (die Āz-Dämonin der Gier) aus den fünf Lichtelementen, der Rüstung Ormuzds, des Herrn, die gute Seele und fesselte sie in den Körper. Sie machte sie wie blind und taub, bewußtlos und verwirrt, damit sie zunächst ihren Urgrund und ihre Herkunft (lit. Familie) nicht erkenne" (*Henning,* NGG 1932, 218f). Ferner heißt es im manichäischen Beichtspiegel Kap. 1: „Gott und Teufel, Licht und Finsternis, wurden damals vermischt. Die Trabanten Chormuztas, die Fünfgötter, (d. h.) unsre Seelen, kämpften eine zeitlang mit den Teufeln und wurden verletzt und verwundet. Und sich mit der Schlechtigkeit der Obersten aller Teufel und des unersättlichen, schamlosen Gierteufels... vermischend wurden sie gedanken- und sinnlos: (sie,) die aus sich selbst geboren und aus sich selbst entstanden waren, vergaßen ganz das ewige Götterland und wurden von den lichten Göttern getrennt."

2 Im „Lied von der Perle" heißt es: „Ich vergaß, daß ich ein Königssohn war, und diente ihrem König. Und ich vergaß sie, die Perle, nach der mich meine Eltern geschickt hatten. Durch die Schwere ihrer Nahrung sank ich in tiefen Schlaf" (108,33-35). Vgl. auch OdSal. 38.

kryphon des Johannes“ spricht in dem (angefügten) Selbstbericht die erlösende Gottheit über ihren Gang in den Abgrund der Finsternis, um Adam zu erwecken: „Ich drang vor bis zur Mitte des Gefängnisses ... und ich sagte ‚Laß den, der hört, aufwachen aus schwerem Schlaf!‘ Da weinte Adam und vergoß schwere Tränen ... ‚Wer rief meinen Namen? Und von wo kommt diese Hoffnung, da ich in den Ketten des Gefängnisses bin?‘ ... ‚Steh auf und erinnere dich, daß du selbst es bist, den du hörtest, und kehre zurück zu deiner Wurzel ... Nimm Zuflucht vor ... den Dämonen des Chaos ... und raffe dich auf aus dem schweren Schlaf der höllischen Behausung!‘“ Ähnlich wird die Logik der Erlösung im „Evangelium der Wahrheit“ als Ergreifen der Erkenntnis mit dem Satz zum Ausdruck gebracht: „Da die Vergessenheit entstanden ist, weil sie den Vater nicht kannten, daher wird, wenn sie den Vater erkennen werden, in dem Augenblick die Vergessenheit nicht mehr bestehen“ (EV 18,7-11; vgl. 24,28-32).[3]

In den „Kephalaia“ wird von der menschlichen Seele in ihrer Verlorenheit und ihrem Irrwahn (πλάνη/planē), den sie in Analogie zum Schicksal der Lebendigen Seele erleidet, gesagt: „Sie legte an (φορεῖν/phorein) den Irrwahn (πλάνη/planē) und das Vergessen“ (96,2). Gleich Adam bedarf sie der Erweckung, sodaß der Licht-Nous angerufen wird als „... der ..., welcher ist der Erwecker [der] Schlafenden ...“ (44,11-12). In Parallele dazu steht J 57: „Sie schufen den Boten und schickten ihn zum Haupte der Generationen. Er rief mit himmlischer Stimme in die Unruhe der Welten hinein. Auf den Ruf des Boten erwachte Adam, der dalag ... und ging dem Boten entgegen: ‚Komm in Frieden, du Bote, Gesandter des Lebens, der vom Hause des Vaters gekommen ist. Wie ist doch das teure schöne Leben an seinem Orte festgepflanzt! Wie sitzt aber hier meine finstere Gestalt in Klage da!‘ Da erwiderte der Bote: ‚... Alle gedachten deiner zum Guten und ... sandten mich zu dir. Ich bin gekommen und ich will dich belehren, Adam, und dich aus dieser Welt erlösen. Horche und höre und laß dich belehren und steige siegreich zum Lichtort empor.‘“

Theodor bar Khonai überliefert uns in einem Exzerpt Manis Vorstellung und pessimistische Deutung der conditio humana des ersten Menschen Adam. Der wirkliche Jesus, Vertreter des Dritten Gesandten und identisch mit dem Nous, ist am Beginn der Welt zu Adam hierniedergestiegen, um diesem sein deformiertes Sein erkennen zu lassen. Es heißt: „Der lichte Jesus näherte sich dem unwissenden Adam; er erweckte ihn aus dem Schlaf des Todes, damit er von vielen Geistern befreit würde. Und wie ein Mensch, der gerecht ist und einen Menschen von seinem furchtbaren Dämon besessen findet und ihn durch seine Kunst besänftigt — dem glich auch Adam als ihn jener Freund in tiefen Schlaf versenkt fand, ihn erweckte, ihn sich rühren ließ, ihn aufrüttelte, von ihm den verführenden Dämon vertrieb und die mächtige Archontin abseits von ihm gefangensetzte. Da erforschte Adam

3 Vgl. *Irenäus,* Adv. haer. I.21,4 über den Grundsatz der valentinianischen Gnosis: „Vollkommene Erlösung ist die bloße Erkenntnis der unsagbaren Größe. Denn da durch ‚Unwissenheit‘, ‚Mangel‘ und ‚Leidenschaft‘ entstanden, so wird durch Wissen wiederaufgelöst die ganze aus der ‚Unwissenheit‘ entstandene Anordnung.“

sich selber und erkannte, wer er sei. Er (Jesus) zeigte ihm die Väter der Höhe und sein eigenes Selbst, hineingeworfen in alles, vor die Zähne der Panther und die Zähne der Elefanten, verschlungen von den Verschlingern, verzehrt von den Verzehrern, gefressen von den Hunden, vermischt und gefesselt in allem was ist, gefangen in dem Gestank der Finsternis. — Er richtete ihn auf, und ließ ihn vom Baume des Lebens essen. Da schrie und weinte Adam; furchtbar erhob er seine Stimme wie ein brüllender Löwe, raufte seine Haare und sprach: Wehe, wehe über den Bildner meines Lebens, über die Fessler meiner Seele und über die Empörer, die mich geknechtet haben!" (*Theodor bar Khonai* 131,24, in: *Reitzenstein-Schaeder,* S. 346f). Jesus der Glanz steigt aus dem Lichtreich herab, weckt Adam aus dem Schlaf seines Todes und läßt ihn seine verhängte Existenz erkennen, indem er ihm zugleich das Einssein der „Seele" mit der göttlichen Lichtsubstanz verstehen lehrt. Dieses „Bewußtsein" seiner selbst ist Aufhebung der Vergessenheit und zugleich eine Hermeneutik der in der Welt durch die Vermischung mit der Hyle bewirkten Passionsgeschichte. Dieses Erwachtsein durch den Ruf der Erwekkung, in welchem Ruf und Gerufenes ident sind, ist wie eine Abbreviatur des soteriologischen Mythos. Ein peratisches Fragment beginnt mit dem Wort: „Ich bin der Ruf des Schlaf-Erweckens im Äon der Nacht" (*Hippolyt,* Ref. V 14,1). Oder:

„Schüttle ab (wecke auf) die Trunkenheit, in die du entschlummert bist,
wach auf und siehe mich!
Heil über dich aus der Welt der Freude,
aus der ich deinetwegen gesandt bin.
Und jener antwortete dem, der ohne Leid ist:
ich bin ich, der Sohn der Zarten,
vermischt bin ich und Wehklagen seh ich.
Führe mich heraus aus der Umklammerung des Todes.
(der Erlöser:)
Der Lebendigen Kraft und Heil
über dich aus deiner Heimat!
Folge mir, Sohn der Sanftmut,
den Lichtkranz setze auf das Haupt."[4]

Und in der sogenannten „abgekürzten Totenmesse" aus den Turfanfunden heißt es: „O dir Lichtseele will ich vielen Rat geben, damit du Erlösung findest. Kommet Seelen zu diesem Lichtschiff. Meine Seele, glanzvollste ... wohin bist du gegangen? Kehre wieder zurück. Erwache, Glanzseele, aus dem Schlummer der Trunkenheit, worin du entschlummert bist ... folge mir zur Stätte der gebetgepriesenen Erde, wo du gewesen bist von Anbeginn. Ein Bote aus dem Paradiese ist gekommen ..."

Der erste der Erlösungsversuche im manichäischen Weltdrama richtet sich an den „Urmenschen", der im präkosmischen Kampf des Lichtes mit der Finsternis von dieser verschlungen und seines Bewußtseins beraubt worden war:

4 Turfan-Frg. 7 (Übers. *Andreas*), Hrsg. v. *Reitzenstein, R.:* Hell. Mysterien, a.a.O. 58.

„Da rief der Lebendige Geist mit lauter Stimme; und die Stimme des Lebendigen Geistes wurde einem scharfen Schwerte gleich und legte die Gestalt des Urmenschen bloß. Und sie sprach zu ihm:

Heil über dich, Guter inmitten der Bösen
Lichter inmitten der Finsternis,
(Gott), der wohnt inmitten der Tiere des Zorns,
Die seine Ehre nicht kennen.

Da antwortete ihm der Urmensch und sprach:

Kommt mit Heil, bringend
Die Schiffslast von Frieden und Heil.

Und er sprach weiter zu ihm:

Wie geht es unsern Vätern
Den Söhnen des Lichtes in ihrer Stadt?"

Der erlösende Licht-Jesus handelt an Adam in einer dreifachen Weise und zwar als Erwecker, Befreier und Lehrer. Er erweckt Adam aus dem ihn lähmenden geistigen Todesschlaf, in welchem er, durch die Materie gebunden, weder um sein Woher noch um seine gegenwärtige Lage weiß. Er befreit ihn aus der conditio daemonica, seinem Gebildet- und Beherrschtsein durch die dämonischen Mächte und bringt ihm die wahre Erkenntnis, eine Art Uroffenbarung über den Aufbau der Welt, „die Väter der Höhe". Nach K. 152,9-12 lesen wir: „...Er gibt Offenbarung über alles Äußere und Innere, über das Obere und Untere, sei es über die äußeren Äonen, die verborgen und [nicht offenbar sind], sei es über die Schiffe des Lichtes, die offenbar sind..."

Die Unterweisung betrifft ferner die „Lebendige Seele: „Auch bezüglich dieses Schlages und der Verwundung (πληγή/plēgē) der Lebendigen Seele gibt Jesus Offenbarung" (152,14f). Das „in alles hineingeworfene Selbst" Jesu repräsentiert das in der Materie gefangene und dadurch leidende Licht (die „Lebendige Seele"). Der „unwissende" Adam wird auch über seine eigene Art belehrt: „Jesus ließ ihn aufstehen und ließ ihn vom Baum des Lebens kosten. Da kam Adam zur Erkenntnis und weinte. Er erhob mächtig seine Stimme wie ein brüllender Löwe, raufte sich die Haare aus, schlug sich an seine Brust und sagte: Weh, weh über den Schöpfer meines Körpers, über den, der meine Seele hier gefesselt hat, und den Empörern, die mich unterjocht haben" (*Theodor bar Khonai,* Adam, Texte 22). Adam erhält die volle Erkenntnis durch die Frucht vom Baum des Lebens, d. i. die „Erkenntnis von Gut und Böse". Das Öffnen seiner Augen (vgl. Gen 3,5) ist Erkenntnis des alles durchziehenden Dualismus, sodaß sich ihm die Klage entringt. Der Licht-Jesus vermittelt in seiner Uroffenbarung ihm das Unterscheidungsvermögen zwischen Gut und Böse und ist (statt der Schlange) der wahre Erleuchter. Wird Jesus nach den Acta Archelai als „Baum des Paradieses" bezeichnet, so in Abwandlung in den „Kephalaia": „Die Früchte des guten Baumes sind Jesus, der herrliche Glanz, der Vater aller Apostel" (K. 20,3-5).

Ein weiteres Motiv ist das Bild der Gefangenschaft des Lichtes in der Welt als ein vermischtes und verknechtetes In-der-Welt-Sein. Im dritten kosmologischen Akt haben die Finsternismächte den menschlichen Leib geschaffen, das mächtigste Band (δεσμὸς μέγιστος/desmos megistos: *Titus von Bostra* I 29) für die Lichtseele und Zustand ihrer fortdauernden Verstrickung und Verunreinigung.[5] Diese Bannung in das leibliche Dasein erzeugt die sinnliche Lust als die Quelle aller Sünde. Diese widerstrebende Polarität objektiviert sich in dieser „contraria et inimica nobis substantia (natural)". Erlösung wäre Aufhebung aller den Menschen mit der materiellen Welt verknüpfenden Bande als Erlösung der Seele, von der es heißt: θλιβομένη ἐν τῷ σώματι ψυχή (thlibomenē en tō sōmati psychē). Das Bild des Körpers als Gefängnis der Seele wird in K. 142,2-31 mit einem gewaltigen Lager verglichen,[6] in welchem die Seele gefangen gehalten wird. In der Projektion auf eine psychologische Vorstellungsebene bilden die fünf Sinne die Einlaßtore in das Lager. Diese werden von den Archonten bewacht, die über Einlaß und Ablehnung bestimmen. Sie sind nichts anderes als die personifizierten negativen Eigenschaften des Menschen, der ohne Gnosis lebt. Der Licht-Nous als die erlösende Erkenntnis erzwingt sich den Eintritt zur gefangenen Seele, behebt ihre Unwissenheit und führt sie in die Freiheit.

2. Der Fleischesleib und die Rettung der Licht-Seele

Der manichäische Dualismus erweist sich als ein Natursystem, wo sich das Metaphysische im Physischen darstellt. Die Lichtsymbolik ist ident mit der Lichtmetaphysik im Physischen, wobei das sichtbare Licht der Sonne oder der Zodiakkreis die Qualität eines Läuterungs- und Erlösungsinstruments hat, die Lichtteile aus der Welt auszuscheiden und an ihren Licht-Ort zurückzubringen.

Nach der Anschauung der gnostischen Ophiten, Valentinianer und Sethianer nimmt Christus die abgeschiedenen Seelen in sich auf und wird dadurch bereichert. Jaldabaoth hingegen verkümmert, bis die Vollendung in der vollständigen Sammlung des Taus des Lichtgeistes erreicht ist (Iren., haer I 30,14). Der Christusleib wächst in der himmlischen Region.

Eine sachliche Verwandtschaft findet sich im „vollkommenen Mann", der Lichtsäule voll von Seelen, die gereinigt werden und denen der Erlöser den Zugang zum Himmel verschafft (so bei *Hegemonius,* Acta Arch. 8,7). Dahinter steht die Vorstellung, wonach man in den Stäubchen der Sonnenstrahlen die vom Himmel herniederkommenden und dahin aufsteigenden Seelen sah.[7] Der Erlöser verschafft den Seelen den Zugang zum Himmel.[8] In

5 So verdeckt nach dem Corpus Hermeticum der Hyle-Charakter das Sōma (σῶμα) dem Menschen das Wissen um sein Verfallensein, welche Verkennung der eigenen Situation das eigentlich Schlimme menschlicher Irrung (πλάνη/planē) ist (Corp. Herm. 6,3b).

6 Nach den Manich. Homilien wird der menschliche Körper ebenfalls mit einem Lager verglichen. Der Licht-Nous aber ist der „große herrliche Schlüssel", die Verkörperung der heilsnotwendigen Gnosis, die die Tore zum Lager aufschließt.

7 Vgl. *Cumont, F.:* Astrology and Religion among the Greeks and Romans, 1912, 188.

8 Vgl. Pist. Soph. 98, 241f; 100,252-101,254; Od. Sal. 17,15; anders 3,2, wo es um den Leib des Bräutigams geht.

Act. Joh. 100 dürfte hinter der Wendung „jedes Glied des herabkommenden Erlösers“ (τὸ πᾶν τοῦ κατελθόντος... μέλος/to pan tou katelthontos... melos) der Gedanke der eschatologischen Sammlung der zerstreuten Glieder des Gottesvolkes stehen. In dem Sammlungsgedanken mischen sich alte Vorstellungen, die bis in die Osiris-[9] und Dionysos-Mythologie zurückreichen, d. i. die Zerreißung und Wiedervereinigung der beiden Gestalten. Die Allegorese interpretiert den Mythos des Dionysos als Traubenlese mit dem Zusammenfließen des Weines zu einem „Leib“ (σῶμα): ἓν σῶμα ist parallel zu εἰς ταυτό.[10] Das gilt auch für die „Kephalaia“:

„Damit ist die heilige Kirche (ἐκκλησία/ekklésia) zu vergleichen,
die eingesammelt wird aus der Lebendigen Seele;
und man sammelt sie und bringt sie zur Höhe und erhebt sie aus dem Meere (θάλασσα/thalassa) und legt sie hin in dem Fleisch (σάρξ/sarx) der Menschheit, während
das Fleisch (σάρξ/sarx) der Menschheit selbst der Schale und der Muschel gleicht.“
... „Denn alle
Seelen, die im Fleisch (σάρξ/sarx) der Menschheit empor kommen und entweichen, werden zu den großen Äonen des Lichtes geleitet,
und ein Ruheort entsteht für sie an jenem Ort in den Äonen
der Größe“ (204,5-9.13-17). Und:
„Ein für allemal (ἅπαξ/hapax) weißt du aber, sie stehen in einem Körper (σῶμα/sōma),
der nicht der ihre ist, indem sie das Fleisch (σάρξ) der Sünde hassen, das auch
in einem fremden Lande wohnt“ (220,6-8).
„Manche von seinen Gliedern (μέλος/melos) und seinen Werken werden geläutert, solange er im Körper (σῶμα/sōma) steht, und sie werden gereinigt in
den Firmamenten (στερέωμα/stereōma) der Himmel und gehen vor ihm.
Manche wieder von ihren Gliedern (μέλος) werden mit ihm erlöst und kommen heraus, wenn auch er aus seinem Körper (σῶμα)
herausgeht“ (227,19-24).

Im „Apokryphon des Johannes“ kommen die Seelen aus dem „Fleisch“ (σάρξ) und werden, wenn sie ihre Rettung erfahren haben, nicht mehr in dieses zurückgebracht (Apocr. Joh. 68,2; 70,8). Nach der nicht ganz sicheren Ergänzung in 65,20 wäre die Sarx das Äußere des Menschen, deren er sich bedient, die aber sein inneres Wesen nicht tangiert. Auch die „Kephalaia“ verwenden einmal das Bild, in welchem das „Fleisch“ der Menschheit mit einer Muschel verglichen wird, die die Perle (= Seele) in sich birgt (204,8f.14). So erscheint der Apostel im Fleisch (101,33). 61,23: Er kam in das πλάσμα der σάρξ. 89,26f; 95,3f: der Licht-Nous geht (in den Körper) des Fleisches und zieht ihn an. 220,6f wird lieber „Körper“ gesagt, während das „Fleisch

9 *Hopfner, T.:* Plutarch über Isis und Osiris I (1940) 17, vgl. 9.
10 *Cornut, M.:* Theol. Graec. 30 (62,15). So *Quispel, G.:* Besprechung von C. Schmidt, Koptisch-gnostische Schriften, in: ThLZ 81 (1956) 686.

der Sünde" hassenswert erscheint.[11] Es ist der Bann der σάρξ der εἱμαρμένη, der man beim Austritt aus dem Körper entflieht.

Nach manichäischer Vorstellung und Anthropologie ist der Fleischeskörper Quelle alles Bösen und Heimstätte der Sünde,[12] die in ihm lebt (94,26; vgl. 151,9) und das „Sinnen" ins Fleisch bindet (95,18f).[13] Es wohnt im Körper die Sünde und der Alte Mensch (94,18f) und es wird von ihr im Körper Verwirrung erweckt (94,27). Die Sünde nimmt den Körper von den fünf Körpern der Finsternis und nimmt die Seele von den fünf „Lichten Göttern" und fesselt sie in den fünf Gliedern des Körpers. „Sie fesselte den Nous in dem Knochen, das Denken in der Sehne, die Einsicht in der Ader, das Sinnen im Fleisch, die Überlegung in der Haut" (95,17-19). Diese werden zur Sünde der Begierde verführt, zum Dienst der Götzen, zu den Lehren des Irrwahns, zur sklavischen Erniedrigung, zum Dienst am Vergänglichen (95,26ff). Der Licht-Nous kommt und erlöst den Nous der Seele aus dem Knochen, das Denken der Seele aus der Sehne und fesselt das Denken der Sünde in der Sehne: „Er löst die Einsicht der Seele aus der Ader und fesselt die Einsicht der Sünde in der Ader. Er erlöst das Sinnen der Seele und löst es aus dem Fleisch und fesselt das Sinnen der Sünde im Fleisch. Er löst die Überlegung der Seele aus der Haut und fesselt die Überlegung der Sünde in der Haut" (96,13-21). Erlösung bedeutet Befreiung des Sinnens der im Fleisch gefesselten Seele (86,12; vgl. 27,7), nicht aber Befreiung des Sinnens der Sünde (95,25; 96,18f). Die Hedone (ἡδονή) hat ihren Lebensraum in den fünf Welten des Fleisches (σάρξ) und dem „Fahrzeug der Finsternis" (170,15). Sie ist eine Kreatur des Gesandten kraft der Sünde (54,5f; 56,23f; 138,10ff) und negativ geformt von der Hyle/Materie (ὕλη/hylē 179,4f). Als Konsequenz folgt daraus das nicht Kosten von „Fleisch und Blut" (192,12; vgl. 229,21). Nach den Manich. Homilien wird einst das Fleisch (= Körper) vernichtet werden (MH 8,11; vgl. 11,28; 39,23-25). Vom „Fleisch der Archonten" ist in der Pistis Sophia (p 24,17) die Rede. Aus all dem wird die negative Rolle der Sarx (σάρξ) deutlich. Von der Sünde gebildet und mit den Sinnen ausgestattet (LVI 141f) beherbergt sie die Sünde (LVI 143.22f) und ist sie für die Erwählten Gegenstand des Hasses (IX 41,5f). Verheißen ist ihnen aber ein neuer, in Lichtgewänder gehüllter Leib (LXXV 181,11.16f; LXXXVIII 220,6f).

---

11 Vgl. Bücher des Jeû 315,4-7. In Büchern des Jeû 259,30-260,4 meint „Fleisch" nicht die Körperlichkeit, sondern das „Fleich der Unwissenheit".

12 Vgl. *Waldschmidt, E./Lentz, W.:* Die Stellung Jesu im Manichäismus, in: AAB 4 (1926) 100f (19b.23a.b). 106 (49a). 121 (15,15). 123 (394) Ebd 112 (2 recto 1a) erscheinen die „Körperglieder und Gefängnisse", die die Begierde wachsen lassen. Vgl. K. 95,17.

13 Vgl. dazu, was *Clemens v. Alex.* über die Verbindung von σάρξ *und* ἐπιθυμία in den Strom II 41,4; 115,3; III 87,2; IV 137,3; V 67,4; VII 33,6 sagt. Für die Trichotomie (σάρξ, ψυχή, πνεῦμα) III 68,5 (nach Ansicht anderer); für die Vorstellung von einem σαρκικόν (σωματικόν) πεῦμα, das im Streit liegt mit der ψυχή oder dem höheren πνεῦμα VI 52,2; 134,1; 135,3; 136,1f; VII 20,4. *Clemens v. Alex.* unterscheidet die Namenschristen (= σάρκες) vom πνευματικὸν σῶμα (VII 87,3f).

3. Das Bild von der Rettung der „Perle" und des Perlenmotiv (soteriologisch, anthropologisch)

Der in den Kampf ziehende Urmensch wird in 85,24-25 mit einer Perle (μαργαρίτης/margaritēs) verglichen, die vom Lebendigen Geist gerettet wird. K. XXXII schildert das Vollbringen der sieben Werke des „Lebendigen Geistes", wovon das Heraufholen des Urmenschen aus dem Kampf das anthropologische Paradigma der Erlösung ist. Es heißt: „Er holt den Urmenschen aus dem Kampf (ἀγών/agōn) herauf wie eine Perle (μαργαρίτης), die aus dem Meer herauf[geholt] wird" (85,24f). Im mythologischen Prototyp des Urmenschen ist Erlösung nicht Erfüllung, sondern Aufhebung aller innerweltlichen Existenz, Einsammlung des Lichtes aus seiner kreatürlichen Zersplitterung und Vermischung.

Das Bild der „Perle" spielt im „Seelenhymnus" der Thomasakten, dem sogenannten „Lied von der Perle"[14] eine zentrale Rolle, wo in einer bunten Symbolik das gnostische Grunderlebnis als Erlösungsmythos und Erlösungsvorgang eingefangen ist. Die Dichtung wird „als Lied von der Erlösung des Erlösers wie als Lied von der Rettung der Seele"[15] bezeichnet und diente als Vorbild für den manichäischen Urmensch-Mythos des „erlösten Erlösers". Dieser wird im zweiten kosmologischen Akt vom „Lebendigen Geist" durch einen Ruf aus seiner Verlorenheit zu seinem Selbst gerufen und kehrt unter Zurücklassung seiner Seele, der fünf Elemente, in das Lichtreich zurück. *G. Widengren* sieht im „Lied von der Perle" in gewisser Hinsicht eine thematische Vorwegnahme des Manichäismus,[16] wo der Mythos vom Urmenschen zu dem des „erlösten Erlösers" ausgebildet wurde und die „Perle" die zu erlösende Seele bedeute.[17] In den Thomasakten Kap. 15 heißt es: „Mich selbst zu suchen und zu erkennen, wer ich war und wer und auf welche Weise ich jetzt bin, damit ich wieder werde, was ich war." Im „Lied von der Perle" mit den darin enthaltenen Märchenzügen, dem Abenteuer-

---

14 Acta Thomae 108-113, syrisch in: *Bevan, A. A.:* Texts ans Studies V 3; in griech. Übers. in: Acta Apostolorum Apocrypha II,2. ed. *Lipsius* et *Bonnet,* Darmstadt 1959. Vgl. dazu *Adam, A.:* Die Psalmen des Thomas und das Perlenlied als Zeugnisse vorchristlicher Gnosis, Berlin 1959. *Widengren, G.:* Iranisch-semitische Kulturbegegnung in parthischer Zeit, Köln 1960, 27: „ein Dokument parthischer Gnosis". *Klijn, A. F. J.:* Das Lied von der Perle, Eranos Jahrbuch 1965, Zürich 1966, 1-24. *Ders.:* The Acts of Thomas, Leiden 1962, 65-154. *Quispel, G.:* Makarius, das Thomasevangelium und das Lied von der Perle, Leiden 1967, 39-64.

15 *Hennecke, E./Schneemelcher, W.:* Neutestamentliche Apokryphen, Band II, Tübingen 1964, 304.

16 *Widengren, G.:* Mani und der Manichäismus, Stuttgart 1961,19. Vgl. *Bousset, W.:* Manichäisches in den Thomasakten, in: ZNW 18 (1917/18) 1-39.

17 In den ActPetr. 20 (I p 68,12) wird die Perle auf Christus gedeutet. Die Gnosis folgt dabei dem Sagenstoff über die Entstehung der Perle, die auf das Eindringen des vom Himmel kommenden Blitzes ins Fleisch der geöffneten Muschel zurückgeführt wird (Athen. III p 93a; *Plinius d. Ä.,* Hist. nat. IX 107f; *Origenes,* In Mt 13,45 (46) (GCS X p 8). Vgl. *Usener, H.:* Die Perle. Aus der Geschichte eines Bildes, in: Vorträge und Aufsätze, Leipzig-Berlin 1907, 219-231. In den Mandaica ist die Perle ein geläufiges Bild für die aus dem göttlichen Bereich stammende Seele, die „den stinkenden Körper duftend (= lebensvoll) macht" (*Lidzbarski,* Ginza L III 6,81 (p 515,20ff) L III 5,80f (p 514,16ff)).

haften, dem sinnreichen Lebensgleichnis und der Offenbarung der gnostischen Heilsmöglichkeit ist der Königssohn der gesamtmenschheitliche „Urmensch" in seiner vorzeitlich-zeitlichen und aktiv-passiven Paradigmatik geschildert, der seine „Seele", d. h. sich selbst zurückgewinnen sucht. Inhaltlich wird die Aussendung eines parthischen Prinzen in das ferne Ägypten erzählt, der die drachenbehütete Perle (= die zu erlösende Seele) aus dem Meer (= der unheilvollen Welt) holen soll. Das Weilen des Prinzen in der Fremde ist Erleiden des Weltschicksals mit der Betäubung und dem Vergessen seines Auftrags. Sein Erwachen und Wiedererinnern erfolgt durch einen von den Eltern gesandten Brief in der Gestalt eines Adlers, dem „Ruf". Es folgt die Auffindung und Gewinnung der Perle sowie die endliche Heimkehr in das Königreich (= den göttlichen Ursprung).[18]

In den „Kephalaia" XXXII fehlt die szenische Erzählung dieser gnostischen Schlüsselgeschichte, des elementaren Ur-Mythos, wobei hier der „Lebendige Geist" die Funktion des Prinzen aus dem „Perlenlied" übernimmt und zum kosmologischen Urbild des Erlösungsaktes wird. Die Perle als Urseele und Inbegriff der letztlich mir ihr identischen individuellen Seele, für welche die Erlöserseele urbildhaft ist, kann als der ausgesandte Erlöser in der „Perle" ihre eigene Seele retten.

Die Perle als Symbol für die „Lebendige Seele" wird in der Kephalaiastelle von Tauchern aus dem Meer geholt und an Kaufleute weitergegeben, die sie den Königen und Vornehmen verkaufen. In diesem Bildkomplex sind die Taucher die Apostel, die die Seelen zur Gnosis führen und in der Mani-Kirche zur Erlösung läutern aus der diesseitig materiellen Welt (= Meer). Sie übergeben sie den Kaufleuten und diese wiederum den Königen und Vornehmen (dem Vater der Größe und seinen Äonen) als geläutert. Es heißt: Die Taucher tauchen hinab in das Meer „und bringen Perlen (μαργαρίτης) herauf aus der Tiefe des Meeres (θάλασσα/thálassa) ..." (203,32-204,1)" ... „Die Taucher geben sie den Kaufleuten und die Kaufleute wiederum geben sie den Königen und Vornehmen (μεγιστᾶνος/megistanos). Damit ist die heilige Kirche (ἐκκλησία/ekklēsia) zu vergleichen, die eingesammelt wird aus der Lebendigen Seele; und man sammelt sie und bringt sie zur Höhe und erhebt sie aus dem Meere" (204,3-8). Das Fleisch der Menschheit gleicht der Schale und der Muschel. Die Allegorie wird weiter ausgedeutet, wonach die Apostel den Tauchern gleichen (204,11), und die Kaufleute die Erleuchter der Himmel sind. „Die Könige und die Vornehmen sind die Äonen der Größe" (204,12f), zu denen die Seelen geleitet werden als ihrem Ruheort (204,16f). Die Perlen repräsentieren das eigentlich Lichthafte und werden vom Vater der Größe als das ihm Eigene und Adäquate entgegengenommen. Damit ist die Ontologie der Erlösung ihr Vollzug selber. Der Vater der Größe trägt die ihn umgebenden zwölf Lichtäonen auf seinem Haupte: „..., der sich die zwölf Diademe des Lichts auf seinen strahlenden Helm gesetzt hat" (Mir. Man. 331). Mit dem Bild vom Kaufmann ist neben den Aposteln

18 Vgl. auch *Poirier, P.-H.:* L'hymne de la Perle et le manichéisme à la lumière de CMC, in: L. Cirillo (Hg.), Codex Manichaicus Coloniensis, Consenza 1986, 235-248.

vor allem Mani gemeint.[19] Im Kapitel über das Kommen des Apostels wird der Lichtgesandte, der nach seinem Wirken in die Lichtheimat zurückkehrt, verglichen mit dem „... Kaufmann (pesōt), der aus [einem Lande] kommt mit (?) der Verdoppelung seiner großen Schiffsladung und dem Reichtum [seiner] Handelsware" (11,18-20), den erlösten Seelen.

Auf eine andere Weise wird in den „Manichäischen Homilien" die Verfolgung der Manichäer durch ihre Gegner im Negativkontrast so umschrieben: „Sie (die Verirrung) tötete die Kaufleute und Handelsherren, die mit den Besitztümern des Königs Handel treiben. Sie ermordete auch die Taucher, die die Perlen heraufholen" (MH 12,14-16). Was aber der Mensch religiös und ethisch zu erbringen hat, sagt K. 204,17-21: „Ihr, eurerseits, meine Geliebten, ringt (?) auf jede Weise darum, daß ihr gute Perlen (μαργαρίτης/margaritēs) werdet und zum Himmel gerechnet werdet vom Lichttaucher, und er zu euch kommt und euch geleitet zu dem großen Oberkaufmann (ἀρχιέμπορος/archiemporos), und ihr ruht im Leben ewiglich." So ist auch der in seiner Mani-Kirche behütete „Erwählte" (electus) ein in der Wahrheit und im Glauben Stehender und ist „... eine Perle (μαργαρίτης), an der nie Tadel (ἐπιτιμή/epitimē) ist" (258,2-3). So ist die Perle zu einem Begriff geweitet, der sowohl für die Soteriologie („Lebendige Seele") wie für die Anthropologie (Individualseele) stehen kann. Ein Text bezeichnet Gottheiten, welche Sonne und Mond zugeordnet sind als „... die mächtigen Väter, die Perlen fischen ..." (Mir. Man. 887).

Auch in der synoptischen Tradition[20] ist die Perle Inbegriff des Kostbaren (Mt 13,45f; Mt 7,6) und Bild für das Heilsgut des Reiches Gottes. Ihr unfaßbarer Wert kommt im Doppelgleichnis vom „Schatz im Acker" (Mt 13, 44-46) und von der „kostbaren Perle" zum Ausdruck, wobei im ersten das Finden glücklicher Zufall ist, im zweiten aber Resultat planmäßigen Suchens mit dem Skopus der vorbehaltlosen Hingabe um des Einen willen.

Aber auch die guten Werke des Mani-Gläubigen werden zu einem Schatz des Heils für ihn, sodaß diesem einem dem Zitat aus dem Neuen Testament gesagt wird: „Wie der Heiland (σωτήρ/sōtēr) gesagt hat: Wo euer Herz ist (da) wird euer Schatz sein" (223,3-4; nach Mt 6,21/Lk 12,34). Auch der sich ins Materielle Verstrickende sammelt sich den Schatz böser Werke: „Die Seelen, die so sind nach [ihrem Herzen] und ihrem Schatz, den sie sich beim Teufel (διάβολος/diabolos) niedergelegt haben, werden zu seinem (des Teufels) Teil gerechnet. Nicht hat Gott ihnen etwas Böses getan. Sondern sie (stehen) selbst gegen sich. Ihre eigenen Werke verurteilen sie und werfen sie in die Hölle (γεέννα/geénna) des Brennens" (223,5-9). Und von dem der Mani-Religion folgenden Auditor wird gesagt: „Er hat sein Denken aus der Welt (κόσμος/kosmos) gerissen und sein Herz in die heilige Kirche gelegt. Zu aller Zeit ist sein Denken bei Gott ... Er hat seinen gesamten Schatz in

---

19 So trägt Mani einem seiner Missionare auf: „... bleibe dort, wie ein Kaufmann, der (seinen) Schatz öffnet" (Mir. Man. 301), die erlösende Heilslehre. Oder Manis Tod wird in den Man. Homilien beschrieben: „Es verließ o. ä. der Herr seine Knechte, der Kaufmann seine Ware ..." (H 61,9-10).

20 Vgl. *Glombitza, O.:* Der Perlenkaufmann. Eine exegetische Studie zu Matthäus XIII,45-46, in: NTS 7 (1960/61) 153-161.

die ἐκλεκτοί (eklektoi) und ἐκλεκταί (eklektai) gesetzt" (229,3-10). Vom Licht-Nous, dem vom Erlöser vermittelten eigentlichen Erkennen wird gesagt: „Heil dem, bei dem dieser Schatz wohnt, in dem [das Wissen von] den Vätern sich befestigt, denn sie sind die [Wurzel?] aller Lichter und die aller Leben (pl.)" (44,13-15). Er ist die von den Vätern des Lichts dargestellte Gnosis, die der Licht-Nous der Mani-Kirche und ihren Gläubigen vermittelt. Auch das mythologische Thema vom verlorenen und wiederzufindenden Schatz wir mit dem Urmenschen in Verbindung gebracht: „Der Ur[mensch] gleicht einem großen angesehenen (ἐπίσημος/episēmos) Manne, dem [sein Vermögen (χρῆμα/chrēma)] weggenommen worden ist, [der gekommen ist], um hinter seinem Vermögen (χρῆμα) herzulaufen. So kam auch der [Ur]mensch hinter seinen Söhnen her aus der Höhe, [damit er] sie ausläuterte und sein Vermögen (χρῆμα) holte, das zerstreut worden war unter seinen Feinden" (76,29-34). In einem stark lädierten Textteil wird der Dritte Gesandte als reicher Mann beschrieben, der sein verlorengegangenes Vermögen wiederzuerlangen trachtet (77,11-15). Wiederum dient das Bild vom Schatz zur Umschreibung der Lichtseele.

Der verwundete Zustand der Seele rührt aber letztlich von dem Urkampf her. So leidet die Lebendige Seele an dem Kranksein ihrer Vermischung und bedarf des heilenden Arztes. In den Manichäischen Psalmen begegnet häufig die Bezeichnung „Jesus, Arzt der Verwundeten", sodaß Psalm 245 die verschiedenen Aspekte dieser erlöst-erlösenden Gestalt variiert:

„Komm zu mir, mein Verwandter, mein Führer, das Licht.
... Oder:
„Seit ich auszog in die Finsternis, gab man mir ein Wasser zu trinken ...
Ich halte aus unter einer Bürde, die nicht von mir ist.
Ich bin inmitten meiner Feinde, der Bestien, die mich umringen; die Bürde, dich ich trage, ist die der Mächte und Gewalten.
Sie brannten in ihrem Zorn, sie standen auf gegen mich ...
Die Materie und ihre Söhne verteilten mich unter sich, sie brannten mich in ihrem Feuer, sie gaben mir eine bittere Gestalt.
Die Fremden, mit denen ich mich mischte, sie kennen mich nicht; sie kosteten meine Süße und begehrten, mich bei sich zu halten.
Ich war Leben für sie, doch sie waren Tod für mich; ich halte aus unter ihrer Last, sie tragen mich auf sich wie ein Gewand.
Ich bin in Allem, ich trage die Himmel, ich bin das Fundament, ich stütze die Erden, ich bin das Licht, das erstrahlt, das die Seelen erfreut.
Ich bin das Leben der Welt, ich bin die Milch, die in allen Bäumen ist, ich bin das süße Wasser, das unterhalb der Söhne der Materie ist.
...
Ich ertrug diese Dinge, bis ich den Willen meines Vaters erfüllt hatte; der Erste Mensch ist mein Vater, dessen Willen ich ausgeführt habe.
Siehe, ich unterwarf die Finsternis; siehe, ich löschte aus das Feuer der Quellen, da die Sphäre eilends sich dreht und die Sonne den geläuterten Teil des Lebens empfängt.
O Seele, erhebe deine Augen zur Höhe und betrachte deine Fessel ... Siehe, deine Väter rufen dich.

Nun besteige das Lichtschiff und empfange deinen Ruhmeskranz und kehre heim zu deinem Königreich und juble mit allen Äonen" (Psalmb. 54,8-55,13).

Dieser Aspekt der Verwundung und Heilung soll im folgenden Abschnitt gestreift werden.

4. Existenzwunde und Heilung

Die „Kephalaia" berichten von einem Menschen, der mir seiner schmerzhaften eitrigen Wunde einen klugen Arzt aufsucht und von ihm drei Heilmittel zur Gesundung erhält. Dort heißt es: „... während der Lebendige Geist dem klugen Arzt gleicht. Diese drei Heilmittel aber sind die drei Kleider, die der Lebendige Geist anlegt (φορεῖν/phorein) auf seinem Körper, das des Windes, des Wassers und des Feuers, durch die er die Dinge, die drunten sind errichtet hat" (107,18-22). Der Lebendige Geist erschafft mit Hilfe dieser drei geläuterten Elemente Teile des Kosmos[21] und reinigt einen Teil der Lichtelemente. Aus ihnen bildet er mit Hilfe von Feuer die Sonne und mit Hilfe von Wasser den Mond. Alle am Heilungsprozeß der Entmischung Beteiligten können daher das Prädikat „Arzt" tragen: So wird vom Lebendigen Geist gesagt: „... er heilte die, die verwundet waren ..." (Psalmb. 213, 9-10), d. i. die Verwundung des Gefangenseins der Lichtteile. Oder Jesus der Glanz ist ein „... edler Arzt ..." (Mir. Man. 313) und ein „... Arzt der Verwundeten". Im Gebet spricht der Mani-Gläubige zum Licht-Nous, dessen Inkarnation Jesus der Glanz ist: „Sei mir nicht ferne, o Arzt, der du die Medizin des Lebens besitzest ... Heile mich von der Schmerzenswunde der Gesetzlosigkeit (ἀνομία/anomia) (Psalmb. 152, 22-23). Der Licht-Nous besitzt die erlösende Arznei der Erkenntnis, die sich vor allem in der Kirche ausweist und zum Heile führt.

In den „Kephalaia" ist von einem Arzt die Rede, der die Wunde „durch seine Weisheit" (211,29) beseitigt und ausbrennt. Es heißt: „In dieser Weise ist dem Arzt gleich der Electus, der auf dem Almosen aufbaut und es einsammelt, indem er es zur Kirche bringt, während das Almosen dagegen dem [kranken] Menschen gleicht. Denn die Macht des Feindes ist vermischt mit ihm" (dem Almosen) (212, 10-14). Die von den Auditores der Kirche und den Electi dargebrachten Almosen sind Teil der Lebendigen Seele und werden dabei in einem quasisakramentalen Kultmahl geläutert. „Die Seele (ψυχή/psychē), die in ihn (den Electen) täglich hinein kommt in der Ordnung (οἰκονομία/oikonomia) seiner Nahrung (τροφή/trophē), wird geheiligt, gereinigt (καθαρίζειν/katharizein), geläutert und [gewaschen] von

21 „... und aus Wind und Licht, Wasser und Feuer, welches aus der Mischung geläutert war, hat er Licht-Fahrzeuge ? zwei jenes der Sonne aus Feuer und Licht ... und jenes Fahrzeug des Mond-Gottes aus Wind und Wasser ... hat er gemacht und angeordnet": *Müller, F. W. K.:* Handschriften-Reste in Estrangelo-Schrift aus Turfan, Chinesisch-Turkestan, II. Teil, Berlin 1904 (APAW. Phil.-Hist. Abh. nicht zur Akademie geh. Gelehrter 1904 II.) 38/39 und 38 Anm. 2.

der Vermischung (σύγκρασις/synkrasis) mit der Finsternis ..." (191,16-19). Einem Arzte gleich vollzieht der Electus seinen Heilungsdienst an den verwundeten Lichtteilchen.[22] Der mit der Heilung notwendig verbundene Schmerz ist einer der Freude, da er der Erlösung dient. Die Jüngerfrage an Mani, ob beim Darbringen des Almosens diesem beim Pflücken der Pflanzen und Früchte ein Schmerz zugefügt werde (236,8-20), beantwortet der Meister: „Denn alles, was du dem Almosen an jenem Tage antust, tust du zu seiner Heilung, indem du das Almosen bringst, das du gemacht hast, zum Leben und zur Ruhe" (236, 24-27). Und im Bild des heilenden Arztes, der die Wunde aufschneidet, heißt es: „Jener Mensch empfindet Schmerz. Aber (ἀλλά/alla) er nimmt dies und jenes (auf sich). Nicht hat der Arzt (strafende) Vergeltung. Man legt nicht Schaden auf ihn. Denn er hat dies Werk ihm zur Heilung (θεραπεία/therapeia) seiner Wunde getan. Alles, was er ihm getan hat, hat er ihm zum Guten getan, dagegen garnicht zum Schlechten" (237, 18-22). Und abschließend wird gesagt: „Wenn du Almosen gibst, bist du wie dieser verständige Arzt" (piseïn nrmnhēt 237,28-29). So spiegelt sich im Bild vom Arzt und der Heilung der Soteriologie, die in einer großen Klammer das kosmologische Heilsgeschehen durch den Lebendigen Geist bis hin zum Almosengeben des erlösungssuchenden Menschen, den Auditor, umgreift.

5. Zwei Existenzweisen: Der „Alte" und der „Neue Mensch"

Auf der anthropologischen Ebene kommt das Nicht-Erlöstsein bzw. Erlöstsein im Bild vom Alten und Neuen Menschen zum Ausdruck. Mit den beiden gegensätzlichen adjektivischen Attributen „alt" und „neu" wird die dualistische Wirklichkeit und Grundmöglichkeit des Menschen benannt. Der Alte Mensch ist von der Hyle geprägt,[23] die „... gestaltet (ζωγραφεῖν/zōgraphein) und sich zeigt im Alten Menschen" (27,17-18). Er ist in seinem negativen Gebundensein an den irdischen Körper als Nicht-Erlöser ausgewiesen: „... der Alte Mensch ist im Körper gefesselt" (89,29).[24] Das Bild vom Alten und Neuen Menschen begegnet uns schon in der paulinischen Taufdeutung (Röm 6,6) und wird in der sakramentalen wie ethischen Sphäre verwendet. In der Taufparaklese von Eph 4,22-24 soll der durch seine sün-

22 Vgl. *Sundermann, W.:* Die vierzehn Wunden der Lebendigen Seele, in: Altorientalische Forschungen 12 (1985) 288-295.

23 Vom irdischen Leib nach K. 32 (p 85,27); 90 (p 227,20), vgl. 83 (p 200,10-12). Nach *Titus von Bostra:* Adversus Manichaeos I 13.23 (MPG 18 (1857) 1085.1100) versteht Mani den Leib als durch und durch verderbt, als Hyle, die Seele aber als gut. In den Manich. Homilien, Manichäische Handschriften der Sammlung A. Chester Beatty (ed. *H. J. Polotsky* (1934) 11,6; 44,19f) wird der Körper Jesu neutral gewertet, wenn er auch aufgelöst wird (54,17). Der Körper des Menschen wird verlassen (5,18; 75,13f). Negative Wertung auch bei *Boyce, M.:* The Manichaean Hymn-Cycles in Parthian, London Oriental Series 3 (1954) Huwidagman 4a 7f; 7,22; Angad Rosnan 1,3; 7,7; 8,5.

24 Vgl. Hl. Schrift 1282a 16: „So hat auch der Fleischeskörper den Namen, ‚alter Mensch'".

digen Begierden korrumpierte „alte“ Mensch wie ein Kleid abgelegt werden (vgl. Apg 7,58; Mart. Pol. 13,2). In der Naassener-Predigt[25] heißt es, daß der „inwendige Mensch“ (ἔσω ἄνθρωπος/esō anthrōpos = Adamas Hermes) in dem aus Erde und Ton gebildeten (vgl. Gen 2,7) „Gebilde des Vergessens“ (πλάσμα τῆς λήθης/plasma tēs lēthēs = dem Körper) wie in einem Gefängnis eingeschlossen ist. Der Alte Mensch kommt nach dem „Kephalaia“-Text gleichsam in der Hyle vor und tritt aus ihr heraus. Es ist dies der nichterlöste Mensch, bar der heilsnotwendigen Erkenntnis und verstrickt in das irdische Sein und Tun. Diesem Verstricktsein der Seele in der Mischung entspringt die Sünde: existentia ipsa peccatum est. Vom Manichäer Secundinus heißt es: Carnis enim commixtione ducitur, non propria voluntate. Die Gemischtheit des Menschen ist eine Existenzsünde als Verkennen (ἀγνωσία/agnōsia) der Wahrheit (μὴ γνῶναι τὴν ἀλήθειαν/mē gnōnai tēn alētheian) und als Leugnen der universalen Dualität (μὴ λέγειν δύο ἀρχὰς εἶναι τῶν πάντων/mē légein dyo archas einai tōn pantōn). Der Neue Mensch hingegen ist derjenige, „... der aus dem Alten Menschen heraus erlöst wird“ (249,19). Der Licht-Nous als die erste Manifestation Jesus des Glanzes „... errichtet die Glieder der Seele und baut sie und läutert sie und errichtet sie zu einem Neuen Menschen, einem Sohne der Gerechtigkeit (δικαιοσύνη/dikaiosynē)“ (96,25-27). Er ist praktisch mit dem manichäischen „Erwählten“ (electus) identisch und arbeitet an der globalen Licht-Entmischung mit durch Ertöten seiner Begierden.[26]

Der Licht-Nous befreit die Glieder der Seele aus den fünf Gliedern der Sünde und fesselt die Sünde (96,22-25). Die geläuterten Glieder der Seele „errichtet sie zu einem Neuen Menschen, einem Sohne der Gerechtigkeit (δικαιοσύνη)“, setzt seinen Nous in den Nous des Neuen Menschen ein, das Denken des Glaubens, seine Einsicht der Vollkommenheit (96,24-33) in die Einsicht des Neuen Menschen, ferner die Überlegung. Von diesem Neuen Menschen heißt es:

„Der Neue Mensch dagegen herrscht
in seiner Liebe (ἀγάπη/agapē), in seinem Glauben, in seiner Vollendung, in seiner
Geduld und in seiner Weisheit. — Sein König wiederum, [welcher ist]
[der] Licht-Νοῦς, [ist] König über das All, er herrscht über es
[nach] seinem Willen. Die Glieder zwar ...
so ist die Sünde eingesperrt. Der Licht-Νοῦς dagegen
[wird] König, und Bedrängnis (θλῖψις/thlipsis) geschieht im Körper von Zeit
zu Zeit. — Manchmal erhebt sich die Sünde
in ihrer Torheit und stört die Überlegung und verwirrt
die Weisheit und Verständigkeit des Menschen und läßt die Wahrheit sich bei ihm spalten zum Zweifel“ (97,19-29).

Es wird das Motiv des Kampfes zwischen dem Licht-Nous und der Sünde aufgegriffen (98,10f), die immer wieder manifest zu werden trachtet mit

---

25 *Hippolyt:* Ref V 7,35f.
26 Vgl. *Augustinus:* C. Fort. XX hg. v. *Zycha,* CSEL 25,1,121f.

Begierde, Aufgeblasenheit und Hochmut (98,16-18.23-27). Der Mensch wird zu einer weltlichen Existenz (99,16). Der Licht-Nous übt sein Wächteramt im Menschen aus und „verschließt alle Überlegungen des Körpers vor den Erscheinungen der Sünde" (100,3f). Der Neue Mensch steht mit seinen fünf Grundeigenschaften, den fünf Seelengliedern (Denken, Einsicht, Sinnen, Überlegung und Nous) in ständigem Kampf mit den Finsternismächten und wird dann als der Neue bestimmt, „...in welchem der Licht-Nous Gestalt gewinnt, in ihn hineingeht (und) in ihm Wohnung nimmt" (269, 20-21). Der Kampf kann weiter toben, sodaß auch vom Electus gesagt wird: „denn auch in ihrem Körper wohnt der Alte Mensch. Deshalb werden sie hochmütig (ἐπερία/eperia) ... und streiten (?) miteinander" (221,15-17). Die psychologischen Momente der Auseinandersetzung werden in den fünf Seelengliedern als den Grundaspekten der Seele mit Hilfe des Bildes vom Lebensbaum und seiner Frucht versinnbildet. Frucht und Baum entsprechen einander, wobei die Frucht Metapher ist für das Tun. Es ist „...der gute Baum, der [gute] Frucht bringt..." (20,32). Der schlechte Baum, der Baum des Todes besitzt die entsprechenden negativen Glieder (21,28-29). So wählt der Licht-Nous die „heilige Kirche" aus, scheidet Licht von der Finsternis und die Wahrheit von der Lüge. Er schafft kraft der vermittelten Gnosis aus dem „Alten Menschen" den „Neuen Menschen".[27] In den „Kephalaia" begegnet uns auch das in verschiedenen religionsgeschichtlichen Zusammenhängen beheimatete Bild von den „zwei Wegen". Der enge Weg ist ein „Weg des Lebens" (186,12), sodaß der Mani-Gläubige ausrufen kann: „Siehe, meine Füße sind auf dem Wege Deiner Wahrheit..." (MH 5,5). Schon im Proömion des Lehrgedichts von *Parmenides* (Frg. 1, I 228ff *Diels*) wird der Weg zur Wahrheit als Weg zum göttlichen Licht geschildert, „der über alle Wohnstätten hin trägt den wissenden Mann." So kann auch die Gnosis als Weg aufgefaßt werden.[28]

Der enge Weg führt den darauf Wandelnden zum Licht und zur Erlösung, der breite zum Irrglauben und in die Verdammnis. Von den die Gebote der Mani-Religion Mißachtenden heißt es: „Sie ließen [die Gerechtigkeit] hinter sich und den engen beschwerlichen Weg und zogen vor... zu gehen auf dem breiten Weg." Schon in Mt 7,13f ist das Doppelbild von den zwei Wegen in die Bergpredigt aufgenommen und durch das Bild von der engen Tür ergänzt. Wer auf dem engen Weg geht, weiß um seine Verantwortung, in die er gerufen ist und sie enthüllt sich ihm dort, wo er Gott, dem Vater und Richter konfrontiert wird. Als paränetisches Motiv begegnet es auch in der Apokalyptik. Hinzu kommt das gnostische Symbol der „Tür" oder des „Tores", das dem Heilsuchenden aufgetan oder als Personifikation für die Erlösergestalt dient.[29] So sagt Mani über sein Wirken: „... an der Wahrheit Tor aufgestellt bin ich" (Estrang., 51). Ferner: „... es steht offen dies große

27 K. 80,33-81,1; 170,2-4; 36,1; 100,1-8; 142,12ff; 143,13-19.

28 Vgl. Corp. Herm. VI 5; XI 21. Vgl. *Bousset, W.:* Die Himmelsreise der Seele, in: ARW 4 (1901) 136ff 229ff.

29 In den Oden Salomos lesen wird:
„Ich öffnete die verschlossenen Türen,
ich zerschlug die eisernen Riegel...

Tor, das durch mich sich öffnete den Göttern und Engeln und den Menschen und allen Geistern und den lebendigen Seelen, die bereitet sind für das Leben und die ewige Ruhe" (101,34-102,3).

Mani bietet mit seiner Lehre Wasser zum Trinken: „Ich werde den lebendigen Brunnen sprudeln lassen für die Dürstenden, damit sie trinken und leben" (90,19). Durch die Lektionen seiner Lehre stillt er den Durst der Nichtwissenden und wird so zu einer Quelle, die ihr Wasser verströmt. Von ihm kann gesagt werden: „...denn du bist die Quelle [aller Weisheiten (σοφία/sophia)]" (176,33). Er hat seiner Gemeinde „... die großen Quellen der Weisheit..." (101,20) aufgetan. In der Londoner Hymne V 374f heißt es von ihm: „Mani, der König des Gesetzes... öffnete die Quelle des süßen Taus..." Seine Verkündigung bei den Medern und Parthern vergleicht er mit den Spielen der Harfe der Weisheit. „Ich habe an jenem Ort die Harfe der Weisheit (σοφία) gespielt (und) habe in der lebendigen Wahrheit, die bei mir ist, gesprochen" (187,18-19).[30]

6. Die Existenznot der Seelenwanderung und ihre Aufhebung

Der Gedanke der Seelenwanderung und Reinkarnation spielt im Manichäismus eine bedeutende Rolle. Schon in der indischen Religiosität und ihrer karmischen Gesamtsituation ist der Kreislauf der Geburten (Samsara) das zentrale Thema. Jedes menschliche Handeln (Karma) rufe neben seiner sichtbaren Wirkung eine unsichtbare hervor, die als qualitative und quantitative Bestimmung der Zuständlichkeit der zukünftigen Existenz bestehen bleibe.[31] Der Zustand der Welt und des Menschen ist ein verklagter und sich verklagender. Auch in der Religiosität der *Orphiker* und *Pythagoreer* konkretisiert sie sich in ihren theologisch-philosophischen Spekulationen.[32] Nach *Empedokles* (VS 31b 115ff) gehe sie durch die Menschen, die ver-

---

Nichts ward mir verschlossen erfunden,
denn die Öffnung zu allem ward ich.
Ich ging zu all meinen Gefangenen,
sie zu befreien" (17,8).
Und von der Rückkehr des Erlösers heißt es:
„Ich zog die Finsternis aus und kleidete mich in Licht" (21,2).
„Ich stieg empor zum Lichte, wie auf dem Wagen der Wahrheit" (38,1).

30 Vgl. *Quispel, G.:* Mani, the Apostle od Jesus Christ, in: Epektasis. Mélanges patristiques offerts au Cardinal Jean Daniélou, hg. v. *J. Fontaine/Ch. Kannengießer,* Paris 1972, 667-672.

31 Der Kausalzusammenhang, der in der Natur beobachtet wird, scheint auf die moralische Ordnung übertragen zu sein. Zum Themenkomplex vgl. *O'Flaherty, W. D.* (Hg.): Karma and Rebirth in Classical Indian Traditions, Berkeley 1980. *Scheffczyk, L.:* Der Reinkarnations-Gedanke in der altchristlichen Literatur, München 1985. *Passian, R.:* Wiedergeburt, München 1985.

32 *Pindar:* Ol. 2,62ff und Frg. 127 *Bowra; Platon:* Men. 81a-82a; *Phaidon:* 70cd.; 81d-82b.

schiedensten Tiere und Pflanzen hindurch,[33] sodaß daraus das Verbot des Fleischgenusses abgeleitet wurde. Die Seele ist im Körper wie in einem Gefäß eingeschlossen; beide sind genetisch wie qualitativ verschieden. Die Seele ist leidend und sühnend in den Leib gebannt und führt diesen. Sie ist Partner und Gegner, und durch ihre Unsterblichkeit grundsätzlich von ihm verschieden. Die Individualexistenz ist mit der Körperhaftigkeit verbunden und so das entscheidende Hindernis der Einheit mit dem Göttlichen.

Im Corpus Hermeticum,[34] wo alle Traktate um das gemeinsame Thema Gott-Kosmos-Mensch und ihre gegenseitigen Beziehungen kreisen, begegnet uns in seinem ersten Stück, dem *Poimandres,* der Appell: „Zu allererst mußt du das Gewand, das du trägst (den Körper), zerreißen, das Gewebe der Unkenntnis, den Rückhalt der Sünde" (I 27). *Hermes-Poimandres* belehrt darin über die Kosmogonie, das Entstehen von Licht-Finsternis, Feuchtem und Feurigem, den Hervorgang eines Logos aus dem weltbildenden Nous, die Bildung der sieben Planeten und der unteren Lebewesen durch einen zweiten Nous. Anthropologisch relevant ist die Bildung des Urmenschen durch den ersten Nous. Der Urmensch steigt durch die Planetenzone zur Erde und wird von dieser umschlungen und festgehalten. Aus ihm entspringt die Menschheit. In der Selbsterkenntnis aber geht der Mensch seinen Weg zurück zum „überweltlichen Guten". Wer hingegen in der Liebe zur Körperlichkeit verharrt, bleibt im Dunkeln. So kann es z. B. im (chinesischen) Londoner Hymnus heißen:

> „Laß' mich immer den barmherzigen Vater schauen,
> Niemals wieder durch Wiederverkörperung die Qualen von
> Geburt und Tod erleiden" (H 62).

Mehrmals ist in den „Kephalaia" von der „Seelenwanderung" (μεταγγισμός) die Rede. Bei der Abhandlung über die fünfzehn Wege (K. LXXXX 223,18-228,4), die sich in der Zonē hinziehen, sind vier geläuterte, die zum Licht gehören und zum Leben hinaufführen (223,24-26), weitere acht aber sind vermischt. Es heißt: „Das Licht steigt empor, entweicht aus ihnen, wird geläutert und kommt [in] [die] Schiffe. Der Bodensatz aber wird abgeschieden und hinab in Seelenwanderung (μεταγγισμός/metangismos) geworfen und die übrigen drei Wege des [Bodensatzes ...] wird in die Höllen (γεέννα/geénna) ausgegossen" (223,27-31). Die letzteren drei Wege in die Hölle sind: „das ungerechte (ἀνομία/anomia) Quälen der Menschen und allen Fleisches (σάρξ/sarx). Der zweite ist das ... aller Körper (σῶμα/sōma), welches das Töten ist, mit dem sie alles Fleisch (σάρξ) quälen (?). Der dritte ist das schädigende Wort, das das Lichtkreuz [schlägt?] und alle Körper (σῶμα), ferner der Rest der Verirrung (πλάνη/planē) und Lästerung, der die Götter schlägt" (224,1-6). Das Leben des Menschen ist von seinem Tun her qualifiziert. Jeder Mensch folgt seinen Werken, sei es

33 Vgl. *Stettner, W.:* Die Seelenwanderung bei den Griechen und Römern, Berlin 1934. *Bleeker, C. J.* (Hg.): Anthropologie religieuse (Suppl. to Numen II) Leiden 1955. *Capparelli, V.:* La sapienza di Pitagora, Padua 1941. *Dörrie, H.:* Kontroversen um die Seelenwanderung im kaiserzeitlichen Platonismus, in: Hermes 85 (1957) 414-435.

34 *Festugière, A. J.:* Le révélation d'Hermès Trismégiste, 4 Bde, Paris 1950-54.

zum Leben, sei es zum Tode (224,8f). Diese drei letztgenannten Wege führen zur Seelenwanderung (μεταγγισμός), d. i. in die Fesseln (224,17ff). Die Seelen der Elekten und Katechumenen aber, die die Hoffnung Gottes empfangen haben, gehen zum Land der Lebendigen (224,29f). Sie sind von oben her frei gemacht worden aus der Irrlehre der Sekten (225,8) und erwählt (225,3f) durch das „Licht-Wort" (225,7: pephseže nwaïne). Sie gelangen durch Seelenwanderung (μεταγγισμός/metangismos) hindurch zu ihm. Es ziehen Engel vor ihnen her zu den Orten der Läuterung. Denn keiner von den Katechumenen „geht in seinen Werken zu den Höllen (γεέννα/geénna) wegen des Siegels (σφραγίς/sphragis) des Glaubens und der Erkenntnis, das in seiner Seele (ψυχή/psychē) gesiegelt ist" (225,12-14). Der Katechumene ist mit dem Siegel des Glaubens und dem Siegel der Wahrheit gesiegelt (225,18f).

K. XCI (228,6-234,23) handelt über den Katechumenen, der in einem einzigen Körper gerettet wird. Damit kommt der Kreislauf der Wiedergeburten zum Stillstand. Es geht um die Werke jenes Katechumenen des Glaubens, der nicht wieder in einen Körper eingehe, also vollkommen ist. Dieser weiß sein Haus als „Herberge" und wie zur „Miete auf Tage und Monate" (228, 25-27). Die Gefäße sind ihm wie „geliehen", ohne das Herz an sie zu hängen (229,1-3). Von ihm heißt es: „Er hat sein Denken aus der Welt (κόσμος/kosmos) gerissen und sein Herz in die heilige Kirche gelegt. Zu aller Zeit ist sein Denken bei Gott" (229,4-6). Weiters heißt es von diesem Leben des Vorbehalts: „Er hat seinen gesamten Schatz in die ἐκλεκτοί/eklektoi und ἐκλεκταί/eklektai gesetzt. Denn dies hat der Heiland (σωτήρ/sōtēr) durch den Mund seines Apostels verkündet: Von heute ab mögen die da Frauen haben sein, als ob sie keine haben; die kaufen, als ob (ὡς/hōs) sie nicht kaufen; die sich freuen, als ob (ὡς) sie sich nicht freuen; die weinen, als ob (ὡς) sie nicht weinen; die Nutzen [finden] in der Welt als ob (ὡς) sie nicht in Vergnügen sind" (229,9-15). Dies ist die Existenzweise des vollkommenen Katechumenen, der aus diesem einen Körper entweicht und gleich zur Höhe geht (229,16-18). Von solchen Katechumenen heißt es: „Sie sind gleich den Elekten in ihrem Wandel (πολιτεία/politeia)" (229,18). Andere wieder leben in Askese (ἐγκράτεια/enkrateia) und essen kein Fleisch, fasten und beten täglich und geben Almosen, sodaß von ihnen gesagt werden kann: „Die Übeltat ist getötet in ihnen" (229,24f). „Sie werden in den Himmeln geläutert und gepflückt wie eine Frucht (καρπός/karpos), die reif wird und vom Baume gepflückt wird. Dies ist die Art des Almosens, das in den Elekten übergesetzt wird und dem das Abbild gegeben wird in vielen Bildern (εἰκών/eikōn), und das geläutert wird und eingeht in das Land (χώρα/chōra) der Lebendigen. Dem sind gleich die Seelen der Katechumenen, die nicht wiederverkörpert (σῶμα/sōma) werden" (230,14-20). Jeder Katechumene wird nach seinen Werken erlöst und geläutert (230,22f). Es ziemt sich für ihn, zu aller Zeit von Gott und der heiligen Kirche Metanoia und Sündenvergebung zu erbitten (vgl. 230,26ff). Wegen dieser Guttaten werden dem Katechumenen vier Teile erlassen (233,29f): er wird nur nach einem einzigen Teil (μέρος/meros) gefragt, für den er Schläge und Pein empfängt. Er wird seinen Werken entsprechend geläutert, gereinigt (καθαρίζειν/katharizein) und gebadet und geschmückt (κοσμεῖν/kosmein) und zu einem „Licht-Bilde (εἰκών/eikōn) gestaltet (ζωγραφεῖν/zōgraphein) und emporgezogen und erreicht das Land der Ruhe, damit, wo sein Herz ist, auch sein Schatz sei" (234,7-9). Der im Katechumenat Gefestigte empfängt Vergeltung für seine Guttaten, derjenige aber, der sich von der Wahrheit abgewandt hatte, dem werden alle seine Sünden wieder zugerechnet und er kommt ins Gericht. Festigt er sich dagegen in seinem Glauben und wird wieder stark, dann wird er „gerecht (δίκαιος/dikaios), entweicht und rettet sein Leben durch das ewige Leben" (234,17f). Im Körper, den die Electi angelegt haben, gibt es fünf Lager (φορεῖν/phorein), „die der Licht-Nous bewacht sowie der Neue Mensch, der mit ihm ist" (172,3-4). Der Erwählte, der Herr über sein Herz ist, entspricht dem großen König der Ehre, der die sieben Himmel bezwingt. Von diesem kann es heißen: „Wer über seinen Schoß Herr wird und seine Begierde (ἐπιθυμία/epithymia) bezwingt, entspricht dem Mysterium des Adamas des Lichtes, der die Hyle bezwingt. — Wer den Magen (στόμαχος/stomachos) bezwingt und über das Feuer in ihm Herr wird, weiterhin die Speisen (τροφή/trophē), die in ihn hineinkommen, reinigt, gleicht dem König der Herrlichkeit, der die Räder dreht, indem er das Leben hinaufsendet. — Wer über die Archontenschaft (ἀρχοντική/archontikē) drunten in seinen Füßen Herr wird und sie fesselt mit der Fessel des Friedens (εἰρήνη/eirēnē), ist gleich dem Ὠμοφόρος (Omophoros), der mit seinen Sohlen die Angründe drunten bezwingt. — Die Lehre der Weisheit (σοφία/sophia) dagegen, die sich in jenem Körper umherbewegt, entspricht der Jungfrau des Lichtes, die auf und ab wandelt in der Ζώνη/zōnē, die oben und der, die unten ist. — Die Liebe (ἀγάπη/agapē) und die Freude, der Glaube und die Wahrheit aber, in denen der Mensch lebt, entsprechen den zwei Lichtfahrzeugen. Denn die Lebendige Seele steigt in ihnen empor, entweicht durch sie, kommt herauf aus den Abgründen drunten und gelangt (καταντᾶν/katantan) zur Höhe droben" (172,10-29).

In einer Lob- und Preisrede wird Mani, der Apostel, von seinen Jüngern gepriesen (231,1-11) wegen der Hoffnung, die er ihnen gebracht, der Offenbarung der Werke und Gebote und wegen der Belehrung über die einzelnen „Stufen (βαθμός/bathmos), Stiegen und Treppen" (231,8f), die jeder einzelne zum Guten emporsteigen solle nach seiner Kraft, um das Land der Lebendigen zu erreichen. Der wahrhaft gläubige Katechumene fastet an den 50 Sonntagen (κυριακή/kyriakē) des Jahres, reinigt sie, indem er „sein Lager reinhält durch die Enthaltsamkeit (ἐγκράτεια/enkrateia) an allen Sonntagen (κυριακή)" (233,5ff), nichts Beflecktes ißt und seine Hände davor bewahrt, „die Lebendige Seele zu schlagen und zu quälen" (233,11), die Gebetszeiten einhält und das Fasten und Almosengeben übt. Alles findet seine Verbuchung und ist relevant für den Erlösungsvorgang. „Man rechnet dies und das andere zusammen und tut die Hälfte seines Werkes zum Guten, die andere Hälfte zur Sünde. Wahrlich (ἀκμήν/akmēn), die Sünden, in denen er sündigt in der Hälfte des Jahres, sie werden geteilt in fünf Teile. Vier von ihnen werden ihm erlassen durch das Patronat (πατρωνία/patrōnia) der heiligen Kirche durch den Glauben und die Liebe (ἀγάπη/agapē) der Elekten, einer deswegen, ein anderer aber weil er die

Erkenntnis (γνῶσις/gnōsis) besitzt (und) Licht und Finsternis getrennt hat (und) einen Hymnos und ein Gebet an den Erleuchter (φωστήρ/phōster) der Höhe gerichtet hat" (233,20-28). Von der Erlösung heißt es: Mit der Gnade des Katechumenentums und seinem Glauben werden sie beim ersten Fasten im Lichtschiff der Nacht aufgenommen. „In der Stunde aller seiner ersten Werke, die er getan hat, bevor er die Erkenntnis empfangen hat, entweichen sie aus jedem Ort, an dem sie sich gebunden und gefesselt befinden. Sie werden aus ihrer Fessel gelöst und steigen empor aus Himmel und Erde, aus den Bäumen und Fleischen (σάρκες/sarkes), und sie werden von allen Orten, wo sie sich befinden, gelöst, und steigen zur Höhe empor bei diesem ersten Fasten (νηστεία/nēsteia) und diesem ersten Gebet, dem Anfang (ἀρχή/archē) aller seiner Werke. Denn es ist das heilige Zeichen seiner Erlösung und das, was die ἀποδημία/apodēmia aller seiner Werke gibt, der ersten und der letzten. Denn nicht bleiben seine Werke draußen, indem sie auf ihn an jedem Ort warten, bis er aus (dem) Körper herausgeht und sie alle erlöst und sie zur Höhe sendet. Die Kraft jenes Katechumenen ist es, daß er alle seine Werke durch sich selbst erlöst, indem er in seinem Körper (σῶμα/sōma) ist" (226,13-26). Die Erlösung der Glieder und Werke des Katechumenen vollzieht sich in der Zeit, in welcher er im Körper steht. Sie werden in den Firmamenten (στερέωμα/stereōma) der Himmel gereinigt und gehen vor ihm, andere wiederum werden mit ihm erlöst und kommen bei seinem Herausgang aus dem Körper heraus, andere wieder werden nach ihm erlöst aus den Fesseln der Erde und gelangen zu ihm in das Land (χώρα/chōra) der Lebendigen (227,19-26).

7. Die Eschatologie der Seelen (Wiedergeburt als „Umgießung") und die Attribute des Erlösten

Wie Mani sich nach seinem Tod mit seinem sogenannten Zwilling verbindet, verbindet sich die ausgeläuterte Seele nach ihrer Rückkehr in das Lichtreich mit ihrer Lichtgestalt. Diese ist ihr „anderes" Ich, ihr „alter ego", ihr himmlisches Urbild, ihr im Lichtreich zurückgebliebener und vor der Verstrikkung in die Materie bewahrter Teil. Sie wird von drei Engeln begleitet, die für den Toten das Kleid, den Siegespreis und die Krone bereithalten. So begegnet in den mandäischen Totenliturgien die stereotype Formel des Ginza I:

> „Ich gehe meinem Abbild entgegen
> und mein Abbild geht mir entgegen;
> es kost mich und umarmt mich,
> als kehrte ich aus der Gefangenschaft zurück" (G 559).

In der manichäischen Fihrist-Schrift (F 100) kommt „die Jungfrau, ähnlich der Seele dieses Wahrhaftigen" der Seele des Verstorbenen mit dem Kleid, der Kopfbinde, der Krone entgegen. In den koptischen Göttergenealogien[35] ist es die „Licht-Gestalt, die dem Sterbenden entgegenkommt.“ Sie ist der „fünfte Vater“, dessen eine Emanation der „Engel mit dem Lichtkleid“ heißt. Der Seelenführer ist die „Licht-Gestalt“, welche eine Emanation (probolé) des Licht-Nous ist. Neben ihr stehen als weitere Emanationen der „Apostel des Lichtes“ und der „Paargenosse“.

„Der fünfte Vater aber ist diese Licht-Gestalt (μορφή/morphē), welche
sich offenbart einem jeden, der aus seinem Körper herausgeht
nach dem Ebenbilde der Erscheinung (εἰκών/eikōn) des Apostels, zusammen mit den drei
großen herrlichen Engeln, welche mit ihr kommen: der eine, indem er
den Siegespreis (βραβεῖον/brabeion) in seiner Hand hält; der zweite, indem er trägt das Licht-
Kleid; der dritte ist derjenige, welcher hält das Diadem
und den Kranz (στέφανος/stephanos) und die Krone des Lichtes. Dies sind die drei
Engel des Lichtes, welche kommen mit dieser Licht-
Gestalt (μορφή) und sich mit ihr offenbaren den Electi und den
Katechumenen“ (K. 36,12-21).

In allen drei Manifestationen kommt der Licht-Nous in seinen Wirkungen zum Vorschein. Immer wieder erweckt er in der Kirche einen „Licht-Apostel“, in welchen er jeweils ein Abbild seiner selbst legt, den „Paargenossen“, der auch „Zwilling“ heißen kann. Unter seiner Wirkung bildet sich aus der von ihrem Körper befreiten Seele eine „Licht-Gestalt“,[36] ein „alter ego“, das der Seele als ihre Erlöserin gegenübersteht. K. 36,13-14 wird gesagt, daß die „Licht-Gestalt“ (εἰκών/eikōn) „sich offenbart ... nach dem Ebenbild der Erscheinung des Apostels“. Dies ist dahin zu verstehen, daß die Frömmigkeit ihre Formung dem Wirken des jeweiligen Lichtgesandten (Buddha, Zarathustra, Jesus, Mani) verdankt. Im Hintergrund von allem steht aber der die Gnosis vermittelnde Licht-Nous als Emanation des Licht-Jesus. Mit der „Licht-Gestalt“ kommen drei namenlose Engel, die der

---

35 Vgl. *Rose, E.:* Die manichäische Christologie, Wiesbaden 1979, 53. Kephalaia 34-36; 64-66: Das siebente Kapitel handelt von den „fünf Vätern“ nach folgendem Schema:

	I. Vater der Größe	
1) Der Große Geist (pneuma) = Die erste Mutter	2) Der Geliebte der Lichter	3) Dritter Gesandter
	II. Dritter Gesandter	
1) Säule der Herrlichkeit der „Vollkommene Mann“ die große Säule des Lobpreises der große Omophoros	2) Jesus der Glanz	3) Lichtjungfrau
	III. Jesus der Glanz	
1) Licht-Nous	2) „Großer Richter“	3) der „Knabe“
	IV. Licht-Nous	
1) „Apostel des Lichtes“	2) „Paargenosse“	3) „Licht-Gestalt“
	V. Licht-Gestalt	
1) Erster Engel	2) Zweiter Engel	3) Dritter Engel

Vgl. *Flügel, G.:* Mani, seine Lehre und seine Schriften, Leipzig 1962 (Reprint Osnabrück 1969).

36 Nach *H. Gressmann* sei die „Licht-Gestalt“ die verkörperte Frömmigkeit, des Verstorbenen, die diesen auf dem Weg nach oben geleitet. *Gressmann, H.:* Das religionsgeschichtliche Problem des Ursprungs der hellenistischen Erlösungsreligion: Eine kritische Auseinandersetzung mit Reitzenstein, in: ZKG N. F. 4 (1922) 158.

Seele drei Gaben überreichen. Auch in der Szene vor dem „Großen Richter“ wurden Siegespreis, Lichtkleid und Krone zum Zeichen der Vollendung gegeben. Die Krone wird an der „Kephalaia“-Stelle plerophorisch mit „Diadem, Kranz, Krone“ umschrieben. „Darauf streckt der Engel, der den Siegespreis (βραβεῖον/brabeion) hält, ihm die Rechte hin und zieht ihn heraus aus dem Abgrund seines Körpers und nimmt ihn auf mit dem Kuß und der Liebe... (ἀγάπη/agapē).“ — „Jene Seele erweist Ehrenbezeugung ihrer Erlöserin, welches diese Licht-Gestalt (μορφή/morphē) ist“ (41,17-21). Die „Licht-Gestalt“ geleitet als Psychopompos die Seele von der Finsternis zum Licht (41,12-13), „beruhigt“ den Menschen „von [der] Furcht vor den Dämonen“ (41,14) und bringt die Seele zur Säule der Herrlichkeit. Die Voraussetzung für den Empfang der Attribute der Erlösung (Diadem, Kranz, Krone) und die damit verbundene Inthronisation und Ehrung ist das Halten des rigoristischen manichäischen Ethos. Von den Licht-Gewändern heißt es, daß sie „... gegeben werden den Gerechten (δίκαιος/dikaios), [den Gläubigen (πιστός/pistos)], den Frieden-Gebern (εἰρήνη/eirēnē) und den Gutes-Tuern“ (36,25-26). So verleihen die zwölf Gottheiten des Pantheons, zusammengefaßt in der Funktion des Richters, den Erlösten die Siegeszeichen: „... wenn ihr herauskommt und den Sieg empfanget von diesen zwölf großen Richtern und zur Ruhe gehet in diese Ruhestätte ewiglich“ (81,18-20). Die Symbolik des Gewandes ist eine doppelte: Sie betrifft einerseits die Gebundenheit des Unerlösten in die Materie, sodaß der Umwandlungsprozeß vom Alten Menschen zum Neuen Menschen als „Entkleiden von der Sünde“ bezeichnet werden kann,[37] andererseits dient das „Licht-Kleid“ dazu, die Erlösung des Neuen Menschen auszudrücken. Die Vorstellung vom Seelengeleit hat eine inhaltliche Parallele in der Idee von einem individuellen Gericht vor dem „Großen Richter“. Der Versuch eines Ausgleichs begegnet uns in den Manich. Homilien (6,1-7,6), in welchem Kontext der Körper verflucht wird und das Gebet sich an den „Geleitenden Weisen“ richtet:

„Möge Deine Gestalt (εἰκών/eikōn) vor mir herauskommen und ... mich
vor (?) allen Gefahren... Möge ich siegen...
... siegen über alle Kräfte des Körpers...
... und ich werde aus der Welt herausgehen...
... Möge der große Glanz kommen und den Weg
vor mir erleuchten. Mögen Deine drei
Engel mir Deine Kleider, Deine Diademe... bringen
... Deinen mächtigen Siegespreis (βραβεῖον/brabeion)...
... herrliches geehrtes Gewand (? στολή ?/stolē)...
... Erde. Möge mein Weg in Ruhe sein.
Möge eine Tür sich vor mir öffnen an der Säule (der Herrlichkeit).
... Möge ich stehen in der Reihe...
Urteil des Richters der Wahrheit. Möge ich übersetzen
in den Lichtschiffen und zur Ruhe gelangen...“ (MH 6,15-28).

37 „... so daß er sich reinigt und entkleidet von der Sünde...“ (249,20).

In den „Kephalaia“ Kap. 141, das in der Gesamtausgabe noch nicht vorliegt, gibt *H. J. Polotsky* vom Abschnitt „Wie die Seele den Körper verläßt“ folgende Zusammenfassung: „Sobald die Seele den Körper verlassen hat, erblickt sie ihren Erlöser und Heiland; sie steigt auf zusammen mit der morphé ihres Meisters und den drei Engeln, die mit ihm sind, begibt sich vor den Richter der Wahrheit und empfängt den Sieg. Gleichzeitig muß auch der Alte Mensch, der sich im Augenblick des Ausgangs aus dem Körper vom Neuen Menschen (d. h. von der erlösten Seele) trennt, ebenfalls vor den Richter treten: er wird den Engeln überantwortet, die ihn bis (?) zur ‚letzten (d. h. endgültigen) Fesselung‘ in Gewahrsam nehmen.“[38]

Das System des *Basilides* ist philosophisch-mystisch entworfen. Nach dem Referat bei *Hippolyt* steht auch für den christlichen Gnostiker *Basilides*[39] das Problem des Bösen im Vordergrund. In seinem monistischen System identifiziert er das Pleroma mit den siderischen Mächten. Danach entsteht aus Gott und den „Sieben“ (erste Ogdoas) die in 365 Stufen gegliederte Geisterwelt.[40] Die Welt ist ein Abbild der untersten Stufe der Geisterwelt, wobei die Seele in endlose Re-Inkarnationen vom Stein über Pflanze und Tier zum Menschen verstrickt ist. Durch das Herabkommen des Nous (hier = Weltgeist) bei der Jordantaufe auf Jesus wird dieser zum Gesandten an den widerstrebenden Weltenherrscher und zum Botschafter an die Seele, die durch ihn erkennt, wer sie ist und die ihr Leiden als Läuterung versteht. Die Hebdomas ist bei *Basilides* die Dimension der Psyche, wobei sich die Reinigung in dem Sinn ereignet, daß das Pneuma das Eigentliche des Daseins, die „dritte Sohnschaft“, in das Wesentliche führt. Es löst sich aus dem Bann jeglichen Seienden und kehrt „entmischt“ und damit neu gestaltet erlöst auf dem Wege der Scheidung und Reinigung des Daseins kraft der Gnosis zur Einheit zurück. Jesus ist das wirksame Urbild der Erlösung jener amorphen dritten Sohnschaft, Paradigma des Heilsgeschehens. In ihm vollzieht sich ein Anfängliches der Scheidung der miteinander vermischten drei Schichten (Elench. 27.8), denn es heißt in 27.11: „ihre ganze Theorie bestand in der Annahme einer Mischung und in der Annahme einer Scheidung und Wiederherstellung (ἀποκατάστασις) dieser Vermischten in das ihnen Eigentümliche. Aparche dieser Scheidung wurde Jesus, und sein Leiden geschah zu keinem anderen Zweck, bestand in nichts anderem als in ihr.“ Auf dieselbe Weise, wie in Jesus das Somatische, Psychische und Pneumatische voneinander geschieden wurde, muß die ganze in der Gestaltlosigkeit der Welt zurückgelassene Sohnschaft aufgelöst werden. Diese Entmischung bzw. Reinigung vollzieht sich im Gestaltungsprozeß der Gnosis und wirkt von ihrem Urbild Jesus auf die anderen Gliedteile der in der Welt zurückgelassenen Sohnschaft. Die Sohnschaft, kann nun, leicht gemacht

38 *Schmidt, K./Polotsky, H. J.:* „Ein Mani-Fund in Ägypten“, SPAW. PH 1933, 4-90.72.

39 *Quispel, G.:* L'homme gnostique, in: ErJb 16 (1938) 89-139. *Nautin, P.:* Hippolyte contre les hérésies, Paris 1949.

40 Aus der Kombination des Zahlenwertes beider ergibt sich das Wort „Abrasax“ als Bezeichnung für den „Großen Herrscher“.

wie die anderen, durch sich selbst den Weg der Rettung vollziehen, denn sie besitzt jene Potenz, die sie nun mit dem von oben nach unten leuchtenden Licht (dem aufflammenden Evangelium) teilt. Sie besitzt die Kraft des Lichtes des Urwesens. Das in Jesus aufgeleuchtete Licht aktualisiert das Lichtungsvermögen in den einzelnen Gnostikern. Die Lichtung vollzieht sich als Ablösen vom Schweren und als Herauslösen des Leichten aus dem Schweren. Das Licht ist jener Gedanke des Nichts, jenes Nichts in seinem Gedanken, und die Gnosis als der Gedanke des Nichts, der im Gnostiker den Weg nach oben nimmt. Der Prozeß der Gnosis, die das Seiende hinter sich läßt und zum Nichts eilt, ist ein Erleuchtet-Werden zum und ins Nichts, das sich, wie es sich paradigmatisch in Jesus vollzogen hatte, nun bei jedem Gnostiker vollzieht.

Kapitel 10
LEBENSFÜHRUNG UND LEBENSGESTALTUNG (PARANÄSE IM DIENST DER LICHTBEFREIUNG)

1. Asketismus, Almosen, Gebet und Enthaltsamkeit als Lebensregulativ

Die Lebensführung und -gestaltung, auf die der Mani-Gläubige hin angesprochen wird, ist getragen von einer dualistisch-naturalistischen Weltsicht, in der das Böse in die Materie verlegt und als Substanz erfaßt wird.[1] In einer Konzeption, die die Mischung als universalgeschichtliche Anfänglichkeit denkt, ist die Differenz zwischen „Seele" und der materiellen Welt nicht vermittelbar und letztere als radikal zu überwindende gesehen. Diese naturhaft-dualistische Religiosität verhindert auch das Aufkommen eines tieferen ethischen Bewußtseins von Sünde und Schuld. Es liegt nur eine analoge und formale Ähnlichkeit mit dem biblischen Sündenbegriff vor.[2] Die ethische Konzeption der „Kephalaia" zeigt, daß die Aussagen über den Menschen und die Welt nicht beziehungslos zu den ethischen stehen. Im Mittelpunkt steht ein weltabgewandter Asketismus, der die Verhaltensregulative bestimmt. Manis religiös-weltanschaulicher Denkentwurf sieht in der Gemischtheit des Menschen die Existenzsünde schlechthin. Diese ist — wie K. 138 es zeigt, das Verstricktsein der Seele in der Vermischung. Es heißt dort über Saklas und seine Mächte:

„Er sagte zu seinen Gefährten: Gebt mir euer
Licht, und ich will euch ein Bild herstellen nach
dem Bilde des Erhabenen. Wie er gesagt hatte, (so) taten sie und gaben (es) ihm. Er aber stellte her... —
Der φωστήρ/phōstēr sagte weiter: Die Sünde, die aus den...
herausgesprungen ist, welche die Hyle ist, die das [Bild des Gesandten] gesehen hat, sie hat den Baum gebildet (πλάσσειν/plassein) [und sich in ihm]
[hingestellt], dann ist sie heraufgekommen in den [Früchten?],
worin (?) sie in die Archonten eingegangen ist..., sie haben Adam
und Eva nach dem [Bilde des] Erhabenen gebildet
durch die Kraft (ἐνέργεια/energeia) der Sünde, die [das Bild des] Gesandten
gesehen hat; sie ist in sie hineingegangen [in den Früchten] und hat sie angezogen" (K. 138,2-14).

Damit ist die Frage der Schuldverhaftung ein Problem der menschlichen Existenz, die zwar gegen das Licht, nicht aber ohne das Licht existieren

---

1 Vgl. *Ratschow, C. H.* (Hg.): Ethik der Religionen, Stuttgart 1980.

2 Vgl. *Klimkeit, H.-J.:* Manichäische und buddhistische Beichtformeln aus Turfan, in: ZRGG 29 (1977) 192-228. *Mensching, G.:* Die Idee der Sünde, Leipzig 1935.

könne. Dieses „nicht ohne das Licht“ ist Bedingung der Möglichkeit der Entmischung des Lichtes aus der Materie. Manis Ethik läßt sich als der mikrokosmische Versuch beschreiben, die Mischung aufzuspalten und die ursprüngliche Zweiheit wieder herzustellen. In dieser negativen Ethik der Enthaltsamkeit werden der Fleisch- und Weingenuß sowie der leibliche Vollzug der Ehe verworfen. Schon im Kreis der *Enkratiten,*[3] einem maßgebend von *Tatian* beeinflußten Zweig des syrischen Christentums, ging es um die Geringschätzung der Ehe, die mit dem Sündenfall vom Satan in das Paradies gebracht worden sei. Adam sei daher von der Erlösung ausgeschlossen. Das „Sein“ der gemischten Natur bildet demnach die Grundlage der Haltung dem Bösen gegenüber und der in der Mani-Ethik entfalteten und kodifizierten Sittlichkeit, die im Mythos verankert ist. Ihr Gehalt und ihr Verhalten haben zum Ziel, den Menschen als Mikrokosmos am Geschehen der Lichtbefreiung zu befähigen. Der Sollensanspruch, kategorisch zusammengefaßt im Gebot der Enthaltsamkeit, zielt auf die Erlangung der Reinheit und ihre Bewahrung. Die Licht-Substanz ist Wert und Norm zugleich. Der Mensch als Mikrokosmos lebt in einem Wesensbezug auf das Geschehen im Makrokosmos und dessen Prozeß der Entmischung. Bejaht und realisiert er diesen, so handelt er richtig. Durch die Enthaltsamkeit bricht der Mani-Gläubige mit der Materie. Es geht um ein Verwerfen der Begierden, um Weltentsagung, es geht darum, die Verletzung des Licht-Kreuzes nicht zu mehren, sondern zu mindern.

Es geht um ein analoges Geschehen, wie in K. XLII (107,1-111,17), wo die Frage beantwortet wird nach den „drei Fahrzeugen“, die von oben ausgegossen worden sind und einem mit eitriger Krankheit übersäten Menschen gleichen, der des Arztes (107,1ff) und seines Gegengiftes bedarf. Es heißt: „Dem sind gleich die Fahrzeuge des Wassers, der Finsternis und des Feuers, die verborgen sind im Körper aller Archonten, die oben sind, während der Lebendige Geist dem klugen Arzt gleicht“ (107,16-19). So hat der Lebendige Geist mit seinen „drei lebendigen Kleidern“, in denen er sich geoffenbart hat, „ausgefegt und ausgekratzt den ganzen Verderbnisschatten und Schmutz“ (108,21f) und auf die Erde gegossen und ihn „gefesselt in dem Fahrzeug der Finsternis, das die Welt umgibt“ (108,23f). Es ist dies ein Ausgießen des Feuers der Finsternis aus allen Archonten und ein Fesseln in dem alle Welten umgebenden Fahrzeug, der „Mauer des großen Feuers“ (108,25-29). Dieses Ausgießen der Fahrzeuge vom Himmel auf die Erde war den „zwölf großen Werken“ vonnutzen: „Das erste Werk ist dies, daß die Schlechtigkeit (κακία/kakia) nicht zunehmen soll in der Welt weder in den Geschöpfen noch in den Bäumen“ (109,6-8). Ohne dieses Ausfegen des Fahrzeugs der Finsternis und Hinabwerfen auf die Erde und sein Ausgefegtwerden von der Erde „würde das Tröpfeln der Finsternis, das da tröpfelt, und das Fließen, das dauernd herabzieht vom Himmel zur Erde und anlegt (φορεῖν/phorein) die Bäume und [alle] Fleische, es würde viel

3 Vgl. *Ephiphanius:* haer. 46 (GCS 31,215ff). *Connolly, R. H.:* S. Ephraim and Encratism, in: JThS 8 (1907) 41-48. *Grant, R. M.:* The Heresy of Tatian, in: JThS NS 5 (1954) 62-68. *Peterson, E.:* Zum Hamburger Papyrusfragment der Acta Pauli, in: VigChr 3 (1949) 142-162.

werden sowie das Vergessen (tebsche), das in tausend Menschen heute sich befindet; du würdest es finden in einem jeden Menschen" (109,24-28). Es „würde das finstere Feuer zunehmen im Baum und in der Frucht und in allem Fleisch" (110,1f) und es wäre kein einziger zu finden, „der das Fasten (νηστεία/nēsteia) hält in der Welt" (110,4f).

Eine Vielfalt von normativen Geboten und Verboten ermöglichen dem religiösen Individuum und der Mani-Gemeinde die Identitätsfindung. Die Verbote lassen sich auf die „drei Siegel" (tria signacula) hin bündeln, und zwar sind es das „Siegel des Mundes", das die Enthaltung von Fleisch- und Blutgenuß sowie von Fluchworten gebietet, das „Siegel der Hände", das sich gegen jede Handlung richtet, die das „Kreuz des Lichtes" verletzt, und das „Siegel des Busens", das die geschlechtliche Enthaltsamkeit verlangt. Die Weitergabe des menschlichen Lebens würde das Urübel der tragischen Vermischung nur fortsetzen. Denn der menschliche Körper ist der Platzhalter der mit ihm zur Schändlichkeit vermischten Lichtteile. Das Problem der Weltunvollkommenheit ist dahin systematisiert, daß es als Trübung des Lichtes durch den als unabhängig gedachten Bereich der Finsternis, welcher mit der Materialität der Welt identifiziert ist, gesehen wird. Der Heilsprozeß ist als Prozeß der Herausläuterung des Lichtes aus der Finsternis verstanden. In der Lehre des Buddhismus hingegen geht es um den Dualismus zwischen dem vergänglichen Geschehen der Welt und dem ruhenden Sein der ewigen Ordnung. Das Karma, als Summe aller bösen und guten Taten, entscheidet über den Abschnitt, der auf dem Wege zur ewig ruhenden Ordnung zurückzulegen ist.

Der ethische Rigorismus[4] der Mani-Religion mit ihrer metaphysisch ausgerichteten Aszetik kennt eine „doppelte Moral". Die Mani-Gemeinde wird geschieden in Unvollkommene, d. i. in „Katechumenen" oder „Hörer" einerseits und Vollkommene, „Erwählte" (Electi) andererseits. Jede Gruppe hat ihren besonderen Pflichtenkanon: für die Electi die Gebote der Wahrhaftigkeit, Sündenlosigkeit, religiösen Innerlichkeit, Reinheit des Mundes und der Freude in der Armut. Die Katechumenen stehen unter dem Verbot des Götzendienstes, der Lüge, des Geizes, des Mordes, des Ehebruchs, des Diebstahls, der Zauberei, der Zwiespältigkeit — die zum Zweifel führt —, der Faulheit und Lässigkeit in der Ausübung der guten Werke. Daneben stehen sie unter dem Gebot des Fastens und verschiedener Gebetsübungen. Sie dürfen Besitztum haben, Handel treiben, Felder bebauen und ernten, Wein und Fleisch essen und sich verehelichen. Aber ihre erworbenen Güter und geernteten Früchte werden im Raum der Mani-Kirche zu „Almosen" für die Vollkommenen und dienen dem Erhalt der Kirche. Der größte Teil der zu rettenden Lichtsubstanz ist in den menschlichen Körpern und den Pflanzen enthalten. Letztere verdanken ihr Entstehen dem Samen der Archonten und schließen die Lichtsubstanz in verschiedener Fülle ein,

4 Vgl. *Hardmann, O.:* The ideals of ascetism. An essay in the comparative study of religions, London 1924.

sodaß es dabei eine Rangordnung gibt.[5] (Die Gurke und die Melone galten als die Früchte mit dem reichsten Lichtanteil). Durch den Auserwählten werden die in der Pflanze enthaltenen Lichtteile der Lichtsubstanz assimiliert und mit dieser zusammen beim Hinscheiden des Electus gerettet. Der Electus hat somit maßgeblichen Anteil am Licht-Befreiungs-Werk in der Welt. Sein Leib ist ein Quasi-„Heilsinstrument“, in welchem sich die Herauslösung der Lichtelemente der „Lebendigen Seele“ vollzieht. Die Nahrung der Auserwählten ist vegetarisch. Sie wissen um die Lichthaltigkeit der Pflanzen bescheid und sind für die Katechumenen Wegweisung und Heil. In der Exegese der Mt-Stelle 25,40 in der Manich. Homilie II (MH 38,11) sind sie die „kleinsten Brüder“ Jesu, die Substanz des Jesus patibilis, die den „Hörern“ das Heil vermitteln. Der Vollkommene muß wöchentliche, monatliche und jährliche Fasttage einhalten. All das ist vom Motiv der Lichtbefreiung und praktisch durch Übungen des Verzichts und der Enthaltsamkeit getragen. Von der frühchristlichen Aszese hingegen schreibt *E. Peterson,* daß sie „in ihren Ursprüngen weder mit der griechischen Philosophie noch mit einem metaphysischen Dualismus etwas zu tun hat“, sondern von Anfang an „ein untrennbares Element des christlichen Glaubens“ war.[6]

Im einzelnen ergibt sich für die vita manichaica folgendes Bild, das die Lebensweise der Entsagung (bzw. Einschränkung) und Abtötung illustriert und ein normgerechtes Handeln aufzeigt. K. LXXVIII (190,12-191,8) spricht über die „vier Werke“, auf Grund deren sich die Menschen gegenseitig töten: das sind die Sorge um die Nahrung, der Geschlechtsverkehr, der Reichtum und der Krieg. Auf dieser Negativfolie spricht nun K. LXXIX (191,10-192,3) über das Fasten (νηστεία/nēsteia) der Heiligen als einem nützlichen Tun für vier große Werke: Durch das Fasten werde der Körper kasteit und damit die ganze in ihm befindliche Archontenschaft bezwungen (δαμάζειν/damazein); die durch die tägliche Nahrung in den Menschen hineinkommende „Seele“ (ψυχή/psychē) werde „geheiligt, gereinigt (καθαρίζειν/katharizein), geläutert und [gewaschen] von der Vermischung (σύγκρασις/synkrasis) mit der Finsternis, die mit ihr vermischt ist“ (191,16-19). Weiters heißt es: „[Jener] Mensch macht Heiliges in allen Dingen, das Mysterium der [Kinder] des Lichtes, in denen kein Verderben ist“ (191,20-21). Als Ideal wird das tägliche Fasten hingestellt (191,31f). Es wird als ein „heiliges Fasten“ (ounēstia eswabe) bezeichnet. Daneben stehen die Gebote der Gerechtigkeit (δικαιοσύνη/dikaiosynē) (LXXX 192,4-193,22). Es gilt: „Die erste Gerechtigkeit (δικαιοσύνη), die der Mensch tut, um wahrhaft gerecht zu werden, ist diese: Er soll Enthaltsamkeit (ἐγράτεια/enkra-

5 *Lindt, P. van:* Remarks on the use of σχῆμα in the Coptic Manichaeica, in: Manichaean Studies, Lund 1988, 95-103.

6 *Peterson, E.:* Einige Bemerkungen zu den Anfängen der christlichen Askese, in: Frühkirche, Judentum und Gnosis, Rom/Freiburg/Wien 1959, 219f. *Vööbus, A.:* History of Asceticism in the Syrian Orient, I, Louvain 1958. *Ders.:* History of Asceticism in the Syrian Orient. A Contribution to the History of Culture in the Near East, II, Early Monasticism in Mesopotamia and Syria, Louvain 1960.

teia) und Reinheit sich zu eigen machen und sich auch die Ruhe [der] Hände erwerben, um seine Hand ruhig zu halten vor dem Kreuz (σταυρός) des Lichtes" (192,7-11). Weiters geht es um die Reinheit des Mundes als Enthaltsamkeit von Fleisch (σάρξ) und Blut und Wein und Rauschgetränk (σίκερα/sikera) (192,11-13). Als zweite Gerechtigkeit gilt das Weitergeben seines Glaubens (kopt. nachtē) und seiner Weisheit und seiner Gnade und seiner Liebe (192,16-21). Die manichäische Ethik findet ihre Ausfaltung in einer Kette von Übungen (vgl. 192,22-193,22). So wird der Katechumene vollkommen durch das Fasten am Herrentag, durch das Beten zu Sonne und Mond und durch das Almosengeben. Das zweite Werk der Katechumenschaft aber ist dieses:

„Der Mensch soll einen Sohn der Kirche
(ἐκκλησία/ekklēsia) zur Gerechtigkeit (δικαιοσύνη/dikaiosynē) geben
oder seinen Verwandten (γένος/genos) [oder den]
Hausgenossen oder er soll einen, der sich in Bedrängnis (θλῖψις/thlipsis)
befindet, retten
[oder] einen Sklaven kaufen und ihn zur Gerechtigkeit (δικαιοσύνη)
geben" (193,5-8).

Der „Auserwählte" (Electus) baut auf Almosen auf, sammelt es ein und bringt es zur Kirche (212,11f). Dabei wird es geläutert im Bilde (εἰκών/eikōn) der Heiligen, aber nicht ohne Mühsal und Leid (212,11-17). Die andere Art des Almosens ist der Hinausgang aus der Welt in Trübsal: d. i. durch Überlegung (σκέψις/skepsis), Gebet, Enthaltsamkeit (ἐγκράτεια/enkrateia), die Einziggeborenheit (-μονογενής/monogenēs) und Zurückgezogenheit (ἀναχώρησις/anachōrēsis), durch Schläge und Peitschenhiebe (-ταυρεά/taurea), die Übung der Fesseln (212,20-28). Das lebendige Kreuz soll nicht geschlagen werden durch Verzehr des Almosens in „Üppigkeit" (σπαταλεία/spataleia), Luxus und in Völlerei (213,3ff). Die Gläubigen sollen es nur essen „in großem Hunger" (213,10) und trinken „in großem Durst" (213,11).

2. Konkretionen und kasuistische Erörterungen

Kasuistisch werden in diesem Zusammenhang Fragen behandelt, warum man manchmal ruhig und manchmal verwirrt sei? (K. LXXXVI: 214, 1-215,31). Es liegen im Menschen und seiner Seele die Freude an der wahren Erkenntnis der Weisheit mit dem Verstörtsein und der Traurigkeit, dem Zorn und Neid (φθόνος/phthonos) und der Begierde (ἐπιθυμία), sowie dem Aufwallen der bösen Gedanken im Widerstreit. Neben der Herzensfreude und seinem Hingezogensein zum Fasten, Gebet und Psalmengesang und dem wohlgeordneten Wandel weiß der Mani-Gläubige um die gegenteiligen Erfahrungen und Gravitationen nach „unten". Die Antwort wird in folgender differenzierender Aufgliederung gegeben. „Die Seele, die den Körper anzieht (φορεῖν/phorein), wenn der Licht-Nous zu ihr kommt, läutert er sie durch die Macht der Weisheit (σοφία/sophia) und seines Hörens und reinigt sie und macht einen Neuen Menschen, an dem keine Störung und Verwirrung und Aufregung (ταραχή/tarachē) ist" (215,1-5). Die Aufregung geht in den Menschen „durch seine ζῴδια/zōdia und seine Sterne" (215,7), die „ihn verstören durch die Begierde (ἐπιθυμία/epithymia) und den Zorn und die Kümmernis und die Traurigkeit (λύπη/lypē)" (215,8f). Mit der Nahrung oder dem Trank kann die „Verstörung, Verwirrung" sowie die „Kümmernis" und „Traurigkeit" zunehmen (215,13ff), denn sie sind voll „von Verwirrung erregenden Gliedern (μέλος/melos)." Sie sind eine harte „Enthymesis" (215,18) und vermischen sich — selbst schon vermischt — mit den „bösen Gliedern (μέλος/melos) des Körpers und die Sünde, die in ihm (Körper) ist, übertrifft (noch) den Zorn, die Begierde (ἐπιθυμία), die Kümmernis, die Trauer (λύπη), die bösen Gedanken des Körpers" (215, 20-22). Aber es gibt auch geläuterte Nahrung, die in den Menschen hineinkommt, d. i. eine Nahrung mit wenig Bodensatz und mit Überfluß an Licht und Leben (215,27).

Um eine andere kasuistische Frage geht es K. LXXXVIII (219,1-221,17), die von einem Katechumenen handelt, der einen Elekten wegen seines Zornes tadelt: Der Katechumene solle wissen, daß auch die Elekten „... stehen in einem Körper (σῶμα/sōma), der nicht der ihre ist, indem sie das Fleisch (σάρξ/sarx) der Sünde hassen, das auch in einem fremden Lande wohnt. Deshalb werden auch sie zornig und sprechen und reden harte Worte gegeneinander" (220,6-10). Es geht ja um das Mysterium der beiden Seinsweisen (ousiai), das Wohnen des Guten und Bösen in jedem Menschen und damit um das Tragen einer großen Last, die die Heiligen auf ihren Schultern tragen müssen (220,15-18), denn sie stehen in einem „Körper, der nicht der ihre ist" (220,21f). Der Katechumene solle begreifen, daß er selbst dasteht „in der Sünde zu aller Zeit" und sein Leben (ζωή/zoē) verbringt „im Essen und Trinken, in der Begierde (ἐπιθυμία) der Frauen, dem Gold und dem Silber" (220,23-25). Seine Hände sind „zu aller Zeit gelöst, das Kreuz (σταυρός/stauros) des Lichtes zu schlagen" (220,25f). Er solle einsehen, daß auch in ihrem Körper der Alte Mensch wohnt (221,15).

K. CIII (257,9-258,3) spricht über die fünf Wundertaten, die der Licht-Nous in den Electi offenbart: Es sind dies „die Weisheit (σοφία/sophia), die der Electus predigt und verkündigt in all ihren Gestalten (πρόσωπον/prosōpon), all ihren Formen (τύπος/typos) (und) all ihren Arten (τρόπος/tropos)" (257,14-16); dann der Glaube, die Liebe zur Weisheit und den Glaubensbrüdern und -schwestern, ferner die Furcht vor „gerechtem Abschneiden" vor den anderen (257,16-27). Diese Wunder werden im Menschen aufgestellt, „damit [er] ein fehlerfreies Gefäß (σκεῦος/skeuos) werde und eine Perle (μαργαρίτης/margaritēs), an der nie Tadel (ἐπιτιμή/epitimē) ist" (258,1-3).

Jeder manichäische Electus, der um Gnade bittet im vollkommenen Glauben für sich oder für einen anderen, kann der Erfüllung gewiß sein (271,15ff). Der Lehrer verkündet ihnen in K. CXV (270,26-280,19), wie einst die Bitten ausgesprochen wurden: So bat die Mutter des Lebens „das erste Stehen, welches der Vater ist" (272,1) für den Urmenschen, der sich von ihr getrennt hatte, „sich selber in große Trübsal (θλῖψις/thlipsis) gebracht (und) gekämpft hatte in dem [Lande] des Verderbens und des Kummers (λύπη/lypē) und der Schwäche, in den Welten (κόσμος/kosmos) der Finsternis, in den schrecklichen Abgründen, in der Mitte des Grabens (φόσσα/phossa) der Dämonen (δαίμων/daimōn), unter den Mächten des Teufels (διάβολος/diabolos)" (272,6-10). Sie bat den Vater des Lebens, für ihn einen Retter und Helfer zu senden. Ihre Bitte wurde erfüllt, denn es wurde die große Kraft, der „Lebendige Geist" geschickt, mit dem zusammen die Mutter des Lebens den Urmenschen heraufbrachte aus dem Kampf. Der Lebendige Geist erlöste ihn und gab ihm das Weite Land (χώρα/chōra) der Ruhe (272,12-29). Mit diesem Beispiel illustriert Mani, daß auch die gläubigen Heiligen für den beten sollen, der sich aus seinem Körper gelöst hat. Sie dürfen dabei der Erhörung gewiß sein (273,9-14). Weiters wird gezeigt, wie sich der Große Geist hinstellte mit dem Geliebten der Lichter, dem großen Baumeister und dem Lebendigen Geist und dem Urmenschen zum Gebet um einen Lenker für alle Dinge der Stärke, die sie errichtet hatten, damit dieser komme und die „Lebendige Seele" reinige. Der Vater erfüllt die Bitte durch die Berufung des Dritten Gesandten. Von ihm heißt es: „Er ist aus der Kraft seiner Größe herausgekommen (und) hat die ganze [Seele (ψυχή/psychē)] gesehen, wie sie [in einer] Fessel festgehalten wurde, indem sie dastand und die Werke der Stärke sah, die seine Brüder errichtet hatten, die gekommen waren aus [der Höhe]. Er sah auch, daß die Lebendige Seele (ψυχή) gefesselt ist, in großer Peinigung (τιμωρία/timōria) dasteht und im Gestank des Abgrundes gequält wird (θλίβεσθαι/thlibesthai), der mit ihr vermischt ist" (273,33-274,6). Von ihm wird gesagt: „Er rettete sie aus allen Fleisches(arten) (σάρξ/sarx) des Todes, in denen sie gequält wurde. Er gab ihr Weite. Er stellte sie wieder hin in der Ruhe und der Freude" (274,9-11). Auch dieses Beispiel will illustrieren, daß jeder vollkommene Electus und jeder gläubige Katechumene das Gebet erfüllt bekommt für den, der sich schon vom Leibe gelöst hat (274,19-29). Das Almosengeben und Gedenken für denjenigen, der aus dem Körper gegangen ist, kann Ruhe bewirken (277,4f). Die Seele, für die gebetet wird, wird erlöst „und sie kommt aus der Bedrängnis (θλῖψις/thlipsis) in die Weite. Die Lebendige Seele (ψυχή) nun, die erlöst worden ist wegen dieser anderen Seele (ψυχή), auch sie, jene Lebendige Seele (ψυχή), die im Namen jenes Menschen gerettet wird und gerettet und gereinigt wird und wiedererlangt ihre erste Existenz (οὐσία/ousia), auch sie wird zu [seinem Mit-]Helfer (βοηθός/boēthos) und betet für die Seele (ψυχή) dessen, der sich von seinem Körper (σῶμα/sōma) gelöst hat. Er bittet um Erbarmen für sie und [Sünden-]erlaß bei den Mächten des Lichtes" (279,19-26). So kann man ihr ein Gedenken machen und sie retten aus Tausenden von Qualen (θλῖψις/thlipsis) und Zehntausenden von Seelenwanderungen (280,12ff).

3. Das Würdeprädikat der Jungfräulichkeit

Die Forderung des Verzichtes in der rigoristischen Mani-Ethik auf das Geschlechtliche läßt den Begriff des Jungfräulichen als ein besonderes Würdeprädikat erscheinen. Diese religiös verstandene Mächtigkeit findet ihren Ausdruck in K. XCVIII (248,11-249,30) und erweist sich als Inbegriff und Sinnbild des Vollkommenen.[7] Anders wird in der Geheimen Offenbarung des Johannes 14,4 die Schar der vom Blut des Lammes Erkauften als jungfräulich bezeichnet. Der Seher schaut sie proleptisch als Vollendete, als solche, die sich nicht durch Götzendienst und Unzucht verunreinigt haben. Die Jungfräulichkeit wird hier zum Gegensatzbegriff zur Hure/Kurtisane, die die „Welt" symbolisiert. K. XCVIII behandelt die Frage, was Jungfräulichkeit (παρθένος/parthenos) und was dagegen Enthaltsamkeit (ἐγκρατής/enkratēs) bedeute. Wer jungfräulich genannt wird, entspricht dem Mysterium der Äonen der Größe und wurde jungfräulich (παρθένος) genannt nach dem Zeichen des ganzen Lichtes, das nicht [geschmeckt hat] den Tod noch (οὔτε/oute) gekommen ist in den Krieg (πόλεμος/polemos) des Feindes" (248,24-26). Der „enthaltsam" Genannte „entspricht [dem] Mysterium des Lichtes, das gekommen ist, sich [mit der Finster-]nis vermischt hat, befleckt wurde in den Körpern (σῶμα/sōma)... und (wieder) empor zum Licht gegangen ist" (248,27-30). Die Jungfräulichen schmecken nicht den Tod. Im Enthaltsamen hatte sich einst das Licht mit der Finsternis vermischt, wurde geläutert und stieg aus allen Schöpfungen.[8] Er hatte einst die Begierde verkostet und wurde rein (249,4-6). Von Jungfräulichkeit und Enthaltsamkeit heißt es in einer differenzierten Ausstattung: „Wiederum (πάλιν/palin), wer jungfräulich (παρθένος/parthenos) genannt wurde, ist das Licht, das durch das Bild (εἰκών/eikōn) des Gesandten (πρεσβευτής/presbeutēs) ausgeläutert worden ist, emporgestiegen, zur Höhe gelangt ist (und) sich im Bilde (εἰκών) der Götter aufgestellt hat. Wer aber enthaltsam (ἐγκρατής/enkratēs) [genannt] wird, ist der Rest von diesem Licht, der zurückgeblieben ist von dem, was ausgeläutert wurde, das, was emporsteigt [und herabgeht] in der Seelenwanderung (μεταγγισμός/metangismos). — Es gibt in ihm auch einen Teil (μέρος/meros), der kommt und gelangt zum Gebilde (πλάσμα/plasma) des Fleisches (σάρξ) der Menschen. Auch jener aber wird auserwählt im Fleisch (σάρξ) und empfängt die Hoffnung (ἐλπίς/elpis) und wird rein und wird enthaltsam (ἐγκρατής) genannt. — Wiederum (πάλιν) wer jungfräulich (παρθένος) genannt wird, ist der Licht-Nous, der kommt und die Gestalten (εἰκών) der Electi anlegt (φορεῖν/phorein). Wer aber (δέ/de) enthaltsam (ἐγκρατής) genannt wird, ist der Neue Mensch, der aus dem Alten Menschen heraus erlöst wird, so daß er sich reinigt und entkleidet von der Sünde, die mit ihm vermischt ist, und enthaltsam

7 Vgl. zur Thematik *Jung, C. G./Kerényi, K.:* Das göttliche Mädchen, Albae Vigiliae 8/9, 1941.

8 *Colpe, C.:* Daēna, Lichtjungfrau, zweite Gestalt. Verbindungen und Unterschiede zwischen zarathustrischer und manichäischer Selbst-Anschauung, in: *R. van der Brook/M. J. Vermaseren* (Hg.), Studies in Gnosticism and Hellenistic Religions presented to G. Quispel, Leiden 1981, 58-77.

(ἐγκρατής) wird. — Wer aber (δέ/de) jungfräulich (παρθένος) im Fleisch (σάρξ) genannt wird, ist ein Mensch, der sich nie an ein Weib angeschlossen und sich (nie) im Umgang (συνουσία/synousia) befleckt hat. — Wer aber (δέ) enthaltsam (ἐγκρατής) genannt wird, ist der Mensch, der ein Weib in der Welt (κόσμος/kosmos) hat, sich dann von ihr reinigt und sie verläßt" (249,6-26). Der Begriff „rein" und sein Gegensatz „unrein", der die gesamte Religionsgeschichte durchzieht, ist hier von der Trennung des Vermischten her verstanden und zielt auf die qualitative Heiligkeit bzw. die Lichtheit der Menschen in Bezug auf das Lichtprinzip. Alles Tun und Handeln erfährt von ihm her seine Ethisierung.

Kapitel 11
INTEGRATION

1. Grundperspektiven

Bei der Untersuchung über das „Drama des Lichtes" bei Mani ging es zugleich auch um die Frage nach den ihn leitenden Motiven. Von welcher Lebens- und Welterfahrung ist dieser Entwurf „bewegt" (motivus = antreibend), inhaltlich wie formal. Durch das Heraustreten der Motivation fällt auch Licht auf die Funktion, Morphologie und Geschichte eines Motivs. Ähnlich wie in der Motivforschung von *A. Nygren,*[1] *G. Aulen*[2] und *R. Bring*[3] bewegt sich die Frage zwischen der philosophischen und historisch-philologischer Fragestellung. Sie sucht bis zu jener Grundstruktur vorzudringen, die religiösen Äußerungen ihr maßgebendes Gepräge und ihre unverwechselbare Typologie gibt. Dabei ging es um Herkunft und Auswirkungen von Einzelmotiven, Vorbildern und Abhängigkeiten, Verwandtschaften, Abwandlungen und (innerideellen) Verzweigungen mit Begriffsmotiven und mythographischen Vorstellungen. Unter formalem Aspekt beschreibt *W. Kayser* das Motiv: „Das Motiv ist eine sich wiederholende, typische ... Situation. In diesem Charakter als Situation liegt es begründet, daß die Motive auf ein Vorher und Nachher verweisen. Die Situation ist entstanden, und ihre Spannung verlangt nach einer Lösung. Sie sind somit von einer bewegenden Kraft, die letztlich ihre Bezeichnung als Motiv ... rechtfertigt."[4] So hat z. B. *N. Nygren*[5] in seiner Motivforschung unterschiedliche Grundmotive für das Spätjudentum, den Hellenismus und das Christentum herausgestellt: für das erstere das Nomosmotiv, das zweite das Erosmotiv und für das dritte das Agapemotiv. Die im NT niedergelegte Botschaft greift die erlösende Liebe Gottes in Jesus Christus, die in der Hingabe Jesu Christi erwiesene Agape Gottes auf. Damit ist dem christlichen Glauben sein Zusammenhang und sein innerer Sinn gegeben. So gesehen ist der christliche Glaube „aposteriorisch" entworfen, und zwar nicht als neue Gottesidee, sondern als Begründung und Erfahrung einer neuen Gottesgemeinschaft. *N. Nygren* unterscheidet bei seiner Motivforschung einen theozentrischen und einen egozentrischen Weg der Erlösung.

---

1 *Nygren, A.:* Filosofi och motivforskning, Stockholm 1940.

2 Vgl. *Aulén, G.:* Das christliche Gottesbild in Vergangenheit und Gegenwart, München 1930.

3 *Bring, R.:* Nature and history. A study in theological methology with special attention to the method of motif research, Lund 1960. Zum Ganzen vgl. *Hornig, G.:* Offenbarungstheologie und Motivforschung in Schweden, in: NZ syst. Theol. u. Relig. phil. 16 (1974) 146-174 (Lit.).

4 *Kayser, W.:* Das sprachlicher Kunstwerk, München ²1951, 62.

5 *Nygren, A.:* Eros und Agape. Gestaltwandlungen der christlichen Liebe. Bd 1: 1930, Bd 2: 1937.

Unserer Studie ging es um das „Gnosismotiv“ in einem Religionssystem, das zunächst wie eine religiöse Travestie des griechischen Erosmotivs erscheint. Der Gnosis geht es um die mythische Aufrichtung des Selbst. Schon in der Mythopoiïe *Platons* als „himmlischer Eros“[6] verstanden und zum Hauptbegriff einer Anschauung geformt, weiß sich diese Strebekraft vom Wert seines Gegenstandes her motiviert. Der über-sinnliche Bezugspunkt solchen Strebens ist das göttlich Ur-Schöne, die Erkenntnis der Idee des Guten. Als verlangende Liebe will sie den göttlichen Seelenteil im Menschen aus der Enge des Materiellen und seinen Fesseln befreien und zum übersinnlichen, himmlischen Bereich führen. Erlösung ist Befreiung aus der Sinnlichkeit, Aufstieg des Menschen zum Göttlichen. Dem durch die Orphik in das religiöse Leben eingebrachte Moment des Dualismus mit der im Leib gefangenen und sich nach Befreiung sehnenden Seele wird in den Mysterienkulten durch den Vollzug der Ekstase (ἐξιστάσθαι/existasthai) Rechnung getragen. Leib und Seele sind ja von entgegengesetzter Herkunft.

Als Heilsfrage verschärft sich dort, wo das Leben radikal als Last und Unheil erfahren wird. Die unabweisbar zwischen die Licht-Finsternis-Mächte eingespannte Wirklichkeit, die Wahrnehmung einer Grunddualität treibt neue Fragen und Lösungsversuche hervor. Dem manichäischen System, hier untersucht in der Darstellung der koptischen „Kephalaia“, geht es neben dem Phänomen der Weltwirklichkeit um die Begründungsfrage, d. i. um Ursprung, Grund, Wesen, Einfluß der tragischen Vermischtheit, aber auch um die seiner Bewältigung und Überwindung. Der stark ausdifferenzierte manichäische Mythos sucht in der Sequenz der „Kephalaia“-Themen in religiöse Orientierungsvorgänge einzuweisen. Die Tragödie des Lichtes wird im System der „drei Zeiten“ als Handlung gestaltet (mit einer Reihe von Komplikationen) und zielt auf eine eschatologische Lösung hin (Aufhebung des Pessimismus in Optimismus). Semantisch spiegeln die Mythologeme des Mani-Systems nicht nur eine widersprüchlich erfahrene Wirklichkeit mit einem tragischen Lebensgefühl wider, sondern entwerfen zugleich den Weg der erlösenden Ent-Mischung. Es wird darin das Verhältnis einer durch die Vermischung dämonisierten Welt zu den Möglichkeiten seiner lichten Gegenwelt bestimmt. Inhaltlich, strukturell und funktional gesehen ist der manichäische Mythos ätiologisch, soteriologisch und eschatologisch entworfen und beleuchtet die gesamte Kosmoswirklichkeit in ihrem Entstehen, ihrer Katastrophe, ihrem tragischen Bestand und ihrer möglichen Lösung, zusammen mit den kontradiktorischen Prinzipien als ihren Akteuren und den durch sie mitbestimmten Mitakteuren. Die drei Zeitmodi

---

6 So ist in *Platons* „Symposion“ Eros in der mythischen Agathon-Rede der strahlend Schöne und Gute, der Vater der Chariten, des Himeros und Pothos (Symp. 197d; vgl. *Aischylos,* Hik. 1039), dem der Dichter eine hymnische Aretalogie weiht. Als Lichtgott Phanes ist er bei den *Orphikern* ein kosmisches Prinzip (Orph. Hymn. 58; vgl. *Sophokles,* Antig. 785ff; *Euripides,* Hipp. 1277ff) und bei *Bacchylides* 15,23 der ἄμαχος δαίμων/amachos daimōn, der mächtigste Dämon, dem nichts zu widerstehen vermag, der den Menschen zum Wahnsinn treibt und selbst die Götter zwingt (*Sophokles,* Ant. 781ff; Trach. 441). Gegen ihn kämpfen, hieße gegen Gott zu kämpfen (*Sophokles,* Trach. 491).

zeigen, was in der Zeit und an der Zeit geschehen ist: die Urzeit, die die ursprüngliche Ordnung der getrennten Prinzipien repräsentiert, geht der Jetztzeit und der mittleren Zeit als der der tragischen Vermischung voran. Das eschatologische Enddrama als möglicher Sieg des Lichtes bedeutet auch Sinngebung für die Gegenwart. Manis großer Versuch — mit einer langen Nach- und Wirkgeschichte — hat zugleich das Denken des gnostischen Mythos in einem synkretischen Denken über den Mythos radikalisiert. Die Gut-Böse-Problematik der Welt und die duale Interpretation der Wirklichkeit hat in foro mundi et hominis seine größte mimetische Darstellung gefunden. Mit der auf die Adressaten abzielenden Heimholung der Menschenwelt in das Lichtreich werden so in den „Kephalaia" zahlreiche Ermahnungen und Ermunterungen laut. Es wird zwischen erstem und zweitem Tod unterschieden. Der erste Tod ist die Zeit des Fallens des Lichtes in die Finsternis und die Vermischung mit den Archonten der Finsternis bis zur Zeit der Läuterung und Trennung des Lichtes (104,1-4). Der „zweite Tod" hingegen ist der Tod der sündigen Seelen, denen das glänzende Licht entzogen wird als Trennung von der „Lebendigen Seele" (104,6-11): dies ist ein „ewiger Tod" (104,19). Paränetisch wird den Mani-Gläubigen zugerufen, Verfolgungen und Versuchungen zu ertragen, um dem zweiten Tod und der letzten Fessel zu entkommen, „in der es keine Lebenshoffnung gibt", um nicht an den „Ort der Strafe (zu) kommen", „an dem kein Lebenstag ist" (106,7-14). All das wird bewirkt durch das Sich-verbergen des „leuchtenden Lichtes" (106,15) zum ewigen Verderben der Sünder (106,19f).

2. Liebe, Weisheit und das Mysterium der Handreichung

Im Kapitel „Über die Liebe" (K. LXIII 155,31-156,34) wird mit diesem Zentralbegriff der „Vater der Größe" identifiziert. Er hat sich selbst für alles „(hin)gegeben" (156,4), „indem er sich in seinen Äonen befindet" und diesen den Sieg gegeben hat (156,7). Liebe wird aber auch der in der heiligen Kirche wohnende „Erstling aller Gerechtigkeit (δικαιοσύνη/dikaiosynē) und Gottheit" genannt, der Nous, der mit der Kirche einen einzigen Leib bildet und ihre Gestalt ist (156,7-11). Der Liebe gegenüber wird nun der „Haß" gedeutet als der erste Tod, der offenbar geworden ist aus dem Lande der Finsternis (156,20-22). Er wird der „Verhaßte" genannt, „denn er hat Verderben und Wunde gewirkt, das sich in dem Fleische und dem, was nicht sein ist, befindet" (156,25f). Er ist weiterhin der Wunde und Verderben Wirkende und der Töter in verschiedenen Toden. Von ihm heißt es: „Auch das Kreuz (σταυρός/stauros) des Lichtes (und) die Lebendige Seele, er vernichtet sie (pl.) und tötet sie (pl.), wie er es im Anfang getan hat" (156,29-31). Sein Ursprung ist der Verhaßte, der Neid, der Teufel, der Böse (156,32-34).

K. LXXXIV (204,25-208,10) spricht über die Weisheit. Die „verkündete" Weisheit ist größer als die im Herzen sich befindliche (205,21f). Es heißt von ihr: „Du selber bist in Freude durch sie. Aber auch der andere, der sie von dir hört, freut sich durch sie und wird durch sie erleuchtet. Er empfängt durch sie bleibende Kraft“ (205,23-25). In einem Gleichnis vom Geborenwerden des Kindes (205,26ff) und dem im Holze verborgenen Feuer (206, 29ff.207,11) wird die Herrlichkeit der Weisheit offenbar vor den Augen und Ohren der Menschen. Die ihr verwandt sind und ihr angehören, freuen sich über sie, die ihr aber fremd sind, freuen sich ihrer nicht (207,20-31). Abschließend kann es heißen: „Der Mensch, in dem der Nous ist, sein ist die Weisheit (σοφία/sophia). Wenn er sie hört, nimmt er sie zu sich. In welchem kein Nous ist, der ihr fremd ist, nicht nimmt er sie zu sich, noch (οὔτε/oute) hört er sie“ (208,4-7).

K. XCVI (244,22-246,6) spricht ferner über die „drei Erden“, die Frucht geben: Es sind dies die Erde, die von den Menschen bewohnt und bearbeitet wird (244,27-31). Das zweite Feld ist die lebendige Seele, die oben und unten die ganze Zonē (ζώνη) gemischt ist und von den zwei großen, in den Himmeln wandelnden „Erleuchtern“ (Phosteres) be- und umsorgt wird, „damit sie zu ihrem Bilde hin bewegt werde und emporspringe und zur Höhe komme, emporgehe aus allen Orten, wo sie ist, und zu ihnen hinzugefügt würde“ (245,5-7). Als die „dritte Erde“ wird die heilige Kirche hingestellt, die aus ihren Elekten und Katechumenen besteht und im Licht-Nous den um sie sich kümmernden Bauern hat, „der sie erlöst, gerettet und gesammelt hat aus allen Orten“ (245,10f). Er macht sie zu einer Wohnstätte für die Herrlichkeit seiner Größe und einem gute Früchte tragenden Felde, daß sie „sich erhebe zur Höhe und emporsteige auf der Leiter des Licht-Nous, [des] guten Landmannes, der sie zu aller Zeit bearbeitet“ (245,14-16). So sollen nun auch die Mani-Gläubigen die „Landwirtschaft der Gerechtigkeit (δικαιοσύνη/dikaiosynē)“ betreiben, predigen und alle Seelen erleuchten sowie den Menschen das Leben und den Tod offenbaren (245,19-22).

Durch die Handauflegung wird der Erwählte in der Wahrheit „erbaut“ und für immer in ihr „gefestigt“. Diese dient — wie K. XIV zeigt — als eines der fünf „Mysterien“ oder der fünf „Zeichen“ der Aufnahme und Zugehörigkeit der Gläubigen zur Gemeinde des Lichtes und des Friedens. Der Friedensgruß, das Tauschen des Kusses und der Händedruck sind von religiöser Symbolbedeutung. Das Handreichen der Rechten und das Erfassen der Rechten des anderen erinnert an den Gestus, durch den der „Lebendige Geist“ einst den Urmenschen der Finsternis entrissen und zum Lichte geleitet hatte. Vom Mani-Gläubigen heißt es: „Jeder Mensch, der die Hoffnung (ἐλπίς/elpis) und den Glauben angenommen hat, er hat das Licht von der Finsternis getrennt, er hat erkannt (αἰσθάνεσθαι/aisthanesthai) die Mysterien der Lebendigen Seele, er hat die Rechte des Friedens (εἰρήνη/eirēnē) dem Licht-Nous gegeben, der in der heiligen Kirche wohnt, und er erbittet Sündenvergebung vom Licht-Nous. Wisset so: Seine ersten Sünden alle, in denen er gesündigt hat vom Tage, da er geboren wurde bis zum Tage, da er die Hoffnung (ἐλπίς) Gottes annahm und sein Herz wegnahm von allen Sekten (δόγμα/dogma) und Götzenbildern (εἴδωλον/eidōlon) des Irrtums (πλάνη/planē), sie werden ihm alle vergeben. Nicht wird er nach ihnen gefragt von dieser Stunde an, noch empfängt er Vergeltung für sie“ (232,3-13). Wendet er sich hingegen wiederum seinen ersten Werken zu, empfängt er Vergeltung für alle Sünden (232,18ff). Die an die Wahrheit Glaubenden leben aber durch drei große starke Dinge: sie sind zum Geschlecht des Glaubens der Wahrheit gerechnet worden, haben die Rechte (sg.) und den ihnen von oben gekommenen Frieden genommen und an den Apostel geglaubt und sie üben „Schonung und Mitleid an dem Kreuz (σταυρός/stauros) des Lichtes, das im All [erniedrigt wird], indem es sich in dem befindet, was offenbar und was nicht offenbar ist“ (268,21-27).

Der zwischen Erlöser und Erlösendem getauschte Ruf und die Antwort hat ein quasikultisches Pendant im Tauschen des „Friedensgrußes“. Es werden die rechte Hand gereicht und der Kuß getauscht. Diese Symbolhandlung bildet ein Geschehen ab, das der Lebendige Geist an dem Urmenschen vollzogen hat. Dort beginnt sein Gruß: „Sei gegrüßt, (du) Guter...“ Es heißt: „Der Frieden(sgruß), mit welchem er heraufgekommen ist, ist der Frieden(sgruß), den der ‚Ruf‘ ihm gab, als er (sc. Ruf) ausgesandt worden war durch den Vater des Lebens: er gab ihm den Frieden(sgruß) in der Welt der Finsternis... Entsprechend dem Mysterium nun jenes Frieden(sgrußes), den der ‚Ruf‘ gegeben hat dem Urmenschen, ist der Frieden(sgruß) hier entstanden...“ (39,12-18). Was im kosmologischen Bereich stattfand, findet hier eine quasikultische Aktualisierung als Gedächtnis eines kosmologischen und anthropologischen Heilszeichens sowie des Mysteriums der Lichtausläuterung der anomalen Vermischung. Innerhalb der Mani-Kirche soll sich der große, überkosmische Heilsprozeß zu Ende vollziehen.

3. Die große „Einsammlung“ als Eschatologie des Lichtdramas

In K. LXXI (175,26-176,8) ist die große „Einsammlung“ der Elemente, die manichäische Soteriologie, kurz zusammengefaßt: „Das Licht versammelt sich zum Feuer, das Feuer aber versammelt sich [im Wasser, das W]asser versammelt sich zum Wind, der Wind versammelt sich zur Luft (ἀήρ/aēr), die Luft (ἀήρ) versammelt sich zur Antwort, die Antwort versammelt sich zum Ruf, der Ruf hingegen [zum] geläuterten Νοῦς, welcher das νοερόν (noeron) ist, das νοερόν zur Säule der Herrlichkeit, die Säule der Herrlichkeit zum Urmenschen, der Mensch zum Gesandten, der Gesandte [zu] den Äonen der Größe“, sodaß sie „eingesammelt“ nach oben gehen an den „Ruheort in alle Ewigkeit“ (175,29-176,8).

Das altgriechische Axiom vom Streit als dem Vater aller Dinge hat in dem manichäischen Religions-System mit dem durch alles Einzelne hindurchgehenden Widerstreit des Lichtes und der Finsternis seine religiöse Travestie gefunden. Mit der Symmetrie der „zwei Prinzipien“, der radikalen Dualität des Lichtes und der Finsternis und der temporalen Perspektive der „Drei Zeiten“, ihrem anfänglichen Getrenntsein, der Vermischung und dem eschatologischen Endpunkt der Wiederherstellung der absoluten Trennung, hatte Mani die begegnende Wirklichkeit gedeutet, ihren Zustand gerechtfertigt und die Erfüllung des menschlichen Heilsverlangens in Aussicht gestellt. Als Heilslehre ist sein religiöses System von einem kosmogonischen und anthropogonischen Mythos her konzipiert und sieht in der Weltwerdung jeweils bereits die soteriologischen Momente mitgesetzt. In solch einer theologischen „Symmetrie" erfolgt auf die Aktion der Finsterniswelt jeweils eine Reaktion der Lichtwelt. Den Modi der Lichtfesselung korrespondieren die Modi der Lichtbefreiung. Die in der Kosmologie und Soteriologie begegnenden Namen sind aufeinanderfolgende Aspekte, Wesenheiten, hypostasierte Funktionen der großen Auseinandersetzung in einer Vielfalt von Abfolgen und Handlungen, wobei es um die Leidensgeschichte, das Urdrama der Lichtsubstanz geht, die zu erlösen ist und die sich selber erlöst. In dieses Drama ist der Mensch derjenige, in welchem sich der größere Teil der gefallenen Lichtsubstanz vereinigt. Er ist zugleich der Ort, in welchem und durch welchen das verschlungene Licht gerettet wird. Auf ihn hin ist das ganze Handeln des „Vaters der Größe" konvex gebündelt. Weil der Mensch in der mikro-makrokosmischen Entsprechung gesehen wird, wiederholt sein Werden und seine Geschichte die Entstehung und das Werden des Kosmos und faßt es zusammen. Es gibt nur eine Soteriologie des Lichtes, im Weltall wie im menschlichen Organismus, in dem über die ganze Welt ausgebreiteten „Kreuz des Lichtes", welches die leidende Seele in der Welt und dadurch die Seele der Welt ist, das leidende Antlitz des transzendenten Jesus, des leidenden und zu rettenden Teils von „Jesus dem Glanz". Das von ihm errichtete Rad mit den zwölf Schöpfeimern dreht sich und schöpft die lichtvollen Seelen aus der Vermischung, geleitet sie zur „Säule des Lichtes", die durch die „Schöpfgefäße" des Mondes und der Sonne diese mystische Last zur anfänglich-ursprünglichen Lichtwelt führen. So mündet das „Urdrama des Lichtes" in ein eschatologisch geglücktes Finale. In einem damit ist das Heilsverlangen des Menschen gerechtfertigt und erfüllt, der Zustand der Verdunkelung und Gebundenheit aufgehoben.

Die „Kephalaia" legen Mani, der die „Harfe der Weisheit" gespielt und in der „lebendigen Wahrheit" gesprochen hat (187,16-19), die Worte in den Mund: „Ich habe getrennt [das Licht von der Finsternis und habe] das Leben vom Tode ge[schieden (διακρίνειν/diakrinein)], das Gute [vom] [Bösen], den Gerechten vom Sünder, [ich habe gepredigt] den Weg des Lebens und die Gebote..." (186,9-12). Und der Mani-Jünger antwortet mit dem Lobpreis: „Heil meinem und meiner Brüder aller Herrn, die (wir) durch dich die Herrlichkeiten gehört haben. Wir wissen: Wir alle (sind) in dem Lebendigen, wir haben aber gelebt, dadurch daß du gekommen bist zu uns. Wir haben die Wahrheit gefunden mehr als alle Menschen, die in der Welt sind. Wer von uns vermöchte dir vollständig zu bezahlen das Gute, das du an uns getan hast, o Vater, außer dem Vater, der dich gesandt hat. Jener ist imstande (ἱκανός/hikanos), die vollständig das Leiden zu bezahlen" (188, 20-27).

Das Mysterium der Lichtausläuterung will nach den „Kephalaia" in dieser Religion des Nous in den „Auserwählten", den „erlösten Erlösern", in deren Aneignung der mythischen Vorstellungen des Seelenaufstieges, des Kampfes gegen die Finsternismächte und überhaupt in der vollen „Gnosis" zur Vollendung kommen.

Teil 2

DAS ERLÖSUNGSGESCHEHEN IM MANICHÄISCH-IRANISCHEN MYTHOS

Motiv- und traditionsgeschichtliche Analysen

Manfred Hutter

Inhaltsverzeichnis

1. Die literaturgeschichtlichen Probleme der mythologischen Überlieferung 157
2. Die Fesselung des Lichtes in der Materie. Der Ansatz zur Erlösung von Welt und Mensch 165
2.1. Der uranfängliche Kampf und die Kosmogonie 166
2.2. Das Mythologem der „Verführung der Archonten“ 171
3. Die Erlösungsbedürftigkeit des Menschen 181
3.1. Die Menschenschöpfung durch die Dämonin Āz 181
3.2. Die Rettung und Erweckung des Menschen 189
3.3. Die Bedeutung der manichäischen Ethik für die Erlösung 201
4. Die kosmische Erlösung im großen Gericht und Feuer 211
4.1. Einige literaturgeschichtliche Beobachtungen zum Šābuhragān und zur koptischen Homilie vom Großen Krieg 211
4.2. Frašegird — die Wiederherstellung des ursprünglichen Heilszustandes 218
5. Manis gnostischer Mythos im iranischen Kleid 227
6. Literaturverzeichnis 231

Kapitel 1
DIE LITERATURGESCHICHTLICHEN PROBLEME DER MYTHOLOGISCHEN ÜBERLIEFERUNG: DAS ŠĀBUHRAGĀN UND VERWANDTE TEXTE

Als Ausgangspunkt unserer Untersuchung zur manichäichen Anthropologie und Erlösungslehre, wie sie uns speziell aus dem iranischen Bereich bezeugt sind, hat die Frage zu stehen, ob es möglich ist, Texte ausfindig zu machen, die direkt auf Mani selbst zurückgehen. Konkret sind dabei jene mittelpersischen (mp.) Texte ins Auge zu fassen, die aus Manis Begegnung mit Šābuhr resultieren. Obwohl sein Auftreten im Sasanidenreich, seine religionspolitische Tolerierung unter Šābuhr sowie seine Verfolgung unter Wahrām hier nicht weiter nachzuzeichnen sind, wissen wir, daß Mani bald nach Šābuhrs Regierungsantritt mit dem Herrscher zusammenkommen und ihm dabei im Rahmen verschiedener Audienzen seine Lehre systematisch darbieten konnte.[1] Die daraus folgende Tolerierung des Propheten von seiten des Königs und die damit verbundene Sympathie des Herrschers für den Propheten ist für die weitere Entwicklung des Manichäismus im iranischen Raum von Bedeutung. Im Rahmen dieser Begegnungen zwischen Mani und dem Herrscher wurde Šābuhr über die Grundzüge der manichäischen Lehre informiert, wobei diese Lehre im Šābuhragān (Šb.), d. h. in der Šābuhr gewidmeten Schrift,[2] vorliegt. Wie wir aus dem Kanon der von Mani selbst verfaßten Werke wissen,[3] ist das Šb. die einzige Schrift Manis, die er in mp. Sprache abgefaßt hat.[4] Daraus ergibt sich, daß das Šb. unter den erhaltenen iranischen Texten zum Manichäismus das höchste Alter aufweisen kann und praktisch die *ipsissima vox* des Propheten wiedergibt. Eine präzise absolute Datierung ist nicht möglich, doch konnte *W. Henning*[5] darlegen, daß der astronomische Abschnitt M 7980f ursprünglich entstanden sein muß, als das persische Neujahr mit dem Herbstäquinoktium zusammengefallen ist, woraus sich der Zeitraum zwischen den Jahren 235 und 238,

1 Manis Verhältnis zu den sasanidischen Herrschern ist zuletzt dargestellt bei *Hutter, Mani 16-31, für die Begegnung mit Š*ābuhr vgl. bes. 21.24.

2 *Sundermann,* Studien I, 82 mit Anm. 171.

3 Vgl. etwa die Aufzählung der manichäischen Schriften bei *Ort,* Mani 107-111 oder *Boyce,* Writings 1196-1201.

4 Dies ist die *opinio communis,* die letztlich auf die Mitteilung bei an-Nadīm zurückgeht übersetzt nach *Adam,* Texte 8; arab. Text bei *Taqizadeh/Šīrāzī*, Mani 161): „Von Mani (stammen) sieben Bücher, ein persisches und sechs syrische, im syrischen Dialekt." *Boyce,* Writings 1196 meint hingegen, daß Mani das Šb. in seiner Jugend ursprünglich in Aramäisch abgefaßt und von dort ins Mp. übersetzt habe. Daraus läßt sich auch der etwas ungewöhnliche Stil des Mp. im Šb. erklären.

5 *Henning,* Henochbuch 32f, worin auch gezeigt wird, daß der Text im 7. Jahrhundert eine Überarbeitung erfahren hat; als Grundstock des ursprünglichen Textes arbeitete *Nyberg,* Texte 77 die bei *Boyce,* Reader 69f als Nr. y 27.30-34 wiedergegebenen Abschnitte heraus.

also noch die Regierung Ardaxšīrs, ergibt.[6] Dieser Abschnitt des Textes muß somit als das früheste (iranische) Werk Manis angesehen werden. Insofern ist es m. E. methodisch naheliegend, sich für die Darstellung der iranischen Form des Manichäismus primär[7] auf die zum Šb. zu rechnenden Texte zu berufen.

Im Mittelpunkt unserer Ausführungen werden daher folgende Texte stehen:[8] Sicher dem Šb. zugehörig ist nach Ausweis der Überschrift der Text M 470ff, der bereits in der Frühzeit der Erforschung der iranischen manichäischen Texte durch *F. W. K. Müller* teilweise veröffentlicht wurde,[9] aber erst vor etwa einem Jahrzehnt seine endgültige Bearbeitung und Edition durch *D. N. MacKenzie* erfahren hat.[10] Ebenfalls zum Šb. gehört der Text M 49, wobei *W. Sundermann* weitere Fragmente dieser Handschrift identifizieren konnte.[11] Wahrscheinlich darf man aber auch folgende Texte kosmogonischen Inhalts dieser Schrift Manis zuordnen: Die Fragmente M 7980-84, die bereits von *F. C. Andreas/W. Henning*[12] veröffentlicht wurden und für die *W. Sundermann*[13] in M 506 einen Paralleltext identifizieren konnte. Wahrscheinlich ist auch der ebenfalls bereits von *F. W. K. Müller*[14] publizierte Text M 98/99 zu nennen, für den *M. Boyce* im Anschluß an *W. Henning* vorschlägt, daß er M 7980-84 ohne größere Lücke unmittelbar vorangeht.[15] Eventuell darf auch das sehr kleine Fragment M 299a, worin eine Reihe von Manis Vorgängern aufgezählt wird, dem Beginn des Šb. zugeordnet werden.[16] Der Beweis, daß die eben genannten Texte tatsächlich einem einzigen literarischen Werk angehören, konnte bisher nicht erbracht werden. Allerdings gibt es eine Reihe von Indizien verschiedenster Art, die die enge Verwandtschaft und Zusammengehörigkeit dieser Texte aufzeigen. Insofern scheint es mir gerechtfertigt zu sein, vorderhand diese Texte gemeinsam zu behandeln. Denn unbeschadet der Frage, ob die kosmogonischen Texte tatsächlich zum Šb. gehören oder nicht, darf als sicher gelten, daß M 7980-84 und M 98/99 direkt auf ein Werk von Mani selbst zurück-

6 Siehe aber auch die Skepsis von *Sundermann,* Namen 110f, der eine genaue zeitliche Fixierung der Texte ablehnt und nur den Schluß zieht, daß der Text zu Lebzeiten Manis verfaßt worden ist.

7 Obwohl das Šb. die einzige auf Mani selbst zurückgehende mp. Schrift ist, gibt es mitteliranische kosmogonische bzw. eschatologische Texte, die ebenfalls von Mani stammen, aber nur mehr in überarbeiteter oder übersetzter Form vorliegen, vgl. etwa M 2 II bei *Boyce,* Reader 84-87 oder die bei *Sundermann,* Parabeltexte 41-54 edierten mp. und parth. Fragmente einer Kosmogonie.

8 Die in Frage kommenden Texte sind zuletzt bei *Sundermann,* Studien II, 315 und *Ders.,* Texte 92 aufgelistet. Zur Systematisierung und Identifizierung iran. Texte, die eine mit M beginnende Signatur haben, siehe *Boyce,* Catalogue.

9 *Müller,* Handschriftenreste II, 11-25.

10 *MacKenzie,* Šābuhragān.

11 *Sundermann,* Texte 94-98, Nr. 5.2.-5.6.

12 *Andreas/Henning,* Manichaica I; vgl. jetzt auch die teilweise Neuedition von *Boyce,* Reader 63-76, Nr. y 7ff.

13 *Sundermann,* Parabeltexte 68f, Nr. 16.

14 *Müller,* Handschriftenreste II, 37-43.

15 *Boyce,* Catalogue 8.133; vgl. für die Neuedition *Dies.,* Reader 60-62, Nr. y 1-6.

16 Vgl. *Sundermann,* Studien I, 83 Anm. 178; Text bei *Henning,* Henochbuch 27f.

gehen.[17] Das auffälligste terminologische Element, das die Zusammengehörigkeit dieser Texte nahelegt, ist die Verwendung von Namen. Wie *W. Sundermann* gezeigt hat, überwiegen im Šb. und in den kosmologischen Texten die Benennungen, die durch Identifizierung mit mythischen Gestalten der mazdayasnischen Religion entstehen. Insofern ist die Terminologie dieser Texte weitgehend an zoroastrische Terminologie angeglichen, mit der Konsequenz, daß die manichäische Lehre in dieser Form äußerlich ein zoroastrisches Gepräge erhält und dadurch für den iranischen Kulturkreis vorderhand ihre Fremdheit verliert. Die Adaptierung des Textes nach solchen Mustern ist im Šb., mit dem sich Mani an den Sasanidenherrscher wendet, sehr verständlich. Da auch die kosmologischen Texte die gleichen Benennungen bringen, scheint es plausibel, diesen Texten denselben Sitz im Leben zuzuweisen, nämlich eine Audienz bei Šābuhr, oder anders ausgedrückt, diese Texte ebenfalls zum Šb. zu rechnen.[18]

Weitere Indizien für die Zusammengehörigkeit dieser Texte darf man m. E. aus der arabischen Überlieferung heranziehen. Mehrere arabische Autoren berichten immer wieder vom Šb. bzw. zitieren sogar daraus, so daß man aufgrund dieser arabischen Zitate wenigstens einen — wenn auch sehr unvollständigen — Einblick gewinnt, was alles einmal dem Šb. angehört hat.[19] Aus al-Bīrūnī erfahren wir über den Anfang des Šb., daß darin das „Kommen der einzelnen Gesandten" im Laufe der Geschichte beschrieben wurde: Buddha nach Indien, Zarathustra nach Iran, Jesus in den Westen, und als letzte Offenbarung die des Mani in Babylon.[20] Al-Yaʿqūbī zählt Manis Schriften auf, wobei er als Inhalt des Šb. folgendes angibt: Darin wird die reine und die mit den Dämonen der Finsternis vermischte Seele beschrieben, weiters gibt es darin kosmogonische Aussagen.[21] Auch Šahrastānī kennt in seinen Hinweisen auf das Šb. die Vorstellung, daß Mani in einer langen Reihe von Propheten als letzter auftritt, weiters ist bei ihm interessant, daß er von der unbegrenzten Lichtwelt weiß, die nur an einer Seite durch die Welt der Finsternis begrenzt wird, und daß der Lichtkönig inmitten seiner Lichtwelt wohnt. Schließlich sei es aber zur Vermischung der Gegensätze, sowohl der physischen als auch der ethischen, gekommen.[22] Ibn al-Murtadā, der als Schriften Manis das Evangelium und das Šb. nennt, leider ohne in seinen Zitaten diese beiden Werke eindeutig zu trennen, spricht ebenfalls vom König der Lichtwelt, der inmitten des Lichtes wohnt, und von der Lichtwelt, die nur an einer Seite durch die Welt des Feindes, der Finsternis, begrenzt wird. Ibn al-Murtadā ist insofern von Interesse, als er den ganzen Mythos vom Fall des Lichtes bis hin zur endgültigen Befreiung

17 Vgl. *Sundermann,* Namen 97 Anm. 10, worin jene Literatur genannt ist, in der die Zusammengehörigkeit der Texte ausgesprochen wird.

18 Vgl. dazu auch *Sundermann,* Namen 101.106.

19 Vgl. die Zusammenstellung der arabischen Quellen zum Šb. bei *Kessler,* Mani 180-191 und *Alfaric,* Ecritures II, 48-54; für die Analyse ist auf *Colpe,* Manichäismus passim zu verweisen.

20 Übersetzung bei *Kessler,* Mani 316f; arab. Text bei *Taqizadeh/Šīrāzī*, Mani 204.

21 Übersetzung bei *Kessler,* Mani 328f; Text bei *Taqizadeh/Šīrāzī*, Mani 104; vgl. ferner *Adam,* Texte 6 sowie *Henning,* Fehler 86f.

22 Vgl. *Kessler,* Mani 191.342f; arab. Text bei *Taqizadeh/Šīrāzī*, Mani 244.

der Lichtteile in einem großen Feuer am Ende der Welt wiedergibt.[23] Ausführlich berichtet auch Ibn an-Nadīm über Manis Jugend und über seine Theogonie, Kosmogonie und Anthropogonie, wobei er in seinem Buchkatalog auch das Šb. nennt. Die Wiedergabe seines kosmogonischen Mythos mit dem Kampf zwischen Licht und Finsternis bis hin zur Vernichtung der Finsternis im 1468 Jahre dauernden Weltenbrand, die an-Nadīm in einem Erzählfaden bietet, deckt sich allerdings nicht mit dem, was er in seinem Buchkatalog als Inhalt des Šb. angibt. Die drei Kapitel über die „Auflösung der Hörer, Auflösung der Erwählten, Auflösung der Sünder" decken nämlich nur jenen Teil des Mythos ab, der von der endgültigen Trennung zwischen Licht und Finsternis spricht.[24] — Fragt man nach dem Quellenwert dieser arabischen Überlieferungen, so darf man sich den Ergebnissen von *C. Colpe* anschließen, der nachweisen konnte, daß für einen Großteil von an-Nadīms Mitteilungen über den Manichäismus Abū ʿIsā al-Warrāq, ein unabhängiger, später zum Manichäismus neigender Religionsphilosoph aus dem 9. Jahrhundert,[25] als Gewährsmann gelten darf. Als Argumente, daß Abū ʿIsā das Šb. kennt und exakt überliefert, nennt *C. Colpe* folgende:[26] a) die enge Verbindung zwischen Kosmogonie und Eschatologie, wobei der kosmogonische Abschnitt ebenfalls klare Parallelen zur iranischen Überlieferung zeigt.[27] b) die Tatsache, daß die Dauer des Weltenbrandes mit 1468 Jahren im Šb. und in der arabischen Tradition exakt überliefert wird und M 470 beinahe wörtlich im Fihrist bei an-Nadīm, der auf Abū ʿIsā zurückgeht, wiedergegeben ist. c) Von den fünf Söhnen des Lebendigen Geistes sind bei Abū ʿIsā nur Atlas und Splenditenens genannt, diejenigen, die Himmel und Erde von unten und oben halten, was gut mit der Funktion des Atlas im M 472 korreliert. — Was die Überlieferung des Šb. bei al-Yaʿqūbī, Ibn al-Murtaḍā und Šahrastānī betrifft, so darf man sagen, daß auch sie ihre Kenntnisse der Manichäerschrift des Abū ʿIsā verdanken.[28] Diejenigen arabischen Traditionen, die nicht auf Abū ʿIsā beruhen, lassen sich z. T. ebenfalls auf den iranischen Bereich zurückführen, so daß auch hierin wertvolle und zuverlässige Überlieferungen des manichäischen Mythos gesehen werden dürfen.[29]

Versucht man nun, aufgrund dieser arabischen Zitate den ungefähren Inhalt des Šb. wiederzugeben, so erhält man etwa folgenden Rahmen: Das 1. Kapitel des Šb. handelt vom „Kommen der Apostel". Darin stellt sich Mani in eine Reihe mit anderen Propheten, d. h. er legitimiert sein religiöses Auftreten, und gleichzeitig wird dadurch der Anspruch seiner Verkündi-

---

23 Vgl. *Kessler,* Mani 350-354; arab. Text bei *Taqizadeh/Šīrāzī*, Mani 299-301.

24 Zu an-Nadīm vgl. *Kessler,* Mani 180ff sowie *Flügel,* Mani 103 und *Dodge,* Fihrist II, 797f, wo der Buchkatalog (arab. Text bei *Taqizadeh/Šīrāzī*, Mani 161) genannt ist; der Mythos bei *Kessler,* Mani 386-393; *Flügel,* Mani 86-90 und in neuer Übersetzung bei *Dodge,* Fihrist II, 777-783.

25 *Colpe,* Manichäismus 191.

26 *Colpe,* Manichäismus 218-220.

27 *Colpe,* Manichäismus 66.234.

28 *Colpe,* Manichäismus 245.

29 Vgl. *Colpe,* Manichäismus 234-236 für an-Nadīm, 239 für al-Bīrūnī.

gung sichtbar: Er ist derjenige, der die wahre Religion, die bereits seit Uranbeginn der Welt verkündet wurde, wieder in wahrer Form den Menschen mitteilt.[30] Die dem Propheten von seinem Gefährten, dem *Syzygos*, mitgeteilte Lehre ist es, die ihn in seinem prophetischen Wirken beflügelt. Von den iranischen Originaltexten des Šb. sind hier M 49 sowie die weiteren dieser Handschrift zugehörigen Fragmente zu nennen, die zuletzt *W. Sundermann* ediert hat.[31] — Nach diesem Einleitungskapitel dürften m. E. diejenigen Texte anzuordnen sein, in denen Mani seinen kosmogonischen und anthropogonischen Mythos erzählt, beginnend mit dem Sturz des Lichtes in die Finsternis und der Vermischung des Guten mit dem Bösen, wie man aus den arabischen Quellen kombinieren kann. Iranischerseits ist uns dieser Mythos im Text M 98/99 und in dem gleich daran anschließenden Text M 7980-84 erhalten, wobei aber gesagt werden muß, daß diese beiden Texte nicht derselben Handschrift entstammen und sich auch nicht überlappen. Innerhalb der Kosmogonie ist dabei noch der Text M 506 zu nennen, der als Paralleltext die astronomischen Erscheinungen gleich wie in M 7981 II beschreibt. Ebenfalls in diesem Zusammenhang darf wohl die syrische Überlieferung der manichäischen Mythologie, wie sie Theodor bar Kōnai im 11. Buch seiner Scholien bietet,[32] genannt werden. Denn *H. H. Schaeder*[33] konnte nachweisen, daß hierin als Original eine Lehrschrift Manis zugrundeliegt, die zwar gekürzt, aber sonst exakt wiedergegeben ist. — Im Schlußteil des Šb. legt Mani seine Eschatologie vor, worauf die arabische Überlieferung in an-Nadīms Fihrist al-ʿulūm verweist, wo als drei Teile des Šb. die Kapitel über die Auflösung der Hörer, Erwählten und Sünder genannt sind. Ebenfalls diesem Schlußkapitel des Textes gehört die Erzählung von der endgültigen Läuterung des Lichtes von der Finsternis in einem lang andauernden Weltenbrand an. Dieser Schlußteil ist uns in den iranischen Quellen wiederum gut in den Texten M 470ff überliefert, die das Gericht über Gute und Böse, den Endkampf zwischen Licht und Finsternis und die endgültige Besiegung der Finsternis beschreiben, wodurch das Endheil analog zum ursprünglichen Heilszustand wieder erreicht wird. M. E. darf dieses Ende als Schlüssel dafür gelten, den mythologischen Part der Weltentstehung ebenfalls dem Šb. zuzuweisen. Denn die endgültige Trennung von Licht und Finsternis, d. h. die Wiederherstellung des unvermischten Zustandes als Ziel verlangt m. E. im Erzählzusammenhang direkt die Kosmologie als Vorspann, in der berichtet wurde, weshalb Licht und Finsternis vermischt wurden und weshalb die Erlösung notwendig wurde. Daß nach manichäischer Auffassung die Weltschöpfung eng mit der Eschatologie verbunden ist, klingt auch in der zoroastrischen Widerlegung des Manichäismus, dem Škand-Gumānīg Wizār, an. Mani lehrt, heißt es dort, drei Zeitepochen: den Zustand, in dem die zwei Prin-

30 Vgl. zu Manis Sendungsbewußtsein und zu seinem Anspruch, der Vollender der Religion zu sein, *Hutter*, Mani 49-53.

31 *Sundermann*, Texte 92ff.

32 Siehe dazu die ausführliche Bearbeitung durch *Cumont*, Recherches I, 7-49; dt. Übersetzung bei *Adam*, Texte 15-23 und *Böhlig*, Gnosis 103-108.

33 *Schaeder*, Lehren 263-266.

zipien unvermischt waren, den Zustand der Mischung und schließlich den Endzustand der Trennung von Licht und Finsternis.[34] — Insofern glaube ich, daß man die Lehre Manis, wie sie dem Sasanidenherrscher Šābuhr dargelegt wurde, in der eben geschilderten Weise rekonstruieren darf, d. h. alle genannten Texte aus inhaltlichen Gründen dem Šb. zuzuweisen hat, auch wenn der strikte literaturgeschichtliche Beweis dieser Textzusammenstellung derzeit (noch) nicht möglich ist.

Aufgrund der großen Bedeutung, die das Šb. als direktes Zeugnis der Lehre Manis hat, mag es angebracht sein, hier noch kurz die weite Verbreitung dieses Werkes zu skizzieren, obwohl dies eigentlich über den Rahmen unserer Thematik hinausgeht. Man kann sagen, daß dieses Werk im ganzen östlichen Manichäismus sehr große Bedeutung und Beliebtheit erfahren hat, wie die gute und weite Verbreitung zeigt. Überlieferungsgeschichtlich ist dabei zu bemerken, daß die mp. Texte des Šb., soweit sie erhalten sind, sehr gut bezeugt sind und auch dort, wo mehrere Handschriften existieren, eine exakte und sorgfältige Überlieferung bezeugen.[35] Innerhalb des iranischen Sprachraums sind dabei die parth. Versionen des Šb. zu erwähnen. Wenn M 98/99 wirklich diesem Werk zugehört, so darf hier der parth. Text M 183[36] genannt werden, der über weite Strecken eine Parallele zu M 98 darstellt. Auch für das kleine parth. Fragment M 5651, das von der Wirksamkeit des Paargenossen zugunsten Manis berichtet, hat *Sundermann* die Vermutung geäußert, daß es ebenfalls einer parth. Version des Šb. angehört.[37] Für die inneriranische Überlieferung des Šb. sind diese parth. Texte insofern interessant, als sie keine wörtliche Übersetzung, sondern eine Paraphrasierung/Adaptierung des mp. Originals darstellen.[38] — Weiter in den Osten führen uns die alttürkischen Šb.-Texte. Ähnlich wie im Parthischen und im Chinesischen ist das Šb. hier lediglich unter seinem Sachtitel „Die beiden (großen) Prinzipien“ bezeugt, wahrscheinlich deshalb, weil „Šābuhragān“ als Titel zu wenig aussagekräftig oder nicht verständlich war.[39] In den Resten des „Buches von den beiden Prinzipien“ (*Ï ki yildiz nom*) darf man eine türkische Version des Šb. sehen.[40] — Im chinesischen Manichäismus ist das Werk ebenfalls unter dem Sachtitel „Die zwei Prinzipien“ bekannt. Im Kanon der manichäischen Schriften, wie er uns im „Kompendium der Lehren und Regeln Manis, des Buddhas des Lichts“[41] bezeugt ist, lesen wir von der „Tafel der großen zwei Prinzipien“ (*Ta erh-tsung t'u*).[42] Weiters

34 ŠGW 16,4-6; vgl. *de Menasce,* Škand-Gumānīk 252.

35 Vgl. *Sundermann,* Studien II, 316, woraus hervorgeht, daß der ursprüngliche Text wohl in großer Treue bewahrt wurde; diese Texttreue schließt allerdings eine spätere Interpolation im kosmogonischen Text M 7980f, die aus dem 7. Jahrhundert stammt, nicht aus, ebd. 316 mit weiterer Literatur.

36 Ediert bei *Sundermann,* Parabeltexte 61-64, Nr. 11.

37 Vgl. *Sundermann,* Studien I, 84, sowie *Ders.,* Texte 98f, Nr. 6 für die Edition.

38 *Sundermann,* Studien II, 316.

39 Vgl. *Haloun/Henning,* Compendium 210 Anm. 10.

40 Vgl. *von Gabain,* Literaturen 222.226 mit weiterer Literatur; ferner *Sundermann,* Studien I, 84. Die in Frage kommenden Texte sind ediert von *LeCoq,* Manichaica I, 23-25.30.

41 *Haloun/Henning,* Compendium 193f.

42 *Schmidt-Glintzer,* Manichaica 73; vgl. ferner 160 mit weiterer Literatur.

erfahren wir, daß ein gewisser Mihr-Ormuzd von der Kaiserin Wu (684—704) zu einer Audienz empfangen wurde und in China das „Buch der zwei Prinzipien“ (*erh-tsung ching*) präsentiert hat.[43] Schließlich ist uns auch das „Buch der zwei Prinzipien und der drei Zeitepochen“ (*erh-tsung san-chi ching*) bekannt. Dieses wichtige Buch der Manichäer, das in China verbreitet war, könnte dabei die chin. Version des Šb. sein, allerdings ist nicht auszuschließen, daß hierin ein alternativer Titel für das „Kompendium der Lehren und Regeln Manis“ vorliegt. Denn in diesem Text ist immer wieder von den beiden Prinzipien und/oder den drei Zeitepochen die Rede.[44] — Die schon des öfteren genannten arabischen Hinweise und Zitate aus dem Šb. sind schließlich ein weiteres Beispiel für das Weiterwirken dieses Werkes im östlichen Manichäismus. Dem steht der westliche Manichäismus gegenüber, wo das Šb. nicht zu den kanonischen Schriften Manis zählt und wo bislang auch keine Spuren des Werkes nachgewiesen werden konnten.[45]

Obwohl also unser Text nicht in allen Formen des Manichäismus bezeugt ist, ist er für eine Form dieser synkretistischen Weltreligion eine entscheidende Quelle, die uns eng an Manis Verständnis der Welt und an sein Bemühen, eine Erlösungsreligion zu bringen, heranführt. Die Lehrverkündigung in mythologischer Form ist dabei wohl kaum zufällig entstanden, sondern in Anlehnung an iranische mythologische Traditionen gewählt, um dem Manichäismus im Kleid einer „iranischen Religion“ missionarischen Erfolg zu sichern.

---

43 *Lieu,* Manichaeism 189.

44 Vgl. *Lieu,* Manichaeism 226; weiters *Schmidt-Glintzer,* Manichaica 125 s. v. *erh-tsung* (*men*) und 152 s. v. *san-chi* für Belegstellen im Kompendium; vgl. ferner *Lieu,* Manichaeism 227.236.239 für Verbote, die die „zwei Prinzipien“ betreffen.

45 Vgl. *Sundermann,* Studien I, 83f Anm. 180, worin die ältere Literatur zitiert wird, die vermutet hat, das Šb. eventuell doch in einem der im westlichen Manichäismus verbreiteten Werke Manis erkennen zu können.

Kapitel 2
DIE FESSELUNG DES LICHTES IN DER MATERIE. DER ANSATZ ZUR ERLÖSUNG VON WELT UND MENSCH

Das Heilsgeschehen, das im manichäischen Mythos im Zentrum steht, kreist um die Rettung des in das Reich der Finsternis gefallenen Lichtes. Die Ursache für den Sturz des Lichtes / des Guten in die Finsternis / das Böse liegt darin, daß von Uranfang an zwei gegensätzliche Grundkomponenten und Kräfte existieren: das Gute und das Böse, die zufällig miteinander in Berührung gekommen sind. In der Terminologie von *H. Jonas*[1] kann man dabei vom iranischen Typ des Gnostizismus sprechen, der uns besonders ausgeprägt in manichäischen und mandäischen Schriften sowie z. T. in den Vorstellungen des Perlenliedes oder der Oden Salomos entgegentritt. Dem darf man den syrisch-ägyptischen Typ[2] gegenüberstellen, dem die meisten Systeme der „christlichen" Gnosis angehören. Als Hauptunterschied zwischen diesen beiden Typen darf man die Tatsache hervorheben, daß im iranischen Typ der Dualismus zwischen Gut und Böse vorgegeben war, während im syrischen Typ das Böse nicht präexistent war. Vielmehr irrt ein Teil des Göttlichen aufgrund seiner Freiheit zu widergöttlichem Dasein ab, d. h. man kann von einem stufenweisen Abfall oder einem sündhaften Verhalten sprechen. Das Böse ist also — im Gegensatz zum iranischen Typ — vermindertes Göttliches.

Da der Dualismus im Mittelpunkt der Lehre des Manichäismus steht, ist kurz danach zu fragen, woher Mani seine dualistische Vorstellung hat. Der iranische Prophet Zarathustra, den Mani als einen seiner Vorgänger betrachtet, kennt einen sehr stark ethisch geprägten Dualismus.[3] Im Mittelpunkt steht die Wahl zwischen der Wahrheit (*aša*) und der Lüge (*drug*), die schon in den Gathas ausgeprägt ist (Y 30,5): das Gute ist zu wünschen und das Böse zu meiden. Dabei ist *aša* ein solcher zarathustrischer Schlüsselbegriff, daß das davon abgeleitete Nomen *ašauuan* praktisch „Gläubiger" bedeutet. Die Betonung von „Wahrheit" als Synonym für die richtige Lehre ist dabei von Mani übernommen worden, wenn er den „Weg der Wahrheit" zeigt oder jeder Manichäer mit dem „Siegel des Glaubens und der Wahrheit" gesiegelt wird.[4] Die ethische Komponente des zarathustrischen Dualismus

1 *Jonas,* Gnosis 256f, wo folgende vier Haupttypen der Gnosis genannt werden: iranisch (Mani), syrisch-ägyptisch (Valentinianer, Basilides, Pistis Sophia), alexandrinisch-kirchlich (Origenes, Mönchsmystik) und neuplatonisch (Plotin).

2 Vgl. *Jonas,* Gnosis 328-333, wo auch der alexandrinisch-kirchliche und der neuplatonische Typ als stammverwandte Spezialformen dem syrisch-ägyptischen Typ zugeordnet werden; vgl. ferner *Rudolph,* Gnosis 70.

3 Vgl. *Hasenfratz,* Iran 40-42; ferner *Rudolph,* Gnosis 67.

4 *Oerter,* Frömmigkeit 185.

ist dabei mit dem Antagonismus Geist — Materie nicht in Deckung zu bringen, sondern der geist-stoffliche Dualismus ist vorzarathustrisch; beide werden im Zoroastrismus zwar kombiniert, allerdings in der Form, daß Wahrheit und Lüge jeweils geistig oder materiell sein können. Bei Mani jedoch wird die Gleichsetzung vollzogen: Wahrheit = gut = geistig gegenüber Lüge = böse = materiell. In dieser Radikalität wendet sich Mani vom zarathustrischen Dualismus ab und wird gnostisch-antikosmisch, wobei er eigentlich zwei widersprüchliche Tendenzen kombiniert:[5] einerseits die ihm von seiner Jugend im elkasaitischen Milieu her vertraute „gnostische" Sensibilität für das Böse in der Welt und andererseits den zoroastrischen Dualismus, den er zu seiner radikalen Theorie von den „Zwei Prinzipien" weiterentwickelt. Die Frage nach dem Bösen — besonders virulent, wenn man mit *G. Stroumsa*[6] Manis Jugend im monotheistischen Milieu ansiedeln darf, wie der Kölner Mani-Kodex zeigt — kann dabei nur durch die Hinwendung zum Dualismus geklärt werden: Das Böse in der Welt entsteht nach manichäischer Mythologie durch die Mischung, die aus einem uranfänglichen Angriff des Reiches der Finsternis auf das Lichtreich resultiert.

2.1. Der uranfängliche Kampf und die Kosmogonie

Der manichäische Mythos rechnet von Anbeginn an mit der Existenz der Reiche des Lichts und der Finsternis, die durch den Luftraum völlig getrennt waren. Dabei war das Licht im Norden vorhanden und breitete sich immer mehr nach Osten und Westen aus, während die Finsternis auf den Süden beschränkt war.[7] Obwohl beide Seinsbereiche ewig sind, besteht kein Zweifel an dem absoluten Vorrang der Macht des Lichtes, wobei das Reich der Finsternis zusätzlich mit Unwissenheit geschlagen ist. Aufgrund dieser qualitativen Unterschiede entsteht im Herrscher der Finsternis Neid und Eifersucht, als er durch Zufall von der Existenz des Lichtes erfährt. Als er sich nämlich — bedingt durch eine Unruhe in seinem Reich — über sein Reich erhebt, um zu sehen, was die Ursache dafür ist, erblickt er dabei das Lichtreich und wird vom Verlangen erfüllt, es in seine Gewalt zu bringen; der Anlaß für den kosmischen Kampf ist damit gegeben. Die Vorstellung, die Mani hier in seinem Mythos verarbeitet hat, ist iranisch. Denn in praktisch identischer Form lesen wir von diesem Auftakt zum Kampf zwischen den dualistischen Prinzipien Licht und Finsternis auch im Großen (oder Iranischen) Bundahišn, einem zurvanitisch geprägten Text des Zoroastris-

5 Vgl. dazu *Stroumsa,* König 147; zum gnostischen Dualismus auch *Rudolph,* Gnosis 68.
6 *Stroumsa,* König 142, wo auch auf die Parallele zu Zarathustra verwiesen wird, dessen Dualismus ebenfalls eine Reaktion auf monotheistische Tendenzen ist. Der Kölner Mani-Kodex muß überhaupt als Dokument gelten, das noch keinen Dualismus in ausgeprägter Form kennt, vgl. ebd. 143-146.
7 *Puech,* Begriff 168; vgl. auch *Stroumsa,* König 147f.

mus:[8] „So ist es offenbart: Ohrmazd weilte in der Höhe in Allwissenheit und Güte, unbegrenzte Zeit über im Licht. Jenes Licht ist der Ort und der Platz von Ohrmazd. Man nennt es anfangloses Licht. Jene Allwissenheit und Güte sind insgesamt (die) des Ohrmazd.... Ahriman weilte in tiefen Sphären, mit Wissen erst im Nachhinein und mit Begierde zum Töten. Seine ganze Begierde (besteht) im Töten, und jene Finsternis ist sein Ort. Man nennt sie anfanglose Finsternis. Zwischen ihnen ist Leere. Man nennt sie Luftraum, wo nun die Vermischung ist.... 3000 Jahre war die Schöpfung im geistigen Zustand, sie war ohne Denken, ohne Bewegung und ohne Berührung. Der verderbende Geist wußte wegen seines Wissens erst im Nachhinein nichts von der Existenz Ohrmazds. Als er sich aus seiner Tiefe erhoben hatte, ging er zur Grenze (seines Reiches), von wo er das Licht sah. Als er jenes Licht des Ohrmazd unberührbar sah, ging er nach vorn. Wegen seiner Begierde zum Töten und seiner neidhaften Eigenschaft machte er einen Angriff, um (es) zu zerstören. Als er die Tapferkeit und die Siegeskraft erblickte, die mehr waren als seine eigene, floh er zurück in die Finsternis und brachte viele Dämonen hervor, Geschöpfe der Zerstörung, die für den Kampf geeignet sind."[9] Dieser mythologische Beginn der manichäischen Lichtlehre und des damit verbundenen Dualismus läßt bei aller Nähe zu iranischen Traditionslinien auch gleich den Unterschied zum vorhin genannten zoroastrischen Dualismus erkennen. Es geht Mani primär um den Gegensatz zwischen Licht und Finsternis, und aus diesem Gegensatz wird die ganze Lehre von der Erlösungsbedürftigkeit des Menschen entwickelt. Licht steht dabei als Chiffre für das absolut Gute, für die reine Seele und letztlich für Gott schlechthin. Aufgrund der Betonung des Lichtes möchte *I. Gershevitch* den Dualismus Manis überhaupt als „optisch"[10] charakterisieren, wobei er einen Teilaspekt der Lehre durchaus trifft. Dieses Streben nach Optik oder Ästhetik darf man wohl auch darin sehen, daß unter Manis Werken immer wieder das parth. Ārdahang genannt wird, d. h. jener Bildband, in dem Mani seine Kosmologie und Vorstellungen der Welt des Lichts und der Finsternis illustriert hat.[11]

Dadurch, daß die Existenz des Lichts der Finsternis bekannt wird, ist der Vater der Größe, der höchste Gott des manichäischen Mythos, gezwungen,

8 Vgl. zu den unterschiedlichen Ansätzen der Kosmologie im Iranischen (stärker zurvanitischen) und Indischen (stärker zoroastrischen) Bundahišn *Zaehner,* Zurvan 91-94; zur literaturgeschichtlichen Einordnung des Bundahišn siehe *de Menasce,* Writings 1191-1194. — Für die verwendete Terminologie sei folgendes angemerkt: Unter Zurvanismus kann man mit *Zaehner,* Zurvan 182 jenen asketischen Zweig des Zoroastrismus verstehen, dessen negative Weltsicht sich von der optimistischen Haltung des „orthodoxen" Zoroastrismus unterscheidet. Mit dem Begriff „mazdayasnisch" sind religiöse Strömungen bezeichnet, die eine Scheidung zoroastrisch — zurvanitisch nicht erlauben. Das Adjektiv zarathustrisch wird nur für die gathische Periode der Religion Zarathustras verwendet.

9 GrBd 1,1-5.14-17; vgl. dazu die Bearbeitung bei *Zaehner,* Zurvan 278f.286-290.312f und die Entsprechung im indischen Bundahišn bei *Justi,* Bundehesh 1f.

10 *Gershevitch,* Beauty 287; auch *Jonas,* Gnosis 317 spricht im Zusammenhang mit der Läuterung des Lichtes von einer „unübertrefflichen optischen Szenerie des Erlösungsdramas".

11 *Boyce,* Writings 1200f; *Haloun/Henning,* Compendium 209f; ferner *Ort,* Mani 278 s. v. Ārdahang.

den Angriff der Finsternis abzuwehren und den Kampf aufzunehmen, um das Licht zu retten. Zu diesem Zweck beruft er die Gottheiten der ersten Schöpfung, vor allem die Mutter der Lebenden und den Urmenschen Ohrmizd. Schöpfung wird im manichäischen Mythos als ein (ins Dasein) Rufen beschrieben, worin eine gnostische Umdeutung der Tradition in Gen 1, wo Gott die von ihm geschaffenen Dinge benennt, zu sehen ist.[12] Der Urmensch will gegen die Finsternis in den Kampf ziehen und rüstet sich für den Kampf mit seinen Söhnen, den fünf Lichtern,[13] die er als seine Kleidung anzieht. Die Niederlage Ohrmizds gegen die Mächte der Finsternis bewirkt, daß die fünf Söhne von den Dämonen der Finsternis zerkaut und verschlungen werden. Ohrmizd selbst kann zwar gerettet werden, indem der Vater der Größe und der Lebendige Geist den Gott Xrōštag (Ruf) entsenden.[14] Der Fall des Lichts / des Urmenschen Ohrmizd in die Materie und die daraus resultierende Vermischung zwischen Licht und Finsternis werden zum Ausgangspunkt für alles Erlösungsbemühen manichäischer Prägung: Denn obwohl Lichtpartikel bis zum Jüngsten Gericht in der Finsternis bleiben, bedeutet die Vermischung von Licht und Finsternis implizit schon jetzt die Vernichtung und den Untergang der Dämonen, die durch die in sie eingedrungenen Lichtteile „vergiftet" werden.[15] Die Hingabe des Urmenschen Ohrmizd und sein Sturz in die Gefangenschaft in der Materie erweisen sich im Nachhinein nämlich als heilbringende List des Vaters der Größe. Die Lichtelemente werden zum Köder, den der Herrscher des Lichtreiches begierig verschlingt, und zum Angelhaken, durch welche die Dämonen besiegt werden. In einer anderen Metapher[16] finden wir das Bild vom klugen Hirten, der vorderhand ein Schaf opfert, um den Löwen dadurch besiegen zu können, und nachher das verletzte Schaf wieder gesundpflegt. Die Niederlage der Lichtteile ist nur von vorübergehender Dauer, sozusagen ein frommer Betrug.[17] Die Lichtelemente, die dadurch in der Welt der Finsternis verstreut sind, leiten nämlich unaufhörlich die Vernichtung der Finsternis ein, die endgültig bei Frašegird eintritt. Bis dahin muß in zahlreichen Läuterungsakten versucht werden, das in die Materie und Finsternis gestürzte Licht wieder zu befreien, was teilweise mechanisch, teilweise durch die Erweckung des Bewußtseins in den Lichtpartikeln, die sich an ihre „Lichtexistenz" erst wieder erinnern müssen, geschieht. Je tiefer

12 Vgl. *Schaeder,* Urform 78.

13 *panj rōšn* nach der parthischen Überlieferung; die mp. Version des Mythos lehnt sich terminologisch an zoroastrische Vorstellungen an, wenn von den (A)mahrāspandān die Rede ist.

14 Eine detaillierte Darstellung der Rettung des Urmenschen Ohrmizd, wie sie etwa in M 21 oder M 10 geschildert wird, und ihre strukturelle Entsprechung zur Rettung Adams, des ersten Menschen, wobei Gnosis eine wichtige Rolle spielt, wird in Kap. 3.2. zur Sprache kommen.

15 Vgl. *Puech,* Begriff 171; *Henning,* Geburt 307 und *Stroumsa,* König 149-151 für die Metaphern, die bei Severus von Antiochien, Titus von Bosra und Theodoret verwendet werden.

16 Psalm-Book 9,31-10,7; vgl. auch *Asmussen,* Xuāstvānīft 214.

17 Vgl. auch die Verbindung dieser Vorstellung zur sogenannten Betrugstheorie etwa bei Gregor von Nyssa, die *Stroumsa,* König 151f aufgezeigt hat.

dabei das Licht in die Materie gefallen ist, desto komplizierter gestaltet sich die Rettung der Lichtelemente.

Mit der zweiten Schöpfung beginnt die große Rettung des Lichtes aus der Materie, wobei besonders der Lebendige Geist, der in mp. Texten als Mihryazd bezeichnet wird, eine führende Rolle einnimmt. Er führt einen zweiten Kampf gegen das Reich der Finsternis aus, in dessen Folge die besiegten Archonten ans Firmament gefesselt werden. Der kosmogonische Text M 98/99, der an dieser Stelle des Mythos einsetzt, beschreibt dies folgendermaßen:[18] „Die sieben Planeten hat er (Mihryazd) befestigt und die zwei Drachen aufgehängt und gefesselt. An jenem untersten Himmel hat er sie aufgehängt." Mit der Besiegung der Dämonen verbunden ist ihre Zerstückelung, woraus Mihryazd die Erde erbaut: „Darauf warf er jenes Zerstückelte[19] und das Abgetrennte, das am Gebäude des Himmels übrig war, hinab. Acht Erden erbaute er davon."[20] Die Errichtung der acht Erden und zehn Himmel ist dabei das Hauptwerk Mihryazds im Verlauf der zweiten Schöpfung, wonach er zum Paradies emporgeleitet wird.[21] Abhängig vom Grad der Schädigung des Lichtes beginnt nun die Läuterung. Dasjenige Licht, das unversehrt und von der Finsternis unbefleckt geblieben ist, kann sofort wieder aus der Materie emporgezogen werden, so daß Mihryazd daraus Mond und Sonne bildet. Aus den gereinigten Lichtelementen, den Söhnen des Ohrmizd, die durch dessen Niederlage gegen die Dämonen mit der Finsternis vermischt worden sind, macht Mihryazd zwei Lichtwagen. „Und aus Wind und Luft, Wasser und Feuer, welches aus der Vermischung gereinigt wurde, machte und ordnete er zwei Lichtwagen: Jenen der Sonne aus Feuer und Licht, mit fünf Mauern — aus Lufthauch, Wind, Licht, Wasser und Feuer —, zwölf Toren, fünf Häusern, drei Thronen und fünf seelensammelnden Engeln, die in der Mauer aus Feuer (sind); und jenen des Mondes aus Wind und Wasser, mit fünf Mauern — aus Lufthauch, Wind, Licht, Wasser und Feuer —, vierzehn Toren, fünf Häusern, drei Thronen und fünf seelensammelnden Engeln, die in der Mauer aus Wasser (sind)."[22] Mit der Rückholung des unversehrten Lichtes aus der Materie ist dabei der erste Akt der Reinigung, der noch leicht vonstatten geht, abgeschlossen.

---

18 *Boyce,* Reader 60, Nr. y 1; vgl. *Müller,* Handschriftenreste 37; vgl. auch ŠGW 16,18f bei *de Menasce,* Škand-Gumānīk 252.

19 Für *'d̄wr* ist die Deutung „le dépecé", die *Tardieu,* prātā 341 aufgezeigt hat, der Deutung „Exkremente" bei *Sundermann,* Parabeltexte 45f mit Anm. 15 vorzuziehen.

20 M 853, *Sundermann,* Parabeltexte 45f, Z. 843-847; vgl. zur Tradition, daß die Welt aus Fleisch, Haut und Knochen der besiegten Dämonen gebaut wurde, auch ŠGW 16,10-13.

21 Vgl. *Boyce,* Reader 63, Nr. y 7f. Zur Erbauung der Welt durch Mihryazd vgl. auch M 100 bei *Sundermann,* Parabeltexte 39, Z. 705-722; genauso erwähnenswert ist der Bericht bei an-Nadīm (*Flügel,* Mani 89; *Kessler,* Mani 391f; *Dodge,* Fihrist 781), für den *Colpe,* Manichäismus 66.234 gezeigt hat, daß er aus einer manichäischen Originalquelle der östlichen (iranischen) Tradition stammt.

22 M 98, *Boyce,* Reader 61, Nr. y 2; vgl. auch *Müller,* Handschriftenreste 38f. Hinzuweisen ist hier auch auf die Ähnlichkeit dieser Stelle zum parthischen Text M 183 II, ed. bei *Sundermann,* Parabeltexte 63f, ohne vorerst über das literarische Verhältnis der Texte zueinander etwas aussagen zu können.

Für das stärker geschädigte Licht ist ein komplizierterer Reinigungsmechanismus notwendig. Für diese Aufgabe beruft der Vater der Größe die Götter der dritten Schöpfung. Der Dritte Gesandte, Rōšnšahr oder Narisah, spielt dabei im weiteren Verlauf der Erlösungsmythologie — auch in Verbindung mit der Verführung der Archonten — eine zentrale Rolle. Ihm zur Seite stehen Xradešahryazd (Weltweisheitsgott)[23] und eine weitere Gottheit, wobei eventuell an die Lichtjungfrau (Kanīgrōšn) gedacht werden kann.[24] Rōšnšahr setzt zur Emporziehung des Lichtes den Weltträgergott (Kišwarwāryazd) inmitten der Welt ein, damit das aus der Materie geläuterte Licht über diesen Gott, der als Lichtsäule fungiert, zum Mond und von dort weiter zur Sonne geleitet wird. „Als dann Rōšnšahr den Weltträgergott in der Mitte des Gesamtkosmos aufgestellt und diese Götter angeordnet hat,... wenn der fünfzehnte im Monat ist, bei Vollmond, nimmt Ohrmizd jenes Licht und das, was der Mondgott zugenommen hat, durch den Gott seines eigenen Wesens weg und ordnet es. Und von Vollmond, dem sechzehnten des Monats, bis Neumond, dem neunundzwanzigsten im Monat... Dann steigt Ohrmizd vom Wagen des Mondes auf und begibt sich zum Wagen der Sonne."[25] Diese Weise der Läuterung des Lichtes kann eine mythologische Erklärung für das Zunehmen und Abnehmen des Mondes bieten, der eben in der ersten Monatshälfte die Lichtpartikeln in sich aufnimmt und damit immer größer wird, ehe er sie in der zweiten Monatshälfte wiederum an die Sonne weiterleitet, die alles Licht in sich vereinigt. Genauso ist der Aufstieg des Lichtes über die Lichtsäule bemerkenswert, worin eine Tradition greifbar wird, die jenen spätantiken Vorstellungen entspricht, denen zufolge die Milchstraße der Weg für den Aufstieg der Seele in astrale Sphären war.[26] Allerdings bekommt in der manichäischen Lichtlehre dieser Aufstieg des Lichtes noch eine weitere Komponente, die aus dem indo-iranischen Vorstellungsbereich stammt: Es gibt kein „unbeseeltes" Licht, sondern Licht ist immer auch eine Umschreibung für die Seele, so daß bereits hier an das Schicksal der Seele nach dem Tod in zoroastrischen Texten erinnert werden darf, wenn die Seelen in den himmlischen Bereich emporgeleitet werden, aber auch an die Erlösung des Menschen. Die Welt, wie sie uns im kosmogonischen Mythos beschrieben wird, ist dabei als Lichtträger nichts anderes als ein vorübergehend brauchbares Werkzeug zur Erlösung des Lichts.

---

23 Texte des westlichen Manichäismus identifizieren ihn mit „Jesus, dem Glanz", vgl. dazu *Sundermann,* Namen 132 Anm. 234.

24 Vgl. *Boyce,* Reader 64, Nr. y 10-11; ob die Lichtjungfrau hier wirklich als dritte Gottheit anzusehen ist, muß unsicher bleiben, da sie im weiteren Verlauf des Mythos teilweise lediglich als weibliche Erscheinungsform des Dritten Gesandten erscheint. Es wäre also auch möglich, daß Wahman (der große Nous) hier als dritte Gottheit zu gelten hat; vgl. aber auch *Sundermann,* Namen 132 Anm. 232.

25 *Boyce,* Reader 67, Nr. y 21-24; vgl. *Andreas/Henning,* Manichaica I, 186f; *Böhlig,* Gnosis 112f und *Asmussen,* Literature 126f.

26 Vgl. *Widengren,* Manichaeism 978; siehe für den Seelenaufstieg im Detail Kap. 3.2.

2.2. Das Mythologem der „Verführung der Archonten“

Die Dritte Schöpfung ist der für die weitere Heilslehre entscheidende Abschnitt. Denn ein Teil des seit dem uranfänglichen Kampf in der Materie gefesselten Lichts ist noch in der Gewalt der Āz, Ahrmens, der Dämonen und Peris, d. h. Hexen, auf deren Tun der Mythos immer wieder verweist: „Die Lichtheit der Götter, die von Anfang an von Āz, Ahrmen, den Dämonen und den Peris geschlagen worden war, und welche sie auch jetzt noch gefangenhalten“,[1] kann erst am Ende der Welt gerettet werden. „Dann, wenn jene Lichtheit der Götter, welche Ahrmen und die Dämonen verschlungen haben, und die sich jetzt im ganzen Kosmos und in den Dämonen und Peris quält und windet, wenn dann diese (Lichtheit) gereinigt und zum Höchsten hinaufgezogen sein wird, dann wird Frašegird sein, dann sollen die Āz, Ahrmen, die Dämonen und Peris in diesem Gefängnis auf ewig unaufhörlich gefesselt werden.“[2] Āz, die Gier, ist dabei die Anführerin der Dämonen schlechthin, die vor allem im Zurvanismus eine große Rolle spielt. *R. C. Zaehner*[3] bezeichnet sie in ihrer ursprünglichen Eigenschaft als „Dämonin der Gier“, wenn etwa in Zādspram 34,36 berichtet wird, daß am Beginn der Welt Zurvan die Substanz der Āz an Ahrmen gegeben hat, wodurch die Begierde nach Essen und Trinken, Hab und Gut und sexueller Vereinigung entstanden ist. Ein zweiter Charakterzug von ihr ist, daß sie als große Täuscherin beschrieben wird, die den Verstand verdunkelt und so die Menschen zu Fehlverhalten und Sünde verleitet. Beide Aspekte der Dämonin finden sich auch im Manichäismus, wobei ein besonderes Gewicht auf die Betonung der Verbindung von Āz mit sexueller Lust gelegt wird, wodurch der Manichäismus klar auf das zurvanitische — und nicht auf die zoroastrische Seite, wo die Betonung des Sexuellen fehlt — Bild der Dämonin zurückgeht. Trotz ihrer gemeinsamen Nennung mit Ahrmen, den Dämonen und den Peris ist sie die Erzdämonin im Manichäismus, wenn sie als „Mutter aller Dämonen“ (*m'd 'yg wysp'n dyw'n*) bezeichnet wird.[4] Eindeutig ihr untergeordnet sind auch jene Dämonen, Peris, Zornteufel, Mazan(-Ungeheuer) und Āsrēštār, die ihre eigene Leibesfrucht abortieren bzw. die ihren Samen vergießen, wobei der Mythos den Eindruck erweckt, daß diese Dämonen lediglich Erscheinungsformen / Emanationen der Erzdämonin Āz darstellen, ohne daß eine exakte Abgrenzung der Gestalten angestrebt ist. Āz als Haupt der Dämonen, als personifiziertes Böses schlechthin, als Böses, das in verschiedensten anderen Dämonen Gestalt annimmt, ist dabei gleichsam das Gefängnis der Lichtteile.

Als Gegenspieler der Dämonin Āz tritt während der dritten Schöpfung der „Dritte Gesandte“ auf, dessen Hauptfunktion in diesem mythologischen Teil darin zu sehen ist, daß er — dargestellt mit Hilfe des Mythologems der

1 Vgl. *Andreas/Henning,* Manichaica I, 179 u. ö.
2 Vgl. *Andreas/Henning,* Manichaica I, 184f.186.191.
3 *Zaehner,* Zurvan 166-182, bes. 168.175-178.
4 S 9 bei *Boyce,* Reader 100, Nr. aq 2; vgl. auch M 183 I V 6f bei *Sundermann,* Parabeltexte 63.

„Verführung der Archonten" — die Lichtteile aus den Dämonen freisetzt.[5] In der mp. Überlieferung wird er in unserem Text entweder als Gott Rōšnšahr (Lichtweltgott) oder als Narisah bezeichnet, wobei er in männlicher und weiblicher Gestalt auftritt. In seiner weiblichen Gestalt überschneidet sich seine Funktion dabei mit den Aufgaben der Lichtjungfrau (Kanīgrōšn), deren Platz im manichäischen System nicht fest umrissen ist. Denn sie kann entweder als Tochter des Dritten Gesandten gelten, kann aber auch als weibliche Komponente des Dritten Gesandten, des Hauptgottes der dritten Berufung, auftreten.[6] Der Name des Dritten Gesandten Narisah zeigt terminologisch die Iranisierung des Mythos. Denn dieser Name ist die mp.-manichäische Fortsetzung des avestischen Gottes Nairyō.saŋha, einem altiranischen Gott des Gebets, der eng mit Ātar, d. h. sowohl mit dem kultischen als auch mit dem häuslichen Feuer, verbunden war (vgl. Y 17,11). Neben seiner Funktion als Gott des Gebets fungiert er als Botengott, wenn es in Vd. 19,34 heißt: „Der Bote des Mazdā Ahura, das ist Nairyō.saŋha." Genauso wird der Botencharakter Nairyō.saŋhas in Vd. 22 ausführlich geschildert. Dieser Text erzählt davon, daß Aŋra Mainyu über Ahura Mazdā zahlreiche Krankheiten gebracht hat, worauf dann Ahura Mazdā Nairyō.saŋha zu Airyaman geschickt hat, damit jener ihn von seinen Krankheiten heile. Nairyō.saŋha führt den Auftrag Ahura Mazdās aus, geht zum Haus Airyamans und verkündet wortgetreu den Auftrag Ahura Mazdās.[7] — Wenn der manichäische Mythos Narisah als Dritten Gesandten integriert, so wird dabei auf eben jene Funktion als Botengott zurückgegriffen, die dann allerdings mit einer neuen Motivkomponente gekoppelt wird: nämlich der Verführung der Archonten.

Der entsprechende Abschnitt im Mythos, der uns dies schildert, ist dabei leider nicht vollständig erhalten. Denn gerade zu Beginn dieses mythologischen Abschnittes fehlt wenigstens ein Blatt des Textes.[8] Allerdings läßt sich das ganze mythologische Schema relativ gut rekonstruieren, zumal einerseits der Text parallel gebaut ist,[9] andererseits geht aus einigen Reminiszenzen hervor, wie der Abschnitt zu rekonstruieren ist. Narisah offenbart sich nämlich den Archonten / den Dämonen in seiner weiblichen und männlichen Gestalt, worauf unser Text nochmals Bezug nimmt, als Āz beginnt, die Menschen zu erschaffen. Dort heißt es: „Nach jenen zwei Gestalten des Gottes Narisah, der weiblichen und der männlichen, die ich gesehen habe, werde ich zwei Geschöpfe, ein männliches und ein weibliches, formen, damit sie für mich Kleidung und Hülle seien."[10] Aus dieser Reminiszenz ist klar,

5 Vgl. etwa *Sundermann,* Namen 105f.

6 Vgl. *Colpe,* Daēnā 61-63.

7 Vgl. zu Nairyō.saŋha *Boyce,* History I, 60f; *Dies.,* History II, 18.140.

8 Vgl. *Boyce,* Reader 64 Anm. zu y 11.

9 Vgl. zur parallelen Struktur auch den Abschnitt über die Erschaffung/Gestaltung des ersten Menschenpaares, wo Gēhmurd und Murdiyānag über weite Strecken in identischer Weise beschrieben werden.

10 *Boyce,* Reader 71 y 37; weiters *Andreas/Henning,* Manichaica I, 193; *Böhlig,* Gnosis 114; *Asmussen,* Literature 128.

daß auch unser Mythos die Verführung der Archonten in jener Form geschildert hat, die aus anderen Traditionen bekannt ist.

Im Detail sieht dies in unserem Text wie folgt aus: Der Abschnitt über die Verführung der männlichen Archonten lautet folgendermaßen:[11] „Pflanzen, Blumen, Gras, samenlose Pflanzen und verschiedenste Arten von Gewächsen wurden gesät und wuchsen. Und eben in sie hinein mischte die Āz ihr eigenes Selbst. Und jener eine Teil, der ins Meer gefallen war, aus jenem wurde ein häßliches, räuberisches und schreckliches Mazan(-Ungeheuer). Und es taumelte aus dem Meer heraus und begann, in der Welt Sünde zu tun. ... Und gleich wie jener geile und phallophore (Same der Archonten) fiel die Āz vom Himmel auf die Erde, über das Trockene und Feuchte. Und sie war mit allen Arten der Pflanzen und der Mazan(-Ungeheuer) ihres Selbst zusammen." Dem steht der Text der Verführung der weiblichen Archonten gegenüber:[12] „Danach abortierten diese Dämonen und Peris, Zorndämonen, Mazan(-Ungeheuer) und Āsrēštār, welche weiblich, zwei- und vierfüßig, geflügelt, giftig und reptilgestaltig waren, welche alle von Anfang an von der Hölle schwanger waren, die jenen Glanz und die Schönheit des Gottes Rōšnšahr gesehen hatten, die danach an den elf Himmeln gefesselt waren, die nach ihm begierig und bewußtlos geworden waren, ihre eigene Leibesfrucht. Und sie (die Abortus) fielen zur Erde hinab und begannen, über die Erde zu kriechen. Und Früchte und Obst von den Bäumen fraßen sie, sie wurden größer und wurden zu Mazan(-Ungeheuern) und zu Āsrēštār. Und von den Früchten und vom Obst her kam jene Āz in sie hinein. Und durch Sinneslust wurden sie erregt und miteinander vereinigten sie sich."

Analysiert man diese beiden parallelen Abschnitte vom Ende her, so ist einmal festzuhalten, daß die Dämonin Āz sowohl in den Pflanzen als auch in den Mazan und Āsrēštār-Dämonen Fuß faßt. Über die Pflanzen / in die Pflanzen kommt sie dabei direkt, indem sie sich selbst über sie ergießt bzw. sich in sie hineinmischt, in die Dämonen gelangt sie indirekt, weil jene von den Früchten und dem Obst der Bäume (in denen sich die Āz bereits befindet) gegessen haben. Ebenfalls parallel in den Texten ist die Tatsache, daß die Erde dadurch von dem „bevölkert" wird, was auf sie fällt. Einerseits wachsen daraus Pflanzen, Gras und Bäume, andererseits werden daraus verschiedenste dämonische Wesen. Weshalb dabei die Dämonen abortieren, ist uns nur für die weiblichen Archonten im Text y 16 überliefert. Man wird aber nicht fehlgehen, wenn man auch in der Textlücke vor y 12 eine ähnliche

---

11 *Boyce,* Reader 64f, Nr. y 12-15; *Andreas/Henning,* Manichaica I, 181-183; *Böhlig,* Gnosis 110; *Asmussen,* Literature 124-125.

12 *Boyce,* Reader 65, Nr. y 16; *Andreas/Henning,* Manichaica I, 183; *Böhlig,* Gnosis 110; *Asmussen,* Literature 125; eine weitere Reminiszenz an die Verführung der weiblichen Archonten findet sich in y 36 (*Boyce,* Reader 71): „Da sah diese Āz, deren Nachkommenschaft geschlagen ist, die vom Himmel herabgefallen war und in die Bäume und Pflanzen gekleidet war, und die aufgrund der Bäume und Pflanzen in die Abortus der Mazan(-Ungeheuer) und Āsrēštār, die vom Himmel herabgefallen waren, gekleidet war — den Glanz und die Schönheit des Gottes Narisah hatten sie ge-...t und gesehen —, die Umdrehung von Sonne und Mond."

Episode rekonstruiert, die einmal davon erzählt hat, daß Dämonen, Peris, Mazan und Āsrēštār, welche männlich waren, zweifüßig und vierfüßig, geflügelt, giftig und reptilgestaltig, und an den Himmel gefesselt waren, die Gestalt und die Schönheit des dritten Gesandten in weiblicher Gestalt / der Lichtjungfrau gesehen hatten, nach ihr begierig wurden und darauf hin ihren Samen (und die damit verbundenen Lichtelemente) ejakulierten. Der Same der Archonten, der auf die Erde gefallen ist, aus dem wachsen Pflanzen etc. Eingefügt in die Verführung der männlichen Archonten ist die Episode y 14, wo Mihryazd, der Weltschöpfer, den Licht-Adamas, den viergestaltigen Gott, sendet, damit dieser das Mazan(-Ungeheuer) überwindet und zum „Dorfherrn" des Gesamtkosmos wird, wobei dieser Abschnitt als thematischer Einschub leicht zu erkennen ist.[13]

Ein Motiv, das hier gegenüber der Vorstellung von Nairyō.saŋha in avestischen Texten neu dazukommt, ist die Tatsache, daß Narisah als Verführer auftritt. Allerdings finden wir dieses Motiv bereits in der zoroastrischen Überlieferung zurvanitischer Prägung, wie etwa folgender Text aus dem Großen (Iranischen) Bundahišn zeigt:[14] „Der Böse Geist schrie der Dämonin Jēh zu: ‚Was auch dein Wille sei, verlange es, daß ich es dir gebe.' Ohrmazd wußte dank der Weisheit seiner Allwissenheit, daß dann, wenn der Böse Geist imstande wäre, der Dämonin Jēh zu geben, was sie verlangte, ihm dadurch großer Vorteil entstünde.... Und (Ohrmazd) zeigte der Dämonin Jēh zugleich einen jungen Mann von 15 Jahren. Die Dämonin Jēh heftete (sofort) ihren Sinn an ihn. Und die Dämonin schrie dem Bösen Geist zu: ‚Gib mir Verlangen nach dem Mann, daß ich ihn im Hause als Herrscher einsetze!'" Deutlicher tritt uns Narisah als Verführer in einer Überlieferung entgegen, die von Theodor bar Kōnai stammt:[15] „Und als der Satan den Weibern erlaubt hatte zu verlangen, was sie wollten, fürchtete Ohrmazd, daß sie begehren möchten, sich mit den Gerechten zu vermischen, und daß (deswegen) über sie eine Strafe komme. Er sah sich nach einem Plan um und machte den Gott Narsē, einen jungen Mann von 15 Jahren. Er stellte ihn nackt hinter dem Satan auf, damit die Weiber ihn sehen, ihn begehren und ihn von Satan verlangen möchten. Und sie erhoben ihre Hände gegen den Satan und sagten zu ihm: ‚Vater Satan, gib uns als Gabe den Gott Narsē!'" Obwohl die beiden zuletzt zitierten Texte nicht direkt auf die Verführung der Archonten Bezug nehmen, seien sie hier angeführt, weil sie traditionsgeschichtlich durch die Gestalt des Verführers Narsē / Narisah mit der manichäisch-mythologischen Überlieferung verbunden sind. Allerdings ist zu betonen, daß diesen zurvanitisch-zoroastrischen Überlieferungen der Bezug darauf fehlt, daß durch diesen Verführungsmythos Lichtelemente erlöst / befreit werden sollen.

---

13 Vgl. auch die Episode bei Theodor bar Kōnai, übersetzt bei *Böhlig,* Gnosis 106f; *Adam,* Texte 21; *Cumont,* Recherches I, 39f; vgl. ferner *Sundermann,* Parabeltexte 48, Z. 892-913.

14 Übersetzung nach *Widengren,* Geisteswelt 91f; GrBd IV, 6-8; vgl. dazu *Anklesaria,* Zand-Ākāsīh 46f; vgl. auch *Justi,* Bundehesh 5.

15 Zit. nach *Widengren,* Geisteswelt 92. Theodor substituiert hier für „Ahrmen" christlicherseits „Satan".

Die traditionsgeschichtliche Verknüpfung wird noch komplexer, wenn man die einzelnen Versionen der Verführung der Archonten ins Auge faßt.[16] In unserem kosmogonischen Text erscheint Narisah als Verführer in männlicher und weiblicher Gestalt, womit gut der Bericht bei Theodor bar Kōnai übereinstimmt.[17] Daneben finden wir die Tradition in Škand Gumānīg Wizār, wenn die männlichen Archonten von 12 Jungfrauen verführt werden, was auch im „Schatz des Lebens" wiederkehrt.[18] Da die Lichtjungfrau ursprünglich die weibliche Komponente des Hauptgottes der Dritten Schöpfung ist,[19] darf man jene Traditionen, die nur vom Dritten Gesandten sprechen, als älter ansehen. Da aber die Zweigeschlechtigkeit des Dritten Gesandten Narisah in der zoroastrischen Überlieferung nicht bezeugt ist, kann man hierin eine manichäische Interpretation des Mythos sehen, indem gnostisches Überlieferungsgut adaptiert wurde,[20] wobei die Androgynie des Dritten Gesandten sich auch auf das Menschenbild auswirkt, wenn der erste Mensch z. T. androgyn geschildert wird.[21] — Blickt man nun noch weiter, so zeigt sich, daß das Motiv der Verführung der Archonten nicht auf den iranischen Bereich beschränkt ist, sondern auch andere gnostische Mythen, die nicht zur iranischen Komponente gehören, dieses Mythologem kennen. Eine ausführliche Analyse des Mythologems hat *G. Stroumsa*[22] unternommen, wobei er dieses Motiv als letzte Transformation und gnostische Deutung des Mythos vom Engelfall (Gen 6,1-4) sieht. Er unterscheidet dabei drei Stufen des Verführungsmythos:

a) Die Frau als Objekt der Lust der Archonten: Als zentrale Texte nennt er dabei zwei Stellen aus der „Hypostase der Archonten",[23] wo die Archonten jeweils erfolglos versuchen, den Schatten Evas bzw. Norea zu verführen. Auch der erfolgreiche Versuch der Verführung, wie er im „Apokryphon des Johannes"[24] vorliegt, ist der ersten Stufe des Mythos, der die Frau als passives Opfer der Archonten zeigt, zuzuordnen.

b) Die Frau, die selbst wie einer der Archonten agiert: Hierfür nennt *G. Stroumsa* die Episode aus dem „Ursprung der Welt" 108,2ff, worin die Pronoia/Sophia sich in den Licht-Adam, den Urmenschen, verliebt und dadurch ihr Licht auf die Erde vergießt, d. h. der Fall des göttlichen Lichtes in die Materie durch ein Fehlverhalten eines Lichtwesens bewirkt wird.

---

16 Vgl. *Cumont,* Recherches I, 54-66; *Rose,* Christologie 167-171; *Jonas,* Gnosis 307.

17 *Cumont,* Recherches I, 57; *Adam,* Texte 20; *Böhlig,* Gnosis 106. Hierzu dürften auch die von *Sundermann,* Parabeltexte 20, Z. 207-216; 21, Z. 232-237 und 48, Z. 885-892 edierten Fragmente gehören; leider ist die Gestalt des Verführers nie erhalten, um völlige Sicherheit zu erlangen. Für die hymnische Verarbeitung des Mythologems vgl. etwa M 741 bei *Boyce,* Reader 98-100, Nr. ao, ap mit der Übersetzung bei *Asmussen,* Literature 132.

18 ŠGW 16,31-33, *de Menasce,* Škand-Gumānīk 254; für den „Schatz", wie er durch Augustinus überliefert ist, vgl. die Übersetzung bei *Böhlig,* Gnosis 222-224.

19 *Colpe,* Daēnā 63; wenn Ephraem nur von der Lichtjungfrau spricht, muß man m. E. darin nicht eine eigene Version des Mythos sehen, gegen *Rose,* Christologie 168.

20 *Rose,* Christologie 171.

21 Vgl. *Nagel,* Anatomie 75-77.

22 *Stroumsa,* Seed 62-68.

23 HypArch 89,17ff; 92,18ff; ediert bei *Barc,* Hypostase 56.62.

24 ApJoh 28,5ff; ediert bei *Krause/Labib,* Versionen 188-190.

c) Die Frau, die als Heldin freiwillig die lüsternen Archonten verführt, um dadurch Heil zu wirken: Das Bild Gottes, das sich den Archonten im Wasser offenbart, so daß die Archonten den Menschen nach diesem Bild erschaffen, ist z. B. in der „Hypostase der Archonten"[25] angewandt. Diese Offenbarung einer Lichtgestalt bringt Verderben für die Archonten, wobei der Manichäismus diese dritte Form des Verführungsmythos ausführlich wiedergibt.

Die Verwendung des Verführungsmythos scheint aufgrund der rigoros negativen Einstellung des Manichäismus gegenüber der Sexualität auf das erste eigenartig zu sein. Man fragt deshalb unwillkürlich, wie diese beiden doch gegensätzlichen Aspekte verbunden werden können und welche Heilsbedeutung dem Mythos zukommt. Eine — wenn auch vielleicht etwas vordergründige — Antwort dürfte darin liegen, daß frühe gnostische Systeme — und in diesem Sinn ist hier auch der Manichäismus heranzuziehen — noch eine stärkere Bedeutung der sexuellen Mythologie kennen, wohingegen die Betonung des erlösenden Wissens erst als späterer Zug in der Gnosis greifbar wird. Man könnte also sagen, daß ein Übergang und eine kontinuierliche Entwicklung von der Mythologie zur Metaphysik stattfinden.[26] Genausowenig darf übersehen werden, daß in zahlreichen gnostischen Kreisen immer wieder die beiden Pole Askese und Sexualität eng miteinander verbunden sind, wobei beide die Ausformung letztlich ein und derselben grundlegenden Vorstellung von der Schlechtigkeit der Materie und der Überlegenheit des Gnostikers über diese Materie sind. Daraus kann folgen, daß sich der Gnostiker eben wegen der Schlechtigkeit vollkommen der materiellen Dinge enthalten muß, aber genauso kann die Ethik zu einem völligen Libertinismus führen, etwa nach dem Motto: „Dem geistigen Gnostiker kann das Materielle ohnehin nicht schaden."[27] Nur nebenbei sei hier erwähnt, daß gerade der sexuelle Libertinismus, der manchen gnostischen Strömungen anhaftet, oder der von den Gegnern der Gnostiker fälschlicherweise aus der Mythologie abgelesen werden konnte, ein beliebtes Stilelement war, die Vorstellungen der Gnostiker schlecht zu machen. So sei hier lediglich die Gruppe der Phibioniten erwähnt, über deren sexuelle Riten, die das Ziel haben, die Erlangung der höchsten Erkenntnis zu gewährleisten, Epiphanius berichtet.[28]

---

25 HypArch 87,24f, ediert bei *Barc,* Hypostase 52.

26 Vgl. *Stroumsa,* Seed 170. Zur völligen Ablehnung der Sexualität durch die Manichäer vgl. etwa *Puech,* Begriff 160f. Allerdings muß diese negative Sichtweise wohl von dem Bemühen verstanden werden, durch eine rigorose sexuelle Enthaltsamkeit der weiteren Zerstreuung der Lichtpartikel entgegenzuwirken. Hier in unserem Mythos hat die sexuelle Komponente gerade die gegenteilige Funktion, so daß sie nicht unbedingt der Praxis der Manichäer entgegenwirken muß.

27 Vgl. dazu auch *Stroumsa,* Temptation 283f, wo er die Bedeutung der weiblichen Elemente in der gnostischen Mythologie, von denen man keineswegs soziale Rückschlüsse ziehen darf, in diesem Sinn versteht; zum gnostischen Libertinismus allgemein siehe *Rudolph,* Gnosis 261-263.

28 Vgl. *Rudolph,* Gnosis 252-254, wo auch der Text aus Epiphanius' Panarion gegeben wird sowie eine kritische Abwägung, ob man den Bericht bei Epiphanius wirklich für bare

Daß überhaupt die sexuelle Komponente hier in den Mythos eingebracht werden kann, liegt darin begründet, daß durch das Vergießen des Sperma Lichtelemente freigesetzt werden. Deutlich drückt dies das Referat der manichäischen Lehre durch Theodor bar Kōnai aus:[29] „Weil die Erscheinung des Gesandten schön war, wurden alle Archonten von Begierde zu ihm ergriffen, die männlichen nach der weiblichen, die weiblichen nach der männlichen Gestalt. Sie fingen an, in ihrer Begierde das Licht der fünf glänzenden Götter, das sie verschlungen hatten, von sich zu geben.“ Ebenfalls klar zum Ausdruck kommt die Verbindung zwischen Sperma und Licht im kosmologischen Abschnitt im zoroastrischen Text Škand Gumānīg Wizār. Dort heißt es:[30] „Das Licht, welches im Sperma ist, wurde auf die Erde gegossen“, eben als Ergebnis der Verführung der Archonten. Die Vorstellung der Verbindung zwischen göttlichem Licht und Sperma geht dabei auf indoiranisches Erbe zurück, ohne jedoch auf diesen Kulturbereich beschränkt zu sein.[31] Im iranischen Bereich kann man mit *Gh. Gnoli* die Verbindung zwischen Zeugungsaspekt und Lichtsymbolik für die mazdayasnische Kosmogonie als Kerngedanken umschreiben. Licht und Feuer sind das Werkzeug, womit die Schöpfung allmählich geordnet wird; sie sind die Substanz des menschlichen und tierischen Samens.[32] Klar zum Ausdruck kommt dies etwa im folgenden Text aus dem Dēnkard:[33] „Erzeuger des Glanzes ist der Schöpfer Ohrmazd. Der Samen, aus dem der Glanz sich loslöst, ist das unendliche Licht. Die ihn enthaltene Natur ist geistiges Feuer, Wasser und Tonerde und — im materiellen Zustand — materielles Feuer, Wasser und Tonerde. Es sind die Verehrungswürdigen im Geist, die ihn nach des Schöpfers Gebot dem materiellen Samen mitteilen. Ist er dem materiellen Samen mitgeteilt, ist er drinnen im Samen.“ Dieses iranische Erbe spielt auch im Mythos der Verführung der Archonten im manichäischen Kleid eine bedeutende Rolle. Um das uranfängliche, göttliche Licht, das von den Archonten verschlungen worden ist, wieder freizusetzen, muß es von den

---

Münze nehmen darf, weiters 261-263; vgl. auch *Eliade,* Spirit 20-24, wobei auch einiges religionsgschichtliches Vergleichsmaterial aus Shaiva- bzw. Tantrariten gegeben wird. *Eliade* rechnet — aufgrund des Vergleichsmaterials — für den Bericht des Epiphanius mit größerer Zuverlässigkeit, als dies in der kritischen Abwägung bei *Rudolph* geschieht.

29 Zit. nach *Böhlig,* Gnosis 106; vgl. *Adam,* Texte 20 sowie *Cumont,* Recherches I, 38f.

30 *de Menasce,* Škand-Gumānīk 254, Kap. 16, 34f.

31 Vgl. *Eliade,* Spirit 6f für mongolische und tibetische Traditionen oder ebd. 25-30 für ein südamerikanisches Beispiel vom Indianerstamm der Desana im Amazonasgebiet. — Die Vorstellung, die in der Gnosis verbreitet ist, könnte m. E. wenigstens teilweise letztlich auf Iranisches zurückgehen, nämlich insofern, als die iranische (physiologische) Vorstellung in griechischen Ärzteschulen weiterentwickelt wurde und von dort in hellenistischer Zeit in die gnostischen Systeme übernommen wurde, vgl. *Gnoli,* Lichtsymbolik 538f mit Verweis auf *Widengren,* Mani 62; ein typisches Beispiel für die Übernahme ist etwa die Lehre von den vier Körpersäften, wie sie in Zādspram 30,14-19 bezeugt ist, die auch bei Hippokrates aufscheint, vgl. *Lincoln,* Physiological Speculation.

32 Vgl. *Gnoli,* Lichtsymbolik 532f.

33 DkM 347; zit. nach *Gnoli,* Lichtsymbolik 532; vgl. weiters *de Menasce,* Livre 328 sowie *Zaehner,* Zurvan 369f.

männlichen Archonten durch Samenerguß freigegeben werden.[34] Daß dabei der Gott Narisah als Dritter Gesandter diese Freisetzung des Lichtes zu bewirken hat, versteht sich gut vor dem iranischen Hintergrund der Verbindung Same und Licht. Denn beim Tod des mazdayasnischen Urmenschen Gayōmard lesen wir im Großen Bundahišn folgendes:[35] „Als Gayōmard beim Verscheiden den Samen (von sich) gab, läuterte man diesen Samen im Licht der Sonne. Zwei Drittel davon nahm Nēryōsang in Obhut und ein Drittel empfing Spandarmad." Die Läuterung des Samens durch die Sonne zeigt nochmals die enge Zusammengehörigkeit von Sperma und Licht. Für den weiteren Zusammenhang ist allerdings der Hinweis interessanter, daß Nēryōsang, d. h. das zoroastrische Pendant zum manichäischen Dritten Gesandten Narisah, zwei Drittel[36] von Gayōmards Same aufnimmt, d. h. er ist derjenige, der das Licht / Sperma „rettet". Insofern ist die Funktion Nēryōsangs im Pahlavitext praktisch dieselbe wie diejenige Narisahs im manichäischen Mythos.[37] Er rettet die Lichtpartikel, die sonst in die Gewalt der Archonten/Dämonen geraten (Bundahišn) bzw. in der Gewalt der Archonten bleiben würden (Manichäismus). Allerdings — das sei hier ausdrücklich erwähnt — nimmt die Bundahišnstelle keinen Bezug auf das Mythologem der Verführung der Archonten.

Die Bedeutung des Verführungsmythos für die manichäische Erlösungslehre läßt sich somit wie folgt umschreiben: Obwohl Sexualität im Manichäismus negativ gezeichnet wird, hat dieser Mythos eindeutig positive Funktion, da nur aufgrund des vergossenen Samens, d. h. aufgrund des freigewordenen Lichtes, Leben entstehen kann.[38] Leben wird durch die Verführung der Archonten in verschiedenen Formen möglich. Einerseits entstehen Pflanzen und Tiere, d. h. die vorhin geschaffene Erde wird bewohnbar, wodurch eine Voraussetzung für die weitere Erlösung / Befreiung des Lichtes gegeben wird. Denn in der Heilsökonomie spielen Pflanzen insofern eine Rolle, als sie als Lichtträger zur Speise der Erwählten werden, die durch das (kultische) Verzehren der Pflanzen diese Lichtelemente in sich

34 Für die Tatsache, daß den Abortus der weiblichen Archonten ebenfalls Licht innewohnt, kenne ich keine direkten mazdayasnischen Belegstellen. Zoroastrische Spekulationen über die Zeugung (*Lincoln,* Embryological Speculation 356-359) sagen, daß das Geschlecht des Kindes davon abhängt, ob der Same des Vaters oder der „Same" der Mutter stärker ist. Trotz der Unterschiede, die zwischen männlichem und weiblichem Samen gemacht werden, darf man daher wohl annehmen, daß der weibliche „Same", den man mit den Abortus verbinden darf, ebenfalls Licht enthält.

35 GrBd XIV 5, zit. nach *Widengren,* Geisteswelt 75; vgl. *Anklesaria,* Zand-Ākāsīh 126f.

36 Das eine Drittel, das Spandarmad aufnimmt, dient im weiteren Verlauf des kosmologischen Textes der Menschenschöpfung.

37 Vgl. zur Rettungstat Nēryōsangs/Narisahs auch *Widengren,* Ursprünge 690 und *Cumont,* Recherches I, 62f; erwähnenswert ist auch GrBd 35,59f (*Anklesaria,* Zand-Ākāsīh 300.302), wenn Nēryōsang dreimal den Samen Zarathustras rettet und an Anāhīd übergibt, damit drei Jungfrauen die drei endzeitlichen Söhne Zarathustras davon empfangen.

38 Ich möchte diesen Aspekt als Zentrum des Verführungsmythos ansehen; vgl. allerdings *Stroumsa,* Seed 154-157, der die verschiedenen Versionen der Verführung der Archonten überliefert und in den verschiedenen mythologischen Anspielungen Ätiologien für die Kosmogonie, für das Aufkommen des Lebens und für die Entstehung des Todes sieht.

aufnehmen und somit aus der Materie läutern können. Gleichzeitig — und m. E. noch wesentlicher — ist hier im Kern der endgültige Untergang der Archonten bereits enthalten. Denn eine unmittelbare Folge der Verführung der Archonten ist die Erschaffung der Menschen. Auch wenn diese von Āz eigentlich als Gegenschöpfung geplant ist, d. h. mit dem Zweck, die weitere Zerstreuung der Lichtpartikel zu gewährleisten und somit die Läuterung des Lichtes aus der Finsternis zu unterbinden, so ist hiermit doch der Untergang der Archonten impliziert. Der Mensch, den sie zu ihrem Zwecke schaffen, wird letztlich ihr Verderber.[39] Die Freude der Archonten über ihr Werk wird noch in bitteres Gegenteil umschlagen. Nicht umsonst lesen wir nämlich am Ende des Abschnittes über die Menschenschöpfung von der Freude, aber gleichzeitig von der Angst der Archonten:[40] „Und als jene zwei Geschöpfe, das männliche und das weibliche, in der Welt geboren, aufgezogen und größer geworden waren, da entstand große Freude für Āz und die Āsrēštār der Dämonen. Und jener Anführer der Āsrēštār hielt eine Versammlung der Mazan(-Ungeheuer) und der Āsrēštār ab. Er sprach zu diesen beiden Menschen: ‚Ich habe Erde und Himmel, Sonne und Mond, Wasser und Feuer, Bäume und Pflanzen, Tiere aller Art euretwegen geschaffen, damit ihr dadurch in der Welt erfreut, glücklich und froh werdet und meinen Willen tut.‘ Und er setzte einen monsterhaften und schrecklichen Drachen über die zwei Sprößlinge als Wächter (und sagte): ‚Er soll sie beschützen und niemand sie uns wegführen lassen.‘ Denn diese Mazan (-Ungeheuer) und Āsrēštār fürchten sich vor den Göttern und sind ängstlich: ‚Nicht sollen sie über uns kommen und uns schlagen oder fesseln. Denn diese zwei Geschöpfe sind nach der Gestalt und dem Aussehen der Götter gebildet und geformt.‘“ Der Mensch, nach dem Bild und Aussehen der Götter geschaffen und damit Träger des göttlichen Lichtes, wird — wenn auch anders, als die Archonten es befürchten — zum verderbenbringenden Wesen für die Archonten, indem er ihnen erneut die Lichtpartikel entwendet.

---

39 Siehe zu dieser grundlegenden Vorstellung in gnostischen Systemen etwa *Rudolph,* Gnosis 100-102.

40 *Boyce,* Reader 74, Nr. y 49-50; vgl. *Andreas/Henning,* Manichaica I, 199f; *Böhlig,* Gnosis 117; *Asmussen,* Literature 130.

Kapitel 3
DIE ERLÖSUNGSBEDÜRFTIGKEIT DES MENSCHEN

3.1. Die Menschenschöpfung durch die Dämonin Āz

Das Stichwort, das die Menschenschöpfung eng mit dem vorhin besprochenen Mythos der Verführung der Archonten verbindet, ist die Erwähnung des Gottes Narisah. Denn als Āz ihren Plan äußert, den Menschen zu erschaffen, heißt es, daß sie ihn nach jenen zwei Gestalten des Dritten Gesandten Narisah, eben der männlichen und der weiblichen, gestalten will.[1] Das Ziel der Menschenschöpfung liegt sicher darin, daß die Lichtpartikeln weiter zerstreut werden. Zur Ausführung ihres Planes bedient sich Āz der Mazan- und Āsrēštār-Dämonen:[2] „Danach lehrten diese Mazan und Āsrēštār, der männliche und der weibliche, alle (anderen) Lüsternheit und Beischlaf. Und sie mischten sich mit vereinigten Körpern zusammen. Ihre Kinder wurden geboren und aufgezogen. Und sie gaben ihre eigenen Kinder diesen zwei löwengestaltigen Āsrēštār, dem männlichen und der weiblichen, die die Kleidung der Āz bilden, die von Sinnenlust erfüllt sind. Āz fraß diese Kinder, und diese beiden Mazan, der männliche und der weibliche, wurden von ihr mit Lust erfüllt und zum Koitus angehalten. Und dieses Gemisch, das sie aus jenen Kindern der Mazan und Āsrēštār, die sie (Āz) gefressen hatte, als Kleidung angezogen hatten, formte sie durch ihre Begierde und machte es zu einem männlichen Körper mit Knochen, Nerven, Fleisch, Adern und Haut." Die Bestandteile des Menschen, die hier in einer Fünferreihe genannt werden, geben einen Einblick in manichäische physiologische Vorstellungen. Damit identisch ist die Aufzählung in dem zum Šb. gehörenden Fragment M 8256.[3] Von besonderem Interesse ist nun, daß diese Körperteile mit den Seelengliedern verbunden werden, d. h. die geistigen Komponenten werden darin gefesselt. Der chin. Traktat spricht in diesem Zusammenhang sogar davon, daß der Dämon der Begierde die verdunkelten geistigen Komponenten — Nous, Denken, Einsicht, Verstand, Überlegung — als fünf Bäume des Todes in diese Organe gepflanzt hat, woraus als giftige Früchte Haß, Gereiztheit, Lüsternheit, Zorn und Torheit sprießen.[4] In gleicher Weise werden auch in den kopt. „Kephalaia" diese fünf Körperteile

1 *Boyce,* Reader 71, Nr. y 37.

2 *Boyce,* Reader 72, Nr. y 40; vgl. *Andreas/Henning,* Manichaica I, 194f; *Böhlig,* Gnosis 115; *Asmussen,* Literature 128f. Die Erschaffung des ersten Mannes und der ersten Frau werden in unserem mythologischen Text weitgehend parallel geschildert, wobei die Parallelität bis in die wörtliche Übereinstimmung reicht; vgl. daher zu diesem Abschnitt auch Nr. y 44.

3 *Sundermann,* Texte 92; *MacKenzie,* Šābuhragān II, 301; das Fragment ist auch in Hinblick auf die Zusammengehörigkeit des kosmogonischen Textes mit dem Šb. von Bedeutung.

4 T. 81 b 29 — c 10 bei *Schmidt-Glintzer,* Manichaica 79; vgl. *Lentz,* Mani 190f.

mit denselben geistigen Komponenten gekoppelt.[5] Eine andere Tradition nennt der kosmogonische Text M 1004+, der sieben Elemente aufzählt:[6] „Das Stoffliche wird geteilt, das selbst aus sieben Dämoninnen besteht. Die erste ist die Haut, die zweite ist das Fleisch, die dritte sind die Adern, die vierte ist das Blut, die fünfte sind die Sehnen, die sechste ..." Die manichäische Siebenerreihe, die gegenüber der Pentade noch Blut und Mark nennt, darf dabei traditionsgeschichtlich als älter angesehen werden, wobei sie auch im „Apokryphon des Johannes" begegnet.[7] Diese ältere Tradition ist dabei in Hinblick auf die fünf Seelenglieder entsprechend adaptiert worden.

Die geistigen Gaben, die das erste Menschenpaar von Āz erhält, sind zweierlei. So wird ein Großteil des Lichtes als Seele im Menschen gefesselt, gleichzeitig aber überhäuft Āz den Menschen mit allen nur denkbaren negativen Eigenschaften:[8] „Und von jenem Licht und der Schönheit der Götter, das von den Früchten und den Knospen in jenes Kind der Mazan-Mißgeburten gemischt war, fesselte sie die Seele in seinem Körper. Und in ihn legte sie Gier und Lüsternheit, Geilheit und Koitus, Feindseligkeit und Verleumdung, Neid und Sündhaftigkeit, Zorn und Unreinheit, Widerspenstigkeit und Bewußtlosigkeit, spirituelle Verfehlung und Zweifel, Diebstahl und Lüge, Raub und Untat, Hartnäckigkeit und ..., Rachsucht und Torheit, Qual und Kummer, Leid und Schmerz, Armut und Betteln, Krankheit und Altern, Stinken und Räuberei hinein." Die Ausstattung der ersten Frau geschieht in vollkommen gleicher Weise, allerdings bekommt sie mehr von allem Schlechten und zusätzlich noch allen Unglauben und alle Sünde,[9] wodurch das Bild der Frau in noch düstereren Farben gemalt wird. Der hier geschilderte Katalog von Charaktereigenschaften des Menschen, der in seiner Ausführlichkeit in anderen Texten der Menschenschöpfung nicht begegnet,[10] bleibt zwar in einigen Einzelheiten unklar, spricht aber sonst für sich. Die Seele, die im Körper gefesselt ist, ist zwar substantiell mit dem Körper nicht vergleichbar, allerdings wird sie durch die negativen Eigenschaften des Körpers in ihrer Reinheit verletzt, da sie mit dem „Geist des Körpers" (*mynwgyh ʿy tn*), d. h. mit Zorn, Begierde und Sinnlichkeit, völlig vermischt ist. Deshalb kann das Menschenbild nur in düsteren Farben

5 Keph. 95,17-19; 96,13-21; vgl. dazu *Nagel,* Anatomie 82f.

6 *Sundermann,* Parabeltexte 27, Nr. 1.7 Z. 363-368; vgl. ebd. Anm. 52, wo noch weitere Belege geboten werden, die die Bestandteile des Menschen umschreiben. Vgl. auch M 1001+ bei *Sundermann,* Parabeltexte 17, Nr. 1.1. Z. 97-105.

7 Vgl. *Nagel,* Anatomie 70-74 für die Analyse der Versionen des ApJoh; ebd. 83f für den Vergleich mit dem Siebenerschema in Keph. 107, 27ff, wobei *Nagel* zum Ergebnis kommt, daß beide aus einer gemeinsamen Quelle stammen.

8 *Boyce,* Reader 72, Nr. y 41; *Andreas/Henning,* Manichaica I, 196; *Böhlig,* Gnosis 115; *Asmussen,* Literature 129.

9 *Boyce,* Reader 73, Nr. y 45.

10 Vergleichbare, allerdings wesentlich kürzere Textstellen sind etwa S 9 (*Boyce,* Reader 100, Nr. aq 2), ein hymnischer Text, der beschreibt, daß die aus den Lichtelementen gebildete Seele im Körper, der als Gefängnis für die gequälte Seele dient, gefesselt wird und daß eben der Mensch blind und taub, bewußtlos und verwirrt, abscheulich und böse, zornig und rachsüchtig durch die Āz gemacht wird. Vgl. auch M 1002 bei *Sundermann,* Parabeltexte 30f, Nr. 1.8 Z. 456-462; weiters ebd. 76, Nr. 19 Z. 1518 mit Anm. 2.

geschildert werden, die zu folgender Warnung eines türkischen Textes führt:[11] „Und diesen Körper, der euch umgibt, betrachtet und schätzet ihn so ein: ganz und gar aus Betrug und Täuschung, Fälschung und Irreleitung gemacht und geschaffen ist er." — Zusätzlich zu diesen ohnehin schon überhäuften negativen Komponenten, die dem Menschen anhaften, wird das erste Menschenpaar auch noch mit den Mazan und dem Zodiakus verbunden, damit sie von ihnen mit Zorn, Lüsternheit und Sündhaftigkeit immer wieder erfüllt werden.[12] Dieses erste Menschenpaar bekommt schließlich in der iranischen Überlieferung die Namen Gēhmurd und Murdiyānag.[13]

Das manichäische Urmenschenpaar Gēhmurd und Murdiyānag hat seine Entsprechung in den zoroastrischen Namen Gayōmard und Mašyānag. Daraus ergibt sich ein traditionsgeschichtliches Problem: Während im zoroastrischen Schrifttum Mašyānag immer wieder mit Mašyā das erste Menschenpaar bildet und Gayōmard der Urmensch ist, sind im Manichäischen Gēhmurd und Murdiyānag gekoppelt und vom Urmenschen Ohrmizd unterschieden. Daß die Traditionen dennoch nicht völlig zu trennen sind, zeigt die Entstehung des ersten Menschenpaares nach dem Großen Bundahišn. Nachdem Nēryōsang und Spandarmad den Samen Gayōmards geläutert und gerettet haben, heißt es:[14] „40 Jahre blieb der Same in der Erde. Nach Vollendung der 40 Jahre wuchsen in Gestalt einer Rhabarberstaude mit einem Stengel und 15 Blättern Mašyā und Mašyānag aus der Erde empor, dergestalt, daß ihre Hände an den Schultern lagen. Und, eines mit dem andern verbunden, waren sie immerfort von demselben Stamm. Und zwischen sie beide trat der Glücksglanz ein (?). Sie waren so sehr von demselben Stamm, daß es nicht offenbar war, welches der Mann sei und welches die Frau, und welches der von Ohrmazd geschaffene Glücksglanz sei, der bei ihnen war. ... Danach wandelten sich beide aus Pflanzengestalt in Menschengestalt und der Glücksglanz trat auf geistige Weise in sie ein, das ist die Seele." Die motivliche Verbindung dieses Textes mit der Entstehung der Menschen nach der manichäischen Kosmogonie ist eindeutig. In beiden Traditionen ist die Voraussetzung der Menschenschöpfung das Vergießen des Sperma, woraus pflanzliches Wachstum entsteht. Aus diesem wiederum wird das erste Menschenpaar geschaffen, in dem Licht als Seele eingeschlossen ist. Allerdings geht es dabei nur um die Gleichheit der einzelnen Motive; die Interpretation der Motive ist völlig gegensätzlich, da im Großen

---

11 TM 298 Z. 9-13, *LeCoq,* Manichaica III, 9; vgl. auch M 9 II R bei *Boyce,* Reader 89, Nr. ae 3; ferner zum negativen Urteil über den Körper *Nagel,* Anatomie 67f.

12 *Boyce,* Reader 73, Nr. y 43.47; vgl. dazu auch M 1004 bei *Sundermann,* Parabeltexte 29, Nr. 1.7 Z. 422 mit Anm. 58.

13 Belege bei *Sundermann,* Namen 128 Anm. 193-200; vgl. auch den wichtigen, aber ziemlich zerstörten kosmologischen Text bei *Sundermann,* Parabeltexte 70ff, Nr. 18, der vom weiteren Schicksal des ersten Menschenpaares handelt. — Auch Adam und Eva sind als Namen der ersten Menschen in iranisch-manichäischen kosmogonischen Texten bezeugt, vgl. die Belege bei *Sundermann,* Namen 118 Anm. 19-24.

14 GrBd XIV 6-10, zit. nach *Widengren,* Geisteswelt 75f; vgl. auch *Anklesaria,* Zand-Ākāsīh 126-129. — Zum Mythos von Mašyā und Mašyānag siehe *Boyce,* History I, 96f.

Bundahišn die Motive positiv verwendet sind: Es ist der Same des heilbringenden Urmenschen und nicht der Dämonen, das Licht ist nicht in der Seele gefesselt, sondern es wird von Ohrmazd als gleichsam göttlicher Funke in den Menschen gelegt, der eben die positive Komponente begründet. Auch fehlt dem pflanzlichen Wachstum jeder Bezug zu dämonischen Wesen. — Die Frage, die sich erhebt, ist, weshalb das zoroastrische Paar Mašyā/Mašyānag im Manichäismus zum Paar Gēhmurd/Murdiyānag umgestaltet werden konnte. *H. H. Schaeder*[15] erklärt dies damit, daß in der zoroastrischen Theologie die Funktion Gayōmards als Urmensch bereits weitgehend verblaßt war, so daß er primär nur noch als erster Mensch und Zarathustraverehrer im Bewußtsein war. Für Mani, in dessen Konzept der Urmensch eine wesentlichere Rolle spielt, als es im zeitgenössischen Zoroastrismus der Fall war, konnte dadurch der alte iranische Urmensch Gayōmard nur noch zur Bezeichnung für den manichäischen Adam werden. M. E. darf man dieser Erklärung aber wohl noch einen weiteren Aspekt hinzufügen: Das Schicksal, das nach manichäischer Lehre der Urmensch und der erste Mensch erleiden, ist weitgehend identisch. Sie beide geraten in die Gefangenschaft der Dämonen, das in ihnen vorhandene göttliche Licht/Seele muß erst von außen her erweckt werden. Insofern ist der erste Mensch ein Abbild des Urmenschen, so daß es durchaus gerechtfertigt ist, die ältere iranische Bezeichnung Gayōmard/Gēhmurd für den ersten Menschen zu verwenden. Die Wahl des Namens an sich zeigt jedenfalls wiederum die Absicht, den manichäischen Mythos so zu gestalten, daß er als Neuinterpretation zoroastrischer Theologie verstanden werden kann.[16]

Fragt man nun, welches Menschenbild sich aufgrund des Berichtes der Menschenschöpfung ergibt, so kann man folgendes sagen: Der Mensch entsteht nach dieser Schilderung aufgrund der Verbindung von Kannibalismus und ausschweifender Sexualität. D. h. der Mensch kann aufgrund seiner Veranlagung gar nicht anders, als selbst dieses verbrecherische Werk fortzusetzen und selbst in Begierde und Lüsternheit die Verbreitung der Lichtpartikeln und die Schädigung des Lichtes zu fördern. In unserem Text gehen der Erschaffung des Mannes und der Frau jeweils unmittelbar Kannibalismus und Sexualität voran. Während vor der Erschaffung des Mannes Āz die Nachkommenschaft der Dämonen auffrißt und dann die Dämonen zum Koitus anhält,[17] sind es vor der Bildung der Frau die Dämonen selbst:[18] „Und danach fraßen jene beiden löwengestaltigen Āsrēštār, der männliche

15 *Schaeder,* Lehren 276; vgl. auch *Colpe,* Schule 147.

16 Die Substitution von Mašyā/*Murdiyā durch Gayōmard/Gēhmurd ist auch insofern gerechtfertigt, als beide Namen die Todesverfallenheit des Menschen zum Ausdruck bringen: Gayōmard als derjenige, der „sterbliches Leben hat“, Mašyā als der „Sterbliche“ schlechthin; vgl. auch *Andreas/Henning,* Manichaica I, 197 Anm. 2.

17 Vgl. *Boyce,* Reader 72, Nr. y 40; der Text wurde S. 181 bereits übersetzt.

18 *Boyce,* Reader 73, Nr. y 44; weiters *Andreas/Henning,* Manichaica I, 197; *Böhlig,* Gnosis 116; *Asmussen,* Literature 129; vgl. auch die Überlieferung bei Theodor bar Kōnai, wenn Ašaqlon und Namrael die Kinder der Archonten verschlingen, danach kopulieren und Adam und Eva zeugen und gebären, Text bei *Böhlig,* Gnosis 107 und *Adam,* Texte 21f; vgl. auch *Stroumsa,* Seed 159. Šaklōn ist auch mehrfach in iranischen Texten als Name bezeugt, *Sundermann,* Namen 118 Anm. 25-28.

und die weibliche, von eben diesen Kindern (ihrer) Gefährten und wurden angefüllt mit Geilheit und (Lust nach) Koitus. Und sie mischten sich mit vereinigten Körpern zusammen." Daß Kannibalismus die Voraussetzung für die Menschenschöpfung ist, darf wohl auch in den sehr fragmentarischen Text M 1002+ hineininterpretiert werden, obwohl der entscheidende Abschnitt nicht erhalten ist:[19] „Darauf haben alle diese Mächte, die an jenen (Kindern) Anteil hatten, ihre eigenen Kinder und Glieder ihr (Āz) übergeben. Alle (Kinder) wurden aufgesammelt und ... wurde zerstört. Von dem, das zerstört wurde, bildete sie ein Etwas. (Und) jene schöne, Verlangen weckende (?) Gestalt war diesem stinkenden und zerstörten Etwas ähnlich, und jene Mächte, die damals jene Kinder erzeugt hatten, sie alle wurden hocherfreut, und alle waren sie stolz darauf." Von diesem dämonischen Ursprung her erhält der Mensch nicht nur seinen Körper, sondern auch seine Lust, die ihn zum Essen und zur Fortpflanzung führt, wobei beides den Lichtpartikeln schadet. Allerdings weiß die manichäische Anthropologie im folgenden zu differenzieren: Da unser mp. Text nach der Erschaffung des Menschen abbricht, muß auf die Überlieferung in an-Nadīms Fihrist zurückgegriffen werden, die das Schicksal des ersten Menschenpaares in gekürzter Form bietet:[20] Jesus der Glanz wird gesandt, damit er Adam über Himmel und Hölle, Licht und Finsternis unterrichtet und ihn vor Eva warnt, daß er sich ihr nicht (sexuell) nähere und so der Vermehrung der Lichtpartikeln diene. Adam nimmt diese Belehrung und Erweckung an, während Eva ein Werkzeug der Dämonen bleibt.[21] Die dem weiteren Verlauf des Berichts bei an-Nadīm entsprechende mp. Fragmentgruppe M 4500-4503 und M 5566f[22] zeigt, daß Eva/Murdiyānag sich den Dämonen hingibt und auch Adam/Gēhmurd mit dem Beistand Šaklōns verführen will. Im Wissen um das dämonische Tun kann Gēhmurd nach der Geburt Seth(el)s Murdiyānag jedoch 80 Jahre lang unberührt lassen. Solange Gēhmurd Murdiyānag nämlich sexuell nicht berührt, lebt er in Gerechtigkeit, d. h. er hat nicht teil an der Schädigung des Lichtes durch die Dämonen. — Die eng miteinander verbundene negative Betrachtungsweise von Nahrungsaufnahme und Sexualität, wobei in beiden Fällen schon die Handlung an sich als sündhaft hingestellt wird, und nicht nur der Exzeß, dürfte in unserer Schöpfungsmythologie ein Traditionsstrang sein, der aus dem Zurvanismus übernommen wurde.[23] Im Großen Bundahišn lesen wir nämlich, daß Mašyā und Mašyānag durch Lüge, Genuß von Fleisch und durch die Verehrung der Dämonen die Macht der Dämonen vermehrt haben, worauf sie fünfzig Jahre kein sexuelles Verlangen verspürten. Schließlich kommt sexuelle Erregung über sie:[24] „Dann erfüllten sie ihr

19 Vgl. *Sundermann,* Parabeltexte 32, Nr. 1.8 Z. 496-515.
20 *Flügel,* Mani 91; *Kessler,* Mani 393; *Dodge,* Fihrist 784; für die Analyse des Textes in Hinblick auf die Traditionsstränge, die an-Nadīm verarbeitet, siehe *Colpe,* Manichäismus 79-82.
21 Vgl. *Jonas,* Gnosis 309.
22 *Sundermann,* Parabeltexte 70-75, Nr. 18.
23 Vgl. *Widengren,* Manichaeism 979; *Zaehner,* Zurvan 179f.
24 GrBd XIV 30-32; vgl. *Anklesaria,* Zand-Ākāsīh 132f; weiters *Justi,* Bundehesh 20f; vgl. zur Interpretation des Verhaltens der ersten Menschen auch *Molé,* Ascétisme 172-176.

Verlangen und bei der Erfüllung ihres Verlangen, die sie machten, dachten sie so: ‚Für uns auch wäre dies schon seit 50 Jahren eine passende Angelegenheit gewesen.' Von ihnen wurde nach neun Monaten ein Paar geboren, weiblich und männlich. Wegen der Süßheit der Kinder fraß die Mutter das eine, der Vater das andere. Danach entfernte Ohrmazd die Süßheit aus den Gedanken der Zeuger; nur soviel (an Süßheit), als für die Erziehung der Kinder nötig war, wurde ihnen gelassen. Aus ihnen entstanden sechs Paare, männlich und weiblich, Bruder und Schwester, die (jeweils) zur Frau genommen wurde. Alle sechs Paare waren zusammen mit Mašyā und Mašyānag." — Obwohl auch dieser Text somit die negative Sichtweise kennt, wonach das Menschengeschlecht erst nach einem Akt von Kannibalismus entstanden ist, darf doch der positive Gesamttenor der Stelle nicht übersehen werden. Denn Ohrmazd greift helfend für das erste Menschenpaar ein, indem er — wie es im Text heißt — die Süßheit der Kleinkinder entfernt, damit sie von ihren Eltern nicht mehr gefressen werden. Die Motivgleichheit zwischen dem Bundahišn und der manichäischen Tradition ist wiederum vorhanden, ähnlich wie im ganzen Umfeld der Menschenschöpfung.

Kaum von der negativen Zeichnung der Sexualität zu trennen ist das Bild der Frau, das der manichäische kosmogonische Text entwirft. Die negativen Eigenschaften, die Gēhmurd gegeben wurden, werden in noch größerem Maße in Murdiyānag hineingetan,[25] wobei im weiteren Verlauf des Mythos die Frau als jenes Wesen geschildert wird, durch das es erst möglich ist, daß das Menschengeschlecht entsteht, jenes Menschengeschlecht, das der Welt des Lichtes Schaden zufügen soll:[26] „Und nach jenem Göttersproß weiblichen Geschlechts, den sie (Āz) im Wagen gesehen hatte, formte und gestaltete sie diese (erste Frau). Und vom Himmel verband sie diese in Bindung und Verbindung mit den Zodia und Planeten, so daß von den Mazan und Zodia her Zorn, Lüsternheit und Sündhaftigkeit auf sie regne und daß sie der Gedanke erfülle, noch räuberischer und sündhafter, lüstern und sinnlich zu werden, daß sie diesen Mann durch Sinnenlust betrüge, auf daß von diesen zwei Geschöpfen in der Welt die Menschen geboren würden, gierig und sinnlich würden, zornig, rachsüchtig und unbarmherzig würden und Wasser, Feuer, Bäume und Pflanzen schlügen und die Gier und die Sinnenlust verehrten und den Willen der Dämonen täten und (so) in die Hölle kämen." Die Antipathie gegen Frauen, die hier anklingt, ist eindeutig. Durch ihr sexuelles Verlangen und ihre Lüsternheit soll sie den (gerechten) Mann betrügen und korrumpieren, wobei sie zum Prototyp der liederlichen Frau, der Dirne Jēh, wird. Ihre Sinnlichkeit, die als vollkommen negativ abgelehnt wird, hat nur den Zweck, daß sie den Menschen hervorbringt. Sehr drastisch wird das in einem — wohl zurvanitisches Denken widerspie-

25 *Boyce,* Reader 73, Nr. y 45.

26 *Boyce,* Reader 73f, Nr. y 47; vgl. *Andreas/Henning,* Manichaica I, 198f; *Böhlig,* Gnosis 116f; *Asmussen,* Literature 130. — Vgl. weiters auch Keph. XXXVIII, S. 93,2-5, wo der Zweck der Menschenschöpfung darin gesehen ist, daß die Menschen „Lust tun und die Welt voll Lust machen"; vgl. dazu *Stroumsa,* Seed 159.

gelnden — Text des Bundahišn ausgedrückt:[27] „Ohrmazd sprach, als er die Frau erschuf: ‚Ich erschuf dich, die du das Böse entsprechend dem Wesen der Huren bist. Und nahe von deinem Anus schuf ich eine Öffnung, weil für dich Beischlaf so passend ist wie im Mund der Geschmack der süßesten Nahrung. Du bist mir eine Helferin, weil von dir heraus der Mann geboren wurde, aber mir, Ohrmazd, bereitest du Leid. Wenn ich ein Kleid gefunden hätte, woraus ich den Mann machen könnte, dann hätte ich (dich) niemals erschaffen, die du das Böse entsprechend dem Wesen der Jēh bist. Ich suchte im Wasser und auf der Erde, in den Pflanzen und Tieren, auf den höchsten Bergen und auch in den tiefen Tälern. Nicht fand ich ein Kleid, aus dem der gerechte Mann wurde, außer der Frau, die das Böse (entsprechend dem Wesen) der Jēh ist.'" — Die Frau als Verführerin steht dabei in völliger Nähe zu den Dämonen, wie es etwa im kosmogonischen Text M 4500 sichtbar wird. *W. Sundermann*[28] hat diesen und dazugehörige Texte ediert und analysiert, wobei er auch auf die Nacherzählung dieser Version des Mythos in an-Nadīms Fihrist[29] hinweist. Durch ihren Umgang mit dem Dämon Šaklōn wird in Murdiyānag die Sinnenlust entflammt, so daß sie Gēhmurd verführt und als Kind der ersten Menschen Sethel geboren wird, dessen sich die Dämonen bemächtigen wollen. Das Frauenbild und die starke Betonung des Sexuellen in der Mythologie verbinden m. E. die Erzählung von der Menschenschöpfung sehr eng mit der Verführung der Archonten, zumal hier in beiden mythologischen Episoden Motive verarbeitet werden, die aus demselben zurvanitischen Vorstellungsbereich stammen. Jēh ist die große Hure, die durch den Anblick des Gottes Narsē/Nēryōsang verführt und nach diesem Gott lüstern wird, so daß sie selbst zur großen Verführerin wird. Von ihrem Wesen her kann ihre einzige Bestimmung nur sein, der „Menschenproduktion" zu dienen: deutlicher kann die Geringschätzung der sexuellen Komponente kaum zum Ausdruck gebracht werden. Durch die Erzählung im manichäischen Mythos wird dabei eine Abschreckung gegeben, die im Leben und in der Ethik zu einer vollkommenen Vermeidung sexueller Dinge führen muß.

Die übrigen, negativen Eigenschaften, die dem Menschen von Āz gegeben werden,[30] und die Unwissenheit der Seele, die blind, taub, bewußtlos und verwirrt[31] ist, machen es verständlich, daß der Mensch von seinem göttlichen Funken, der ihm als Seele innewohnt, nichts weiß und den Willen der Dämonen tut:[32] „Als dann der ‚erste Mensch' und die ‚Weibliche der Glorien', der erste Mann und die erste Frau, über die Erde zu herrschen began-

---

27 GrBd XIV A; *Anklesaria,* Zand-Ākāsīh 136f; vgl. dazu auch *Zaehner,* Zurvan 188.195. — Eine dem völlig entgegengesetzte Interpretation dieses Textes schlägt *Molé,* Ascétisme 188 vor, wenn er die Frau als Widersacherin der Hure und Helferin Ohrmazds sieht, die das Eintreten des gerechten Menschen (Zarathustra) in die Welt ermöglicht.

28 *Sundermann,* Parabeltexte 70f, Nr. 18.1.

29 *Flügel,* Mani 90ff; vgl. auch *Kessler,* Mani 393ff, *Dodge,* Fihrist 783ff.

30 Vgl. *Boyce,* Reader 72f, Nr. y 41.45.

31 S 9; vgl. *Boyce,* Reader 100, Nr. aq 2.

32 *Boyce,* Reader 74, Nr. y 51; weiters *Andreas/Henning,* Manichaica I, 200f; *Böhlig,* Gnosis 117f; *Asmussen,* Literature 130f.

nen, da erwachte Āz in ihnen. Und sie waren voll Raserei, und sie begannen, Quellen zu verstopfen, Bäume und Pflanzen zu schlagen und in Raserei über die Erde zu herrschen und gierig zu werden. Und die Götter fürchten sie nicht und die fünf Elemente (*amahrāspandān*), aus denen die Welt geordnet ist, kennen sie nicht und quälen sie unaufhörlich." Die völlige Verfallenheit des Menschen in das Reich der Finsternis, die in den verschiedenen Bildern zum Ausdruck kommt, kann somit tiefer Ausdruck der Freude der Archonten sein,[33] denn der Mensch ist ein ihnen wahrlich angemessenes Geschöpf. Im Gesamtkontext des Heils ist allerdings diese negative Sichtweise nicht das letzte Wort. Die Dämonen selbst haben ja die Seele und das göttliche Licht im Menschen eingebunden, so daß es dadurch eine Möglichkeit gibt, daß der Mensch nicht nur erlösungsbedürftig, sondern auch erlösungsfähig ist. Die Seele zu wecken, den Aufstieg der Seele und des Lichtes zu den himmlischen Sphären wieder zu ermöglichen, das ist das letzte Ziel der Menschenschöpfung im Heilsplan, ein Aspekt, auf den Āz und die Dämonen nicht genügend Rücksicht genommen haben.

33 *Boyce,* Reader 74, Nr. y 49.

3.2. Die Rettung und Erweckung des Menschen

Der Lichtanteil, der in den Menschen als Seele gefesselt ist, ermöglicht die Erlösung des Menschen. Wie dies in unserem kosmogonischen Mythos erzählt worden ist, läßt sich nur mehr teilweise feststellen, da unser Text nach jener Stelle, die davon spricht, daß die Menschen den Dämonen Verehrung entgegenbringen und Welt und Licht quälen, eine Lücke aufweist. Das nächste noch erhaltene Blatt, die „Rede über die Seele und den Körper",[1] dürfte aber einen Teil der Belehrung beinhalten, die Xradešahr bzw. der Urmensch an Gēhmurd/Adam gibt. Der Inhalt läßt sich dabei wie folgt zusammenstellen: Adam wird aus seinem „Todesschlaf", der durch seine Unwissenheit begründet ist, durch den Urmenschen erweckt, so daß er sich seines Lichtgehaltes und seiner Lichtseele erinnert und so gerettet werden kann. Da das Schicksal Adams sehr stark nach dem Schicksal des Urmenschen Ohrmizd gestaltet ist, ist es hier vielleicht angebracht, einen kurzen Rückblick in die Vorgeschichte der Menschen- und Weltschöpfung zu geben, nämlich insofern, als kurz der Fall und die Errettung des Urmenschen Ohrmizd rekapituliert werden sollen. Obwohl in unserem kosmogonischen Text M 98/99 und M 7980-84 auch dieser erste Teil des manichäischen Erlösungsdramas nicht erhalten ist, geben uns einige von *W. Sundermann* neuveröffentlichte iranische Texte einen sehr guten Einblick darüber, wie sich Mani den Fall des Urmenschen vorgestellt hat, und die diesen Teil der Kosmogonie sehr gut illustrieren.[2] Die erhaltenen Teile dieser Kosmogonie berichten vom Kampf des Urmenschen mit den Dämonen, worauf jener in bedrängte Lage gerät, so daß die Mutter des Lebens und der Lebendige Geist ihm insofern zur Hilfe kommen, als sie den Gott „Ruf" (Xrōštag) entsenden. Der Gott Xrōštag erweckt im Urmenschen den Gott „Antwort" (Padwāxtag), die beide zum Himmel hinaufsteigen und auch den Urmenschen emporsteigen lassen. Daran schließt sich die Erzählung von der Erbauung der Himmel an. Diese fragmentarische Kosmogonie ist in mehrfacher Hinsicht interessant. Neben der parth. und der mp. Version, deren Formulierung so nahe beieinander liegt, daß die beiden Texte als identisch, wenn auch nicht als Übersetzung, gewertet werden müssen, kennen wir dazu auch sogdische (M 178, M 716b) und alttürkische (T II D 173b/I/) Parallelen, sowie die arab. Version, wie sie uns bei an-Nadīm überliefert ist; als an-Nadīms Quelle nimmt *C. Colpe* eine manichäische Originalschrift der östlichen Tradition an.[3] Diese praktisch identische Überlieferung in vier Sprachen legt dabei die Vermutung nahe, daß dieser kosmogonische Text letztlich auf ein Werk von Mani selbst zurückgeht, wobei die ursprüngliche Gestalt wohl am besten in der mp. Version erhalten geblieben sein dürfte.[4]

---

1 *Boyce,* Reader 75f, Nr. y 52-56; vgl. auch *Andreas/Henning,* Manichaica I, 201-203.

2 *Sundermann,* Parabeltexte 41-54, Nr. 3 und 4.

3 *Colpe,* Manichäismus 66 zu Fihrist 330,16ff.

4 Vgl. *Sundermann,* Parabeltexte 43; zur Datierung der Fragmente vgl. ebd. 42.50, wobei die ältesten Papierproben etwa auf 600 weisen, die Schriftform aber eher auf eine späte Abfassungszeit zu weisen scheint.

Wenn wir es somit hier mit einem Werk Manis zu tun haben, so ist das umso begrüßenswerter, da dieser Text den iranischen Mythos besser zu rekonstruieren hilft, zumal er jene Teile des Mythos erzählt, die im kosmogonischen Text M 98/99 und M 7980-84 weitgehend fehlen. Inhaltlich sind dabei folgende Übereinstimmungen und Überschneidungen zwischen diesem Text und M 98 zu bemerken: Die Erbauung von Himmel, Zodiakus und Erde ist in beiden Überlieferungen erhalten geblieben.[5] Auch das Mythologem der Verführung der Archonten erlaubt es, beide kosmogonischen Texte parallel zu stellen.[6] Obwohl also klare inhaltliche Entsprechungen vorhanden sind, ist ebenso deutlich sichtbar, daß die beiden Texte auf verschiedene Werke Manis zurückgehen.

Der für unseren Vergleich mit dem Schicksal Adams interessanteste Abschnitt dieses kosmogonischen Textes erzählt nun die bedrängte Lage des Urmenschen, worauf ihm der Gott „Ruf" zu Hilfe kommt. Der in der parth. Version besser erhaltene Text lautet dabei folgendermaßen:[7] „Derart ergriff er die Dämonen durch die fünf Lichter. Und der Gott Ohrmizd ging hinaus zur finsteren Erde wie ein Löwe [ge]gen ein mächtiges ? und ein [gewal]tiger Angreifer gegen die Festung der Feinde. Und er zerteilte die Dämonen, und er packte (?) die Finsterniserde wie eine Spitze ein [ ], eine Axt einen B[aum und] ein gewaltiger Angreifer eine Festung. Und lange Z[eit] war er darinnen." Nach einer Textlücke unbestimmbarer Länge schließt sich M 21/R/ an:[8] „Und als die Winddämonen wußten, daß . . ., versammelten sich alle gegen ihn im Reich der (dunklen) Winde, wie ein wildes Heer. Dann betete Gott Ohrmizd zu seiner Mutter. Und seine Mutter betete zum gerechten Gott: ‚Schick meinem Sohn einen Helfer, denn er hat deinen Willen erfüllt, aber (jetzt) befindet er sich in Not.'" Nach einer weiteren Lücke lesen wir:[9] „. . . du sollst bauen. [ ] die fünf Söh[ne] kraftvoll [ ] eigen [ ] Helfer [ ] sich freuen [(?)] die Mutter der Ge[rechten], (der Lebendige) Geist [ ] gingen hinaus in das Grenzgebiet. Und sie sahen den Gott Ohrmizd inmitten von Feind[en w]ie einen Hirten, den wilde Tiere ergriffen hatten, [ ] die Woge ergriffen hatte, und einen Herrscher, den im Kampfe die Feinde ergriffen hatten. Sogleich entsandten sie zu ihm den Gott „Ruf" wie einen Rettungsbrief und Pfeil, den man in eine Festung schießt. Und schnel[l] und [in Ei]le wie [ ] bringt [ ] Vorzeich[en]." Anschließend fehlen einige Zeilen, ehe M 21/V/ angeschlossen werden kann:[10] „Schnell stieg Gott Xrōštag herab. Und er spaltete das Heer der Dämonen und brachte Heil vom Vater und vom ganzen Reich.

---

5 Vgl. *Sundermann,* Parabeltexte 45, Nr. 3.2 im Vergleich mit *Boyce,* Reader 60, Nr. y 1.

6 Vgl. *Sundermann,* Parabeltexte 48, Nr. 3.3, Z. 857ff und *Boyce,* Reader 65, Nr. y 14; bereits *Andreas/Henning,* Manichaica I, 181 Anm. 5 und 182 Anm. 3 haben den Zusammenhang dieser beiden Texte gesehen.

7 *Sundermann,* Parabeltexte 53, Nr. 4.2/R/ + 4.1/V/.

8 *Boyce,* Reader 59, Nr. x 1-2; vgl. auch *Andreas/Henning,* Manichaica III, 890; *Asmussen,* Literature 122.

9 *Sundermann,* Parabeltexte 53, Nr. 4.3/R/ + 4.2/V/ + 4.4./R/.

10 *Boyce,* Reader 59f, Nr. x 3f; vgl. *Andreas/Henning,* Manichaica III, 890f; *Asmussen,* Literature 122.

Und er sprach: ‚Bring (deine) Glieder zusammen, denn dein Erlöser ist gekommen.' Und der Gott Ohrmizd wurde froh aufgrund der glückbringenden Botschaft. Und er schuf den Gott Padwāxtag. Und beide stiegen empor ... die Mutter der Rechtschaffenen, der Gott Padwāxtag ..." — Zum Vergleich und besseren Verständnis sei hier auch die alttürkische Version dieses Abschnittes angeführt:[11] „Als Xrōštag (und?) Padwāxtag, der Gott, von dem Gotte Hormuzta (und) von der Hölle in die Höhe gestiegen waren, da kamen Wadziwantag, der Gott, und die Mutter-Gottheit (?) eilends herbei. Den Gott Hormuzta aus der Hölle aufwärts machten sie aufsteigen und herauskommen und zum Götterhimmel sandten sie ihn. Und die Mutter-Gottheit und Wadziwantag, der Gott, diese beiden schieden die fünf Götter von dem Gotte Hormuzta ab. Und (nun) die Erde und den Himmel zu schaffen und zu machen, machten sie sich bereit."

Das Schicksal, das der Urmensch hier erfährt, ist paradigmatisch. Er befindet sich in der Macht der Finsterniswelt und der Dämonen, denen er — ohne Anruf von außen — hoffnungslos ausgeliefert ist. Er wird jedoch nicht von den Mächten der Lichtwelt im Stich gelassen, sondern durch den Gott Xrōštag gerettet und wiederum in die Lichtwelt emporgeführt, auch wenn ein Teil seines Lichtes, nämlich seine Rüstung, die seine Söhne und Lichtelemente sind, in der Finsternis zurückbleiben muß. Die mythologische Rettung des Urmenschen durch die Götter „Ruf" und „Antwort" kann dabei letztlich aus der mazdayasnischen Mythologie verstanden werden. Wie *J. de Menasce* gezeigt hat, behandelt die 18. Frage von Manucihrs „Dādistan ī Dēnīg" das Schicksal der Seele nach dem Tod.[12] Dabei kommt es zu einem Gespräch zwischen der Seele und Ohrmazd, in dessen Verlauf Ohrmazd aufgrund der „Antwort" der Seele ihr die Hand auflegt als Symbol der Rettung. Der Ritus der Handauflegung verbindet nach *J. de Menasce* diesen mazdayasnischen Text mit der manichäischen Errettung des Urmenschen,[13] da der manichäische Urmensch ebenfalls durch die (2.) Handauflegung endgültig der Finsternis entrissen wird.[14] Der Urmensch selbst ist das erste errettete Wesen, dem die anderen folgen werden.[15] In diesem Zusammenhang darf man wohl auch den Text M 10 nennen, eine Hymne an die „Lebendige Seele", die die Größe und das Schicksal des Urmenschen beschreibt.[16] Er kommt in die Welt, um das Paradies zu verhüllen und die Dämonen an sich zu ziehen, um danach den Angreifer der Dämonen zu erschlagen und

11 *LeCoq,* Manichaica I, 13f.

12 *de Menasce,* Origine 162-164.

13 *de Menasce,* Origine 166f im Gegensatz zu *Schaeder,* Lehren 263ff, der diesen Ritus für ursprünglich manichäisch ansehen möchte.

14 Keph. IX, S. 40,6ff; die 1. Handauflegung erhält der Urmensch vor seiner Entsendung in den Kampf, Keph. IX, S. 38,30ff; vgl. zur Handauflegung im Manichäismus zuletzt *Römer,* Mani 338-340.

15 Vgl. zur Bedeutung der Errettung des Urmenschen für die Erlösung der Seele aus der Finsternis *Puech,* Begriff 171-174; weiters *Römer,* Mani 333f.343.

16 *Henning,* Geburt 314-316; Text bei *Boyce,* Reader 104f, Nr. at, Übersetzung *Asmussen,* Literature 120; vgl. ferner das Erscheinen des Urmenschen unter den Dämonen in M 1001+ bei *Sundermann,* Parabeltexte 17f, Nr. 1.1, Z. 113ff.

die Hyle/Finsternis endgültig zu vernichten. Obwohl der Urmensch nur die erste Aufgabe erfüllen kann und somit lediglich als „halber" Sieger dasteht, wie die Rolle des Urmenschen vorsichtig durch die Hymne beurteilt wird, bleibt er in der Welt, bis der Wille des Vaters erfüllt ist, d. h. sein Rettungswerk geht weiter. Da das Ende der Hymne fehlt, bleibt unklar, ob dieses „Bleiben in der Welt" bis zum Weltende oder lediglich bis zur Rettung des Urmenschen aus der Materie dauert. Für das gläubige Nachvollziehen der Rettungstat des Urmenschen bleibt diese Fragestellung allerdings sekundär.

Da Adam durch seine Seele Anteil am Urmenschen hat, wird auch seine Errettung und Erweckung in ähnlicher Weise in den Texten geschildert. Obwohl in unserem mythologischen Text, wie schon erwähnt, dieser Teil nur teilweise erhalten ist, kann die hymnische Verarbeitung des Mythos, wie sie uns im Text S 9 vorliegt, dafür in gewisser Weise einen Ersatz bieten.[17] Es handelt sich dabei um einen alphabetischen Hymnus, der aus insgesamt zwölf Strophen zu je vier Kola besteht. Trotz seiner Kürze sind in diesem Hymnus vom Dichter alle Hauptpunkte behandelt worden, wobei trotz der dichterischen Form der Mythos durchaus noch erkennbar ist.[18] Inhaltlich lassen sich dabei jeweils zwei Strophen unter einem Gesichtspunkt zusammenfassen, so daß das ganze Menschenschicksal unter folgenden Punkten erzählt wird: Erschaffung des Menschen aufgrund der Verführung der Archonten — Bewußtlosigkeit der Seele — Fesselung der Seele im Körper — das Erbarmen Ohrmizds mit dem Menschen — Offenbarung des wahren Selbst der Seele — endgültige Erlösung und Aufstieg der Seele in die himmlischen Sphären:[19]

„Zornig wurde Āz, jene sündhafte Mutter aller Dämonen. Und sie machte einen schweren Aufruhr zur Hilfe für sich selbst.

Und aus der Unreinheit der Dämonen und aus dem Schmutz der Dämoninnen machte sie diesen Körper und trat in ihn ein.

Danach — aus den fünf Elementen, der Rüstung des Ohrmizd, des Herrn — formte sie die gute Seele und fesselte sie im Körper.

Und sie machte sie gleichsam blind und taub, bewußtlos und getäuscht, so daß sie ihren ersten Ursprung und die eigene Familie nicht erkenne.

Sie machte den Körper und das Gefängnis und band (darin) die gequälte Seele. ‚Mich Gefangene haben geraubt Dämonen, Dämoninnen und Peris.'

---

17 Vgl. auch den Mythos, wie ihn Theodor bar Kōnai bietet, Text bei *Adam,* Texte 22; *Böhlig,* Gnosis 107f; vgl. ferner *Hutter,* Mani 40. Daß terminologisch eine gewisse Nähe des Hymnus zum kosmogonischen Text M 7980-84 besteht, zeigen Beobachtungen wie etwa die Erwähnung der Peris, die Bezeichnung der Lichtelemente als Amahrāspandān oder der Druxš-Dämoninnen. *Schaeder,* Lehren 275 betont mit Recht, daß sich S 9 sprachlich an die Terminologie der Zoroastrier anlehnt. Insofern liegt der Text auch auf einer Linie mit dem Šb. und der Kosmogonie, vgl. auch *Henning,* Hymnus 222f, der die Nähe zu zoroastrischen bzw. zurvanitischen Traditionen hervorhebt.

18 Zur dichterischen Gestalt des Textes, die sich in der Metrik sowie im Aufbau des Gedichtes niederschlägt, vgl. *Henning,* Hymnus 224-226; *Schaeder,* Lehren 274f meint zu Unrecht, daß der mythologische Hintergrund in diesem Hymnus fehlt.

19 *Boyce,* Reader 100, Nr. aq 2-4; *Böhlig,* Gnosis 121-123; *Asmussen,* Literature 134f; eine Detailstudie des Textes bei *Henning,* Hymnus 215-225.

Fest band sie die Seele im verfluchten Körper und machte sie haßerfüllt und sündhaft, zornsüchtig und rachsüchtig.

Und Ohrmizd der Herr erbarmte sich der Seelen, und in Menschengestalt stieg er hinab zur Erde.

Beschämt wurde durch ihn die sündhafte Āz, und er machte offenkundig das Seiende. Und er zeigte alles auf, was war und was sein wird.

Schnell machte er offenbar, daß diesen fleischlichen Körper nicht Ohrmizd der Herr gemacht hatte und daß er auch nicht die Seele selber (darin) gebunden hatte.

Der weisen Seele des Glücklichen wurde Auferstehung zuteil. Sie glaubte an die Erkenntnis des Ohrmizd, des guten Herrn.

Und alle Gebote und Befehle und die Siegel der guten Handlungen nahm sie voll Eifer an wie ein tatkräftiger Held.

Den Körper des Todes legte sie ab und wurde erlöst für immer. Und sie wurde emporgehoben zum Paradies, zu jenem Reich der Seligen."

Der Anklang der ersten beiden Strophen an das Mythologem der Verführung der Archonten sowie die daraus resultierende Menschenschöpfung ist eindeutig. Auch über die Bewußtlosigkeit der Seele wurde bereits gehandelt, wenn nach der mythologischen Erzählung der Mensch aufgrund seines Unwissens, das hier wohl als Synonym zu seiner Bewußtlosigkeit gelten darf, das Licht schädigt und quält.[20]

Deutlicher als dieser mythologische Text sprechen nun auch einige weitere „Hymnen an die lebendige Seele" vom Schicksal der Seele des Urmenschen, die ebenfalls in völliger Bewußtlosigkeit verharrt. Die Fesselung der Seele durch die Dämonen nach dem Kampf mit den Dämonen, Yaksas, Peris und Drachen schildert ein parth. Hymnus aus M 7, dessen Strophen in alphabetischer Form von Aleph bis He erhalten sind und je vier Kola aufweisen:[21]

„Vom Licht und von den Göttern bin ich, von ihnen wurde ich getrennt. Gegen mich haben sich die Feinde versammelt, und ich wurde von ihnen zu den Toten geführt. — Gesegnet sei, auf daß erlöst werde, der meine Seele aus der Not erlöst.

Ein Gott bin ich, von Göttern geboren, glänzend, funkelnd und hell, strahlend, duftend und von schöner Gestalt, aber jetzt bin ich in Not geraten.

Ergriffen bin ich von Dämonen ohne Zahl, ekelerregenden, die mich gefangen nahmen. Meine Seele wurde erniedrigt, zerbissen, zerrissen und gefressen wurde ich.

Dämonen, Yaksas und Peris, finstere schwer abwehrbare Drachen, häßliche, stinkende, schwarze — viel Schmerz und Tod erlebe ich durch sie.

Alle schreien auf, greifen an, verfolgen, erheben sich gegen mich..."

Dieser Text ist insofern von Interesse, als er in klarer Sprache die Identität von Seele und Licht sehr gut zum Ausdruck bringt. Das Licht, das als Seele

20 Vgl. *Boyce*, Reader 74f, Nr. y 51.53.

21 Text bei *Boyce*, Reader 106, Nr. aw; vgl. *Andreas/Henning*, Manichaica III, 874f; *Asmussen*, Literature 48f; zur Metrik des Textes siehe *Henning*, Disintegration 55.

in der Welt und in jedem einzelnen Menschen zurückbleibt, ist eben — wie schon mehrmals erwähnt — göttlich.

Der in der Frühzeit der Erforschung der manichäischen Iranica als „Zarathustrafragment“[22] bekannt und berühmt gewordene parth. Text M 7 beschreibt das wie folgt:[23] „Wenn ihr wollt, werde ich euch verkünden vom Zeugnis der früheren Väter. Der Erlöser Zardrušt (sagte), als er mit der eigenen Seele sprach: ‚Schwer ist die Trunkenheit, in der du schläfst. Wach auf und schau zu mir! Heil (sei) über dir vom Reich des Friedens, denn deinetwegen bin ich gesandt.‘ Sie aber antwortete: ‚Ich, ich bin das leidlose, zarte Kind des Srōšāw. In der Vermischung bin ich und erlebe Not. Befreie mich aus der Umklammerung des Todes.‘ Zardrušt fragte sie mit ‚Heil‘ die anfängliche Frage: ‚(Bist du) mein Glied? Das Heil der Kraft der Lebenden und der höchsten Welten (sei) über dir von deiner Heimat. Folge mir, Kind der Milde, setze den Lichtkranz auf (dein) Haupt! Kind der Mächtigen, daß du arm gemacht bist, daß du immer betteln mußt an allen Orten...“ Der alphabetische Hymnus, der von Aleph bis Tet reicht,[24] erzählt vom helfenden Eingreifen des Erlösers und zeigt — wie im Dialog deutlich wird — bereits die Erweckung der Seele und die Offenbarung ihres Lichtcharakters. Dennoch kommt die Bewußtlosigkeit, hier umschrieben als Zustand der Trunkenheit und als Zustand des Schlafens, klar zum Ausdruck. Durch die Erweckung der Seele aus ihrem Schlaf ist es auch möglich, sie wiederum zur Rückkehr in das Lichtreich aufzufordern, damit ihr der Lichtkranz als Symbol für den Aufstieg ins Lichtreich aufs Haupt gesetzt wird.

Der Anlaß zum rettenden Eingreifen zugunsten der in der Materie gefangenen Seele wird im parth. hymnischen Text M 33 ausführlicher geschildert als in unserem kosmogonischen Hymnus, wo Ohrmizd aufgrund seines Erbarmens sich um Adam, den Menschen, kümmert. M 33 wiederholt in hymnischer Form das kosmogonische Geschehen:[25] „... der Sohn des uranfänglichen Vaters und der Prinz, das Kind des Herrschers. Er gab seine Seele den Feinden, zur Gefangenschaft seine ganze Herrschaft. Alle Reiche und Herrschaften waren seinetwegen betrübt. Er betete zur Mutter der Lebendigen, und sie flehte zum Vater der Größe. ‚Der schöne Sohn, der niemandem Leid tut, weshalb ist er inmitten der Dämonen gefangen?‘ ... Xrōštag ... Rettungsbrief[26] ... ‚Sammle deine Glieder!‘ Der für immer Schöne ging mit strahlendem Antlitz nach oben in sein Gebiet. Die Mutter empfing ihn

22 *Reitzenstein,* Erlösungsmysterium 2-10; dazu, daß *Reitzensteins* Deutung, hier wäre im Manichäismus ein ursprünglich zoroastrischer Hymnus weiterverarbeitet worden, längst nicht mehr haltbar ist, siehe *Andreas/Henning,* Manichaica III, 872 Anm. 1.; vgl. weiters dazu *Colpe,* Schule 41-48; 69f.

23 *Boyce,* Reader 108, Nr. ay; vgl. *Andreas/Henning,* Manichaica III, 872; *Asmussen,* Literature 48.

24 *Andreas/Henning,* Manichaica III, 872 Anm. 1.

25 Text bei *Boyce,* Reader 111, Nr. bd 1-2; *Andreas/Henning,* Manichaica III, 877; *Asmussen,* Literature 49. Auch hier liegt wieder ein alphabetischer Hymnus vor, allerdings sind — mit Lücken — nur die Abschnitte von Gimel bis Taw erhalten.

26 Lies *dyb drwdg'(n)* „Rettungsbrief“ wie im parth. kosmogonischen Text M 211+ bei *Sundermann,* Parabeltexte 51.53, Nr. 4.3.

und küßte ihn: ‚Du bist wiedergekommen, Sohn, der du in der Fremde warst. Eile und tritt ein zum Licht, denn deine Familie sehnt sich sehr.'" Nach der Entsendung des Urmenschen, der seine Seele als „Köder" den Dämonen hingab, fleht er zur Mutter der Lebenden, damit sie für ihn interveniere. In der Textlücke ist wohl von der Entsendung des Gottes Xrōštag die Rede gewesen, der den Urmenschen erweckt, so daß er zum Himmel zurück emporsteigen kann, wo er von der Mutter empfangen wird. Dieser Text ist insofern interessant, als er über weite Strecken gleichsam eine hymnische Parallele zum vorhin behandelten kosmogonischen Text M 21 sowie den dazugehörigen Fragmenten darstellt.

Stellt man nun diese genannten Texte im Vergleich nebeneinander, so zeigen sie eine eindeutige Übereinstimmung in ihrer Motivwahl. Die der Materie verfallene Seele erinnert sich offensichtlich trotz ihrer Bewußtlosigkeit daran, weshalb sie in die Materie geraten ist. M. E. ist die Klage der gequälten Seele darüber, daß sie von den Dämonen und Hexen geraubt worden ist, sehr eng mit der Klage der Seele im Hymnus M 7 bzw. mit dem Gebet des Urmenschen an seine Mutter zu vergleichen. Die Hinwendung der Seele an ihren göttlichen Ursprung, d. h. das Durchbrechen des göttlichen Funkens im Menschen trotz seines dämonischen Anteils, wird zum Ausgangspunkt für die zukünftige Rettung. Daß sich Ohrmizd — bzw. der Vater der Größe in jenen Texten, die vom Schicksal des Urmenschen handeln — der Seele erbarmt und zur Errettung herabsteigt, hängt damit zusammen, daß eine Erlösungsaussicht de facto gewährleistet ist. Der Mensch ist offen für die Offenbarung, für den „Ruf" Gottes, der ihm Heil bringen wird. Das göttliche Eingreifen bewirkt dabei am Menschen ein dreifaches:[27] Die Erwekkung aus dem Todesschlaf, die Befreiung aus der Macht der Dämonen und die Lehre der Erkenntnis des eigenen Selbst. Wie in den Texten von der Errettung Ohrmizds der Urmensch auf den göttlichen Ruf reagiert und den Gott „Antwort" schafft, so besteht die Antwort der Menschenseele darin, daß sie sich aufgrund des göttlichen Eingreifens der Erkenntnis öffnet. Adam erkennt nach dem Bericht bei Theodor bar Kōnai seine traurige Vergangenheit, weint darüber und ruft als Erwachter aus:[28] „Wehe, wehe über den, der meinen Leib gebildet, und den, der meine Seele gefesselt hat, und die Rebellen, die mich unterjocht haben." Der dreifache Weheruf über die Materie und die Welt der Finsternis wird dabei zur Voraussetzung, letztlich an der Auferstehung[29] teilzuhaben, die durch den Aufstieg ins Lichtparadies und in das Reich der Seligen manifest wird.[30] Die kurze Gegenüberstellung der einzelnen Motive zeigt also, daß das Schicksal der Individualseele dem Schicksal Ohrmizds nachgebildet wird: so wie Ohrmizd wiederum in die Lichtwelt hinaufgeleitet wird, desgleichen auch die Seele des Menschen. Die

---

27 Vgl. *Rose,* Christologie 70.

28 Zit. nach *Böhlig,* Gnosis 108; vgl. *Adam,* Texte 23; *Cumont,* Recherches I, 49.

29 Vgl. S 9 bei *Boyce,* Reader 101, Nr. aq 4: *zyr gy'n 'yg nywbxt ryst'hyzyš bwd'n'd*; Auferstehung ist dabei in manichäischer Terminologie synonym mit dem Aufstieg ins Lichtreich.

30 Vgl. zum Aufstieg der Seele nach dem Tod auch *Boyce,* Reader 75, Nr. y 53: „Dann stirbt das Geschöpf. Und es wird hinaufgezogen und für die eigenen Taten erleidet es Buße."

Befreiung des Urmenschen Ohrmizd erlangt dabei im Manichäismus zentrale Heilsbedeutung, wie die Auferstehung Christi im Christentum: Es handelt sich um kein bloßes Ereignis der Vergangenheit, sondern dieses Geschehen ist „symbolischer Archetyp und reale Bürgschaft der Erlösung, für den Gläubigen wesenhafte Wirklichkeit."[31]

Die Emporleitung und Emporhebung der Seele in das Paradies, von der der kosmogonische Hymnus S 9 am Ende spricht, ist dabei gleichzeitig auch die Heimkehr der in der Materie verhafteten Lichtelemente. Denn das dafür verwendete Verbum *'hr'm* (erheben, emporleiten) finden wir in unserem Textkorpus in folgenden Zusammenhängen: Nachdem Rōšnšahryazd die Lichtsäule (Kišwarwāryazd) aufgestellt hat, dient diese Lichtsäule als Instrument für den Aufstieg des Lichtes:[32] „Dann führt er das Licht und das Gute mit Hilfe von Umdrehung und Schutzgeleit der Sonne und des Mondes und mit Hilfe von Schutz und Heilung der Götter aus dem Gesamtkosmos von Erde und Himmel hinauf und leitet es zum Paradies." Noch interessanter erscheint mir jene Stelle in unserem kosmogonischen Text zu sein, die bereits auf das Weltende (Frašegird) blickt und damit die Läuterung und den Aufstieg des Lichtes verbindet:[33] „Aus dem Gesamtkosmos zieht er es zuerst empor und führt es hinauf zu Sonne und Mond und leitet es zum Paradies, seinem eigenen Stamm. Und dann wird Frašegird des Gesamtkosmos sein." Von diesem Ausblick auf das Weltende sind nun auch jene Stellen aus dem Šb.[34] heranzuziehen, die ebenfalls diese Verbindung kennen. Am interessantesten ist das bei *MacKenzie* edierte Fragment M 8256, das durch seine Wortwahl in besonderer Nähe zu unserem kosmogonischen Text steht und insofern ein wichtiges Indiz für die Zusammengehörigkeit beider Werke darstellt:[35] „Und zur Sonne und zum Mond wird es emporgehoben und erlöst, das Licht, das Āz und Lust mit Knochen, Nerven, Fleisch, Adern und Haut gebunden hat und mit Begierde und Beischlaf, schlechtem Denken, schlechtem Reden und schlechtem Tun... hat." Gleich wie die Lichtpartikeln werden am Weltende auch die Frommen zu Licht und Glückseligkeit emporgeleitet und emporgehoben, während Āz und Lust, die Dämonen und Peris und alle Übeltäter zusammen im Weltenbrand sich quälen und winden werden.[36] Der Aufstieg der Frommen, der im Šb. ausgedrückt wird, stimmt einerseits mit dem Hymnus

31 *Jonas,* Gnosis 303; vgl. auch *Rose,* Christologie 70.

32 *Boyce,* Reader 67, Nr. y 23; vgl. *Andreas/Henning,* Manichaica I, 187; *Böhlig,* Gnosis 112; *Asmussen,* Literature 126.

33 *Boyce,* Reader 71, Nr. y 35; *Andreas/Henning,* Manichaica I, 191; *Böhlig,* Gnosis 113; *Asmussen,* Literature 127.

34 Die Belegstellen von *'hr'm / 'hrpt* bei *MacKenzie,* Šābuhragān II, 301f s. v. Zum Aufstieg des verschlungenen Lichts vgl. *MacKenzie,* Šābuhragān I, 512.514, Z. 231-256, wenn die fünf Söhne Ohrmizds, die beim uranfänglichen Kampf in der Materie verblieben sind, emporgeleitet werden, oder *MacKenzie,* Šābuhragān I, 516, Z. 295-301, wenn weitere Lichtelemente aus der Materie emporsteigen.

35 *MacKenzie,* Šābuhragān II, 300f, Nr. Fm; für die terminologische Übereinstimmung vgl. Z. 26f mit *Boyce,* Reader 72f, Nr. y 40.45.

36 Vgl. den Text bei *Sundermann,* Texte 97, Nr. 5.4., Z. 1503-1513, vgl. weiters *MacKenzie,* Šābuhragān I, 510, Z. 169-176.

S 9 überein, wo der einzelnen Seele dasselbe Schicksal verheißen wird, andererseits aber auch mit jenen Berichten über den Tod des Religionsstifters, dessen Aufstieg ins Lichtreich ebenfalls ein Paradigma für das Erlösungsbewußtsein darstellt. Im parth. Text M 5569 heißt es:[37] „Und in großer Freude flog er (Mani) mit den Lichtgöttern... und unter Harfen(klang) und Freudengesängen in göttlicher Wundermacht — wie ein schneller Blitz und eine rasche leuchtende Erscheinung — zur Säule der Herrlichkeit, dem Weg des Lichts, und zum Mondwagen, dem göttlichen Versammlungsort. Und er blieb (dort) beim Vater, dem Gott Ohrmizd." — Der Aufstieg der Seele, der auch in Huwīdagmān und Angad Rōšnān Hymnen[38] eine zentrale Rolle im Zusammenhang mit dem Tod der Rechtschaffenen spielt, ist nun noch etwas näher traditionsgeschichtlich zu hinterfragen. In Angad Rōšnān VI 64-69 verheißt der Erlöser der Seele folgendes:[39]

„Ich bin gekommen, um dich von dem Sünder zu erlösen, dich von der Pein gesund zu machen und deinem Herzen Fröhlichkeit zu bereiten.

Alles, was du von mir wünschtest, werde ich dir geben, neu werde ich deinen Wohnsitz machen im erhabenen Reich.

Ich werde öffnen vor dir die Pforten in allen Himmeln und deine Straße eben, frei von Schrecken und Verdruß, machen.

Ich werde (dich) nehmen, mit Macht und mit Liebe zudecken und zur Heimat führen, dem geheiligten Platz.

Den edlen Vater werde ich dir auf ewig zeigen, in reinem Gewand werde ich dich hineinführen vor (ihn).

Die Mutter der Lichter werde ich dir zeigen, auf ewig sollst du dich freuen in gelobter Fröhlichkeit."

Dieser Text, in dem der Erlöser der Seele den Aufstieg ins Neue Paradies ankündet, kann durch eine Überlieferung aus an-Nadīms Fihrist weiter illustriert werden. Wie die Untersuchung *C. Colpes* ergeben hat, kann dieses eschatologische Stück letztlich zwar auf das Šb. zurückgeführt werden, doch wurde im Laufe der Überlieferung einiges weggelassen, was zum Šb. gehört, etwa das Kommen der Propheten, die Kosmologie und die Prinzipienlehre sowie das allgemeine Weltgericht.[40] Aufgrund der Überarbeitung kommen bei diesem Text m. E. jedoch jene traditionsgeschichtlichen Züge

---

37 *Boyce,* Reader 47, Nr. p; *Andreas/Henning,* Manichaica III, 861; *Böhlig,* Gnosis 100; *Asmussen,* Literature 55f; für die Emporhebung Manis (*'hr'myšn*) vgl. auch den Text bei *Sundermann,* Texte 134, Nr. 24.2, Z. 2250-2266; für die historischen und hagiographischen Probleme um den Tod Manis siehe zuletzt *Sundermann,* Passion 226f.

38 *Reitzenstein,* Erlösungsmysterium 19-28 hat sich bereits dieser Texte angenommen und sie als Totenliturgie oder als „großes Erlösungsmysterium" verstanden. *Boyce,* Hymn-Cycles 8-15 konnte aufgrund ihrer Bearbeitung dieser Texte *Reitzensteins* Ergebnisse mit einer gewissen Einschränkung bestätigen, zumal die Texte nicht ausschließlich auf eine Totenliturgie Bezug nehmen.

39 *Colpe,* Schule 84f; vgl. *Boyce,* Hymn-Cycles 150-153.

40 *Colpe,* Manichäismus 83ff.95; vgl. ferner *Ders.,* Schule 100-117; daß dieser Abschnitt mit dem Šb. verwandt ist, hat schon *Alfaric,* Ecritures II, 50f gesehen; vgl. auch *Boyce,* Hymn-Cycles 9.20.

besonders zum Vorschein, die den Aufstieg der Seele analog zu zoroastrischen Vorstellungen beschreiben. Der Text lautet:[41] „Wenn der Tod, lehrt Mani, einem Wahrhaftigen naht, sendet der Urmensch einen Lichtgott in der Gestalt des leitenden Weisen und mit ihm drei Götter und zugleich mit diesen den Siegespreis,[42] das Kleid, die Kopfbinde, die Krone und den Lichtkranz. Mit ihnen kommt die Jungfrau, ähnlich der Seele dieses Wahrhaftigen. Auch erscheint ihm der Teufel der Habgier und der Sinnenlust mit anderen Teufeln. Sobald der Wahrhaftige diese erblickt, ruft er die Göttin, welche die Gestalt des Weisen angenommen hat, und die anderen drei Götter zu Hilfe, und diese nähern sich ihm. Sobald die Teufel sie gewahr werden, wenden sie sich fliehend um. Jene aber nehmen diesen Wahrhaftigen, bekleiden ihn mit der Krone, dem Kranze und dem Kleide, geben ihm den Siegespreis in die Hand, und steigen mit ihm auf der Säule der Herrlichkeit zu der Sphäre des Mondes, zu dem Urmenschen und zu der al-Bahīyah,[43] der Mutter der Lebendigen, bis zu dem Zustand, in dem er zuerst in den Paradiesen des Lichtes war. Sein Körper aber bleibt alsdann liegen, damit ihm die Sonne, der Mond und die Lichtgötter die Kräfte, d. i. das Wasser, das Feuer und den sanften Lufthauch, entziehen, und er erhebt sich zur Sonne und wird ein Gott. Der Rest seines Körpers aber, der ganz Finsternis ist, wird in die Hölle geworfen." Der Aufstieg des Verstorbenen über die Lichtsäule zur Sphäre des Mondes und weiter zum Neuen Paradies, wo er Ohrmizd und die Mutter der Lebendigen trifft, entspricht dem genannten Angad Rōšnān Hymnus. Bemerkenswert ist aber auch der Hinweis, daß dem Verstorbenen eine Jungfrau entgegenkommt, die seiner Seele ähnlich ist. Diese Formulierung dürfte wohl zoroastrisches Gedankengut wiedergeben, wo dem Toten seine Daēnā erscheint. Eine sehr ausführliche Stelle, die diese Begegnung beschreibt, findet sich im sogenannten Hadōxt Nask:[44]

„Im Nahen des Windes erscheint seine eigene Daēnā in Gestalt eines schönen Mädchens, eines strahlenden, weißarmigen, eines kräftigen, von schönem Aussehen, eines gerade aufgerichteten, eines hochgewachsenen, eines hochbusigen, von edlem Leib, eines edelgeborenen, von reicher Herkunft, eines fünfzehnjährigen, an Aussehen, an Gestalt so schön wie die schönsten Geschöpfe.

Darauf sagt zu ihr fragend die Seele des gerechten Mannes: ‚Was für eine Jungfrau bist du denn, die schönste, die ich jemals sah unter den Jungfrauen, an Gestalt und Wuchs die schönste?'

41 *Flügel,* Mani 100; vgl. *Kessler,* Mani 398f; *Dodge,* Fihrist 795; eine weitere Stelle, die hier genannt werden kann, findet sich bei *Flügel,* Mani 90.

42 So nach *Colpe,* Schule 100 anstelle von *Flügels* „Wassergefäß".

43 So mit *Dodge,* Fihrist 795 mit Anm. 253 anstelle von *Flügels* „Nahnaha".

44 HN 9-11.15, zit. nach *Widengren,* Geisteswelt 172-174; zur Bedeutung des Hadōxt Nask für die zoroastrische Eschatologie siehe zuletzt *Hasenfratz,* Iran 36f. — Für diesen traditionsgeschichtlichen Zusammenhang zwischen dem Aufstieg der Seele in manichäischen und zoroastrischen Texten vgl. besonders *Widengren,* Ursprünge 692-696. *Widengren* hebt auch den schon oben genannten Text M 33 innerhalb dieser Tradition hervor, wo der in das Lichtreich zurückkehrende Urmensch ebenfalls von einer weiblichen Gottheit, der Mutter, empfangen wird. Auch hierin sieht *Widengren* einen Zusammenhang mit der zoroastrischen Daēnā-Vorstellung.

Darauf erwidert ihm seine Daēnā: ‚Ich bin ja, o Jüngling von Gutem Sinn, von Gutem Wort, von Guter Tat, die Daēnā deines eigenen Wesens.' — ‚Und wer hat dich denn so geliebt, in dieser Größe und Güte und Schönheit und Wohlgeruch und Sieghaftigkeit und Abwehr alles Feindlichen, wie du mir jetzt erscheinst?'

Den ersten Schritt vorwärts tat damit die Seele des gerechten Mannes und setzte den Fuß nieder im Gut Gedachten. Den zweiten Schritt vorwärts tat damit die Seele des gerechten Mannes und setzte den Fuß nieder im Gut Geredeten. Den dritten Schritt vorwärts tat damit die Seele des gerechten Mannes und setzte den Fuß nieder im Gut Getanen. Den vierten Schritt vorwärts tat damit die Seele des gerechten Mannes und setzte den Fuß nieder in den anfanglosen Lichtern."

Der Aufstieg der Seele endet im unendlichen Licht als Ziel der Erlösung, wobei dieses Ziel aufgrund der ethischen Dreiheit der Zoroastrier — Gutes Denken, Gutes Reden, Gutes Tun — erreicht wird. Die Heimkehr der Seele in das endlose Licht ist dabei der feierliche Abschluß beim Tod jedes einzelnen. Insofern ist es naheliegend, daß im Mandäismus dieser Aufstieg in der Totenliturgie (*masiqta*) zeremoniell begangen wird.[45] Vom eschatologischen Gericht ist dieser Aufstieg zu trennen, so daß man nicht davon sprechen darf, daß „beide Anschauungen unausgeglichen nebeneinander" lägen.[46] Die individuelle Heimkehr für die individuelle Menschenseele, die Gnosis angenommen hat, geschieht im Tod, wobei sie von einer Lichtgestalt / einem Seelenführer zu den Göttern geleitet wird. Das endzeitliche Weltgericht hingegen betrifft jene Mächte, die bislang die Heimkehr der Seelen verhinderten. Daher sind beide Vorstellungen innerhalb des kosmischen Heilsplanes komplementär.

Nachdem im Verlauf dieses Abschnitts immer wieder Texte der Rettung des Urmenschen im Vergleich zu Texten der Rettung der (individuellen) Seele herangezogen wurden, muß nun noch in Kürze genauer auf das Verhältnis zwischen dem erlösenden Eingreifen des Urmenschen (oder einer anderen Gottheit) und der zu erlösenden Seele eingegangen werden, d. h. es ist jener Vorstellungsbereich zu erwähnen, der mit der Formel „Erlöster Erlöser" bzw. präziser *salvator salvandus* umschrieben wird. Ausgehend von S 9 umschreibt *H. Ch. Puech* dieses immer wieder begegnende Thema folgendermaßen:[47] „Das Element, das gerettet werden muß, ist einerlei Substanz mit Gott; der Erlöser Adams erlöst sich selbst, und man kann wohl keine schlagendere Anwendung des Mythos vom Erlösten Erlöser finden, als die Version, wo der Erlöser als der Urmensch selbst bezeichnet wird. Zweitens: sei er nun der Urmensch oder Jesus, der Erlöser ist hier eine Inkarnation des νους." So treffend diese Aussage auch ist, sie trifft nur auf den Manichäismus zu, nicht auf die Gnosis im allgemeinen. Denn im strengen Sinn gilt die Formel vom „Erlösten Erlöser", die eine einheitliche Konzep-

45 Vgl. zum Aufstieg der Seele nach mandäischen Vorstellungen *Rudolph,* Gnosis 189-191.385f.
46 Gegen *Lentz,* Mani 184.
47 *Puech,* Begriff 178.

tion des Erlösungsmythos vortäuscht, nur im Religionssystem Manis. Es gehört zwar zur gnostischen Soteriologie, daß beide Partner im Heilswerk, nämlich der Erlöser und der zu Erlösende, letztlich eins sind, weil sie Teile der Lichtwelt und somit konsubstantiell sind, aber außerhalb des Manichäismus haben wir mit einer Breite von Erlösungs- und Erlöservorstellungen in der Gnosis zu rechnen.[48] In diesem Zusammenhang sei hier auch ausdrücklich erwähnt, daß der Begriff „Erlöster Erlöser" in Texten *expressis verbis* nicht vorkommt.[49] Ebenfalls gegen eine vorschnelle Vereinheitlichung der Erlösungsvorstellungen spricht die gnostische Anthropologie. Während gnostische Traditionen mit einer dreiteiligen Anthropologie rechnen, wonach der Mensch aus „Körper", „Seele" und „Ich/Selbst" besteht, welcher Einteilung auch die Menschenklassen als Somatiker/Hyliker, Pneumatiker und Psychiker entsprechen,[50] steht nach manichäischer Anschauung der körperlichen Komponente des Menschen eine dreiteilige geistige Komponente gegenüber, nämlich *gyān* (Lebenshauch, körperliche Seele), *grīw* (Ich, Selbst, Wesen, Person) sowie *manohmed* (Nous). Durch die beiden letzteren hat der Mensch eine besonders enge Verbindung mit seinem Erlöser, dessen Wesensteile *grīw* und *manohmed* sind.[51] Diese hier mehr angedeuteten als ausgeführten Bemerkungen zum Problem des Erlösten Erlösers haben dabei in unserem Zusammenhang primär den Zweck, davor zu warnen, den Manichäismus vorschnell mit anderen gnostischen Systemen unter dem Deckmantel eines orientalischen Mythos vom Erlösten Erlöser in Einklang zu bringen, da eine solche unpräzise Formulierung der manichäischen Religion keineswegs gerecht wird.

---

48 Vgl. dazu *Rudolph,* Gnosis 139-141; ferner *Colpe,* Schule 185-189.
49 Siehe *Colpe,* Schule 188f mit Anm. 4 und *Stroumsa,* Seed 173.
50 Vgl. *Rudolph,* Gnosis 98f.
51 Vgl. *Colpe,* Schule 95f.

3.3. Die Bedeutung der manichäischen Ethik für die Erlösung

Der uranfängliche Kampf, den der Urmensch gegen die Mächte der Finsternis begonnen hat und der erst beim Weltende (Frašegird) zu Ende sein wird, setzt sich im alltäglichen Leben fort. Der Mensch steht zwischen Licht und Finsternis, ist also eingebettet in den Kampf der dualistischen Kräfte, wobei er aufgrund seiner Gnosis zum Sieg des Lichtes und letztlich zur Erlösung seiner selbst beitragen kann. In der historischen Entfaltung setzt sich dieses Erlösungsgeschehen auf mehreren Ebenen fort. So ist Manis Verkündigung — und auch die der Propheten vor ihm — nichts anderes als eine Fortsetzung des Kampfes des Urmenschen, der zur Erlösung führt. Genauso ist die manichäische Kirche aus „Erwählten" und „Hörern" ein sichtbares Instrument der Erlösung. Die Befolgung der Verkündigung Manis, d. h. die Ausrichtung des Lebens nach der manichäischen Ethik, führt zum endgültigen Sieg des Lichtes über die Finsternis.

Der neue Kölner Mani-Kodex zeigt nun an mehreren Stellen, wie Manis Auftreten parallel zum Kampf des Urmenschen geschildert wird. Dreimal ist im Kodex davon die Rede, daß Mani das Zeichen der „Handauflegung des Vaters" bekommen hat. Dabei darf man mit *C. Römer* daran denken, daß diese Symbolhandlung, auf die sich Mani bezieht, sowohl die Aussendung und den Kampf als auch die Rettung des Urmenschen zum Ausdruck bringt.[1] Eine ebenfalls deutliche Bezugnahme auf den Mythos vom Urmenschen ist im Kodex darin zu sehen, daß Mani seine Mission als πόλεμος / ἀγών versteht, indem er sich von der Religion seines Vaters Pattikios abwendet. Er ist es, der zu Pferde in den Kampf zieht, der das Kriegsgewand anlegt:[2] „Abermals sprach Pattikios unter Tränen zu ihm: ‚Mein Sohn, weshalb redest du so? Gerade erst hast du mit deinen Worten die ganze Lehre vertrieben und aufgehoben.'" Nach einer Lücke von sieben Zeilen setzt Manis Antwort ein: „... ohne zu wissen, was du gezeugt hast. Du hast nämlich das Haus errichtet, ein anderer aber ist gekommen und hat in ihm Wohnung genommen. Du bist das Reitpferd für jenen geworden, ein anderer aber wird mit ihm den Krieg beginnen und durch ihn seinen Willen vollenden. Du hast nämlich das Gewand geschmückt, ein anderer aber hat es angezogen. [Ich] Mani [nämlich]... die ganze Welt... jenes guten (sc. des Syzygos); denn er ist es, der so mein Führer ist, wie er will und wie es ihm geziemt. Erkenne und wisse, daß ich selbst jener Religion nicht [anhängen] und auch nicht ihrem Gesetz folgen werde." Auch die Belehrung, die Mani durch den Syzygos, seinen Gefährten, erfährt, nämlich darüber, wer seine Seele ist, kann mit der Erweckung des Urmenschen (und auch der Erwekkung der individuellen Seele) verglichen werden. Wie der Urmensch auf das Eingreifen des Gottes Xrōštag seine Antwort, den Gott Padwāxtag, entsendet, genauso antwortet Mani auf die Offenbarung des Syzygos, worin

1 *Römer,* Mani 335f.

2 CMC p. 114,8-116,12; übersetzt nach *Koenen/Römer,* Mani-Kodex 81.83; vgl. zur Interpretation der Stelle *Koenen,* Apocalypticism 295f.

seine immer mehr zunehmende Gnosis sichtbar wird:[3] „Ich habe ihn auf fromme Weise [empfangen] und als mein Eigentum in Besitz genommen. Ich habe von ihm geglaubt, daß er mir gehört und mein ist und ein guter und trefflicher Ratgeber ist. Ich habe ihn erkannt und verstanden, daß ich jener bin, von dem ich getrennt wurde. Ich habe bezeugt, daß ich selbst jener bin, (ihm) [vollkommen] gleich." Mani, dessen Schicksal wie das des Urmenschen gezeichnet wird, ist gleichzeitig der neue Adam, oder — weiter gefaßt — einer in einer langen Reihe von Gesandten, der die Gnosis, d. h. die wahre Religion von der Rettung des Lichtes, weitergibt. Als solcher erlöst er nicht nur das in ihm gefangene Licht, sondern er kann gleichzeitig zum Führer der Erlösung der Welt werden.[4]

Manis Bemühen um eine erfolgreiche Verkündigung seiner heilbringenden Religion innerhalb seiner Kirche zeigt folgender Abschnitt aus dem Kölner Kodex:[5] „[Da sprach der Herr: Als jener mir wahrste] und unaussprechliche [Lehren] enthüllt hatte, fiel ich vor ihm nieder und sprach: ‚Wird das, was ich von dir erbitte, mir gegeben werden, und wird es allezeit bei mir bleiben? Wird es dann nicht verhüllt sein, sondern durch meine Hände klar und deutlich sichtbar werden und [allen] Menschenaugen erscheinen?' [Damit] ferner die Kirche [wächst, erbitte ich] von dir [die ganze] Kraft der [Zeichen], daß ich [sie] mit meinen Händen... an jeglichem [Ort und in allen] Dörfern [und Städten] ausübe,... daß ich [Vergebung] bringe den Sündern; daß ferner mich niemand an Weisheit übertrifft und daß ich Krankheit und Gefahr nicht erliege; und daß die Seelen der Siegreichen beim Verlassen der Welt von aller Augen gesehen werden." In unserem Rahmen sind von diesen vier Bitten, die er seinem Syzygos gegenüber äußert, folgende zwei von besonderem Interesse: Der Erfolg seiner Mission, d. h. der Aufstieg der Seelen ins Lichtreich, soll allen sichtbar werden, indem die natürlichen Mondphasen, das Abnehmen und Zunehmen des Mondes, ein Beweis für den richtigen Glauben sind.[6] Auch die Fähigkeit der manichäischen Kirche, Sünden zu vergeben, die gerade in Hinblick auf die rigorose Ethik von Bedeutung ist, ist in diesem Abschnitt besonders zu betonen, da ohne die Einrichtung der Sündenvergebung eine Erlösung de facto für die Manichäer unmöglich geworden wäre.

Im Mittelpunkt manichäischer Ethik steht ein ausgeprägtes Sündenbewußtsein,[7] welches anderen gnostischen Richtungen fremd ist. Obwohl die Seele an sich sündenlos ist, ist sie durch ihre Verbindung mit der Materie immer gefährdet, in die Macht der Sünde zu gelangen und so ihrer Erlösung verlustig zu gehen. Als Sünde der Seele kann man dabei jenen Zustand umschreiben, in dem die Seele ihren göttlichen Ursprung vergißt. Wird

3 CMC, p. 24,3-15; übersetzt bei *Koenen/Römer,* Mani-Kodex 15.17; vgl. zur Interpretation *Römer,* Mani 343f.

4 Vgl. *Puech,* Begriff 200 sowie *Boyce,* Hymn-Cycles 23; weiters *Hutter,* Mani 49-51 für das Verhältnis Manis zu den früheren Religionen.

5 CMC, p. 36,1-37,10; übersetzt bei *Koenen/Römer,* Mani-Kodex 23.

6 Vgl. *Römer,* Mani 337; für die zugrundeliegende mythologische Anschauung vgl. S. 170.196 sowie *Boyce,* Reader 67f, Nr. y 24f.

7 Vgl. *Rudolph,* Gnosis 365f und *Puech,* Begriff 189-191.

daraufhin die Sünde als solche erkannt, d. h. wenn die Seele sich ihres göttlichen Wesens erinnert und Reue hervorbringt, so wird die Sünde getilgt. Die Erleuchtung des Nous beseitigt die Sünde, indem sie nur noch im Gedächtnis existiert, ohne daß sie sich negativ auf das Heil auswirkt. Verschließt sich der Mensch der erlösenden Einsicht und bleibt er ohne Reue, so führt dies ihn ins Verderben. Dieses Streben nach Erkenntnis kommt deutlich in mehreren Beichtformularen zum Ausdruck, die aus dem östlichen Manichäismus erhalten geblieben sind. Zu nennen sind dabei das Xwāstwānīft, ein alttürkischer Beichtspiegel für Hörer,[8] sowie ein teilweise entsprechender Abschnitt aus der chinesischen Hymnenrolle.[9] Neben diesen beiden Texten ist auch der sogdische Beichtspiegel für die Auserwählten zu nennen, den *W. B. Henning* ediert hat.[10] Die Sündenvergebung für die Electi (und wohl auch für die Auditores) wird auch insofern unbedingt notwendig, als es trotz bestem Bemühen unmöglich bleibt, sich völlig vom Kontakt mit der sündhaften Materie fernzuhalten. Das Erkennen und Bekennen der Sünden, die dadurch entstanden sind, steht daher im Mittelpunkt der Sündenvergebung. Sünden, die nicht „ungetan" gemacht werden, ziehen die schlimmsten Folgen nach sich, nämlich den Ausschluß aus der religiösen Gemeinde, das Zunichtewerden aller früheren oder späteren guten Werke und damit verbunden den Verlust der Erlösungsaussicht.[11] Obwohl bislang diese Beichtformulare also lediglich aus späterer Zeit des östlichen Manichäismus bezeugt sind, darf man sie wohl schon für urmanichäisch ansehen. Dafür spricht, daß der sogdische Beichtspiegel mehrfach Zitate aus Schriften Manis bringt, die innerhalb des sogdischen Textes in mp. Form überliefert sind. Daraus darf man wohl ableiten, daß die ganze Beichtpraxis auf direkte Anweisung von Mani zurückgeht oder daß man sie wenigstens in der Tradition damit verbinden wollte.[12] Wie *H. J. Klimkeit* gezeigt hat, sind auch die Thematiken, um die das Sündenbewußtsein kreist, durchaus urmanichäisch: Das Nichtquälen der Lichtelemente und die Betonung von verschiedenen Speisevorschriften finden sich bereits bei Mani selbst, wobei er diese Vorstellungen aus seiner geistigen Herkunft von den Elkasaiten übernommen hat.[13] Obwohl keines der Beichtformulare sich direkt auf eine mp. Vorlage zurückführen läßt, weist doch der alttürkische Text klare Anklänge an die iranische Form des manichäischen Mythos sowie an die Zurvantheologie auf. Deutlich ist dieser iranische Anklang etwa in den ersten drei Sünden, für die um Verzeihung gebeten wird, nämlich für die Sünde gegen Zurvan, gegen den Sonnen- und Mondgott und gegen den fünffachen

8 Edition bei *Asmussen,* Xuāstvānīft 167-179; dazu auch *Zieme,* Beiträge; Übersetzung zuletzt bei *Böhlig,* Gnosis 198-207.

9 H. 387-400; vgl. *Waldschmidt/Lentz,* Stellung 122-124; Übersetzung des chinesischen Textes jetzt bei *Schmidt-Glintzer,* Manichaica 62f.

10 *Henning,* Beichtbuch 32-41.

11 Vgl. *Henning,* Beichtbuch 12f.

12 Vgl. dazu *Henning,* Beichtbuch 13; *Klimkeit,* Beichtformeln 200.

13 Vgl. *Klimkeit,* Beichtformeln 201f. — Hier ist auch der Ort, auf die Einrichtung der zoroastrischen Patēts (vgl. dazu *Asmussen,* Xuāstvānīft 26-112) hinzuweisen, die allerdings nicht als direkte Vorbilder für die manichäischen Beichtformulare gelten dürfen, siehe dazu *Klimkeit,* Beichtformeln 193f; *Asmussen,* Xuāstvānīft 253f.

Gott, zu sehen, oder etwa in der achten Sünde, wenn es dort heißt, daß die Hörer die „zwei Prinzipien" und die „Lehre von den drei Zeiten" kennen.[14] — Auch die fünfzehnte Sünde im Xwāstwānīft zeigt klar zurvanitische Terminologie:[15] „Mein Gott, wir sind voller Mangel und Sünde, wir sind große Schuldner. Wegen des unersättlichen und schamlosen Āz-Teufels quälen wir in Gedanken, Worten und Werken, weil wir ebenfalls mit seinen Augen sehen, mit seinen Ohren hören, mit seiner Zunge sprechen, mit seinen Händen greifen (und) mit seinen Füßen gehen, stets und fortdauernd das Licht des Fünfgottes in der trockenen und nassen Erde, die fünferlei Lebewesen (und) die fünferlei Kräuter und Bäume." Das Schema der Einteilung der Sünden nach „Gedanken — Worten — Werken", das auch M 131 zugrundeliegt,[16] darf wohl nicht von der mazdayasnischen Redeweise über „Gutes Denken — Gutes Reden — Gutes Tun"[17] getrennt werden.

Eine Zusammenfassung der manichäischen Ethik in ihrer extremen Form können wir in den „3 Siegeln" sehen, worin man eine allgemeine Formel für alle ethischen Vorschriften sehen darf, die manchmal auch als 10 Gebote oder 5 Vorschriften genannt werden. Das genaue Verhältnis zwischen den 3 Siegeln bzw. den 10/5 Geboten wird im Manichäismus nicht präzise ausgedrückt, so daß in unserer Darstellung die 3 Siegel zugrundegelegt werden sollen,[18] was auch insofern gerechtfertigt erscheint, als diese Formel der 3 Siegel praktisch ohne Variation im östlichen wie auch im westlichen Manichäismus verbreitet ist. Im schon mehrmals genannten kosmogonischen Hymnus S 9 nimmt die Seele nach ihrer Erweckung alle Vorschriften und Befehle sowie die Siegel der guten Handlungen, d. h. der wahren Religion, an. Daß die Dreizahl der Siegel bereits im iranischen Manichäismus verbreitet war, zeigt der parth. Hymnus M 32 an den Dritten Gesandten, worin jener als „vollkommenes Siegel meiner Hand, (meines) Mundes und (meines) Denkens" angeredet wird.[19] Daß hier anstelle des Siegels des Herzens / Schoßes das Siegel des Denkens genannt wird, ist m. E. nicht von der Formel der „Gedanken, Worte und Werke" zu trennen. Die Tatsache, daß die drei Siegel im Manichäismus mehr oder weniger eine auswechselbare Größe mit den 10/5 Geboten sind, zeigen einige weitere Texte. So etwa nennt ein fragmentarisches mp. Gebet alle Gebote und Moralvorschriften der Frommen, die fünf guten Vorschriften der guten Handlungen und die drei Siegel.[20] Eine

---

14 Vgl. dazu *Colpe,* Formulierung 411f; weiters *Asmussen,* Xuāstvānīft 220f.

15 *Asmussen,* Xuāstvānīft 179; Übersetzung nach *Böhlig,* Gnosis 206.

16 *Henning,* Beichtbuch 43.

17 Zur Verbindung dieser drei Bereiche, die im religiösen Kontext auf Zarathustra zurückgeht, vgl. etwa *Schlerath,* Gedanke 212-220.

18 Vgl. *Puech,* Begriff 194; *Colpe,* Formulierung 411 sowie *Asmussen,* Xuāstvānīft 230 mit weiterer Literatur.

19 *Boyce,* Reader 125, Nr. bv 1.

20 M 174, Text bei *Boyce,* Reader 195, Nr. dy 1. — Als weitere Stelle sei auch noch jener Lobpreis auf die Religionsoberhäupter genannt, die in den fünf Geboten und den drei Siegeln vollkommen sind, vgl. *Henning,* Beichtbuch 24, Z. 200-205. In diesem Zusammenhang möchte ich wenigstens die Frage aufwerfen, ob auch der Siegelbrief Manis (*Henning,* Beichtbuch 142 s. v. *mwhr dyb*; *Sundermann,* Texte 135, Nr. 24.3, Z. 2274) in einen Zusammenhang mit diesen Siegeln zu stellen ist, auch wenn vielleicht vordergründig „Siegelbrief" hier den letzten Brief Manis meint.

Stelle aus dem alttürkischen Xwāstwānīft ist hier noch anzuführen, weil sie gut zeigt, wie die 10 Gebote mit den 3 Siegeln in Verbindung gebracht wurden:[21] „Seit wir die zehn Gebote gehalten haben, war es notwendig, drei mit dem Mund, drei mit dem Herzen, drei mit der Hand (und) eins mit der ganzen Person zu halten." Schließlich sei hier als Beispiel, wie die drei Siegel auch im westlichen Manichäismus Verbreitung fanden, die bekannte Formulierung bei Augustinus[22] angeführt: „Was sind denn nun diese Siegel? Das Siegel des Mundes, der Hände und des Schoßes. Was ist das? Daß der Mensch, heißt es, mit dem Munde, mit den Händen, mit dem Schoß keusch und unschuldig sein solle! ... Aber, heißt es da, wenn ich den Mund nenne, so will ich darunter alle Sinne, die im Haupte ihren Sitz haben, verstanden wissen, wenn die Hand, so jede Tätigkeit, wenn aber den Schoß, dann jede geschlechtliche Begierde." Das Siegel des Mundes zielt dabei sowohl auf die gute Rede als auch darauf, nichts Unreines durch den Mund aufzunehmen, was sich in Speisevorschriften niederschlägt. Das Siegel der Hand betrifft jede Handlung, durch die die Lichtelemente, die in der Materie vorhanden sind, geschädigt werden könnten. Und das Siegel des Schoßes schließlich führt in den Bereich der sexuellen Enthaltsamkeit.[23]

Zunächst sei hier auf die Speisevorschriften[24] eingegangen. Da in der pflanzlichen und tierischen Nahrung Lichtelemente vorhanden sind, ist theoretisch jede Nahrungsaufnahme eine Schädigung des Lichtes, das durch das Kauen beeinträchtigt und von einem Gefängnis lediglich in ein anderes transferiert wird. Selbst in der Zubereitung der Nahrung wird dem Licht bereits Verletzung und Leid zugefügt. Deshalb ist es den Erwählten nicht erlaubt, Nahrung zuzubereiten, sondern dies wird nur von den Hörern besorgt, die dabei dem Licht zu einem höheren Zwecke schaden. Denn durch die Nahrungsaufnahme der Erwählten, die einmal pro Tag am Abend geschieht, wird das Licht im Rahmen der Verdauung der Nahrungsmittel geläutert und zum Licht des Mondes und der Sonne emporgehoben. Daß zwischen dem kultischen Mahl und dem kosmischen Geschehen ein substantieller Zusammenhang besteht, zeigt der letzte erhaltene Abschnitt aus dem sogd. Beichtspiegel:[25] „Auch beim Empfang der täglichen Gaben des Gottestisches habe ich mich nicht dankbaren Herzens im Gedenken Gottes, des Buddha und der Menschen hingesetzt. Auch bedenke ich wohl nicht (wie es sich gehört) des Urkampfes; und auch dieses dachte ich nicht: ‚In wessen Zeichen stehe ich jetzt? Was ist das, was gegessen wird? Was für Dämonen sind das, was man (für gewöhnlich) zu essen pflegt? Wessen Fleisch und Blut ist das, (was gegessen wird)?'" Der ambivalente Charakter der Nahrungsaufnahme ist hier klar: Während des Essens nimmt der Electus „Fleisch und

21 *Asmussen,* Xuāstvānīft 175; Übersetzung bei *Böhlig,* Gnosis 203.

22 de moribus Manichaeorum 10, zit. nach *Haardt,* Gnosis 225; vgl. auch *Kippenberg,* Gnostiker 163.

23 Vgl. die kurze Besprechung der 3 Siegel bei *Decret,* Mani 109-111.

24 Vgl. *Rudolph,* Gnosis 364f sowie die Ausführung von *Henrichs/Koenen,* Mani-Codex 145-153, wo gezeigt wird, inwieweit Mani die Speisevorschriften des elkasaitischen Milieus, in dem er aufgewachsen ist, aufgrund seiner eigenen Sichtweise vom in den Pflanzen und Tieren gefangenen Licht geändert hat.

25 *Henning,* Beichtbuch 41; vgl. ebd. 16f.

Blut Jesu", d. h. Jesus patibilis nach westmanichäischer Terminologie bzw. die in der Welt und Materie gefangene Seele zu sich.[26] In sakramentaler Weise hat dabei der Electus Anteil an diesem Heilsvorgang. Von den beim Mahl verwendeten Nahrungsmitteln stehen dabei Pflanzen, besonders Gurken und Melonen, im Ruf, große Mengen an Lichtpartikeln in sich zu vereinigen.[27] Aufgrund ihres dämonischen Anteils ist die Speise aber der Welt ähnlich, wie der parth. Hymnus M 77 sagt:[28] „Die Lust am Irdischen, die Sinnlichkeit der Gestalt, und die Dinge der Welt sind einer angenehmen Speise ähnlich, in die Gift gemischt ist." Deshalb wird immer wieder davor gewarnt, daß durch die Aufnahme von Nahrung auch die (sexuelle) Begierde geweckt wird und die Sünde in den Körper eindringt, besonders durch den Genuß von Wein oder Fleisch.[29] Andererseits ist aber den Hörern nicht verboten, auch Fleisch zu genießen, allerdings dürfen sie die Tiere zu diesem Zweck nicht selbst schlachten: „Und auch den Geschöpfen, die (ihre) Fleisch(nahrung) sind, (sollen) sie Barmherzigkeit erweisen, so daß sie sie (nicht) so (schlachten), wie die Sünder (sie) schlachten. Aber totes Fleisch aller Tiere, überall wo sie es erlangen, — seien (die Tiere) eingegangen oder geschlachtet — mögen sie essen; und immer, wenn sie es erlangen, — sei es durch Kauf, oder beim Gastmahl oder als Geschenk — mögen sie es essen."[30] Die Ambivalenz, die der Nahrungsaufnahme in der manichäischen Ethik zukommt — einerseits lebensnotwendig und daher unmöglich als völlig negativ zu deuten, ja sogar positiv zur Befreiung des Lichtes umgedeutet, andererseits doch negativ behaftet, indem mit der Nahrung immer auch Sünde in den Körper gelangt — gibt die theologische Begründung für das wöchentliche Fasten und für den alljährlichen Fastenmonat.[31] Durch Enthaltung von Speise unterbleibt die Schädigung des Lichtes und wird die Erlösung herbeigeführt.

Jede profane Tätigkeit, ausgedrückt durch das „Siegel der Hand", wird gleichzeitig zu einer Verletzung der Lichtelemente. Dieses Bewußtsein, durch die Verletzung der Lichtelemente Sünde auf sich zu laden, durchzieht manichäisches Denken an vielen Stellen, so etwa auch in einem Abschnitt aus dem sogd. Beichtspiegel:[32] „Und ich quäle und verletze zu jeder Zeit die

---

26 Vgl. dazu auch die chin. Hymnenrolle Z. 252-254 sowie *Henrichs/Koenen,* Mani-Codex 147.150 mit Bezug auf CMC, p. 97,9f.

27 Vgl. dazu die große Abschwörungsformel, die im sog. Commonitorium des Augustinus gegeben ist, bei *Böhlig,* Gnosis 293, Nr. 3; weiters Augustinus, contra Faustum 5,10; vgl. *Asmussen,* Literature 49.

28 *Boyce,* Reader 116, Nr. bh 1; *Andreas/Henning,* Manichaica III, 886; *Asmussen,* Literature 139; vgl. dazu auch den mp. Parabeltext M 2056 bei *Sundermann,* Parabeltexte 101, Nr. 35, wo ähnliche Vorstellungen begegnen.

29 *Puech,* Begriff 195; vgl. auch den alttürkischen Text T II D 173d bei *LeCoq,* Manichaica I, 16f; siehe auch M 177 R bei *Boyce,* Reader 58, Nr. w 3: „Durch Wein und Trunkenheit entstehen 9 Arten von Schaden und Sünde".

30 M 5794 II; *Boyce,* Reader 56, Nr. v 1; vgl. auch *Asmussen,* Literature 27 und *Sundermann,* Texte 132, Nr. 24.1.

31 Vgl. zum Fasten der Manichäer *Decret,* Mani 111f. Zur Vermutung, daß Mani in der Ausbildung seines Fastenmonats Vorstellungen der Sabier adaptiert hat, siehe zuletzt *Sundermann,* Passion 229f.

32 M 801a; *Henning,* Beichtbuch 32f.

fünf Elemente, das gefesselte Licht, das in der trockenen und feuchten Erde ist! Wenn (ich zulasse, daß) der schwere Körper, der quälerische Leib, mit dem ich bekleidet bin, zu Fuß oder reitend, aufwärts oder abwärts steigt, schnell oder langsam geht, schlägt oder ritzt, (daß er) in der dürren Erde, der verletzten und zerrissenen, der bedrückten und getretenen, gräbt und umgräbt, (so bitte ich für dies um Verzeihung)." Thematisch eng damit verbunden sind auch die ersten fünf Sünden, die im Xwāstwānīft angeführt werden:[33] Jedes Tun, das die Erde (im weitesten Sinn) berührt, ist sündhaft, da davon das Lichtreich und seine Gesandten betroffen sind, wobei im Beichtspiegel nochmals — gleichsam als theologische Begründung des Sündenverständnisses — der Mythos vom Kampf Ohrmizds und der Entstehung der Welt rekapituliert wird. Daß dabei in diesem Zusammenhang auch die Gesandten Gottes genannt werden, versteht sich aufgrund der Tatsache, daß die Propheten eben den Kampf des Urmenschen fortsetzen. Am auffallendsten ausgeprägt ist das „Siegel der Hand" dabei wohl im Verbot des Ackerbaus sowie des Abschneidens von Pflanzen überhaupt. Wer Gemüse erntet, begeht einen Mord.[34] Das Schlagen und das Schädigen der Pflanzen kann daher nur von einem Menschen, der noch nicht die Gnosis erlangt hat,[35] oder von einem Sünder vollbracht werden. Wie zentral diese Vorstellungen schon im Urmanichäismus gewesen sind, sehen wir in einem zum Šb. gehörigen Text, wo es in den Ermahnungen für die Auditores heißt, jeder solle seine Verwandten und Angehörigen „von Lust, Beischlaf, schlechtem Denken, schlechtem Reden und schlechtem Tun fernhalten, und (er selbst) soll auch von Raub, Schaden, Gewalttätigkeit und Unbarmherzigkeit die Hand lassen und immer wieder soll er sich von Erde, Wasser, Feuer, Bäumen, Pflanzen und Getier aller Art fernhalten und sie möglichst wenig verletzen: denn auch diese leben weiter durch jene Lichtheit und Schönheit der Götter."[36] Eine radikale Befolgung der Vorschriften der beiden eben zitierten Texte ist in der Praxis unmöglich, so daß sich daraus notgedrungenermaßen eine zweifache Moral entwickeln mußte, entsprechend der zweifachen Gliederung der manichäischen Kirche in Erwählte und Hörer. Lediglich für die Erwählten hatten die strengen Vorschriften uneingeschränkte Geltung, wie etwa anhand der Einstellung zur Sexualität oder zu den Speisevorschriften gesehen werden kann. Eine treffende Zusammenfassung dieser Ethik lesen wir in M 2, worin Mar Ammō auf seiner Missionsreise nach Kušan dem Geist von Chorasan das Wesen des Manichäismus so beschreibt:[37] „Jener Geist sagte: Welche Religion ist es, die du bringst? —

33 *Asmussen,* Xuāstvānīft 167-173; *Böhlig,* Gnosis 198-201.

34 Vgl. dazu aufgrund der Vorstellungen des CMC *Henrichs/Koenen,* Mani-Codex 147.151, weiters *Kippenberg,* Gnostiker 164 mit Anm. 29.

35 Vgl. dazu nochmals den kosmogonischen Text M 7980-84 bei *Boyce,* Reader 74, Nr. y 51.

36 M 49 I; *Boyce,* Reader 54, Nr. t; *Asmussen,* Literature 27; vgl. auch *Sundermann,* Texte 93, Nr. 5.1.

37 Text bei *Boyce,* Reader 41, Nr. h 6; Übersetzung bei *Böhlig,* Gnosis 94 und *Asmussen,* Literature 22; vgl. dazu auch die drei identischen Gebote, die Manis Vater Pattik von einem göttlichen Wesen nach der Überlieferung bei an-Nadīm erhält, übersetzt bei *Kessler,* Mani 384; *Flügel,* Mani 83 und *Dodge,* Fihrist 773f.

Ich sagte: Fleisch und Wein genießen wir nicht, von Frauen halten wir uns fern."

Diese Charakterisierung der Religion Manis führt uns zum „Siegel des Schoßes". Fleisch ist deswegen für die Electi verboten, weil die Tiere direkt aus den Abortus der Dämoninnen nach der sexuellen Verführung durch den Dritten Gesandten entstanden sind und insofern eine unmittelbare Verbindung zum Sexuellen haben. Wer Fleisch genießt, wird zu sexueller Begierde erregt. Die Sexualmythologie der Manichäer, die immer wieder das Entsetzen und die Polemik der Kirchenväter hervorgerufen hat,[38] steht dabei im krassen Gegensatz zur völligen Enthaltsamkeit, die man als einen Wesenszug des Manichäismus betrachten darf, der soweit geht, daß man unter „religionsgemäßem Verhalten" nichts anderes zu verstehen hat als einen Euphemismus für die Befolgung des „Siegels des Schoßes". Obwohl darin eine Verkürzung des „religionsgemäßen Verhaltens" auf lediglich einen Bereich der Ethik zu sehen ist, wird sie vor dem Hintergrund einer rigoros ablehnenden Einstellung zur Sexualität verständlich.[39] Sexualität und Zeugung wirken der Erlösung des Lichtes diametral entgegen, indem durch die Zeugung von Nachkommen die ohnehin schon verstreuten Lichtpartikeln weiter verbreitet und erneut in ein Gefängnis eingesperrt werden, oder wie es in Škand Gumānīg Wizār heißt, sie ist eine „Mithilfe am Werk Ahrmens."[40] Jede Fortpflanzung ist nichts anderes als ein erneuter Sturz des Lichtes in die Finsternis, wobei das Sperma besonders viele Lichtpartikeln enthält.[41] Da also für die Erwählten jede sexuelle Betätigung eine schwere Sünde ist, wird die ethische Komponente insofern doppelgleisig, als Hörer heiraten und sogar Kinder zeugen dürfen, offensichtlich nicht deswegen, weil dies ihnen erlaubt werde als Schutz vor einem Sich-Verzehren in Begierde (vgl. 1 Kor 7,9), sondern wohl deswegen, weil die manichäische Kirche auch Nachwuchs brauchte. Allerdings können die Hörer dadurch ihres Anrechts auf Erlösung zumindest in diesem Leben verlustig gehen.[42]

Die Zweiklassengesellschaft des Manichäismus und die damit gekoppelte unterschiedliche Auswirkung der Ethik auf die Hörer bzw. auf die Erwählten ist bereits mehrfach angeklungen. Damit die Electi, indem sie alle Gebote befolgen, sündenlos bleiben, müssen die Hörer zu deren Gunsten

---

38 Vgl. *Klimkeit,* Beichtformeln 212 mit weiterer Literatur.

39 Vgl. *Henning,* Beichtbuch 15 sowie dazu den Text ebd. 35; ferner *Puech,* Begriff 160f. — Der Unterschied der manichäischen (gnostischen) Enthaltsamkeit zur christlichen Auffassung liegt dabei darin, daß im Manichäismus sexuelle Enthaltung notwendig für die Erlösung ist, während sie in christlichen Strömungen immer als zusätzliche, verdienstvolle Leistung angesehen wurde, vgl. *Kippenberg,* Gnostiker 154.

40 ŠGW 16,40f; *de Menasce,* Škand-Gumānīk 254.

41 Zu dieser Vorstellung, auf die schon S. 177f eingegangen wurde, kann im weiteren traditionsgeschichtlichen Rahmen auch jene zurvanitische Vorstellung erwähnt werden, derzufolge Ohrmazd mit seiner Mutter, Schwester und Tochter die Sonne, den Mond und die Planeten zeugt. Zu diesem Mythos, auf den auch ein manichäisches Fragment anspielt und der soziologisch wohl nur im Zusammenhang mit der Verwandtenehe, die im zurvanitischen und zoroastrischen Persien geübt, von Manichäern aber abgelehnt wurde, gesehen werden kann, vgl. *Zaehner,* Zurvan 147.151-153.

42 Vgl. *Puech,* Begriff 195.

notwendigerweise sündhafte Werke tun, indem sie eben die einzelnen Siegel verletzen. Sie sind es, die die Nahrung zubereiten müssen, um die Electi vor dem unausweichlichen Hungertod zu bewahren, die aber auch den Erwählten die entsprechende Verehrung entgegenbringen müssen, ansonsten sie selbst sündhaft werden. Genauso besteht ihre erste Pflicht darin, durch Fasten, Beten und Almosengeben zur Erlösung der Auserwählten beizutragen.[43] Almosen,[44] worunter man einen Oberbegriff für alle Aufgaben der Katechumenen in ihrer Kirche sehen kann, sind auch das Unterscheidungsmerkmal zwischen den Auserwählten und den Hörern. Obwohl nicht im vollen Grad Mitglied der manichäischen Gemeinde, darf derjenige, der Almosen in rechter Form gibt, im Augenblick des Todes mit der göttlichen Gnade rechnen. Auch im letzten Gericht wird ihnen dieses Tun zum Heil angerechnet. Denn im Šb. heißt es: „Was ihr den *dynwr'n* (Erwählten) getan habt, diesen Dienst habt ihr mir getan."[45] Insofern ist die Befürchtung, mit der Almosenspende das Licht zu verletzen oder ihm Wunden zuzufügen, unbegründet, weshalb auch keine Schmälerung der eigenen Erlösungsfähigkeit geschieht. Denn ihre Sorge für die Erwählten und ihr Almosengeben tragen unmittelbar zur Lichtbefreiung bei. Wie schon ausgeführt, sind „Licht" und „Seele" wesensgleich, wobei „Seele" (*ruwān*) jener Begriff ist, von dem im Mittelpersischen „Hörer" (*huruwān*) und „Almosen" (*ruwānagān*) abgeleitet sind. Wie *I. Gershevitch* gezeigt hat, gehören diese drei Begriffe eng zusammen:[46] Ein Hörer ist derjenige, der erstrebt, daß eine Seele (*ruwān*) schön (*hu-*) wird, wobei der Akt des Almosengebens dahingehend verstanden werden kann, daß eben dadurch die Seele schön gemacht wird. Eine schöne (= vollkommene) Seele hat aber nur Gott, wobei letztlich dieses Ziel der Ethik zugrunde liegt: Selbst seine Seele so schön zu machen, daß sie letztlich Licht und Gott wird. Dieses Ziel vor Augen ist es vorübergehend für einen Hörer möglich, durch sein Arbeiten für die Erwählten vorderhand auf seine Erlösung zu verzichten, ohne grundsätzlich vom Bemühen nach Erlösung des Lichtes / Gottes / des Selbst abzulassen.

Die hier aufgezeigte Ethik kann in einem Gebot der völligen Weltverneinung zusammengefaßt werden: Sich der Welt zu enthalten, um nicht durch die Finsternis der Materie weiter verunreinigt zu werden und nicht durch eine Tätigkeit in der Welt zum Weiterbestand derselben beizutragen. Wer seine Sinne beherrscht, gleicht den manichäischen Göttern, die seit der Urzeit gegen die Finsternis kämpfen.[47] Dadurch unterscheidet sich der Manichäismus im Sasanidenreich radikal von der Ethik des Zoroastrismus, wie sie uns etwa in der Gegenüberstellung der ethischen Lehren Manis zu

---

43 Keph. LXXX, S. 192,29f; vgl. *Kippenberg,* Gnostiker 163-166; *Colpe,* Formulierung 405f.

44 Vgl. dazu v. a. *Oerter,* Frömmigkeit 187f; ferner *Asmussen,* Xuāstvānīft 222f.

45 *MacKenzie,* Šābuhragān I, 506.508, Z. 94-96.

46 *Gershevitch,* Beauty 284-287; traditionsgeschichtlich sind hier im Manichäismus Vorstellungen aufgenommen, die aus dem Zoroastrismus stammen, wenn die Seele des Verstorbenen ihm in der Gestalt der Daēnā, die schön oder häßlich sein kann, begegnet; vgl. dazu auch *Colpe,* Daēnā 64-68.

47 Vgl. *Nagel,* Anatomie 89; *Puech,* Begriff 191f.

denjenigen des Zoroastrismus, vertreten durch den Mowbed Ādurbād ī Mahraspandān, sichtbar wird.[48] Das Verbot von Ackerbau, Ehe oder Wohnung, die Negativierung der materiellen Welt sowie die Aufhebung aller innerweltlichen Gerichtbarkeit ist dabei lediglich aus einer eschatologischen Haltung heraus zu verstehen, die darauf abzielt, durch das ethische Verhalten Frašegird, d. h. den uranfänglichen Zustand der Unvermischtheit, wieder herbeizuführen. Insofern also ist die Befolgung der manichäischen ethischen Normen durch jeden einzelnen letztlich ein Kampf des Lichtes gegen die Finsternis.

48 Vgl. DkM 216, übersetzt bei *de Menasce*, Livre 209f; zur Analyse des Textes vgl. *Kippenberg*, Gnostiker 166f und *Hutter*, Mani 56f.

Kapitel 4
DIE KOSMISCHE ERLÖSUNG IM GROSSEN GERICHT UND FEUER

4.1. Einige literaturgeschichtliche Beobachtungen zum Šābuhragān und zur koptischen Homilie vom Großen Krieg

Jene Schrift, die uns am besten über die „letzten Dinge" informiert, ist das Šb., das Mani dem Sasanidenherrscher Šābuhr gewidmet hat. Deshalb ist es auch — im Unterschied zu anderen Schriften Manis — in mp. Sprache abgefaßt, um beim Herrscher besseres Verständnis für die Verkündigung der eigenen Religion erzielen zu können.[1] Dem Inhalt nach befaßt sich diese Lehrrede Manis schwerpunktmäßig mit dem Ende der Welt, d. h. mit der Beseitigung jenes Zustandes der Vermischung, der durch den Kampf der Finsternis gegen das Licht entstanden ist.

Nachdem bereits im vorigen Jahrhundert aufgrund der arabischen Überlieferung der eschatologische Charakter des Šb. erkannt worden war,[2] haben die von der deutschen Turfan-Expedition zu Beginn unseres Jahrhunderts gefundenen mp. Texte[3] das Original dieser Lehrschrift Manis bekanntgemacht. Die Entdeckung und Erforschung der koptischen Manichaica hat schließlich noch einen weiteren Text ans Tageslicht treten lassen, nämlich die 2. Homilie, den „Sermon vom Großen Krieg" (*plogos mpnac mpolemos*).[4] Die inhaltliche Übereinstimmung zwischen dem Sermon vom Großen Krieg und dem Šb. ist dabei so groß, daß man die koptische Homilie als erbauliche Verarbeitung betrachten kann, in der die dogmatisch-mythologische Abhandlung Manis über die letzten Dinge von seinem Jünger Kustaios neu formuliert wurde. Wie zuletzt *L. Koenen* gezeigt hat, folgen der eschatologische Teil des Šb. und die Homilie im wesentlichen derselben Basisstruktur.[5] Ohne im Detail *Koenens* Analyse hier zu wiederholen, seien lediglich jene neun Abschnitte nochmals angeführt, in die er den Text gliedert: Die Welt wird (1) von einer Zeit des Umbruchs und des Aufruhrs betroffen, woran sich (2) der Kampf verschiedener (historischer) Erlösergestalten gegen den (religiösen) Irrtum anschließt, wobei Mani der letzte innerhalb dieser Reihe von Erlösern ist. Aus einem (3) erneuten Desaster und einer neuerlichen Katastrophe kommt es zum großen Krieg, der (4) durch die

1 Vgl. dafür Kap. 1 im Detail.
2 Vgl. *Kessler,* Mani 180-191.
3 *Müller,* Handschriftenreste 10-25; für die weitere Erforschung siehe *Jackson,* Sketch; *Ghilain,* Feuillet; sowie die den derzeitigen Forschungsstand widerspiegelnde grundlegende Bearbeitung von *MacKenzie,* Šābuhragān I und II.
4 Hom. 7,8-42,8.
5 *Koenen,* Apocalypticism 298-307. Vgl. auch die Analyse bei *Stroumsa,* Aspects 164-169.

Friedensherrschaft des großen Königs abgelöst wird. In dieser Friedenszeit kommt die Kirche zum Blühen, die Frevler verschwinden und es üben ideale Regenten die Herrschergewalt aus. Dieses Friedensreich wird (5) durch das Kommen des Antichristen behindert, allerdings wird seine Macht schnell zerstört, denn (6) Jesus der Glanz kommt zum letzten Gericht, um die Schafe von den Böcken zu trennen. Nach dem letzten Gericht führt (7) die Herrschaft von Jesus dem Glanz zu einem neuerlichen goldenen Zeitalter, das als Vorbereitung der endgültigen Zerstörung der Welt im großen Feuer dient, währenddessen (8) die letzten Lichtteile die Welt verlassen. Nach diesem Weltenbrand entsteht (9) der neue Lichtäon, in dem der Vater des Lichtes im Äon des Lichtes und der Urmensch im neuen Äon herrschen, während die Dämonen in ihrem Gefängnis endgültig vom Lichtreich getrennt sind. — Diese strukturelle Übereinstimmung zwischen dem kopt. und dem mp. Text erlaubt wohl die Schlußfolgerung, daß Kustaios, der um 290 die Homilie unter dem Eindruck der Verfolgung der manichäischen Gemeinde durch Wahrām II. verfaßt hat,[6] sich eng an die Lehre seines Herrn hält, obwohl er sie in Einzelheiten — z. T. bedingt durch den homiletischen Charakter — bereichert hat.[7] Kustaios kann als enger Vertrauter Manis gelten, denn er ist es, der ihn bei seiner letzten Audienz vor dem König Wahrām I., die schließlich zur Gefangennahme und zum daraus resultierenden Tod Manis führt, begleitet hat, wie der mp. Text M 3 sagt:[8] „Mani ... kam [zur Audienz], als wir von ihm versammelt worden waren: ich, Nūhzādag, Kuštai, der Sich-Erinnernde, und Abzahyā, der Perser." Die Bedeutung, die Kustaios als Gewährsmann für die (frühe) manichäische Überlieferung hat, geht wohl auch noch daraus hervor, daß der Kölner Mani-Kodex ihn als Gewährsmann zitiert, wobei er den Kirchennamen „Sohn des Schatzes des Lebens" erhält, worin auf eine Schrift Manis angespielt wird, was m. E. erneut die enge Vertrautheit und Beziehung zwischen Kustaios und Mani zum Ausdruck bringt.[9]

Eine nähere Betrachtung des mp. und kopt. Textes zeigt nun, daß Mani (und in Folge auch Kustaios) sich in der Darlegung seiner Eschatologie sehr nahe an christliche Traditionen anlehnt, viel stärker als dies etwa in seiner Kosmogonie der Fall ist. Besonders augenfällig ist dies im letzten Gericht, das von Jesus dem Glanz bzw. vom Gott Xradešahr in der mp. Terminologie vollzogen wird. Der Einfluß, der hier von Mt 25,31ff auf die Verkündigung Manis vorhanden ist, wurde bereits vom ersten Herausgeber der Texte erkannt,[10] und es wurde auch in der Folge mehrfach darauf hingewiesen.[11] Auch jener Abschnitt, worin die Übeltäter, die nach dem Ge-

6 *Koenen*, Apocalypticism 298.

7 Vgl. *Koenen*, Apocalypticism 307f.

8 Vgl. *Boyce*, Reader 44, Nr. n 1; vgl. weiters *Sundermann*, Texte 130f, Nr. 23; zu Kustaios als Persönlichkeit siehe auch *Henrichs/Koenen*, Mani-Codex 111.

9 CMC, p. 114,6f; ed. bei *Koenen/Römer*, Mani-Kodex 80; vgl. auch *Henrichs/Koenen*, Mani-Kodex. Edition 284-286 Anm. 410.

10 *Müller*, Handschriftenreste 10.

11 Vgl. besonders *Asmussen*, Zitate 86f; *Rose*, Christologie 133f sowie *Koenen*, Apocalypticism 302f.

richt in der Hölle sind, die Gerechten um ihre Hilfe anflehen, damit sie ihnen im Brennen der Hölle Linderung bringen, dürfte nicht ganz ohne Kenntnis der Lazarusperikope in Lk 16,19-25 formuliert worden sein,[12] wie überhaupt allgemein gesagt die synoptische Apokalypse (Mt 24; Mk 13; Lk 21) zumindest in der Motivik im Šb. und in der Homilie wiederkehrt.[13] Diese enge Anlehnung an neutestamentliche Vorstellungen wirft vordergründig ein Problem auf, wenn man bedenkt, daß das Šb. speziell für ein iranisches Publikum verfaßt wurde. *E. Rose* umschreibt dies wie folgt:[14] „Die eschatologische Darstellung des Mani im Šābuhragān, die überwiegend der christlichen Tradition entnommen ist, [dürfte] ganz fremd erschienen sein. Die iranischen Elemente sind darin mit dem Weltbrand und einigen Nebenereignissen recht dürftig vertreten.... Deshalb stehen wir vor der bemerkenswerten Tatsache, eine echt neutestamentliche Szene in einem mittelpersischen Traktat von eminent politischer und religiöser Tragweite feststellen zu können." — M. E. sollte die Verwendung ntl. Zitate im Šb. allerdings nicht überbetont werden. Denn einerseits ist im Sasanidenreich durchaus damit zu rechnen, daß apokalyptische Vorstellungen in synkretistischer Form bereits weit verbreitet waren, wobei die Bilder des Weltendes durch Katastrophe, Krieg zwischen Gut und Böse, sozialen Umbruch oder außergewöhnliche, schreckeneinjagende Naturerscheinungen durchaus Allgemeingut waren.[15] Andererseits kann die Verwendung ntl. Diktion als ein Musterbeispiel dafür gelten, wie bereits Mani selbst seine gnostische Religion in vollster Form synkretistisch angelegt hat. Insofern klingt an dieser Stelle des Šb. sicherlich durch, daß die manichäische Eschatologie zu einem großen Teil auch von der jüdisch-christlichen Tradition beeinflußt ist.[16] Diese jüdisch-christliche Heimat des manichäischen Gnostizismus zeigt ja auch der Kölner Mani-Kodex. Die große synkretistische Leistung Manis zeigt sich nun m. E. gerade darin, daß es ihm gelingt, diese „westliche" Eschatologie so mit iranischen Elementen und Vorstellungen zu bereichern und auszudrücken, daß sie für sein Publikum am sasanidischen Herrscherhaus weit weniger fremd erschienen ist, als vielleicht der vordergründige Eindruck aufgrund von Mt 25 (für westliche Hörer) sein mag. Als solche Elemente, die gut iranisch sind, können dabei genannt werden: Die Terminologie vom „Großen Krieg", die Vorstellung des Kampfes zwischen Licht und Finsternis, das Eingreifen des Erlösers, das Weltende im Ordal des Feuers sowie schließlich der neue Äon.[17]

12 Vgl. *Rose,* Christologie 136.

13 Vgl. auch *Polotsky,* Homilien passim.

14 *Rose,* Christologie 138. Vgl. auch *Koenen,* Apocalypticism 303f.

15 Vgl. zur Vielfalt dieser und ähnlicher apokalyptischer Bilder, wie sie etwa in iranischen Apokalypsen greifbar werden, *Olsson,* Activity 33f; *Widengren,* Ideen 121-126. Zur Verbreitung apokalyptischer Strömungen im Vorderen Orient im 3. Jahrhundert siehe auch *Koenen,* Apocalypticism 330-332 oder *Rudolph,* Gnosis 214-217.

16 Vgl. *Stroumsa,* Aspects 164.

17 Vgl. dazu *Koenen,* Apocalypticism 330f, der aufgrund seiner Untersuchung des weiten Kontexts der manichäischen Apokalyptik schließt, daß der letztlich iranische Ursprung dieser Elemente nicht geleugnet werden kann.

Als erstes der iranischen Elemente ist der Titel der koptischen Homilie heranzuziehen: „Sermon vom Großen Krieg". Die Bezeichnung „Großer Krieg", die mehrfach in der Homilie belegt ist,[18] findet ihre Entsprechung im Pahlavi-Schrifttum, wenn dort von *ardīg ī wuzurg* oder von *kārezār ī wuzurg* die Rede ist. Von den iranischen Apokalypsen, die diese Terminologie verwenden, sind folgende zu nennen: Im Bahman-Yašt III 8f lesen wir folgendes:[19] „Die ledergegürteten Türken, die Rhomäer, Šētāspīk, der ‚keresanisch' ist, stürzen hervor mit vereinigter Streitmacht, und es wird an drei Orten dreimal ein großer Krieg geliefert, o Spitāmān Zardušt. Das erste Mal geschieht es während der Regierung des Kai Kāus, wenn die Abwehr dieser Dämonen gelingt mit Hilfe der Amahraspandān; und das zweite Mal, wenn du, o Spitāmān Zardušt, die Religion empfangen und deinen Rat gegeben hast, und wenn Vištāsp-šāh und Arjāsp, die Hēšm-Ausgeburt, in einer Schlacht um die Religion im Zweikampf im ‚Weißwald' zusammentreffen, einige haben gesagt: ‚in Fars'. Das dritte Mal geschieht es, wenn das Ende deines Millenniums kommt, o Spitāmān Zardušt, wenn alle drei an diesem Ort zusammenkommen, Türken und Tājīken und Rhomäer." Die drei Kämpfe, die an die zoroastrische Vorstellung von den drei Zeiten angepaßt sind, nämlich ein Kampf im Uranfang, einer beim Auftreten Zarathustras und ein dritter beim Ende der Welt, bringen den eschatologischen großen Krieg in eine quasi historische Dimension, was noch durch die (anachronistische) Aufzählung von Türken, Arabern und Byzantinern verstärkt wird. Dieser dreifache Kampf ist aber auch dem manichäischen Schrifttum nicht unbekannt, wie man etwa Keph. XLI entnehmen kann:[20] „Die Finsternis dagegen, der Feind hat drei Schläge empfangen und drei Kriege und böse Gefahren durch das Licht in jenen drei Kriegen. ... [Der] dritte Schlag, der den Feind erreichen wird, ist die Aufrollung [des] Endes, wenn man alles trennen wird und trennen wird das Männliche [vom] Weiblichen. Das Männliche wird man binden im βῶλος, das Weibliche aber wird man [werfen] ins Grab (τάφος). Denn man wird ihn teilen [... großen] Stein in ihrer Mitte für alle [Generationen und] Ewigkeiten." Erst der dritte Kampf bringt dabei die endgültige Vernichtung und Einschließung der Finsternis mit sich. In einem ähnlichen historischen Kontext ist eine Stelle anzusiedeln, die aus dem Jāmāsp Nāmag stammt. Der totale Umsturz in Chorasan wird dabei beschrieben, so daß es wünschenswert wäre, nicht während der Zeit des großen Krieges zu leben, wie es Z. 70-72 heißt:[21] „Glücklich, wer von einer Mutter nicht geboren oder wenn er geboren, gleich stirbt und nicht jenes Unheil und jene Verwüstung sieht. Am Ende des Millenniums des Zardušt

---

18 Vgl. etwa Hom. 13,10f: „Diejenigen, die diesen Großen Krieg erleben werden, sind es, die sich in diesem Kampfe befinden werden"; 13,21f: „Heil dem Elektus, der auch in jenem Großen Kriege an ihm kein Ärgernis nehmen wird"; weitere Belege bei *Polotsky,* Homilien s. v. πόλεμος.

19 *Widengren,* Geisteswelt 199f; vgl. *Widengren,* Ideen 117 für die Interpretation des Textes.

20 Keph. XLI, S. 105,18-21.30-35; vgl. auch ŠGW 16,16-20 bei *de Menasce,* Škand-Gumānīk 252.

21 *Benveniste,* Apocalypse 355f; vgl. dazu auch *Olsson,* Activity 34f für die letzte Untersuchung dieses Textes.

würden sie nicht den großen Krieg sehen. Und jenes zahlreiche Blutvergießen findet in jener Zeit notwendigerweise statt, und nur ein Drittel (der Menschen) bleibt übrig.“ Im direkten eschatologischen Kontext führt die zurvanitische Apokalypse Zādspram in Kap. 34 den Großen Krieg an:[22] „Wenn drei Monate bis zur Auferstehung übrigbleiben, (dann) wird es zum großen Krieg kommen, wie auch am Uranfang Schöpfung und Grundlegung im Kampf mit der Lüge waren.“ — Der „Große Krieg“, der in der Pahlaviliteratur für die eschatologische Bedrängnis gut verbürgt ist, dürfte daher wohl für die Terminologie der Überschrift der 2. Homilie Pate gestanden haben. Auch in den Fragmenten des Šb., die auf uns gekommen sind, findet sich die Vorstellung von diesem Großen Krieg, wenn auch (bislang) die feste Wendung *ardīg ī wuzurg* bzw. *kārezār ī wuzurg* nicht bezeugt ist. Allerdings ist das Nomen *ardīg* (Krieg) allein sehr wohl in einem Šb.-Fragment anzutreffen, das den erfolgreichen Kampf der Frommen gegen die falschen Propheten (?) beschreibt:[23] „Und der Kampf wird ruhen und der Krieg rasten. Die Frommen wird zusammen mit (ihren) Freunden große Freude erreichen. Und sie werden... Dienst, und die ganze Welt lehren sie Weisheit und Wissen. Āz und Gier, die Dämonen und Peris und Quäl(geister) werden zittern“. Auch der zweite im Pahlavischrifttum verwendete Terminus für Krieg, *kārezār,* findet sich im Šb., wo ein enger Zusammenhang mit dem bösen Willen der Dämonen zu sehen ist:[24] „Und alle jene anderen Seelen, die in (ihrem) Körper Āz und Gier haben,... sollen im Tribut und im Kampf sein und den Willen der Āz und Gier ausführen und den Übeltätern dienen.“ Der dreifache große Krieg, der in Keph. XLI genannt ist, ist mit der iranischen Drei-Zeiten-Lehre zu verbinden, die gleich zu Beginn der kopt. Homilie greifbar wird:[25] „Alles hat er uns gelehrt und vor uns ausgebreitet. Er [gab] uns das Wissen vom Anfang; er lehrte uns die [Mysterie]n (??) der Mitte und auch die Trennung des Endes... und die Vernichtung der Welten, die für die Körper und die Geister bereitet ist.“ Daß diese Drei-Zeiten-Lehre auch im Manichäismus gut bekannt war, zeigt jene zoroastrische Streitschrift gegen den Manichäismus, die allerdings gut über den Manichäismus Bescheid weiß. Im Škand Gumānīg Wizār lesen wir dabei folgendes:[26] „Wißt nun, ihr Besten des Zardušt, daß die Grundlehre des Mani über die Unbegrenztheit der Prinzipien (handelt), die mittlere (Lehre) über die Vermischung und die letzte über die Trennung von Licht und Finsternis.“ Auch der alphabetische, parth. Hymnus M 710 kennt die Vorstellung von den drei Zeiten. Der darin beschriebene Kampf des Urmenschen gegen die Dämonen führt zum Eingreifen des Lebendigen Geistes,

22 Zādspr. 34,52; vgl. *Zaehner,* Zurvan 347.353; vgl. auch *Widengren,* Ideen 139.

23 Vgl. *MacKenzie,* Šābuhragān II, 296f, Nr. q. Es handelt sich um den Text M 537 a II, die hier wiedergegebenen Zeilen 41-47.

24 *MacKenzie,* Šābuhragān 520, Z. 409-411.415-418.

25 Hom. 7,11-15. — Zur Drei-Zeiten-Lehre vgl. auch *Stroumsa,* Aspects 166, weiters *Koenen,* Apocalypticism 308f.

26 ŠGW 16,4-6; vgl. *de Menasce,* Škand-Gumānīk 252; vgl. etwa auch S 9, wo ebenfalls bei der Erweckung des ersten Menschen die drei Zeiten „was war, was ist und was sein wird“ ihm geoffenbart werden.

der dann das göttliche Licht rettet. Daran anschließend heißt es: „[He that] understood, (and) recalled all: the first, the middle and the last things, (his) lips and tongue responded and spoke with great praises, with ... mouth. He revealed the path of salvation and the pure road [to all] souls who were in harmony."[27] — Dieses Dreierschema, das der iranischen Apokalyptik mit der Vorstellung der drei Millennien entnommen ist, erklärt auch, daß Kustaios in der Homilie lediglich von drei Gesandten spricht, nämlich Zarathustra, Jesus und Mani, deren Auftreten jeweils die Irrlehren beseitigt:[28] „Zarathustra warf sie (die Irrlehre) aus Babylon hinaus, Jesus warf sie aus Jerusalem hinaus. Jetzt aber wurde der dritte Apostel, der Erlöser, zu ihr gesandt. Dieser hat sich ihr bereits offenbart. Er wird bei ihr bleiben bis ans Ende der Welt. Der dritte Apostel ist es, dem befohlen worden ist und der zu ihr gesandt worden ist." Die Drei-Zeiten-Formel und die Vorstellung von drei aufeinanderfolgenden Weltzeitaltern ist gute zoroastrische Überlieferung, wobei dieses Dreierschema auch die Zahl der drei Saošyant, d. h. der drei zoroastrischen Erlöser und mythischen Söhne Zarathustras, die von drei jungfräulichen Müttern geboren werden, bestimmt.[29]

Dieser Dreierzyklus, der sowohl der iranischen Apokalyptik als auch unseren manichäischen Texten nicht fremd ist, läßt uns nun nochmals zu Zādspram XXXIV, einem apokalyptischen Kapitel par excellence innerhalb des Pahlavischrifttums, zurückkehren.[30] In dieser zurvanitischen Apokalypse spielt Āz insofern eine überragende Rolle, als diese mit ihrer Funktion im manichäischen kosmogonischen und eschatologischen Mythos, der uns vorliegt, verglichen werden kann. Sie ist neben Ahreman die Anführerin im Kampf der Mächte der Finsternis gegen das Licht, wobei sie beim Herannahen des Weltendes immer schwächer wird. Selbst ihr Anteil, den sie an den Kindern hat, und mit dem sie sich in die Kinder hineinmischt, wird immer geringer, so daß die Kinder nur noch wenig Finsternis in sich haben. Die Notlage der Āz wird dabei immer größer, so daß sie sich letzten Endes gegen Ahreman wenden muß, weil sonst niemand mehr da ist, den sie bekämpfen kann. Dieser letzte Aspekt, nämlich daß die Mächte der Finsternis in sich gespalten sind und in Streit geraten, ist nur in dieser Apokalypse vorhanden. Doch erlauben m. E. die übrigen Motive, die Zādspram-Apokalypse mit den apokalyptischen Vorstellungen des Šb. zu vergleichen: Dafür sprechen die enge Verbindung von Āz und Ahreman, die beiden Traditionen zu eigen ist, weiters das sukzessive Abnehmen der Kräfte der Āz und ihre Vernichtung. — Eventuell darf in diesem Zusammenhang noch ein weiteres Motiv Erwähnung finden, das zumindest indirekt für das Šb. von Bedeutung sein könnte. Im Zādspram ist es Airyaman, der in den Kampf eingreift, um die Welt der Dämonen zu vernichten und das Weltende zu inszenieren.[31]

---

27 *Asmussen,* Literature 122; der parth. Text von M 710 ist mir derzeit nicht zugänglich; auch *Boyce,* Reader 97f, Nr. an läßt in ihrer Ausgabe dieses Textes die hier zitierten Zeilen weg.

28 Hom. 11,21-27; vgl. dazu auch *Koenen,* Apocalypticism 308f.

29 Vgl. *Widengren,* Ideen 81-85; zum Dreierschema allgemein ebd. 130-133.

30 Vgl. die Analyse bei *Widengren,* Ideen 133-137 und *Zaehner,* Zurvan 175-177; Text und Übersetzung bei *Zaehner,* Zurvan 343-354.

31 Vgl. Zādspr. XXXIV 17.38.48.

Airyaman[32] ist wohl nicht vom Beinamen Jesu, nämlich Aryāmān (Freund), zu trennen, den dieser in manichäischen mp. Texten erhält. „Jesus der Freund", als dessen Apostel sich Mani in seinem „Evangelium" bezeichnet,[33] und der auch in M 36, einem Hymnus auf die Hierarchie und die manichäische Gemeinde[34] genannt ist, ruft wenigstens indirekt eine Assoziation zu Xradešahr hervor, der im Šb. die Stelle von Jesus dem Glanz als Weltenrichter und als derjenige, der das Weltenende herbeiführt, innehat. Wenn diese assoziative Verknüpfung richtig ist, so wird nach manichäischer Auffassung Airyaman aus der Pahlavi-Apokalypse zu einer Jesus-Gestalt umgedeutet, d. h. es klingt im apokalyptischen Tun von Jesus dem Glanz/ Xradešahr auch jene Funktion an, die Airyaman im Zādspram ausübt.

Die hier angeführten iranischen Elemente innerhalb des Šb. — weitere werden noch zur Sprache kommen, wenn anschließend die inhaltliche Komponente des letzten Gerichts und des Weltendes analysiert wird — zeigt m. E. auch für diesen Text — trotz des unverkennbaren Anklangs an ntl. Vorstellungen —, daß Mani in seiner Verkündigung vor Šābuhr auf jene Überlieferungen zurückgreift, die in der mazdayasnischen Religion bekannt waren: insofern unterscheidet sich die „Verkündigungstechnik" Manis im Šb. nicht grundlegend von der Praxis, die in der Kosmogonie zu erkennen war. Das „iranische" Kleid ist wohl stärker, als bislang angenommen, doch zeigt gerade die Verarbeitung dieser iranischen Elemente gemeinsam mit den ntl. Motiven stärker als in der Kosmogonie, daß Mani die iranischen Vorstellungen nur als Mittel verwendet, seine gnostische Lehre zu verkünden. Aber gerade dadurch entschärft sich vielleicht die oftmals behauptete Diskrepanz, daß ausgerechnet diese iranische Propagandaschrift so massiv auf ntl. Vorstellungen zurückgreife.

32 Vgl. *Sundermann,* Namen 103 Anm. 246, wo darauf verwiesen wird, daß die Angleichung an aw. *airiiama išiiō* in jenen Fällen noch klarer wird, in denen das Epitheton vorangestellt ist, nämlich *'ry'm'n yyšw'*.

33 M 17 + 172 I; *Boyce,* Reader 33, Nr. c 2.

34 *Boyce,* Reader 145, Nr. cn 7; vgl. auch *Asmussen,* Literature 30, ferner *Waldschmidt/Lentz,* Stellung 38.

4.2. Frašegird — die Wiederherstellung des ursprünglichen Heilszustandes

Die kollektive Eschatologie, die im Šābuhragān im Mittelpunkt steht, wird durch das letzte Gericht, das vom Gott Xradešahr durchgeführt wird, eingeleitet. Xradešahr, der zu Beginn der Dritten Schöpfung vom Herrscher des Paradieses gemeinsam mit dem Gott Rōšnšahr und einer dritten Gottheit[1] geschaffen wird, ist der „Gott, dessen Reich der Verstand ist", wie man seinen Namen wohl verstehen darf. Seine Funktion, nämlich daß er Weisheit bringt, wird zu Beginn des Šb. treffend umschrieben:[2] „Danach jener Gott Xradešahr, der zuerst diesem männlichen Geschöpf, dem ersten Menschen, Weisheit und Wissen gab, und der danach von Zeit zu Zeit und von Epoche zu Epoche Weisheit und Wissen den Menschen schickte, — in jener letzten Epoche, nahe bei Frašegird, wird jener Herr Xradešahr zusammen mit allen Göttern und den Frommen verbannt... innerhalb der Himmel wird er aufstehen, und ein lauter Ruf wird erschallen und dem Gesamtkosmos bekannt werden." Diese Mitteilung von Weisheit und Wissen, die ihn in enge Beziehung zum Großen Nous rückt, ist grundlegend für seine Funktion als Weltenrichter im letzten Gericht. Als Weltenrichter ist seine Identität mit Jesus dem Glanz unbestreitbar. Er sendet Boten in alle Himmelsrichtungen aus, damit diese die Frommen und auch die Übeltäter zum Gericht zusammenbringen, worauf er kommt und sein βῆμα inmitten der großen Ökumene aufrichtet.[3] Er scheidet die Gerechten von den Frevlern wie Schafe von den Böcken und beginnt seine Gerichtsrede, die sich an Mt 25,31ff anlehnt. Der biblische Text wird lediglich etwas gekürzt, allerdings hat die mp. Version an der Mt 25,37 entsprechenden Stelle einen hochinteressanten unpolemischen Einschub:[4] „Dann werden diese Freunde der Frommen (ihm) tiefe Verehrung darbringen und zu ihm sagen: ‚Herr, du bist göttlich und unsterblich. Āz und Gier überwältigen dich nicht. Hunger und Durst hast du nicht, und Schmerz und Krankheit kommen nicht über dich. Wann war es, daß dieser Dienst von uns an dir getan wurde?'" Die Erweiterung der biblischen Vorlage an dieser Stelle ist echt manichäisch, indem die Göttlichkeit von Xradešahr besonders hervorgehoben wird. Er kann nicht wirklich leiden noch dürsten noch gefangen werden. Hunger, Durst, Gefangenschaft — alles Ausdrucksformen und Machwerke der Dämonen — können den göttlichen Anteil an Xradešahr niemals treffen, so daß die Frommen in ihrer Antwort eine solche Vorstellung abweisen müssen.[5] Die völlige Göttlichkeit des Weltenrichters wird somit ausdrücklich

1 *Boyce,* Reader 64, Nr. y 10f; vgl. dazu *Hutter,* Mani 36 Anm. 15, wo Wahman als dritte Gottheit vorgeschlagen wird; vgl. aber auch *Sundermann,* Namen 132 Anm. 232.
2 *MacKenzie,* Šābuhragān 504, Z. 17-29; vgl. *Böhlig,* Gnosis 235; *Asmussen,* Literature 104.
3 Hom. 36,30f.
4 *MacKenzie,* Šābuhragān 506, Z. 86-93; vgl. *Böhlig,* Gnosis 236; *Asmussen,* Literature 105.
5 Vgl. dazu *Rose,* Christologie 135, weiters auch *Asmussen,* Zitate 86. Zum Doketismus dieser Stelle vgl. *Sundermann* bei *MacKenzie,* Šābuhragān 525.

betont. Während als Abschluß des Gerichtes den Frommen das Paradies verheißen wird, werden die Frevler in die Hölle geworfen.

Im Unterschied zur ntl. Vorlage übt daraufhin Xradešahr seine Friedensherrschaft über die Erde aus:[6] „Wenn der Gott Xradešahr sich um die Welt kümmert, dann werden Tag, Monat und Jahr aufhören. Und zu Āz und Gier kommt Schwäche; und Schmerz, Krankheit, ... Hunger und Quäl(geister) werden zittern und sie können keine Sünde mehr begehen. Wind, Wasser und Feuer werden in der Welt einherströmen, und milder Regen wird fallen; und die Bäume, Gras, Früchte und Pflanzen ... werden wachsen. Und in der Welt wird es ... und Zufriedenheit geben und die Menschen werden auf die Religion hören.“ Die Heilszeit, die mit der Herrschaft des Xradešahr anbricht, beendet den Jahreszeitlauf von Jahr, Monat und Tag, worauf es auch zur Abnahme der Kräfte der Āz und zum Verschwinden der Dämonen kommt. Vielleicht darf man von dieser Aktion des Xradešahr als Vorbereitung zum Weltende auch schließen, daß er derjenige ist, der die astrologischen Erscheinungen im kosmogonischen Mythos hervorruft, indem er das Jahr in die 12 Monate entsprechend den 12 Zodia einteilt.[7] Der Heilszustand, der unter anderem durch das Abnehmen der Macht der Āz mitverursacht wird, bringt m. E. die manichäische Apokalypse in eine thematische Beziehung zur zurvanitischen Apokalypse im Zādspram:[8] „Sie (Āz) ist es, die die Schlechtigkeit in sich einschließt. Und es ist zuletzt offenbart, daß wegen der Überwindung der Āz Ardwahišt mit der Kraft des Airyaman, des Boten, auf die Erde kommt; den Geschöpfen wird er die schwere Sünde, jede Art von Tieren zu töten, und den geringen Nutzen davon aufzeigen. Er wird befehlen: ‚Menschen seid ihr; seid nicht mehr Töter der Tiere in der Art, wie ihr von früher bis jetzt geschlachtet habt.‘ Wenn Frašegird nahe kommt, dann werden sich diejenigen, die auf den Befehl der Ardwahišt hören, von der Tierschlachtung und vom Essen von Fleisch abwenden. Um ein Viertel wird die Kraft der Āz abnehmen, und die Stärke in ihrem Körper wird zerstört. Auch Finsternis und Dunkelheit werden teilweise geschlagen. Das Geistige wird noch mehr in sein eigenes Wesen gekleidet, das Wissen wird noch strahlender erfaßt werden. In den Körpern der Kinder, die von ihnen geboren werden, wird Āz kraftloser sein und ihre Körper werden weniger stinken. Sie werden mehr mit der Natur der Götter verbunden sein. Durch die Belehrung von seiten der Götter wenden sie sich vom Milchgenuß ab. Um die Hälfte wird die Kraft der Āz abnehmen. Ihre Nachkommenschaft wird guten Geruch verströmen, wenig Finsternis besitzen, das Geistige als (eigenes) Wesen haben und keine Nachkommen hervorbringen, weil sie keine Speise aufnehmen.“ In der Endzeit wird alles wieder so, wie es im Anfang war. Nahrungsaufnahme und Sexualität hören auf, welche beiden Aspekte im Zusammenhang mit der Menschschöpfung den Aus-

---

6 *MacKenzie,* Šābuhragān 508, Z. 130-141; vgl. *Böhlig,* Gnosis 237; *Asmussen,* Literature 105.

7 Vgl. *Boyce,* Reader 69f, Nr. y 29f; *Andreas/Henning,* Manichaica I, 187 mit Anm. 1; 189 mit Anm. 2 rechnen damit, daß der Dritte Gesandte (Rōšnšahr) diese Zeiten festlegt.

8 Zādspram XXXIV, 38-41; vgl. *Zaehner,* Zurvan 346.352; weiters die Analyse bei *Widengren,* Ideen 135f.

schlag gegeben haben, daß die Dämonen Macht über den Menschen bekommen haben. Denn Hunger und Durst sind Symbole des Bösen, die eng mit Āz verbunden sind.[9] Die Nahrungsaufnahme wird negativ gezeichnet, weil sie als direkte Voraussetzung die Tötung von Tieren hat, wodurch der Mensch immer stärker in die Materie verstrickt wird. Hört diese Sünde auf, so wird auch Āz geschwächt, und der Mensch nähert sich dem endzeitlichen Zustand. Diese Abnahme der Nahrungsaufnahme kann mikrokosmisch mit dem Schicksal des einzelnen Menschen verglichen werden, der seinen Nahrungskonsum vor dem Tod schrittweise verringert,[10] was auch eine Gegenbewegung zum schrittweisen Anwachsen der Nahrungsaufnahme nach der Geburt (mikrokosmisch) bzw. nach der Erschaffung des ersten Menschenpaares (makrokosmisch) ist.[11]

Mit dem Schwinden der Kräfte der Āz kommt es zum Eintritt eines Heilszustandes, in dem die religiöse „Weisheit" und die Vorschriften, die Airyaman den Menschen gibt, befolgt werden. Wenn unsere oben vorgeschlagene Verbindung von Airyaman mit „Jesus dem Freund" (*yyšwʿ 'ry'm'n*) richtig ist, und die assoziative Verknüpfung von Xradešahr (Jesus dem Glanz) mit Jesus dem Freund für Manichäer gegeben ist, dann würde aufgrund dieses Motivs die Verbindung beider Apokalypsen noch enger werden. Die Heilsherrschaft, die Xradešahr bringt, hängt m. E. eng damit zusammen, daß die Frommen seine Weisheit (*xrd*) annehmen. Es dürfte kaum verfehlt sein, wenn man den Begriff „Weisheit" als Synonym für Religion bzw. religionsgemäßes Verhalten (*dyn*) ansieht, worauf die Menschen während seiner Herrschaft hören. Denn den Frevlern wird vorgeworfen, daß, wenn sie die Weisheit und das Wissen der Götter und das Seelensammeln angenommen hätten, sie dann nicht in ihr mißliches Geschick geraten wären,[12] genauso wie sie nicht mehr die Weisheit und das Wissen des Seelensammelns empfangen und nicht mehr der religiösen Gemeinschaft beitreten können.[13] Die Herrschaft Xradešahrs, die darin besteht, daß die religiösen Vorschriften befolgt werden, ist hier unmittelbar vor dem Weltende angebrochen, was in dem Kontext der Gerichtsrede wohl auch die ntl. Vorstellung der Königsherrschaft in die manichäische Verkündigung integriert.[14] Die Herrschaft Xradešahrs ist bereits ein Vorspiel zur endgültigen Erlösung, denn er steigt danach wiederum zu seinem eigenen Ort empor.[15]

---

9 Vgl. *Molé,* Ascétisme 161f.

10 Vgl. GrBd 34,1-3; ed. *Anklesaria,* Zand-Ākāsīh 282.284; Übersetzung bei *Widengren,* Geisteswelt 216; vgl. ferner *Molé,* Ascétisme 171.

11 Zu dieser Tradition im Zusammenhang mit der Menschenschöpfung siehe GrBd 14,17-22 (*Anklesaria,* Zand-Ākāsīh 130), wenn Milch- und Fleischgenuß die Dämonen stärkt, und dies schließlich zur Sexualität führt, GrBd 14,30-32 (*Anklesaria,* Zand-Ākāsīh 132).

12 Vgl. *MacKenzie,* Šābuhragān 518, Z. 352-355.

13 Vgl. *MacKenzie,* Šābuhragān 520, Z. 411-414.

14 Vgl. auch die Überlegungen bei *Rose,* Christologie 138f, der davon ausgeht, daß die Gleichsetzung von Jesus dem Glanz mit Xradešahr nicht von der Vorstellung von Jesus als großem König zu trennen ist, was den Anlaß gegeben hat, den Begriff Xradešahr, worin ebenfalls „Herrschaft, Königreich" (*šhr*) anklingt, zu wählen.

15 *MacKenzie,* Šābuhragān 510, Z. 159.163f. Vgl. auch Hom. 39,18-20.

Dieser Aufstieg Xradešahrs (*'hr'myšn / 'hr'm*) ist terminologisch nicht vom Aufstieg der Individualseele ins Lichtreich zu trennen.[16] So wie der Gott und die individuellen Seelen ins Lichtreich zurückkehren, so ist dieser Aufstieg auch ein Vorbild für die endgültige Heimkehr des Lichtes zu seinem Ursprung.

Diese Rückkehr des Lichtes, durch die Frašegird, das Weltende, herbeigebracht wird, ist bereits seit der Weltschöpfung angestrebt. Denn schon im kosmogonischen Text M 7980-84 lesen wir mehrmals:[17] „Aus dem Gesamtkosmos zieht er es (das Licht) zuerst empor und führt es hinauf zu Sonne und Mond und leitet es zum Paradies, seinem eigenen Stamme. Und dann wird Frašegird des Gesamtkosmos sein. Und über Āz und die Dämonen kommt Vernichtung, für Sonne, Mond und die Götter wird es Ruhe und Rast geben." Frašegird, wörtlich das „Herrlichmachen, Vollständigmachen, Heilmachen" der Welt, konstituiert dabei innerhalb des iranischen Drei-Zeiten-Schemas die dritte Zeit. Zu diesem Zweck ruft Mihryazd seine fünf Söhne, die die Welt bislang in Ordnung gehalten haben, wieder zu sich zurück; während sie alle zum Paradies emporsteigen, bricht die Welt in sich zusammen, zunächst in den unteren Schichten, dann die 10 Himmel und die Erde.[18] Durch das Ende der Welt wird der Zustand der Vermischung beseitigt, wobei der im Pahlavischrifttum mehrfach belegte Terminus *wizārišn* (Trennung) als Synonym zu Frašegird verwendet werden kann.[19] Als Trennung wird das Weltende auch in Škand Gumānīg Wizār bezeichnet.[20] Welcher inhaltliche Unterschied in der Vorstellung vom Weltende zwischen zoroastrischer und manichäischer Auffassung liegt, zeigen trotz der gleichen Terminologie am deutlichsten die theologischen Thesen von Ādurbad ī Mahraspandān gegen die Lehre Manis, die uns im Dēnkard überliefert sind.[21] Während für den Zoroastrier das Weltende darin besteht, daß die Welt wiederum vollkommen wird, indem jeder Ort und jedes Individuum vollkommen werden, kann man nach manichäischer Auffassung die Welt nicht vollkommen machen, sondern sie wird am Weltende durch Feuer zerstört werden. Deutlicher kann m. E. der Unterschied zwischen beiden Religionen im Hinblick auf die letzten Dinge nicht ausgedrückt werden. Die Vernichtung im Feuer, der auch reinigende Wirkung zukommt, findet sich dabei mehrfach in der zoroastrischen Tradition. Das Gericht im Feuer wird praktisch ein großes Ordal, das denjenigen verbrennt, der schuldig ist, den Gerechten allerdings kann das

16 Vgl. Kap. 3.2, S. 196-199

17 *Boyce,* Reader 71, Nr. y 35; vgl. *Andreas/Henning,* Manichaica I, 191; *Böhlig,* Gnosis 113; *Asmussen,* Literature 127; weitere Stellen bei *Boyce,* Reader y 17.22. Vgl. auch die Belege für Frašegird (*pršygyrd*) bei *MacKenzie,* Šābuhragān, Z. 23.170; a 43; fh 2; vgl. ferner den kosmogonischen Text M 1001+ bei *Sundermann,* Parabeltexte 15, Nr. 1.1., Z. 20.

18 Vgl. *MacKenzie,* Šābuhragān 512.514, Z. 201-271.

19 Vgl. *Boyce,* History I, 232.

20 *de Menasce,* Škand-Gumānīk 252, Z. 6, wo die Pazand-Form *vazārašni* für zu erwartendes mp. *wizārišn* steht.

21 DkM 216, übersetzt bei *de Menasce,* Livre 210; vgl. *Kippenberg,* Gnostiker 167; *Hutter,* Mani 57.

Feuer nichts anhaben.[22] Die Ordalwirkung des Feuers zeigt recht deutlich der apokalyptische Abschnitt aus dem Großen Bundahišn:[23] „Dann werden das Feuer und der Yazd Airyaman das Metall in den Bergen und auf den Höhen schmelzen lassen, einem Strom gleich wird es auf der Erde stehen. Dann werden sie alle Menschen durch das geschmolzene Metall hindurchschreiten lassen und sie rein machen. Und dem, der gerechtfertigt ist, kommt es dann so vor, als ob er beständig in lauer Milch ginge, wenn er (aber) gottlos ist, dann kommt es ihm eben so vor, als ob er beständig in geschmolzenem Metall ginge." Daß das Feuer den Gerechten nicht schaden kann, lesen wir auch im Šb.:[24] „Und die Frevler werden im großen Brand leiden und sich winden und quälen. Den Frommen aber schadet dieser große Brand nicht, wie auch jetzt das Feuer von Sonne und Mond nicht schadet." Aufgrund des fragmentarischen Erhaltungszustandes ist der Abschnitt über den Weltenbrand in der Homilie schlecht erhalten, allerdings kennt Keph. XLI jenes große Feuer unmittelbar vor dem Zusammenbruch der Welt und der Besiegung der Dämonen:[25] „Der zweite Schlag ist die Zeit, da er (Kosmos) aufgelöst und geschmolzen wird und vergehen wird in diesem großen Feuer." Die Qual der Dämonen, der Āz, des Ahrmen sowie der Frevler in diesem Weltenbrand dauert 1468 Jahre.[26] Diese Dauer des Brandes findet sich auch in den Keph. und in der arabischen Überlieferung bei an-Nadīm, ist also innermanichäisch gut bezeugt.[27] Interessant ist aber, daß dieselbe Zeitangabe auch in einem kopt. Text aus Nag Hammadi, nämlich in der Schrift „Der Gedanke unserer großen Kraft" (NHC VI,4), bezeugt ist.[28] Die Dauer dieses Weltenbrandes von 1468 Jahren dürfte sich wohl dahingehend erklären lassen, daß dieser Zahl ein Sothisjahr von 1461 Jahren zugrundeliegt, welches noch um eine „Jahrwoche" erweitert wurde.[29] Da die Sothisperiode für genuin Iranisches nicht relevant ist, darf man in dieser Zeitangabe ein Beispiel dafür sehen, wie synkretistische Elemente in die Gerichtsverkündigung Manis Eingang gefunden haben.

Mit der Läuterung der Materie im Weltenbrand ist der Zweck der Weltschöpfung praktisch erfüllt. Während des Feuers kommen Ohrmizd vom Norden, Rōšnšahr vom Osten, der Neue-Welt-Schöpfergott vom Süden und Mihryazd vom Westen, stellen sich auf dem Bau des Neuen Paradieses auf und blicken gemeinsam mit den Frommen ins Feuer, in dem sich die Frevler winden und Qualen erleiden. Dieser in M 470 erhaltene Abschnitt[30]

22 Vgl. allgemein *Boyce,* History I, 242-244 und *Hasenfratz,* Iran 43 zum Ordal; vgl. ferner *Widengren,* Ideen 146; zum Weltende im Feuer innerhalb gnostischer Traditionen besonders aus den Nag Hammadi Texten siehe auch *Rudolph,* Gnosis 215-218.

23 GrBd 34,18f, ed. *Anklesaria,* Zand-Ākāsīh 288; zit. nach *Widengren,* Geisteswelt 219.

24 *MacKenzie,* Šābuhragān 516, Z. 315-320; vgl. *Böhlig,* Gnosis 329.

25 Keph. XLI, S. 105,24-26; vgl. auch Hom. 41,5.

26 *MacKenzie,* Šābuhragān 516, Z. 288-290.

27 Keph. XXIV, S. 75,22f; *Flügel,* Mani 90; *Kessler,* Mani 393; *Dodge,* Fihrist 783.

28 Vgl. dazu *Cherix,* Concept 20.29f Anm. 106, wo allerdings betont wird, daß man allein deshalb den kopt. Traktat nicht dem manichäischen Milieu zuordnen darf.

29 Vgl. *Koenen,* Apocalypticism 321, *Stroumsa,* Aspects 127 Anm. 20, wo auf die ältere Literatur verwiesen wird.

30 *MacKenzie,* Šābuhragān 516, Z. 301-325.

ist nun insofern interessant, als er in wörtlicher Übersetzung auch in an-Nadīms Fihrist[31] erhalten geblieben ist. *C. Colpe*[32] hat dabei klar gezeigt, daß die in der arabischen Version genannten Götter — der Urmensch (*al-insān al-qadīm*), der Bringer der Frohbotschaft (*al-bašīr*), der Große Baumeister (*al-bannā' al-kabīr*) und der Lebendige Geist (*rūh al-hayāt*) — genau den iranischen Göttern in M 470 entsprechen, wobei auch die Himmelsrichtungen, aus denen sie kommen, exakt übereinstimmen. Als weitere sprachliche Übereinstimmung zwischen dem mp. und dem arab. Text ist das Neue Paradies (*whyšt'w 'y nwg* bzw. *al-ğanna al-ğadīda*) zu sehen, auch für *al-bunjān al-'azīm* (der Große Bau) läßt sich nun in *dysm'n* die mp. Entsprechung erkennen.[33] — Da durch dieses Feuer das Licht von der Mischung mit der Materie gereinigt wird, ist der weitere Bestand der Welt unnütz. Als einziges bleibt jenes Gefängnis der Dämonen bestehen, das bereits bei der Erschaffung der Welt gestaltet worden ist; dort hat es geheißen:[34] „Danach befahl der Gott Rōšnšahr dem Neue-Welt-Schöpfergott: ‚Geh und erbaue jenseits vom Gesamtkosmos von Himmel und Erde, außerhalb von jenen fünf Höllen nach der südlichen Richtung hin, näher (hier) als dort, über der Hölle der Finsternis, vom Osten bis zur westlichen Weltgegend, dem Paradies gleich, diesen neuen Bau. Und in der Mitte von diesem Bau — wegen Āz, Ahrmen, den Dämonen und den Peris — mache ein festes Gefängnis. Und danach, wenn jenes göttliche Licht und das Gute, das Ahrmen und die Dämonen verschlungen haben und das im Gesamtkosmos und in den Dämonen und Peris sich quält und windet, wenn es dann gereinigt und zum Höchsten hinaufgezogen wird und Frašegird sein wird, dann sollen Āz, Ahrmen, die Dämonen und Peris in jenem Gefängnis auf ewig gefesselt werden. Und über jenem neuen Bau mache das neue Paradies.“ Auf die Erbauung des Gefängnisses der Dämonen wird im Šb. nur noch kurz Bezug genommen, wenn gesagt wird, daß der Neue-Welt-Schöpfergott das Gefängnis und den Neuen Äon, den er erbaut, am Neuen Paradies festmacht.[35] Die Dämonen werden somit in ihrem Gefängnis zwischen dem Paradies als äußerer und dem Neuen Äon als innerer Sphäre eingeschlossen, ähnlich wie die Atmosphäre mit dem Gestirnshimmel und der Himmel jetzt die Erde umgeben. Nach dem Weltende bestehen das Neue Paradies und der Neue Äon nebeneinander, wobei der Vater der Größe im Neuen Äon und der Urmensch Ohrmizd im Neuen Paradies herrschen werden.[36] Das Gefängnis befindet sich dabei inmitten des Neuen Äon, wo die Dämonen

31 *Flügel,* Mani 101f; *Kessler,* Mani 400f; *Dodge,* Fihrist 796f.

32 *Colpe,* Manichäismus 97; vgl. auch 236.

33 *MacKenzie,* Šābuhragān 516, Z. 307; *Colpe,* Manichäismus 97 kannte aufgrund der ihm zugänglichen Texte des Šb. diese Entsprechung noch nicht.

34 *Boyce,* Reader 66, Nr. y 17f; vgl. *Andreas/Henning,* Manichaica I, 184f; *Böhlig,* Gnosis 111; *Asmussen,* Literature 125.

35 *MacKenzie,* Šābuhragān 510, Z. 180-184.

36 *Koenen,* Apocalypticism 306f; die Annahme von *Boyce,* Hymn-Cycles 16-18, daß die unmittelbare Erlösung der Seele nur zum Aufstieg ins Neue Paradies führt, von wo aus bei Frašegird der weitere Aufstieg der Seele in den Neuen Äon geschehe, läßt sich nicht halten.

ewig — sicher vom Licht getrennt — eingeschlossen bleiben.[37] Das hier genannte Gefängnis, das in christlichen — westlichen — Texten zum Manichäismus entweder als βῶλος (Klumpen) oder *globus horribilis* bezeichnet wird,[38] schließt die Mächte der Finsternis endgültig vom Lichtreich ab. Diese Vorstellung vom Finsternis-Klumpen finden wir auch ein einziges Mal außerhalb des (anti)manichäischen Schrifttums in der „Paraphrase des Sēm" (NHC VII,1) belegt; vielleicht darf man dabei mit einem Einfluß des Manichäismus auf den kopt. Text rechnen, da die „Paraphrase des Sēm" der sog. sethianischen Gnosis angehört, die gewisse Beziehungen zum Manichäismus hat.[39] Der Text lautet:[40] „Und am letzten Tage werden die Formen der Natur und die Winde und alle ihre Dämonen zerstört werden. Sie werden ein Finsternis-Klumpen (βῶλος) werden, so wie sie von Anfang an waren." — Damit die Mächte der Finsternis sich nicht weiter vermehren können, worin eine erneute Gefahrenquelle für einen Kampf gegen das Licht liegen würde, werden die männlichen und weiblichen Dämonen voneinander getrennt eingeschlossen.[41] Die Bezeichnung des letzten Gefängnisses der Dämonen als „Grab", die die arabische und kopt. Tradition kennt, finden wir auch im parth. Text M 2 II, wobei sowohl der Inhalt als auch der Stil dieses Textes die Annahme erlauben, daß er als Übersetzung direkt auf einen von Mani selbst stammenden Text zurückgeht.[42] Am Ende dieses eschatologischen Textes wird der Vater der Größe, hier als *pydr rwšn* bezeichnet, von den Göttern gepriesen, daß seine Feinde vernichtet und in einem gewaltigen Grab (*dxmg*) eingeschlossen sind, aus dem sie nicht mehr entrinnen können. Über der eingeebneten Erde und diesem Grab ist der Neue Äon erbaut, so daß der ewige Sieg dem Vater der Größe für alle Zukunft zukommt.[43]

37 Vgl. dazu *Koenen,* Apocalypticism 306 mit Bezug auf *G. Windfuhr,* der die zugrundeliegenden iranischen kosmologischen Ideen analysiert. Der Beitrag von *Windfuhr* ist mir z. Z. nicht zugänglich.

38 Vgl. dazu *Jackson,* Bolos 225-231 für die Analyse christlicher Texte, wobei allerdings auch auf den Terminus *mun'aqid* in der arabischen Tradition verwiesen wird, sowie die Analyse der augustinischen Textstellen zu dieser Thematik bei *Decret,* Globus.

39 Vgl. *Rudolph,* Gnosis 218.

40 NHC VII,1; 45,14-20, zit. nach *Krause,* Paraphrase 97.

41 Keph. XLI, S. 105,32f; *Stroumsa,* Aspects 168 Anm. 22 hat auf den Unterschied zwischen βῶλος und τάφος aufmerksam gemacht; vgl. auch an-Nadīms Darstellung, nach der die Dämonin Humāma in einem Grab eingeschlossen wird, Text bei *Flügel,* Mani 90; *Kessler,* Mani 393; *Dodge,* Fihrist 783; zu einer möglichen Deutung der Dämonin Humāma siehe *Widengren* bei *Adam,* Texte 124 Anm. 21.

42 *Boyce,* Reader 84.

43 Vgl. *Boyce,* Reader 86, Nr. ac 8. — Dieselbe Vorstellung zeigt auch der parth. Hymnus M 173 + M 94 R (*Boyce,* Reader 102, Nr. as 2-4): „Sie werden zusammengepreßt wie ein Felsen und ein Körper, passend und fest auf ewig. Den Dämon der Finsternis werden sie mit seinem Abyss darinnen begraben, in jenem neuen und edlen Gebäude. Sie machen (es) ganz wie ein Land des Lichtes, und darinnen strömen göttliche Quellen und (wehen) süße Winde."

Der Text M 2 ist allerdings auch in anderer Hinsicht interessant. Etwas vor dem Lobpreis der Götter lesen wir nämlich folgendes:[44] „Und die Götter werden wegen jenes wenigen Lichtes, das mit der Finsternis vermischt ist und nicht getrennt werden kann, nicht traurig sein; denn Trauer kennen sie nicht." Dieser parth. Text könnte also ein Zeugnis für die Vorstellung sein, daß ein (minimaler) Teil des göttlichen Lichtes nicht gerettet werden kann und der ewigen Verdammnis anheimfällt, was v. a. dann geschehen kann, wenn der Grad der Vermischung zu weit fortgeschritten ist. Daß es durchaus verschiedene Stufen der Vermischung gab, zeigt ja etwa der Text M 9 I, wobei der Grad der Vermischung umgekehrt proportional zur Erkenntnis des Menschen ist.[45] Eventuell zeigt auch das zum Šb. gehörige Fragment M 8256 diesen Gedankengang, wobei allerdings eine sichere Entscheidung aufgrund des fragmentarischen Zustandes des Textes, der eine Einordnung in den Kontext des Šb. nicht erlaubt, nicht möglich ist. Jedenfalls lesen wir in diesem Fragment.[46] „... durch Sonne und Mond stieg es empor zum Paradies. Und das übrige wurde nicht gereinigt und es blieb vermischt im Gesamtkosmos." Auch wenn die Deutung dieses Textes unsicher bleiben muß, darf man doch sagen, daß die manichäische Theologie offensichtlich damit rechnete, daß es nicht möglich sei, daß jedes Lichtpartikel aus der Materie geläutert werden könne, wobei diese Vorstellung, falls unsere genannten iranischen Texte tragfähig sind, bereits auf Mani selbst zurückgeht, und wir es nicht mit einem späteren sektiererischen Einfluß zu tun haben.[47] Daß diese Vorstellung von den Manichäern vertreten wurde, kann man auch einer Abschwörungsformel gegen den Manichäismus entnehmen:[48] „Wer glaubt, daß ein Teil Gottes, der nicht aus der Vermischung mit dem Geschlecht der Finsternis befreit und gereinigt werden konnte, verdammt und ewiglich im schrecklichen Bolos, in dem das Geschlecht der Finsternis eingeschlossen ist, gefesselt würde, der sei verflucht!"

Wenn man zusammenfaßt, so zeigt diese kurze Darstellung von Frašegird folgendes: Die Eschatologie, die Mani verkündet, bleibt ohne den vorangegangenen kosmogonischen und anthropogonischen Mythos praktisch unvollständig und unverständlich. Insofern kann am Ende unserer Analyse die zu Beginn unserer Untersuchung skizzierte Problemstellung, ob die kosmogonischen Texte M 98/99 und M 7980-84 und das Šābuhragān zusammengehören, m. E. dahingehend beantwortet werden, daß sie in einem untrennbaren Gedankenkonzept stehen. Ob dabei alle Fragmente wirklich

---

44 *Boyce,* Reader 85, Nr. ac 5; vgl. *Andreas/Henning,* Manichaica III, 851; *Asmussen,* Literature 136.

45 *Boyce,* Reader 89, Nr. ad 8; vgl. zur möglichen Preisgabe eines Teiles des Lichtes an die Dämonen auch *Puech,* Begriff 198.

46 *MacKenzie,* Šābuhragān II, 300, fm 1-4.

47 So etwa *Jackson,* Bolos 234; vgl. dazu auch *Rose,* Christologie 137.

48 Zit. nach *Böhlig,* Gnosis 294, Nr. 6; vgl. auch *Adam,* Texte 92, Nr. 7; vgl. eventuell auch Aug., de haeresibus, Kap. 46,34 bei *Böhlig,* Gnosis 138, wenn dort von der ewigen Verdammnis des Guten, das nicht gereinigt werden kann, die Rede ist.

einem einzigen Werk zuzuordnen sind, ist aufgrund des zu lückenhaft erhaltenen Materials nicht entscheidbar. Der nichtiranischen (ägypt., ntl.) Traditionen, die in jenen eschatologischen Fragmenten erkennbar sind, die eindeutig zum Šb. gehören, zeigen traditionsgeschichtlich dabei eine größere Heterogenität als die Überlieferungen in der Kosmo- und Anthropogonie, die weitgehend — wenn auch immer wieder mit entsprechender Adaptierung — auf Mythologeme der mazdayasnischen Religion zurückgeführt werden konnten. Trotz dieser Unterschiede spricht die terminologische und die inhaltliche Übereinstimmung dafür, in den behandelten Texten authentische Lehrverkündigungen Manis zu sehen. Für unsere Darstellung der iranischen Form des Manichäismus können diese Texte daher als *ipsissima vox* des Propheten gelten, die eine der historischen Gegebenheit im Sasanidenreich sehr bewußt angepaßte Form dieser Weltreligion widerspiegeln.

Kapitel 5
MANIS GNOSTISCHER MYTHOS IM IRANISCHEN KLEID

Als Abschluß unserer Untersuchung ist noch auf eine Frage einzugehen, die sich wahrscheinlich schon mehrfach aufgedrängt hat. Weshalb ist es gerechtfertigt, sich für die Untersuchung der Erlösungslehre Manis fast ausschließlich auf mitteliranisches Material, wie es hier dargeboten wurde, zu beschränken. Denn gerade der Fund des Kölner Mani-Kodex hat neu gezeigt, daß Mani seine Jugendjahre in einem judenchristlichen Milieu verbracht hat, wo er wohl auch entscheidende Anregungen und Impulse für seine Verkündigung empfangen hat. Mit diesem „westlichen" geistigen Hintergrund[1] Manis korreliert auch die Überlieferung, wie sie uns in den koptischen Quellen vorliegt, die über griechische Vermittlung aus dem Aramäischen stammen. Wenn nun hier die Betonung dagegen fast ausschließlich auf den iranischen Bereich gelegt wurde, so bedarf dies wohl einer kurzen gesonderten Begründung.

Wenn *H. Jonas* den Manichäismus als iranischen Typ der gnostischen Religionen spezifiziert,[2] so ist ihm insofern rechtzugeben, als er damit einen ganz speziellen Teil der Verkündigung Manis richtig charakterisiert, nämlich jenen Bereich des Manichäismus, dessen Verkündigung sich an iranische Völker wendet. Für die manichäische Verkündigung in Nordostiran und Zentralasien, die bereits zu Lebzeiten Manis durch seinen Jünger Mār Ammō, der der dazu nötigen Verkehrssprache — des Parthischen — mächtig war, eingeleitet wurde, könnte man etwas überspitzt von einem „buddhistischen" Manichäismus sprechen,[3] während man im gleichen Sinne für die Verkündigung in Syrien oder im Römischen Reich von einem „christlichen" Manichäismus sprechen könnte.[4] D. h. der „iranische" Manichäismus ist nur ein Spezialfall innerhalb der synkretistischen Religion Manis. Die Verkündigung des Propheten möchte ich daher aus folgenden zwei Komponenten zusammengesetzt erklären: Er vertritt eine klare gnostische Grund-

---

1 Vgl. *Rudolph,* Bedeutung 482-484; ferner *Giuffrè Scibona,* Gnosi 370.

2 *Jonas,* Gnosis 284.

3 Der Beginn der Übernahme buddhistischer Vorstellungen reicht bis in Manis Lebzeiten zurück: Er selbst ist vor seinem Auftreten im Sasanidenreich in Nordwestindien (vgl. etwa die Bekehrung des Tūrān-Šāh in M 48+ bei *Sundermann,* Texte 19-24, Nr. 2.2.), sein Jünger Mār Ammō missioniert in Nordostiran in buddhistischer Umgebung (vgl. etwa den mp. Bericht M 2 I mit der parth. (M 216a) und sogd. (M 18220) Entsprechung; vgl. weiters *Sundermann,* Texte 36.). Einen Überblick über buddhistische Elemente im Manichäismus bietet jetzt *Klimkeit,* Begegnung 28-32.43f.

4 Zum Beginn der Mission im Römischen Reich vgl. ebenfalls M 2, M 216a und M 18220; zur Verbreitung im Westen vgl. *Lieu,* Manichaeism 63-69. Die Betonung einer „christlichen" Form des Manichäismus hängt dabei mit Manis Herkunft aus einem judenchristlichen Milieu und mit Strömungen der „christlichen" Gnosis zusammen.

struktur, in deren Mittelpunkt die Frage nach dem Ursprung des Bösen in der Welt steht. Gott — durchaus nach einer monotheistischen Konzeption — kann nicht das Böse in der Welt veranlaßt haben.[5] Um die Frage nach dem Ursprung des Bösen zu klären, hat Mani den dem iranischen religiösen Denken nicht unbekannten Dualismus adaptiert und konsequent weiter ausgebaut. Diese Verknüpfung war m. E. umso leichter möglich, als schon die Gnosis vor Mani dualistisches Denken — sei es platonisch-hellenistischer oder iranischer Herkunft[6] — kannte. Für Manis Verkündigung bringt dies zwei Konsequenzen mit sich: Einerseits gibt es dadurch für sein radikal dualistisches System dort bereits ein gewisses Vorverständnis, wo er auf gnostische oder zoroastrische Vorstellungen trifft; andererseits erlaubt der einmal vollzogene Überstieg zu iranischen „Anleihen", die Kosmogonie und (teilweise auch) Eschatologie systematisch in ein iranisches Kleid zu bringen, besonders dann, wenn der Mythos vor einer iranischen Hörerschaft verkündet werden soll.

Als entscheidende Elemente und Motive jener iranischen Überlieferung, die in den Mythos integriert wurden, seien hier nochmals folgende genannt: Schon in Manis Berufung, die für sein Sendungsbewußtsein entscheidend wird, könnten iranische Vorstellungen mitanklingen, wenn er von seinem himmlischen Doppelgänger, dem *Syzygos,* begleitet wird.[7] Denn die Gestalt des *Syzygos* bzw. *nrjmyg* läßt sich zumindest teilweise dahingehend erklären, daß in der Ausbildung dieser „Schutzengelvorstellung" auch iranische Konzepte von den geistigen Komponenten des Menschen, nämlich *frauuaši* und *daēnā,* mitspielen.[8] Die Kosmogonie und Anthropogonie beruhen als Ganzes auf iranischen Vorstellungen, wie sie etwa im Großen Bundahišn zutage treten, wobei als typisch iranische Elemente die dualistische Lehre von den „Zwei Prinzipien" sowie die Lehre von den „Drei Zeiten" in Manis Weltbild einen zentralen Platz einnehmen. Auch Manis Eschatologie geht klar auf zoroastrische Vorbilder zurück, wenn am Ende der Dritten Zeit im Großen Krieg der Zustand der Vermischung beseitigt wird. Allerdings ist bei der Eschatologie besonders zu erwähnen, daß iranische eschatologische Vorstellungen bereits vor Mani in den religiösen Vorstellungen Vorderasiens bekannt waren. Wenn in der Darstellung des manichäischen Mythos die Verwendung von zoroastrischen Götternamen für die Götter des manichäischen Pantheons begegnet, so handelt es sich hierbei ursprünglich nur um jene Form des Mythos, der aus missionarischen Zwecken speziell für

5 Vgl. *Stroumsa,* König 143-146, der sich für monotheistische Tendenzen ausspricht, wie sie v. a. aufgrund des Kölner Mani-Kodex für den frühen Mani zu erkennen sind.

6 Vgl. *Rudolph,* Gnosis 67-69.

7 Vgl. M 49 II (*Boyce,* Reader 31, Nr. b 1): „Und durch seine (d. i. Narjamīgs) Kraft kämpfe ich mit Āz und Ahrmen"; vgl. auch M 3414 bei *Sundermann,* Texte 94, Nr. 5.2 und M 1344 + M 5910 ebd. 19, Nr. 2.1.

8 *Rudolph,* Bedeutung 478; *Giuffrè Scibona,* Gnosi 360 betont besonders die Kombination von valentinianischen und iranischen Komponenten für diese Vorstellung; zum Verhältnis *frauuaši* : *daēnā* vgl. *Colpe,* Daēnā 68 mit weiterer Literatur. — Für die weiteren iranischen Elemente wird darauf verzichtet, nochmals Einzelnachweise zu geben, da sie schon im Laufe der Arbeit geboten worden sind.

Hörer konzipiert war, deren religiöse und geistige Heimat der Zoroastrismus war. Diese missionarisch wohlüberlegte und bewußte Methode der Verkündigung hat dabei entscheidend jene Texte beeinflußt, die im Mittelpunkt unserer Untersuchung gestanden sind.

Diese Anpassung an iranische zoroastrische Vorstellungen erlaubt wohl das Urteil, Mani als „Übersetzer der Religion“[9] zu bezeichnen. Manis Selbstverständnis als derjenige, der alle historischen Religionen vollendet, wird dabei bereits im 1. Kap des Šb. dargelegt, worin er sich als letzter der Prophetenreihe versteht.[10] Seine Verkündigung ist nichts anderes als die Wiederverkündigung der wahren Religion, und letztlich die Verkündigung jener Gnosis, die schon der Urmensch Ohrmizd dem schlafenden Adam mitgeteilt hat. Da alle Religionen in ihrer wahren und unverfälschten Form mit der Verkündigung Manis übereinstimmen, ist es auch möglich, deren Überlieferungen und Schriften in den Manichäismus zu integrieren.[11] Die missionarisch gebotene Konsequenz dieses religiösen Selbstverständnisses ist daher, im Sasanidenreich den Manichäismus als Neuverkündigung der Religion Zarathustras[12] zu definieren. Daraus ergibt sich ganz unweigerlich die Iranisierung der manichäischen Gnosis, ohne daß man deshalb religionsgeschichtlich den falschen Schluß ziehen dürfte, den Manichäismus als Ganzes als iranische Religion mißzuverstehen oder die iranischen Einflüsse auf den Manichäismus und die Gnosis einseitig überzubetonen. Daß solche Einflüsse vorhanden sind, ist klar; aber ein Großteil der in unserer Arbeit aufgezeigten „Iranismen“ im Manichäismus ist vom Ziel der Verkündigung her bedingt: Das Šb. ist eine Propagandaschrift, der manichäische Erlösungsmythos, der uns hierin erzählt wird, soll mit Hilfe dieser Schrift im Sasanidenreich als Staatsreligion anerkannt werden. Dieses Bemühen Manis ist — historisch betrachtet durch die Konkurrenz des gleichfalls religiösen Genies Kirdīr am Hofe Wahrāms — fehlgeschlagen. Die Methoden jedoch, die Mani hier angewandt hat, nämlich einen gnostischen Mythos im iranischen Kleid zu verkünden, diese Missionsmethoden haben *mutatis mutandis* dazu beigetragen, diesen Erlösungsmythos in Form einer Weltreligion von Rom bis nach China zu verbreiten.[13]

9 *trqwm'n'n dyn,* M 38 V bei *Boyce,* Reader 196, Nr. dz; vgl. dazu auch *Schaeder,* Urform 104 Anm.; 128.

10 Vgl. etwa das Verhältnis zwischen dem 1. Kap. des Šb. mit dem mp. Text M 2 oder Keph. I bei *Sundermann,* Studien I, 84f mit weiterer Literatur.

11 Vgl. zu Manis Stellung zu den älteren Religionen *Hutter,* Mani 49-53 mit weiterer Literatur; an einschlägigen Texten seien hier lediglich Keph. 154 und M 5794 + M 5761 genannt.

12 Zur Stellung Zarathustras innerhalb des Manichäismus siehe zuletzt *Sundermann,* Bruchstücke 462; Fragmente einer neuen sogd. manichäischen Zarathustralegende sind ebd. 468-473 ediert.

13 Vgl. *Widengren,* Manichaeism 986-990 für die zeitliche und räumliche Ausdehnung.

Kapitel 6
LITERATURVERZEICHNIS[1]

Adam, A.: Texte zum Manichäismus, 2. verb. u. verm. Aufl., Berlin 1969.

Alfaric, P.: Les Ecritures Manichéennes, I. Vue générale, Paris 1918; II. Etude analytique, Paris 1919.

Allberry, C. R. C.: A Manichaean Psalm-Book. Part II, Stuttgart 1938.

Andreas, F. C./Henning, W.: Mitteliranische Manichaica aus Chinesisch-Turkestan I, Berlin 1932; II, Berlin 1933; III, Berlin 1934 [Neudruck in *Henning,* Papers I, 1-48. 191-260. 275-339].

Anklesaria, B. T.: Zand-Ākāsīh. Iranian or Greater Bundahišn. Transliteration and Translation in English, Bombay 1956.

Anklesaria, T. D.: The Bûndahishn. Being a Facsimile of the TD Manuscript No. 2, Bombay 1908.

Asmussen, J. P.: Manichaean Literature, Delmar 1975.

Asmussen, J. P.: Xuāstvānīft. Studies in Manichaeism, Copenhagen 1965.

Asmussen, J. P.: Iranische neutestamentliche Zitate und Texte und ihre textkritische Bedeutung, in: AoF 2 (1975) 79-92.

Barc, B.: L'Hypostase des Archontes. Traité gnostique sur l'origine de l'Homme, du Monde et des Archontes (NH II,4) / *Roberge, M.:* Noréa (NH IX,2), Quebec / Louvain 1980.

Benveniste, E.: Une apocalypse pehlevie: le Zāmāsp Nāmak, in: RHR 106 (1932) 337-380.

Böhlig, A.: Die Gnosis. 3. Band: Der Manichäismus, Zürich 1980.

Boyce, M.: A Catalogue of the Iranian Manuscripts in Manichean Script in the German Turfan Collection, Berlin 1960.

Boyce, M.: A History of Zoroastrianism. vol. I: The early Period, Leiden 1975 (= HO, 1. Abt., 8. Bd., 1. Abschn., Lfg. 2); vol. II: Under the Achaemenians, Leiden 1982 (= HO, 1. Abt., 8. Bd., 1. Abschn., Lfg. 2).

Boyce, M.: The Manichaean Hymn-Cycles in Parthian, Oxford 1954.

Boyce, M.: A Reader in Manichaean Middle Persian and Parthian, Teheran/ Liege 1975 (= AcIr 9).

Boyce, M.: A Word-list of Manichaean Middle Persian and Parthian. With a reverse index by *R. Zwanziger,* Teheran/Liege 1977 (= AcIr 9a).

Boyce, M.: The Manichaean Middle Persian Writings, in: *Yarshater,* History 1196-1204.

Cherix, P.: Le concept de notre grande puissance (CG VI,4). Texte, remarques philologiques, traduction et notes, Fribourg/Göttingen 1982 (= OBO 47).

1 Die Abkürzungen richten sich nach *S. Schwertner* (Hg.): Internationales Abkürzungsverzeichnis für Theologie und Grenzgebiete, Berlin 1974. — Eine besondere Hervorhebung der Kurztitel, nach denen in den Anmerkungen zitiert wurde, ist innerhalb dieses Literaturverzeichnisses nicht notwendig, da als Kurztitel jeweils das erste Substantiv gewählt wurde.

Cirillo, L./Roselli, A. (Hg.): Codex Manichaicus Coloniensis. Atti del Simposio Internazionale (Rende-Amantea 3-7 Settembre 1984), Cosenza 1986.

Colpe, C.: Daēnā, Lichtjungfrau, zweite Gestalt. Verbindungen und Unterschiede zwischen zarathustrischer und manichäischer Selbst-Anschauung, in: *R. van der Brock/M. J. Vermaseren* (Hg.): Studies in Gnosticism and Hellenistic Religions presented to G. Quispel, Leiden 1981 (= EPRO 91), 58-77.

Colpe, C.: Die Formulierung der Ethik in arabischen Manichäer-Gemeinden, in: FS G. Widengren, Bd. 1, Leiden 1972 (= StHR 21), 401-412.

Colpe, C.: Der Manichäismus in der arabischen Überlieferung, phil. Diss., Göttingen 1954.

Colpe, C.: Die religionsgeschichtliche Schule. Darstellung u. Kritik ihres Bildes vom gnostischen Erlösermythos, Göttingen 1961 (= FRLANT 78).

Cumont, F.: Recherches sur le Manichéisme, I. La cosmogonie Manichéenne d'après Théodore bar Khôni, Bruxelles 1908.

Decret, F.: Le „Globus Horribilis" dans l'eschatologie Manichéenne d'apres les traités de saint Augustin, in: Mélanges d'histoire des religions offerts à H. Ch. Puech, Paris 1974, 487-492.

Decret, F.: Mani et la tradition Manichéenne, Paris 1974.

Dodge, B.: The Fihrist of al-Nadīm. A tenth century survey of Muslim culture, vol. II, London 1970.

Eliade, M.: Spirit, Light, and Seed, in: HR 11 (1971-72) 1-30.

Flügel, G.: Mani, seine Lehre und seine Schriften, Leipzig 1862.

Gabain, A. von: Zentralasiatische türkische Literaturen I: Vorislamische alttürkische Literatur, in: *A. von Gabain* u. a.: Turkologie, Leiden 1963 (= HO, 1. Abt., 5. Bd., 1. Abschn,), 207-228.

Gershevitch, I.: Beauty as the Living Soul in Iranian Manichaeism, in: AAH 28 (1980, ersch. 1983) 281-288.

Ghilain, A.: Un feuillet Manichéen reconstitué, in: Museon 59 (1946) 536-545.

Giuffre Scibona, C.: Gnosi e salvezza nel Codex Manichaicus Coloniensis, in: *Cirillo/Roselli,* Codex 355-370.

Gnoli, Gh.: Lichtsymbolik in Alt-Iran. Haoma-Ritus und Erlöser-Mythos, in: Antaios 8 (1967) 528-549.

Haardt, R.: Die Gnosis. Wesen und Zeugnisse, Salzburg 1967.

Haloun, G./Henning, W. B.: The Compendium of the Doctrines and Styles of the Teaching of Mani, the Buddha of Light, in: AM 3 (1953) 188-212.

Hasenfratz, H. P.: Iran und der Dualismus, in: Numen 30 (1983) 35-52.

Henning, W. B.: Ein manichäisches Bet- und Beichtbuch, Berlin 1936 (= APAW 1936, Phil. hist. Kl. 10) [Neudruck in *Ders.,* Papers I, 417-557].

Henning, W. B.: The Disintegration of the Avestic Studies, in: TPS 1942, 40-56 [Neudruck in *Ders.,* Papers II, 151-167.].

Henning, W. B.: Zwei Fehler in der arabisch-manichäischen Überlieferung, in: Or. 1936, 84-87 [Neudruck in *Ders.,* Papers I, 397-400.].

Henning, W. B.: Geburt und Entsendung des manichäischen Urmenschen, in: NGWG 1933, 306-318 [Neudruck in *Ders.,* Papers I, 261-273.].

Henning, W. B.: Ein manichäisches Henochbuch, in: SPAW 1934, 27-35 [Neudruck in *Ders.,* Papers I, 341-349].
Henning, W. B.: Ein manichäischer kosmogonischer Hymnus, in: NGWB 1932, 214-228 [Neudruck in *Ders.,* Papers I, 49-63.].
Henning, W. B.: Selected Papers I, Teheran/Liege 1977 (= AcIr 14); Selected Papers II, Teheran/Liege 1977 (= AcIr 15).
Henrichs, A./Koenen, L.: Ein griechischer Mani-Codex (P. Colon. inv. nr. 4780), in: ZPE 5 (1970) 97-216.
Henrichs, A./Koenen, L.: Der Kölner Mani-Kodex (P. Colon. inv. 4780). Edition der Seiten 1-72, in: ZPE 19 (1975) 1-85; Edition der Seiten 72,8-99,9, in: ZPE 32 (1978) 87-199; Edition der Seiten 99,10-120, in: ZPE 44 (1981) 201-318; Edition der Seiten 121-192, in: ZPE 48 (1982) 1-59 [319-377].
Hutter, M.: Mani und die Sasaniden. Der iranisch-gnostische Synkretismus einer Weltreligion, Innsbruck 1988 (Scientia 12).
Jackson, A. V. W.: A Sketch of the Manichaean Doctrine concerning the Future Life, in: JAOS 50 (1930) 177-198.
Jackson, A. V. W.: The Doctrine of the Bolos in Manichaean Eschatology, in: JAOS 58 (1938) 225-234.
Jonas, H.: Gnosis und spätantiker Geist. 1. Teil: Die mythologische Gnosis, 3. verb. u. verm. Aufl., Göttingen 1964.
Justi, F.: Der Bundehesh, Leipzig 1868.
Kessler, K.: Mani. Forschungen über die manichäische Religion. 1. Bd.: Voruntersuchungen und Quellen, Berlin 1889.
Kippenberg, H. G.: Gnostiker zweiten Ranges. Zur Institutionalisierung gnostischer Ideen als Anthropolatrie, in: Numen 30 (1983) 146-173.
Klimkeit, H. J.: Die Begegnung von Christentum, Gnosis und Buddhismus an der Seidenstraße, Opladen 1986.
Klimkeit, H. J.: Manichäische und buddhistische Beichtformeln aus Turfan. Beobachtungen zur Beziehung zwischen Gnosis und Mahāyāna, in: ZRGG 29 (1977) 193-228.
Koenen, L.: Manichaean Apocalypticism at the Crossroads of Iranian, Egyptian, Jewish and Christian Thought, in: *Cirillo/Roselli,* Codex 285-332.
Koenen, L./Römer, C.: Der Kölner Mani-Kodex. Über das Werden seines Leibes. Kritische Edition, Opladen 1988.
Krause, M.: Die Paraphrase des Sêem, in: *F. Altheim/R. Stiehl:* Christentum am Roten Meer, 2. Bd., Berlin 1973, 2-105.
Krause, M./Labib, P.: Die drei Versionen des Apokryphon des Johannes im koptischen Museum zu Alt-Kairo, Glückstadt 1962.
LeCoq, A. von: Türkische Manichaica aus Chotscho I., Berlin 1911 (APAW phil. hist. Kl.); Türkische Manichaica aus Chotscho II, Berlin 1919 (APAW phil. hist. Kl.); Türkische Manichaica aus Chotscho III, Berlin 1922 (APAW phil. hist. Kl.).
Lentz, W.: Mani und Zarathustra, in: ZDMG 82 (1928) 179-206.
Lieu, S. N. C.: Manichaeism in the later Roman Empire and medieval China. A historical Survey, Manchester 1985.

Lincoln, B.: Embryolocigal Speculation and Gender Politics in a Pahlavi Text, in: HR 27 (1987/88) 355-365.
Lincoln, B.: Physiological Speculation and Social Patterning in a Pahlavi Text, in: JAOS 108 (1988) 135-140.
MacKenzie, D. N.: A concise Pahlavi Dictionary, London 1971.
MacKenzie, D. N.: Mani's Šābuhragān, in: BSOAS 42 (1979) 500-534; II., in: BSOAS 43 (1980) 288-310.
Menasce, J. de: Le troisième livre du Dēnkart, Paris 1973.
Menasce, J. de: L'origine Mazdéenne d'un mythe Manichéen, in: RHR 174 (1968) 161-167.
Menasce, J. de: Škand-Gumānīk Vičār. La solution décisive des doutes, Fribourg 1945.
Menasce, J. de: Zoroastrian Pahlavi Writings, in: *Yarshater,* History 1166-1195.
Mole, M.: Un ascétisme moral dans les livres Pehlevis?, in: RHR 155 (1959) 145-190.
Müller, F. W. K.: Handschriften-Reste in Estrangelo-Schrift aus Turfan, Chinesisch-Turkistan. II. Teil, Berlin 1904 (= APAW).
Nagel, P.: Anatomie des Menschen in gnostischer und manichäischer Sicht, in: *P. Nagel* (Hg.): Studien zum Menschenbild in Gnosis und Manichäismus, Halle/Saale 1979, 67-94.
Nyberg, H. S.: A Manual of Pahlavi. I. Texts, Wiesbaden 1964; II. Ideograms, Glossary, Grammatical Survey, Wiesbaden 1974.
Nyberg, H. S.: Texte zum Mazdayasnischen Kalender, Uppsala 1934 [Neudruck in Monumentum H. S. Nyberg IV, Teheran/Liege 1975 (= AcIr 7), 397-480.].
Oerter, W. B.: Manichäische Frömmigkeit und Heilserwartung am Beispiel des 16. Thomaspsalms, in: *P. Nagel* (Hg.): Studien zum Menschenbild in Gnosis und Manichäismus, Halle/Saale 1979, 181-189.
Ort, L. J. R.: Mani. A religio-historical Description of his Personality, Leiden 1967.
Olsson, T.: The Apocalyptic Activity. The Case of Jāmāsp Nāmag, in: *D. Hellholm* (Hg.): Apocalypticism in the Mediterranean World and the Near East, Tübingen 1983, 21-49.
Polotsky, H. J.: Manichäische Homilien, Stuttgart 1934.
Polotsky, H. J./Böhlig, A.: Kephalaia. 1. Hälfte (Lieferung 1-10), Stuttgart 1940.
Puech, H. Ch.: Der Begriff der Erlösung im Manichäismus, in: *Widengren,* Manichäismus 145-213 [Vgl. auch die mit reicheren Belegen ausgestattete französische Version in *H. Ch. Puech:* Sur le Manichéisme et autres essais, Paris 1979, 5-101.].
Puech, H. Ch.: Le Manichéisme. Son fondateur — sa doctrine, Paris 1949.
Reitzenstein, R.: Das iranische Erlösungsmysterium, Bonn 1921.
Reitzenstein, R./Schaeder, H. H.: Studien zum antiken Synkretismus aus Iran und Griechenland, Leipzig 1926.
Römer, C.: Mani, der neue Urmensch. Eine neue Interpretation der p. 36 des Kölner Mani-Kodex, in: *Cirillo/Roselli,* Codex 333-344.

Rose, E.: Die manichäische Christologie, Wiesbaden 1979 (= StOR 5).
Rudolph, K.: Die Bedeutung des Kölner Mani-Codex für die Manichäismusforschung. Vorläufige Anmerkungen, in: Mélanges d'Histoire des Religions offerts à H. Ch. Puech, Paris 1974, 471-486.
Rudolph, K.: Die Gnosis. Wesen und Geschichte einer spätantiken Religion, Göttingen 1978.
Schaeder, H. H.: Iranische Lehren, in: *Reitzenstein/Schaeder,* Studien 199-355.
Schaeder, H. H.: Urform und Fortbildung des manichäischen Systems, in: Vorträge der Bibliothek Warburg 4, Leipzig 1927, 65-157 [Neudruck in H. H. Schaeder: Studien zur orientalischen Religionsgeschichte, Darmstadt 1968, 15-107.].
Schlerath, B.: Gedanke, Wort und Werk im Veda und im Awesta, in: Antiquitates Indogermanicae. Studien zur Indogermanischen Altertumskunde und zur Sprach- und Kulturgeschichte der Indogermanischen Völker, hrsg. v. *M. Mayrhofer* u. a., Innsbruck 1974 (= IBS 12), 201-221.
Schmidt-Glintzer, H.: Chinesische Manichaica. Mit textkritischen Anmerkungen und einem Glossar, Wiesbaden 1987 (= StOR 14).
Stroumsa, G. A. G.: Aspects de l'eschatologie Manichéenne, in: RHR 198 (1981) 163-181.
Stroumsa, G. A. G.: König und Schwein. Zur Struktur des manichäischen Dualismus, in: *J. Taubes* (Hg.): Religionstheorie und Politische Theologie, Bd. 2: Gnosis und Politik, München 1984, 141-153.
Stroumsa, G. A. G.: Another Seed. Studies in Gnostic Mythology, Leiden 1984 (= NHS 24).
Stroumsa, G. A. G.: The Gnostic Temptation, in: Numen 27 (1980) 278-286.
Sundermann, W.: Bruchstücke einer manichäischen Zarathustralegende, in: *R. Schmitt/P. O. Skjaervo* (Hg.): Studia Grammatica Iranica. FS für H. Humbach, München 1986, 461-482.
Sundermann, W.: Namen von Göttern, Dämonen und Menschen in iranischen Versionen des manichäischen Mythos, in: AoF 6 (1979) 95-133.
Sundermann, W.: Mittelpersische und parthische kosmogonische und Parabeltexte der Manichäer. Mit einigen Bemerkungen zu Motiven der Parabeltexte von *F. Geismar,* Berlin 1973 (= BTT 4).
Sundermann, W.: Le passion de Mani — Calendrier liturgique ou événement historique?, in *Ph. Gignoux* (Hg.): La commémoration. Colloque du centenaire de la section des sciences religieuses de l'Ecole Pratique des Hautes Etudes, Louvain/Paris 1988, 225-231.
Sundermann, W.: Studien zur kirchengeschichtlichen Literatur der iranischen Manichäer I., in: AoF 13 (1986) 40-92; II., in: AoF 13 (1986) 239-317; III., in: AoF 14 (1987) 41-107.
Sundermann, W.: Mitteliranische manichäische Texte kirchengeschichtlichen Inhalts, Berlin 1981 (= BTT 11).
Taqizadeh, S. H./Šīrāzī, A. A.: Māni wa Dīn-e ū, Teheran 1335/1956-1957.
Tardieu, M.: prātā et ād'ur chez les Manichéens, in: ZDMG 130 (1980) 340-341.

Waldschmidt, E./Lentz, W.: Die Stellung Jesu im Manichäismus, Berlin 1926 (= APAW Phil. hist. Kl.).
Widengren, G.: Einleitung, in: *Widengren,* Manichäismus IX-XXXII.
Widengren, G.: Iranische Geisteswelt. Von den Anfängen bis zum Islam, Baden-Baden 1961.
Widengren, G.: Leitende Ideen und Quellen der iranischen Apokalyptik, in: *D. Hellholm* (Hg.): Apocalypticism in the Mediterranean World and the Near East, Tübingen 1983, 77-160.
Widengren, G.: Mani und der Manichäismus, Stuttgart 1961.
Widengren, G.: Manichaeism and its Iranian Background, in: *Yarshater,* History 965-990.
Widengren, G. (Hg.): Der Manichäismus, Darmstadt 1977 (= WdF 168).
Widengren, G.: Die Religionen Irans, Stuttgart 1965 (= RM 14).
Widengren, G.: Die Ursprünge des Gnostizismus, in: *K. Rudolph* (Hg.): Gnosis und Gnostizismus, Darmstadt 1975 (= WdF 262), 668-706.
Yarshater, E. (Hg.): The Cambridge History of Iran. Vol. 3: The Seleucid, Parthian and Sasanian Periods, Cambridge 1983.
Zaehner, R. C.: Zurvan. A Zoroastrian Dilemma, Oxford 1955.
Zieme, P.: Beiträge zur Erforschung des Xvāstvānīft, in: MIO 12 (1966) 351-360.

Teil 3

WIDER DIE EWIGKEIT VON „LICHT UND FINSTERNIS“

Aspekte zur Widerlegung der manichäischen Prinzipienlehre durch al-Qāsim und an-Naẓẓām

Karl Prenner

Inhalt

Einleitung 243
A. Wider die gegensätzliche Struktur von Licht und Finsternis
I. Empirischer Ansatz bei al-Qāsim 249
1. Das Beispiel der Dattel 251
2. Das Beispiel der Übeltäter 251
3. Das Blenden des Sonnenlichtes 251
4. Das Beispiel von der großen und kleinen Quantität Wasser .. 253
5. Vielheit und Einheit 253
6. Die Schwäche von Licht und Finsternis 255
a) Das Ganze und dessen Teile 255
b) Die Erniedrigung des Lichtes in die unteren Regionen 258
7. Das Beispiel der Sprache 259
8. Die Sensibilität der beiden Prinzipien 259
9. Licht — Ursprung der Erkenntnis? 261
II. Ontologischer Ansatz (an-Naẓẓām)
1. Wer ist der Handelnde? 263
2. Seele, Lebensgeist (rūḥ, pl. arwāḥ/pneuma) 265
3. Gott tut keine Ungerechtigkeit 269
B. Wider die Vermischung von Licht und Finsternis
I. Das Prinzip des Gegensatzes schließt eine Mischung aus 277
II. Gott steht über den Dingen 279
C. Wider die Ewigkeit (qidam) von Licht und Finsternis 285
D. Wider die Unendlichkeit 291
Zusammenfassung 295
Literaturverzeichnis 302

Einleitung

Das 8. und 9. Jahrhundert bzw. das 2. und 3. Jahrhundert nach islamischer Zeitrechnung, waren einerseits geprägt von innerislamisch-theologischen Auseinandersetzungen: betreffend z. B. das Verhältnis der Allmacht Gottes zum freien Willen des Menschen, oder die viel diskutierte Frage nach den Attributen Gottes. Andererseits aber hatte sich der Islam auch mit diversen anderen Religionsgemeinschaften, auf die er in den eroberten Gebieten traf, auseinanderzusetzen: „Das Hereinströmen von größeren Massen von Syrern und Aramäern, von Iraniern und Kopten bedeutete aber — mochten die Gründe des Übertritts wie immer geartet gewesen sein — die Aufnahme von bisherigen Christen, Zoroastriern, Manichäern, Juden, Gnostikern und Angehörigen von Täufersekten, von denen wenigstens einzelne ihrer bisherigen Religion denkend und überlegend gegenübergestanden hatten. Aus ihren Kreisen kamen nun naturgemäß auch Fragen hinsichtlich der dogmatischen und ethischen Auffassungen ihres neuen Bekenntnisses. Darauf mußte der Islam irgendeine Antwort finden, wenn er sich in seiner Eigenständigkeit behaupten und sich religiös-weltanschaulich legitimieren wollte.“[1]

„Trotzdem in der frühesten Zeit ein erbitterter Kampf gegen die offenen Bekenner des Dualismus geführt wurde, konnte eine latente Unausgeglichenheit zwischen profaner Weltanschauung und religiösem Glauben bestehen bleiben, m. a. W. die Ideen bekehrter Dualisten, wie Wölfe im Schafspelz inmitten der muslimischen Gemeinde ungestört ihr Dasein fristen, bis die allmählich sich gestaltende Orthodoxie sie als mit dem Islam unvereinbar aufgriff und aus der Gedankenwelt der muslimischen Theologie ausschied.“[2]

Es war vor allem die theologische Schule der Mu'taziliten,[3] die nicht nur die so fruchtbare Disputation mit dem griechisch-hellenistischen Erbe führte, sondern auch den Kampf wider den weitverbreiteten Dualismus[4] aufnahm mit Hilfe der Logik und Dialektik der griechischen Philosophie, arabisch Kalām[5] genannt. Auf diese Weise drang spätantikes hellenistisches Denken in den Islam ein.[6]

„Car les mu'tazila se chargèrent de combler une lacune en islām, à cette époque, à savoir qu'ils se servirent de la même arme dont se servaient les religions qui les entouraient alors et qui consiste en une méthode philoso-

1 *Spuler:* Hellenistisches Denken im Islam 183.

2 *Pretzl:* Atomenlehre 128; vgl. *Nyberg:* Vorwort zum Kitāb al-Intiṣār (Übersetzung von *Nader:* Le Livre XLI).

3 Vgl. *Watt/Marmura:* Der Islam II, 211ff; *Nyberg:* al-Mu'tazila 850ff; *Nader:* Mu'tazila 10ff.

4 Vgl. *Strothmann:* Ṯanawīya 797ff.

5 *Watt/Marmura:* Der Islam II, 183ff.

6 Vgl. *Spuler:* Hellenistisches Denken im Islam 185.

phique bien serrée pour exposer toute la force et la vertu contenues dans la religion...

Ainsi l'attitude des muʿtazila en islām ressemble à celle des défenseurs du christianisme à ses débuts. De même que ceux-ci fondèrent la théologie chrétienne par suite de leurs discussions avec les philosophes païens qu'ils désarmèrent, ainsi les muʿtazila fondèrent le kalām en islām. Et kalām signifie discussion, argumentation."[7]

Vor allem war es die manichäische Lehre, mit der sich die islamische Theologie, speziell die Muʿtaziliten, am intensivsten auseinandersetzten.[8]

Die Aufgabe der anschließenden Untersuchung ist es, die Widerlegung der manichäischen Prinzipienlehre mit ihren verschiedenen Aspekten von islamischer Seite her exemplarisch anhand von zwei konkreten Gestalten aufzuzeigen. Der Untersuchung legen wir folgende zwei Werke zugrunde: Am Beginn der Widerlegung steht der „Kitāb ar-radd ʿalā z-zindīq al-laʿīn b. al-Muqaffaʿ" (Buch der Widerlegung des verfluchten Ketzers Ibn al-Muqaffaʿ) des Zayditenimāms al-Qāsim ar-Rassī b. Ibrāhīm († 860).[9]

In einer Art Vorspann führt al-Qāsim die manichäische Prinzipienlehre ad absurdum; im weiteren Verlauf seiner Schrift (8,4ff) wendet er sich gegen Ibn al-Muqaffaʿ, dem Nachfolger Manis, weil dieser durch eine weit verbreitete antiislamische Schrift, die u. a. auch Muḥammad und den Koran attackiert, Verwirrung gestiftet habe. Zu diesem Zweck legt er eine Reihe von Sätzen aus Ibn al-Muqaffaʿs Schrift vor, — die wir allerdings nicht kennen —, um sie zu widerlegen.[10]

Colpe bezeichnet al-Qāsims Schrift als „das älteste uns erhaltene muʿtazilitische Werk. Ihre Bedeutung als Zeugnis für die Gewinnung der muʿtazilitischen und später z. T. in die islamische Orthodoxie übernommenen Positionen durch Auseinandersetzung mit dualistischer, speziell manichäischer Religion ist einzigartig."[11] Die Verbindung zur Muʿtazila ergibt sich für die Zaydīya[12] dadurch, daß sie in ihrer Gotteslehre viele Gemeinsamkeiten mit der Muʿtazila aufweist. Aber nach *Madelung* müsse man annehmen, „daß al-Qāsim in seiner Jugend gar nicht in der Wissenschaft des *kalām*, besonders nicht in der muʿtazilitischen Schultheologie ausge-

7 *Nyberg:* Vorwort zum Kitāb al-Intiṣār (z. n. *Nader:* Le Livre XLIIIf).

8 Vgl. *van Ess:* Ḍirār b. ʿAmr 259; *Nyberg:* Vorwort zum Kitāb al-Intiṣār (z. n. *Nader:* Le Livre XLII).

9 Hrsg. und übersetzt von *Guidi:* La lotta tra l'islām e il manicheismo; besprochen von *Bergsträsser, Levi* della *Vida* und *Nyberg:* Zum Kampf; vgl. *Colpe:* Der Manichäismus 179ff.

10 Radd 8,1-20: Nach der Widerlegung der manichäischen Prinzipienlehre heißt es: So sieht die Lehre des mit allen Flüchen beladenen Mani aus, der in diesen Irrtümern bereits gestorben ist. Satan hat ihm in Ibn al-Muqaffaʿ einen Nachfolger bestellt." Dieser brachte gegen Allah und seinen Gesandten Lügen vor und verfaßte ein Buch von barbarischer Unverständlichkeit, in dem er sich selbst auf Grund seiner vorgebrachten Lügen richtete: Er spricht darin von der Schwäche der Gesandten und bringt Lügen vor gegen den Herrn der Welten... Was die Widerlegung Manis anbelangt, so werden wir hierfür eine eigene Schrift abfassen."

11 *Colpe:* Der Manichäismus 180.

12 Vgl. *Strothmann:* Al-Zaidīya 1295ff.

bildet worden ist. Gewiß wird er die Grundthesen der bedeutenderen theologischen Schulen gekannt haben. Aber ihre Argumentation war ihm so fremd, daß er von der nichtislamischen Theologie, mit der er sich als Gegner auseinandersetzte, tief geprägt werden konnte."[13]

Weiters legen wir der Untersuchung den „Kitāb al-intiṣār wa-l-radd ʿalā Ibn al-Rawendī al-Mulḥid"[14] (Buch des Triumphes und der Widerlegung des Häretikers Ibn ar-Rēwandī) zugrunde, eine Streitschrift des Muʿtaziliten al-Ḫayyāṭ († 913)[15] gegen Ibn ar-Rēwandī. In dieser Schrift findet sich auch die für unsere Zwecke wichtige Widerlegung der manichäischen Prinzipienlehre durch den Muʿtaziliten an-Naẓẓām († 836),[16] den al-Ḫayyāṭ gegenüber den Anschuldigungen Ibn ar-Rēwandīs — an-Naẓẓām vertrete dualistische Ansichten — verteidigt. Zusätzlich sollen noch wichtige Aspekte, die Ibn Ḥazm[17] gegen die manichäische Prinzipienlehre ins Treffen führt, berücksichtigt werden.

Mit Ibn al-Muqaffaʿ († 756 bzw. einige Jahre danach)[18] und Ibn al-Rēwandī († Mitte des 10. Jahrhunderts)[19] treffen wir auf zwei schwer einzuordnende Gestalten; vor allem im Zusammenhang mit Ibn al-Muqaffaʿ stoßen wir auf das vielschichtige Problem der Begegnung des Islam mit den verschiedenen dualistischen Religionen und damit auf das Problem der zanadaqa, bzw. des zindīq,[20] im 2. und 3. Jahrhundert ein noch unpräziser Begriff.

„Dieser Begriff hat sehr früh eine beachtliche Ausdehnung erfahren und wird für alle Arten von Häresie oder für religiöse Haltungen gebraucht, die der Orthodoxie verdächtig sind."[21] Je mehr durch die ʿabbāsidische Inquisition die manichäischen Gemeinden unterdrückt wurden, desto zahlreicher wurden jene Personen, die „äußerlich dem Islam, innerlich aber der zanadaqa anhingen."[22]

---

13 *Madelung:* Der Imam al-Qāsim 111.

14 Hrsg. von *Nyberg;* übersetzt von *Nader:* Le Livre du Triomphe et de la Réfutation d'Ibn al Rawandi l'Hérétique; vgl. *Schacht:* Eine Schrift von Ibn ar-Rawandī 837ff.

15 *Van Ess:* Al-Khayyāt 1162ff; *Horten:* Systeme 189ff.

16 *Nyberg:* Al-Nazzām 963f; *Horten:* Systeme 376ff. Nach Farq 113,13-16 verband sich an-Naẓẓām während seiner Jugend mit der Sekte der Dualisten und Sophisten, die behaupteten, daß alle Beweise gleich seien. Später rechnete man ihn zu den häretischen Philosophen, danach schloß er sich Hišām b. al-Ḥakam ar-Rāfiḍī an (vgl. Intiṣār 37,6ff). Nach Milal 37,5-6 hatte an-Naẓẓām viele philosophische Bücher erforscht und vermischte deren Kalām mit dem Kalām der Muʿtazila. Weiters isolierte er sich von seinen Kollegen durch diverse Fragen.
In Milal 42,2-4 wiederum werden al-Faḍl al-Hadaṯī und Aḥmad b. Ḥāyiṭ zu den Anhängern an-Naẓẓāms gezählt. „Ibn ar-Rewandī zufolge hätten beide geglaubt, daß die Schöpfung zwei Schöpfer (ḫāliqān) habe, der eine von beiden sei ewig, und das sei (Gott) der Schöpfer (al-bārī), und einen zweiten Erschaffenen (muḥdaṯ), und das sei der Messias..."

17 *Ibn Ḥazm:* Kitāb al-fiṣal fi l-milal wa-l-ahwā' wa-l-niḥal; trad. esp. presque intégrale par *Palacios;* vgl. *Arnaldez:* Ibn Ḥazm 790ff.

18 Vgl. *Gabrieli:* Ibn Al-Mukaffaʿ 883ff; *Colpe:* Der Manichäismus 153f; *Guidi:* Einleitung zu La lotta IVff.

19 Vgl. *Kraus/Vajda:* Ibn Al-Rāwandī 905f; *van Ess:* Ibn ar-Rēwandī 5ff.

20 Vgl. *Massignon:* Zindīk 1329ff; *Vajda:* Die Zindīqs 418ff.

21 *Vajda:* Die Zindīqs 418.

22 Fihrist 338,6.

Das hatte zur Folge, daß die Inquisition auch auf diese Kryptomanichäer ausgedehnt wurde; eben dadurch „sahen sich viele der abgefallenen Muslime gezwungen, ihre manichäische oder allgemeiner dualistische Überzeugung nicht offen zu bekennen... Da der Manichäismus der am leichtesten faßbare Exponent des Dualismus war, wurden diese Folgerungen meistens gleichgesetzt mit manichäischer Ketzerei, die sie durchaus nicht immer wirklich waren. So werden die beiden Bezeichnungen ‚t̠anāwīya' und ‚mānawīya' wechselweise gebraucht und sagen über die eigentliche geistesgeschichtliche Herkunft des Bezeichneten nichts aus."[23] Erschwerend für die Darstellung der Häresiegeschichte jener Zeit ist noch, daß diese Begriffe auch von der Tagespolitik benutzt wurden.

Zu Ibn al-Muqaffaʿ führt *Colpe* aus, daß man es nicht ganz entscheiden könne, ob er wirklich ein konfessioneller Manichäer war, oder ob er einer war, der bloß mit dem Dualismus sympathisierte.[24] zindīq zumindest bezeichne im 2. und 3. Jahrhundert einen Mann, „der, unabhängig vom islamischen Dogma denkend, vernünftige Welterklärung mit persönlicher Erlösungsgarantie verbinden wollte und sich damit in Übereinstimmung mit der rationalen Komponente des Manichäismus befand..." Wie weit die Ursprünge der zandaqa im Manichäismus gesucht werden können, oder wie weit der Manichäismus nicht einfach als Auffangbecken für alle jene heterogenen Gruppen diente, die abseits vom islamischen Dogma standen, muß als Frage stehen bleiben. „Denn das hellenistisch-gnostische Erbteil des Islam kann nicht mehr verraten, ob es ohne oder mit Durchgang durch seine zusammenfassende Prägung, den Manichäismus, vermittelt worden ist."[25]

Ibn ar-Rēwandī sei nach *van Ess* nicht der Freidenker (mulḥid) gewesen, zu welchem ihn die spätere islamische Tradition stempelte: „Ibn ar-Rēwandī knew the power of heresy, but he does not seem to have identified himself with it."[26]

Viel zu seinem negativen Image, vor allem auch bei al-H̱ayyāṭ, hat beigetragen, daß er ein Šīʿit, konkret ein Rāfiḍī war,[27] also ein Imāmit; und „Shīʿī considered to be an extremist at that time, i. e. an Imāmī."[28]

Insgesamt sieht *Nyberg* die šīʿitischen Gruppierungen als den Treffpunkt der dualistischen Ideen mit dem Islam an. Wesentliche Punkte der šīʿitischen Lehre korrespondieren mit manichäischen Lehren, so ihre These bezüglich der Imāme und ihr Anthropomorphismus, der dem der Dualisten ähnelt. Andererseits teilten mehrere šīʿitische Sekten zur gleichen Zeit die Thesen der Rāfiḍa und der Zindīqs.[29]

Die Muʿtazila begnügte sich nicht nur, die Rāfiḍa zu widerlegen, „in Anbetracht der engen Beziehungen zwischen der Rāfiḍa und den Duali-

23 *Colpe:* Der Manichäismus 151.
24 ebd. 188ff.
25 ebd. 190.
26 *Van Ess:* Ibn ar-Rēwandī 14.
27 Vgl. Milal 39, u.
28 *Van Ess:* Ibn ar-Rēwandī 23.
29 *Nyberg:* Vorwort zum Kitāb al-Intiṣār (z. n. *Nader:* Le Livre XLI).

sten, wandte sich die Muʿtazila auch gegen die Verbündeten der Rāfiḍa. Sie attackierten die Dualisten, die Dayṣānīya,[30] Atheisten[31] und andere Sekten, von denen die Rāfiḍa inspiriert wurde."[32] *Nyberg* bezeichnet an-Naẓẓām als den „le plus versé dans le Kalām en Orient."[33]

Dieser hörte nicht auf, die Dualisten, Dayṣāniten und die Atheisten zu bekämpfen; er widerlegte sie und zeigte ihre Irrtümer auf. Nach *Nyberg* gelang es niemandem in der Geschichte besser als an-Naẓẓām, die Dualisten zu widerlegen und ihnen einen fatalen Hieb im Nahen Osten zu erteilen; zumindest hat an-Naẓẓām auch die wesentlichsten Argumente gegen die Dualisten formuliert.[34]

An dieser Stelle muß noch ein grundsätzlicher Gedanke zur Muʿtazila bzw. zu ihrem Selbstverständnis angeführt werden, denn die häresiographische Literatur hat ihr Bild etwas verzerrt:

„Wo man früher aufgeklärte Philosophen sah, die aus uninteressierter Liebe zur Wahrheit ihre Paradoxen hinausschleuderten und große Systeme bauten, haben wir jetzt Theologen einzusetzen, die notgedrungen die großen geistigen Probleme ihrer Zeit aufgriffen, eben weil sie daran nicht vorbeikommen konnten, wenn sie ihren Islam der Umwelt gegenüber behaupten wollten; um es kurz zu sagen: wir haben es nicht mit philosophischen Freidenkern, auch nicht mit weltfremden Asketen, sondern mit streng theologisch orientierten, praktisch tätigen Apologeten und Missionaren zu tun."[35]

Die Notwendigkeit für die intensive Auseinandersetzung, speziell mit dem Manichäismus, lag in der Grundstruktur des Manichäismus als einer synkretistischen Religion begründet. In diesem Sinne hat der Manichäismus gegenüber dem Islam denselben Assimilierungsprozeß versucht, wie Jahrhunderte früher dem Christentum gegenüber.

Nach *Colpe* können wir daher auch von einem „islamisch (arabischen) Manichäismus"[36] sprechen. Grundsätzlich handelt es sich bei dieser angepaßten Form des Manichäismus an den Islam „um eine Herausstellung des Logos unter Zurückdrängung des Mythos..., nicht um Umsetzung in eine neue Terminologie."[37] Diese Zurückdrängung des Mythos zugunsten des Logos kann m. E. sehr anschaulich im Zusammenhang mit jenen Themen gesehen werden, die im Rahmen der Widerlegung des Manichäismus aufgegriffen werden.

Allerdings lieferten diese angepaßte Form nicht die manichäischen Missionare, vielmehr ging die manichäische Auseinandersetzung mit dem Islam „aus den Händen der manichäischen Gemeindemissionare in die häretischer

---

30 Vgl. *Abel:* Dayṣānīya 199; *Vajda:* Le Témoignage 23ff.
31 Vgl. *Goldziher-(Goichon):* Dahriyya 95ff.
32 *Nyberg:* Vorwort zum Kitāb al-Intiṣār (z. n. *Nader:* Le Livre XLII).
33 ebd. XLIII.
34 Vgl. ebd. XLIII.
35 *Nyberg:* Zum Kampf 427.
36 *Colpe:* Der Manichäismus 150.
37 ebda.

Mohammedaner über."[38] Der Hauptgrund dafür war eben, wie schon ausgeführt, die Unterdrückung der manichäischen Gemeinden von seiten der islamischen Orthodoxie, was zur Folge hatte, daß man äußerlich dem Islam anhing, insgeheim aber z. B. ein Manichäer war, bzw. ein zindīq in der Sprache der islamischen Orthodoxie.

38 ebda.; vgl. *Spuler:* Hellenistisches Denken im Islam 185.

A. WIDER DIE GEGENSÄTZLICHE STRUKTUR VON LICHT UND FINSTERNIS

I. Empirischer Ansatz bei al-Qāsim

al-Qāsim beginnt seine Widerlegung des Manichäismus mit einem Hinweis auf das Herzstück des manichäischen Religionssystems, nämlich auf die beiden ewigen Prinzipien (aṣlān qadīmān), Licht (an-nūr) und Finsternis (aẓ-ẓulma), aus denen die Welt geschaffen (maṣnūʿ) und zusammengesetzt ist (murakkab),[1] indem er sich auf eine Aussage Manis, „des Ungläubigen" (al-kāfir),[2] beruft:

„Er (Mani) hat behauptet, daß alle Dinge zwei Dinge sind (šay'ān), — manchmal nehme man mit aller Klarheit den Gegensatz (ḫilāf) wahr, den er postuliert. — Weiters, daß es zwischen Licht und Finsternis, die wir erwähnt haben, keinen Unterschied gibt, außer daß alle Dinge in ähnlicher Weise sich unterscheiden, nur daß der Unterschied zwischen Licht und Finsternis grundsätzlicher ist (awkad) als zwischen den anderen Dingen, deren Verschiedenheit anerschaffen ist (awǧad)."[3]

An einer anderen Stelle werden die Manichäer befragt: „Ist nicht die Finsternis dem Licht entgegengesetzt (muḍādda)?"[4] Nach al-Qāsim gebe es allerdings keinen einsichtigen Beweis dafür, daß Licht und Finsternis zwei Prinzipien (al-aṣlān) sein sollen.[5]

al-Qāsim verweist hierfür auf die in ihrer beider Wesen gegensätzlichen Urprinzipien — Licht und Finsternis —, die infolge dieser gegensätzlichen Grundstruktur auch eine gegensätzliche Handlungsstruktur aufweisen.

Nach aš-Šahrastānī[6] sind die beiden Prinzipien bezüglich der Seele (an-nafs), der Gestalt (aṣ-ṣūra), des Tuns (al-fiʿl) und der Leitung (at-tadbīr) entgegengesetzt (mutaḍāddān), bezüglich des Raumes aber bilden sie

1 Milal 188,15-17; vgl. Fihrist 3,29.

2 Radd 4,6 bezeichnet Mani als das Oberhaupt (šayṭānu-hā imāmu-hā al-muqaddam wa-sayyidu-hā al-muʿazzam) einer Sekte der Ungläubigen (firqa mina l-kafara).

3 Radd 4,9-13; *Nyberg* (Zum Kampf 434) schlägt folgende Interpretation vor: „Es gibt keinen Unterschied zwischen Licht und Finsternis, man mag davon erwähnen, was man wolle, ohne daß es sich herausstellte, daß die Dinge sich um ebensoviel voneinander wegen der beiden unterscheiden, nur daß der Unterschied zwischen den Dingen handgreiflicher ist, und der Unterschied zwischen den Dingen einerseits und Licht und Finsternis (den beiden Urprinzipien) andererseits mehr ausgesprochen ist." Vgl. *Bergsträsser* 311; m. E. ist aber der Übersetzung *Guidi's* der Vorzug zu geben, weil es doch um den manichäischen Lehrsatz vom absoluten Gegensatz der beiden Prinzipien geht: „E che non esista differenza tra la luce e la tenebra, che egli menziona, senza che tutte le cose vengano a differenziarsi fra di loro (appunto) per alcunché di simile ad essa; senonchè la differenza fra le cose è piú evidente, mentre essa è per la luce e la tenebra piú essenziale che non per le cose" (La lotta 5).

4 Radd 7,3.

5 Radd 4,20-21.

6 Milal 188, 18-189.

Parallelen wie die Person und ihr Schatten. Ihre gegensätzlichen Wesens-Eigenschaften (ǧawāhiru-humā) und Handlungen veranschaulicht er sodann in einer Tabelle. al-Murtaḍā bringt eine kurze Zusammenfassung dieser Tabelle: die Gegensätzlichkeit (taḍādd) von Licht und Finsternis beziehe sich nach ihm auf deren jeweilige Gestalten (ṣūru-humā) und Naturen (ṭabʿu-humā):

„Die Substanz (ǧawhar) des Lichtes ist schön, rein, wohlriechend, schön in bezug auf die Erscheinung, seine Seele (an-nafs) ist gut, edel und lebendig machend, Nutzen bringend (naffāʿa); nicht ist in ihr etwas Böses. Die Substanz der Finsternis ist der Gegensatz (aḍ-ḍadd) von jenem.“[7]

Die manichäische Position nach der Vermischung der beiden Urprinzipien ist folgende:

„Was also in dieser Welt an Nutzen (manfaʿa), Gutem (ḫayr) und Segensvollem (baraka) vorhanden ist, stamme von den Geschlechtern (aǧnās) des Lichtes, was aber in ihr an Schaden (maḍarra), Bösem und Verderben vorhanden sei, das stamme von den Geschlechtern der Finsternis.“[8]

Daher reiht aš-Šahrastānī[9] unter die Eigenschaften der Seele des Lichtes auch, daß sie gut (ḫayra) und nutzbringend (nāfiʿa) sei; und unter jene des Tuns (al-fiʿl): das Gute (al-ḫayr) und den Nutzen (an-nafʿ).

Im Gegensatz dazu ist die Seele der Finsternis böse, Schaden bringend (ḍārra) und das entsprechende Tun ist das Böse, das Verderben und der Schaden. Nach al-Murtaḍā lehren die Manichäer, „daß der Geist (ar-rūḥ) des Lichtes nicht aufhöre, seinen Körpern (abdān) Nutzen zuzuführen, und daß diese sowohl ihm wie auch sich untereinander Nutzen brächten. Der Geist der Finsternis aber handle in der entgegengesetzten Weise.“[10]

Im Zusammenhang mit der Widerlegung der Vermischung von Licht und Finsternis (S. 277) nimmt al-Qāsim ein Argument der Manichäer auf, das diese gegen seinen Einwand geltend machten: „Der Beweis für jenes (= Mischung) ist der Nutzen des Lichtes (nafʿ n-nūr).“[11]

Damit ist jenes entscheidende Stichwort gefallen, das im besonderen die emotionale Seite al-Qāsims aktivierte, so daß er ein beachtliches Spektrum seines empirischen Repertoires aufbot, um diese Behauptung, die jedweder Grundlage entbehre, nicht nur zu widerlegen, sondern auch um sie lächerlich zu machen und als völlig absurden Gedanken hinzustellen:

Das Licht nützt nicht nur, es kann vielmehr auch Schaden verursachen; dagegen schadet die Finsternis nicht ausschließlich, sondern nützt in manchen Fällen auch. al-Qāsim bedient sich hierfür der Empirie; alles was dieser widerspricht, wird als absurder Gedanke zurückgewiesen.

---

7 Baḥr: arab. Text bei *Kessler:* Mani 346,7-9.

8 Milal 191,3-4.

9 Milal 189, 6-9; vgl. Baḥr: arab. Text bei *Kessler:* Mani 346,13ff.

10 Baḥr: arab. Text bei *Kessler:* Mani 347,10-11; vgl. Ta'rīḫ: arab. Text bei *Taqizadeh-Širazi:* Mani 104,4.

11 Radd 5,1-2.

1. Das Beispiel der Dattel

„Manchmal fügt uns das Licht Schaden zu (ḍarra) im größten Teil aller existierenden Dinge.“[12]

Nüchtern konstatiert al-Qāsim, daß der Nutzen (nafʿ) einer kleinen Sache, die nicht Licht ist, oft nützlicher sein kann, als die größte Quantität des Lichtes. Als Beispiel führt er eine Dattel an, die am Tag als Speise mehr Nutzen bringe als sämtliche Lichter bzw. Lampen zusammen, die am Tag, wenn es ohnedies hell ist, keinen Nutzen bringen.[13]

2. Das Beispiel der Übeltäter

Als weiteren Gegenbeweis führt er das Beispiel der Übeltäter (al-ašrār) an: „Was soll der Hinweis auf einen Schaden (ḍarr), wenn einer Führer zum Bösen wird, — ein Faktum, das die Manichäer auf das Böse (aš-šarr) zurückführen —, es ist doch gleichsam eine Banalität gegenüber ihrem (gemeint sind die Manichäer) Licht, das durch seine Übeltaten großen Schaden anrichtet, indem es den Übeltätern besser auf ihre Wünsche hinweist und ihnen besser aufdeckt, was sie von den verborgenen Dingen begehren.“[14]

Andererseits verhindert die Finsternis viele Übeltaten durch ihre Schleier (bi-sutūri-hā); deswegen hindert sie auch die Bösewichter daran, Verbrechen zu begehen. „Daher“, so folgert al-Qāsim, „finden wir das Licht der Manichäer nicht frei von Schaden (al-maḍārr) und ihre Finsternis ist nicht in allen Zuständen (al-aḥwāl) schadenbringend (muḍirr), außer“, fügt al-Qāsim zynisch hinzu, „ihr Licht ist bei ihnen anders als das Licht des Verstandes.“[15]

3. Das Blenden des Sonnenlichtes

Wie kommt es, fragt al-Qāsim, daß das ansonsten so nützliche (nāfiʿ) Sonnenlicht blendet und dadurch Schaden zufügt?[16] Wie kommt es weiters, daß ein Teil der Tiere bei Sonnenlicht überhaupt nichts sehen kann? Wenn die Manichäer dagegen anführen, daß die Blendung dadurch zustande komme, daß die Sonne die in der Pupille enthaltene Finsternis in den Schauenden zurückdränge, so ist das kein stichhältiger Einwand; denn wenn sich in der Pupille des Menschen Finsternis befände, wie könnte dann der Mensch überhaupt sehen, da ja die Finsternis verhüllend ist? Auch das Argument,

---

12 Radd 5,2.

13 Radd 5,2-4; vgl *Guidi:* La lotta 6: „Certamente un solo dattero è piú utile nell'asciolvere per chi lo mangia di tutte le luci nel giorno chiaro.“

14 Radd 5,4-7.

15 Radd 5,10-11.

16 Radd 5,14-6,12.

daß die Hitze (al-ḥarāra) die Blendung verursache, hält der Kritik nicht stand; denn trotzdem, daß einer lange Zeit in einen Sonnenaufgang schauen kann, verbrennt er sich sein Auge nicht, obwohl nach manichäischer Lehre das Verbrennen (al-iḥrāq) eine Eigentümlichkeit (ša'n) der Hitze ist.

Weiters behaupten die Manichäer, daß die Hitze der Finsternis wesensmäßiger (awkad) ist und mehr existent (awǧad) in ihrer Substanz (sūs) und in ihrem Wesen (kawn). Aber gerade die Finsternis ist es, die das Auge des Schauenden nicht schädigt und nicht verbrennt. Wer an einer Augenentzündung leidet, der findet in der Finsternis Erleichterung und Ruhe, das Licht dagegen schädigt ihn auf unangenehme Weise.

al-Qāsim schließt seine Beweiskette mit dem lapidaren Satz: „Und nicht siehst du die Finsternis, außer sie tut Gutes, und nicht siehst du das Licht, außer es tut viel Böses."[17]

al-Qāsim nimmt im Rahmen dieses letzten Beweisganges die manichäische Emanationslehre bezüglich Licht und Finsternis auf und konfrontiert sie mit der alltäglichen Erfahrungswelt. Unter den fünf Gliedern (aʿḍā') der Finsternis erwähnt an-Nadīm[18] auch das Brennen (al-ḥarīq) und den Glutwind (as-samūm); diese fünf Glieder der Finsternis, denen die fünf Glieder des Lichtes entsprechen, werden im weiteren Verlauf des Mythos zu den fünf Geschlechtern (aǧnās), auf die sich der Urteufel bei seinem Kampf gegen den Urmenschen stützt.[19]

Beim Akt der Vermischung, als sich etwas von den fünf Teilen (aǧzā') des Lichtes mit den fünf Teilen der Finsternis vermischte, heißt es u. a., daß sich das Brennen (al-ḥarīq) mit dem Feuer vermischte.[20] al-Murtaḍā bemerkt weiter: „... und so kommt der Nutzen vom Feuer und das Böse vom Brennen (al-ḥarīq)."[21]

Im Fihrist wird die Folge dieser Vermischung folgendermaßen beschrieben:

„Daher dieses (irdische) Feuer: was in ihm ist von dem Verbrennen (al-iḥrāq), der Vernichtung und dem Verderben, stammt von dem Brennen (al-ḥarīq), was aber in ihm ist von dem Erhellen und Erwärmen stammt vom Feuer."[22]

Im Zusammenhang mit der Entmischung sprechen sowohl an-Nadīm[23] als auch aš-Šahrastānī[24] davon, daß die Sonne das Licht, das mit den Teufeln der Hitze (bi-šayāṭīn al-ḥarr) vermischt war, rein ausscheidet.

---

17 Radd 6,11-12.

18 Fihrist 329,8.

19 Fihrist 329,25; vgl. Milal 189,15ff.

20 Fihrist 330,1-4; vgl. 330,10; vgl. weiters: Milal 191,1-3; Baḥr: arab. Text bei *Kessler:* Mani 348,9.

21 Baḥr: arab. Text bei *Kessler:* Mani 348,9.

22 Fihrist 330,3-4.

23 Fihrist 330,23.

24 Milal 191,8.

4. Das Beispiel von der großen und kleinen Quantität Wasser

Vorangestellt wird die Behauptung der Manichäer, daß das Wasser eine Mischung (mizāǧ) aus Licht und Finsternis ist. „Wie kommt es aber dann", fragt al-Qāsim, „daß eine kleine Menge von ihm (qalīlu-hū) nützt und eine größere Menge (kaṯīru-hū) schadet?"[25]

Die Antwort der Manichäer darauf lautet: „Aus dem Grund, daß in einem Fall die Mischung weniger wird und in einem anderen Fall mehr wird."[26] al-Qāsim fragt weiter:

„Aber wie erklärt ihr euch dann, daß die große Quantität von ihrem Licht (kaṯīr nūri-hī), enthalten im Wasser eines großen Meeres, nicht den Schaden von der großen Quantität Finsternis (ḍarr kaṯīr ẓulmati-hī) verhindert, sowie der kleine Nutzen von ihm (qalīl nafʿi-hī), (enthalten in einer kleinen Quantität des Wassers), den kleinen Schaden verhindert; (auf diese Weise nützt die kleine Quantität Wasser). Oder wollt ihr etwa behaupten", fragt al-Qāsim die Manichäer, „daß die kleine Quantität Licht stärker ist als die große Quantität Licht? Aber diese Behauptung wäre unmöglich, daß nämlich eine kleine Quantität von einer Sache mächtiger ist als eine größere Quantität von ihr."[27]

5. Vielheit und Einheit

Auf die Emanationslehre der Manichäer nimmt al-Qāsim auch durch folgendes Zitat aus Ibn al-Muqaffaʿs Schrift bezug: „Alsdann machte Ibn al-Muqaffaʿ das Licht, von dem er behauptete, daß es ein einziges Gutes sei (ḫayr wāḥid), zu Arten (afānīn) und unterteilte es seiner Bedeutung nach in verschiedene Gattungen und machte es, nach seiner Bestätigung als Einheit (tawḥīd), zu einer vielfältigen Sache, unzählbar, und zu einer großen Anzahl, unbegrenzt (lā yatanāhā). Sodann behauptet er, daß es sei: Licht (nūr), Weisheit (ḥikma), Güte (ṭīb), Freude (bahǧa), Gutes (ḫayr), Segen (baraka), Wohltun (iḥsān), Wohlbefinden (rāḥa) und andere Begriffe, unbegrenzt."[28]

al-Qāsim betont, daß er an der Existenz dieser Begriffe gar nicht zweifle, jedoch sind diese Begriffe einmal voneinander verschieden, und zum anderen haben sie eine andere Ursache als das Licht.[29]

„Dasselbe gilt für die Vervielfältigung (takṯīr) der Finsternis, und für das, was er ihr an Bösem zuschreibt und das, was der Weisheit entgegengesetzt

25 Radd 6,13-14.
26 Radd 6,14-15.
27 Radd 6,15-18; vgl. *Guidi:* La lotta 9.
28 Radd 48,18-21.
29 Radd 48,21-49,3.

ist. Aber er macht auch die Vielheit der Finsternis wieder zu einem Einzigen und behauptet, daß man von ihr niemals Gutes herleiten könne."[30]

al-Qāsim kommt dann noch auf die Schwärze (as-sawād) der Nacht zu sprechen, die „finsterer ist als jede Finsternis";[31] gerade aber in ihr habe Gott die Ruhe (as-sukūn) eingerichtet (vgl. Sure 40,61; 28,73).

„Aber die Ruhe ist Wohlbefinden (rāḥa) und das Wohlbefinden ist Freude (al-fusḥa), und die Freude ist ein großes Gut, daher ist bei ihnen die Finsternis auch ein Gutes."[32]

Daneben aber übersehe Ibn al-Muqaffaʿ, daß die Sonne, indem sie blendet,[33] in vielen Fällen Schaden verursacht (muḍārr). Außerdem gibt er zu bedenken, „ob nicht die kleine Quantität des Tages (qalīl an-nahār) im Verhältnis zur großen Quantität des Lichtes, als ein Mangel (muqaṣṣir) zu betrachten sei? Mangel (taqṣīr) aber ist etwas Böses, daher ist das Böse in einem Teil des Tages, verursacht durch den Mangel an Licht."[34] Die von al-Qāsim beschriebene Vervielfältigung (takṯīr) von Licht und Finsternis verweist uns auf die Emanationen von Licht und Finsternis; einmal findet man unter den fünf Gliedern (aʿḍāʾ)[35] der Lichterde bzw. unter den fünf Geschlechtern (aǧnās)[36] des Lichtes den Begriff an-nūr (Licht). Als einzige Quelle überliefert an-Nadīm[37] noch die fünf „geistigen Glieder" (rūḥānīya), worunter die Weisheit (al-ḥikma) gereiht ist. Diese fünf Glieder der Lichterde bilden als die fünf Geschlechter und die fünf Gottheiten die Bewaffnung des Urmenschen (al-insān al-qadīm) zur Bekämpfung der Finsternis bzw. des Urteufels (iblīs al-qadīm).[38] Weiters werden diese fünf Glieder der Lichterde im folgenden Geschehen als die fünf Engel ausgegeben, die die Kraft Gottes, des Königs der Paradiese des Lichtes darstellen.[39] Der Terminus bahǧa (Freude) ist Sondergut des Fihrist:[40] die Freude und der Geist des Lebens fungieren als Retter des Urmenschen. Zu baraka vergleiche S. 253.

Für die restlichen Begriffe bringen wir einen Auszug aus aš-Šahrastānīs Tabelle:

„Das Licht: seine Substanz (ǧawhar) ist schön, vorzüglich, edel, klar, rein, wohlriechend, von schöner Erscheinung, seine Seele ist gut (ḫayyira), edel, weise (ḥakīma), Nutzen bringend (nāfiʿa), wissend; sein Tun ist das Gute

30 Radd 49,3-5; vgl. 10,21-22: „Er (Ibn al-Muqaffaʿ) behauptet, daß die Größe (ʿaẓama) ein Teil (ǧuzʾ) von seinem Licht sei, und er macht ihn (Teil) zu einem Glied (ʿuḍw) von seinen Gliedern ..."

31 Radd 49,5-6.

32 Radd 49,7-8.

33 vgl. *Bergsträsser* 320 (zu 49,12).

34 Radd 49,14-15.

35 Fihrist 329,7 und 332,10.

36 Milal 189,16.

37 Fihrist 329,5.

38 Fihrist 329,21.

39 Fihrist 333,7.

40 Fihrist 329,29; vgl. *Colpe:* Der Manichäismus 33.

(al-ḫayr), das Heil, der Nutzen (an-nafʿ), die Freude (as-surūr), die Ordnung, der Zusammenhang, die Übereinstimmung."[41]

Was den Begriff SCHWÄRZE (as-sawād) anbelangt, so wird dieser von al-Murtaḍā[42] anstelle von aẓ-ẓulma (die Finsternis) unter die fünf aǧnās der Finsternis gereiht.

6. Die Schwäche von Licht und Finsternis

a) Das Ganze und dessen Teile

al-Qāsim zitiert hier wiederum aus Ibn al-Muqaffaʿs Schrift: „Sodann behauptet er (Ibn al-Muqaffaʿ), daß es unter den Dingen einiges gebe, was gelobt (maḥmūd) und einiges, was getadelt (maḏmūm) werden müsse. Er sagt: ‚Unter ihnen' (min-hā)[43] und nicht ‚sie alle'."[44] Auf diese Weise, so folgert al-Qāsim, ist in den Dingen sowohl Mangel (naqṣ) als auch Überlegenheit (faḍl) vorhanden, und damit auch im Licht und in der Finsternis; Mangel nämlich in dem Teil und Überlegenheit in dem Ganzen. „Wenn nun in jedem Ding, das einen Teil und ein Ganzes besitzt, dem Ganzen Überlegenheit über dem Teil zukommt, und wenn er weiters die Rangordnung der Werte (tafāḍul) im Prinzip Licht behauptet (auf Grund der Existenz vom Teil), dann folgt daraus als Konsequenz die Überlegenheit von irgendeinem Teil des Lichtes über einen anderen Teil. Und wenn weiters das Licht übertreffend ist (fāḍil) und übertroffen worden seiend (mafḍūl),[45] dann kommen dem Lichte (mehrere) Prinzipien (uṣūl) zu, und es ist nicht mehr nur ein einziges Prinzip, wie Ibn al-Muqaffaʿ behauptet."[46]

Mit mehreren Prinzipien werden hier sowohl das Böse als auch das Gute gemeint, weil der Teil gegenüber dem Ganzen ja einen Mangel an Gutem hat und daher etwas Böses ist.[47]

„Denn das Übertreffende (al-fāḍil) und das Übertroffene (al-mafḍūl) sind zwei, und die Überlegenheit (al-faḍl) und der Mangel (an-naqṣ) in bezug auf sie beide sind zwei verschiedene Dinge; weiters ist das Übertreffende besser vom Zustand her, das Übertroffene dagegen ist mehr niedriger in Niedrigkeit. Jedes Element aus zwei Lichtteilen ist besser als von einem Lichtteil (kull ǧuz'ayn min aǧzā'ihī fa-humā ḫayr min ǧuz'). Jedes Glied (ʿuḍw) von seinen Gliedern ist, auf Grund seiner Beschaffenheit als alleiniges Glied, von

41 Milal 189,2ff.
42 Baḥr: arab. Text bei *Kessler:* Mani 347,7.
43 min-hā impliziert so die Idee vom Teil; vgl. *Guidi:* La lotta 25, Anm. 1.
44 Radd 132,5-6.
45 vgl. *Guidi:* La lotta 25: „superante e superata".
46 Radd 13, 6-9; vgl. *Guidi:* La lotta 25; vgl. weiters Radd 5,12, wo ebenfalls die Rede ist, daß die Manichäer einmal von zwei Prinzipien (aṣlān) reden, dann wieder von (mehreren) Prinzipien (uṣūl).
47 vgl. *Guidi:* La lotta 25, Anm. 4.

seiner Bedingung her schlechter daran. Die beiden Teile sind daher besser, wenn sie eine Einheit sind, als wenn sie getrennt sind..."[48]

Analog dazu beschreibt al-Qāsim auch die Rangordnung der Werte bezüglich der Finsternis.[49]

Mit den Ausführungen über das Ganze und dessen Teile, meint al-Qāsim — in bezug auf Licht und Finsternis —, daß das Böse der Ganzheit Finsternis größer ist als das Böse von einem Teil von ihr, d. h. weniger Finsternis ist weniger schädlich als mehr Finsternis, und weniger Licht ist weniger nützlich als mehr Licht. Wenn nun aber weniger Finsternis weniger schädlich ist als das Ganze der Finsternis, dann wird das Wenige im Vergleich mit dem Ganzen der Finsternis ein Gutes. Und analog dazu wird weniger Licht, weil gegenüber dem ganzen Licht weniger nützlich und somit ein Mangel, zu etwas Bösem, weil der Mangel (taqṣīr) ein Schaden (ḍarr) ist. Licht und Finsternis komme daher sowohl Gutes (ḫayr) als auch Böses (šarr), Nutzen (nafʿ) und Schaden (ḍarr) zu, weil ihr jeweiliges Weniges (qalīl) unfähig ist (muqaṣṣir) das jeweilige Maximum zu erreichen.[50]

Den Hintergrund dieser Ausführungen bildet der Begriff der „Verschiedenheit Gottes von der Schöpfung", ein zentraler Aspekt im theologischen Denken und Reflektieren al-Qāsims (s. S. 297).

Bereits an einer anderen Stelle kam al-Qāsim auf das Problem des Ganzen und seiner Teile zu sprechen, und zwar im Zusammenhang mit folgendem Satz aus Ibn al-Muqaffaʿs Schrift: „Den seine Freunde an seiner Größe (al-ʿaẓama), seiner Weisheit (al-ḥikma) und seinem Licht (an-nūr) erkannten."[51]

„Wie soll man wissen", fragt al-Qāsim, „ob seine Freunde vom Licht sind oder aber von der Finsternis; sind sie vom Licht, dann sind sie nur seine Teile (aǧzāʾ), sind sie von der Finsternis, dann sind sie seine Feinde; d. h. aber dann, daß das Licht keine Freunde mehr haben würde."[52]

Wenn die Freunde ihn jetzt an seiner Größe, seiner Weisheit und an seinem Licht erkennen, dann ist das so, als ob sie (die Teile) ihn vor seinem Abstieg (zawāl) und vor seiner Reise vom Haus seiner Freunde zum Haus seiner Feinde nicht erkannt hätten, also Unwissende bezüglich des Lichtes waren. Aber damit ist im Licht wiederum Böses vorhanden.

„Dann fügt er der Größe eine bereits große Sache hinzu, und bestätigt die Weisheit durch eine bereits weise Sache, und fügt zum Licht eine Sache hinzu, die Licht gibt (munayyir); aber dies ist nicht möglich, außer alle jene Eigenschaften (Größe, Weisheit...) sind ein kleiner Teil (qalīl) von einem Ganzen (kaṯīr), und das Ganze ist besser als ein kleiner Teil von ihm. Weiters kommt der kleinen Quantität (al-qalīl) gegenüber der Überlegenheit

48 Radd 13,9-13; vgl. *Guidi:* La lotta 25: „... e ogni membro (isolato) delle sue membra, nella sua qualità di essere un solo membro, è nella condizione di essere peggiore (essendo difettoso in paragone di una coppia di membra)."

49 Radd 13, 14ff.

50 vgl. *Guidi:* La lotta 26, Anm. 5.

51 Radd 9,18.

52 Radd 9,18-20.

(at-tafḍīl) der großen Quantität (al-kaṯīr) ein Unvermögen (muqaṣṣir) zu; aber das Unvermögen (at-taqṣīr) verringert und der Mangel (an-naqṣ) ist ja bei ihnen etwas Böses, aber das Böse, behauptet er, sei niemals im Licht."[53]

Vom Teil und seinem Ganzen schließt al-Qāsim sodann wieder auf den Mangel und von daher auf das Böse im Licht, bzw. wird hier das unvermischte Licht angesprochen, das nur einen Teil — allerdings einen zu geringen — in den Kampf gegen die Finsternis entsandte. al-Qāsim ergeht sich sodann über die Widersprüchlichkeit dieser manichäischen Doktrin. Allerdings gäbe es noch eine andere Möglichkeit, um den Widerspruch zu lösen, indem man annimmt, daß das ganze Licht in die Vermischung eingeht; „Wenn er behauptet, daß seine Größe (des Lichtes) und sein Licht und seine Weisheit das Licht sind, dann verschwinden mit dem Vergehen des Lichtes auch diese Qualitäten, indem die Erhebung (al-irtifāʿ) und die Höhe (al-ʿulūw) auch die Qualitäten (ʿaẓama, ḥikma, nūr) verläßt, außer sie behaupten, es gibt für das Licht in dieser Welt keine Größe und keine Weisheit von seiner Weisheit."[54] Dann aber fällt das gesamte manichäische Fundament.

Nach der Überlieferung von aš-Šahrastānī[55] behaupten die Manichäer, daß alle Lichtteile stets emporsteigen und sich in die Höhe erheben (aṣ-ṣuʿūd wa-l-irtifāʿ).

Den Hintergrund des Redens über das Ganze und dessen Teile, über Stärke und Ohnmacht, Macht und Schwäche bildet die manichäische Lehre von der Vermischung; denn die Schwäche jenes hypostasierten Lichtteiles, d. i. der Urmensch, der zur Bekämpfung des Urteufels bzw. der Finsternis entsandt wurde, führte zur Vermischung von Licht und Finsternis; an-Nadīm berichtet folgendes:

„Nachdem sie einen langen Zeitraum miteinander gekämpft hatten, gewann der Urteufel den Sieg über den Urmenschen, verschlang einen Teil seines Lichtes und umschloß ihn mitsamt seinen Arten und Elementen. Aber der König der Paradiese des Lichtes kam ihm mit anderen Gottheiten zu Hilfe, rettete ihn und besiegte die Finsternis. Und derjenige, mit welchem er dem Menschen zu Hilfe kam, heißt der Geliebte der Lichter (ḥabīb al-anwār). Er stieg herab und befreite den Urmenschen aus den Höllen und auch von den Geistern der Finsternis (arwāḥ aẓ-ẓulma), die er ergriffen und gefangen hielt. Er (Mani) sagt: Hierauf machten sich die Freude (bahǧa)[56] und der Geist des Lebens auf den Weg zur Grenze und blickten in die Tiefe dieser untersten Hölle hinab und sahen, wie der Teufel, die übermütigen Bedränger und das finstere Leben den Urmenschen und die Engel gefangen hielten. Er (Mani) sagt: Sodann rief der Geist des Lebens den Urmenschen mit lauter Stimme, die so schnell wie der Blitz war, und er (der Ruf) wurde

53 Radd 10,3-7.

54 Radd 10,10-11; vgl. *Guidi:* La lotta 17-18: „... ecco che (come conseguenza ed estensione di questo principio) l'altezza l'elevazione della luce vengono meno da essa con il venir meno di essa da esse, una volta che (anche) esse (analogamente alle altre qualità, alla grandezza, alla luce, e alla sapienza) sono essa stessa"; vgl. *Bergsträsser* 312; *Colpe:* Der Manichäismus 256.

55 Milal 191,10.

56 vgl. *Colpe:* Der Manichäismus 43ff.

ein anderer Gott. Mani sagt: Als nun der Urteufel den Urmenschen im Kampfe umschlungen hatte, vermengte sich etwas von den fünf Teilen (aǧzāʾ) des Lichtes mit den fünf Teilen der Finsternis..."[57]

b) Die Erniedrigung des Lichtes in die unteren Regionen

Im weiteren Verlauf seiner Schrift nimmt al-Qāsim auf folgende Lehrsätze Ibn al-Muqaffaʿs bezug: einmal auf die Umbildung der Basmallah:[58] Ibn al-Muqaffaʿ eröffne (fataḥa) sein Buch mit: „bismi n-nūri r-raḥmāni r-raḥīmi" — „Im Namen des Lichtes, des barmherzigen Erbarmers." Und weiters: „Erhaben ist das Licht, der große König:"[59]

„Wie aber soll man das erhaben nennen", fragt al-Qāsim, „das sich in den untersten Bereichen (asfal at-tuḫūm) befindet, und vermischt ist mit jeder zu mißbilligenden Sache (maḏmūm), mit ekelndem Gestank, mit Urin, mit Exkrementen, mit jeder Art von furchterregender Finsternis, mit fließendem Schmutz..., wie Ibn al-Muqaffaʿ behauptet? Wo weiters es (Licht) den Gestank nicht wohlriechend, und das Häßliche nicht schön machen kann... Wie soll man dem ein Reich zuschreiben, der nur über sich selbst herrscht und nur sich selbst führen kann, sich nicht selbst von den Fesseln des Feindes befreien kann, und dem weiters die Rettung von dem Bösen nicht möglich ist? Welche Größe kommt dem zu, dem sich sein gegensätzliches Element (ḍiddu-hū) entgegenstellt durch Berührung (al-mubāšara), und der nicht seinen Feind zu übertreffen vermag durch einen Sieg, der die Berührung von jenem überwindet; den weiters die Feindschaft unterteilt hat in Glieder (aʿḍāʾ) und den der Kampf zerrissen in Stücke (aǧzāʾ), der also erniedrigt wurde durch seine Schande von den höchsten Höhen (aʿlā l-ʿulūw) in den untersten Bereich der Erde (buṭūn al-arḍ as-suflī)."[60]

Auch anhand dieses letzten Lehrsatzes verweist al-Qāsim wieder auf den Abstieg des Urmenschen und die Vermischung der fünf Lichtteile mit den fünf Finsternisteilen.

Auf die Schwäche des Lichtes nimmt al-Qāsim auch anhand des folgenden Lehrstückes aus der Schrift des Ibn al-Muqaffaʿ[61] bezug: „Der Satan hat über jede Gruppe von den Bekennern der Religionen[62] eine undurchdringliche Wand und eine starke Mauer gebaut, um sie darin einzusperren; er hat

57 Fihrist 329,26-330,1. Neben ǧins (pl. aǧnās, Arten, Geschlechter), werden für die Darstellung der Emanationslehre noch folgende Termini verwendet: ǧuzʾ (pl. aǧzāʾ): Teil (vgl. Fihrist 330,1.15; Milal 190, u.; 191,7.10-11.13-14); ʿuḍw (pl. aʿḍāʾ): Glied (vgl. Fihrist 329, 7.8); ʿunṣur (pl. ʿanāṣir): Element (vgl. Fihrist 329,20); ʿālamīy: Äon (vgl. Fihrist 329,20).

58 Radd 8,21-22.

59 Radd 9,8.

60 Radd 9,8-17; vgl. Baḥr: arab. Text bei *Kessler:* Mani 347,3: Zusammentreffen von Licht und Finsternis durch Berührung (al-mumāssa).

61 Radd 49,20-50,6.

62 vgl. *Nyberg:* Zum Kampf 440: entgegen allen Handschriften liest er statt ahl al-adyān ahl al-arkān (Träger der (fünf guten) Elemente); vgl. auch *Bergsträsser* 320 (zu 49,20ff).

einen seiner Satane mit der Aufsicht beauftragt und ihn über sie gestellt. Wenn der Aufseher die Mauern genau bewacht, dann bedeutet das sichere Verwahrung; wenn er sie aber nicht genau bewacht, sondern wenn von seiner Seite gegenüber dem, der ihn beauftragte, Verrat geschieht, dann wird die Mauer so, als ob sie nicht vorhanden ist, und keiner von den Gefangenen bleibt drinnen."

Es handelt sich bei diesem Lehrstück um die Gefangenschaft des Lichtes.[63] Das entscheidende Wort im Rahmen der Widerlegung dieses Lehrstückes durch al-Qāsim ist die List (al-ḥīla); denn wer ein Gefängnis und Festungen besitzt, der muß auch List gebrauchen können, um jemand gefangen zu halten. Nun dürfen aber nach Ansicht von Ibn al-Muqaffaʿ die Unwissenden keine List kennen, weil List ein Wissen ist, und Wissen ist etwas Gutes und Erfreuliches, das Nicht-Wissen dagegen etwas Böses und Schadenbringendes (nach *Milal* 189,6 ist WISSEN eine Eigenschaft der Lichtseele).

„Weiters sagt er, daß derjenige, der einsperrt, stark ist, und Stärke ist etwas Gutes; daher kommt der Finsternis nach den Manichäern ein Gutes zu. Wer aber eingesperrt wurde, der ist schwach (al-ʿāǧiz), und Schwäche (ʿaǧz) ist ein Böses; daher kommt dem Licht bei ihnen Böses zu."[64]

7. Das Beispiel Sprache

Woher kommt die Sprache? fragt al-Qāsim. Etwa von der Finsternis? Aber die Sprache ist doch der Stummheit entgegengesetzt, daher ist die Sprache ein Gutes!

Oder kommt sie etwa von Licht und Finsternis zusammen her? Dann aber wären Licht und Finsternis bezüglich der Qualität der Sprache einander ähnlich. Oder kommt die Sprache vom Licht? Dann aber ist auch das Böse in eurem Licht, weil die Sprache sowohl gut als auch böse ist.[65]

8. Die Sensibilität der beiden Prinzipien

Die Manichäer behaupten auch, daß die beiden Prinzipien Licht und Finsternis empfindsam sind, also sinnliche Wahrnehmungsfähigkeit besitzen (ḥassās). Daher sind beide bezüglich der sinnlichen Wahrnehmungen (al-ḥass) einander ähnlich (muštabihān).

63 Nach *Nyberg* handle es sich bei diesem Fragment um die Einkerkerung der fünf lichten Elemente im menschlichen Körper, das Gegenstück der Einkerkerung der fünf Finsterniselemente im Universum (Zum Kampf 441); nach Meinung *Guidi's* beziehe es sich auf das ‚inferno' (La lotta 115, Anm. 2); für die weitere Diskussion vergleiche *Colpe:* Der Manichäismus 185f.

64 Radd 50,5-6.

65 Radd 51,5-10.

Daraus folgert al-Qāsim: „In der Ähnlichkeit (mušābiha), die das Licht mit der Finsternis gemeinsam hat, nämlich auf Grund der sinnlichen Wahrnehmungskraft (bi-l-ḥass), liegt die Negation dessen, daß das Licht nur gut sein kann. Weiters liegt in der Ähnlichkeit des Bösen mit dem Licht durch al-ḥass die Negation dessen, daß die Finsternis nur böse sein kann. Als Konsequenz folgt daraus, daß jede Sache, die von beiden hergeleitet wird, ein gutes-böses oder ein böses-gutes ist."[66] aš-Šahrastānī[67] überliefert, daß Mani behauptet habe, daß beide, Licht und Finsternis, mit Sinnen begabte Kräfte (quwwatān ḥassāsān) nicht aufhörten zu hören und zu sehen. al-Murtaḍā wiederum berichtet, daß einige von ihnen sagen, „daß die Geister (al-arwāḥ) und die Geschlechter (al-ağnās) lebendig seien und mit Empfindungsvermögen ausgestattet seien; andere wieder sagen: Nur die beiden (Haupt-) Geister (ar-rūḥān) und die Körper des Lichtes seien äußerlich mit Leben versehen, hätten aber kein Gefühl und Unterscheidungsvermögen. Die Körper der Finsternis dagegen seien tot und verderbenbringend."[68]

al-Māturidī dagegen berichtet: „Das Licht sei nicht empfindsam . . ., wohl aber die Humāma (Geist der Finsternis)."[69]

al-Ya'qūbī überliefert: „Diese zwei Prinzipien sind begabt mit dem Gehör, dem Sehen und dem Wissen."[70]

Nach al-Aš'arī lehren die Manichäer, „daß der Mensch aus fünf Sinnen besteht; diese fünf Sinne sind Körper und es gibt nichts im Menschen, außer seine Sinne; d. h. nach den Manichäern lassen sich die Dinge auf zwei Fakten zurückführen, Licht und Finsternis, das eine und das andere hat fünf Sinne."[71] Sprach sich al-Qāsim anhand seiner Ausführungen über die Sensibilität der Prinzipien gegen eine gegensätzliche Struktur von Licht und Finsternis aus, so wendet sich der Mu'tazilit an-Naẓẓām gegen eine Disharmonie der Sinne.

Ğāḥiẓ[72] berichtet uns folgende Auseinandersetzung an-Naẓẓāms mit den Manichäern: „Die Manichäer behaupten, daß die ganze Welt aus zehn Arten (ağnās) besteht, fünf davon gehören zum Guten und zum Licht, fünf gehören zum Bösen und zur Finsternis. Alle sind empfindsam und warm. Weiters behaupten sie, daß der Mensch aus ihnen allen zusammengesetzt ist, aber nicht in derselben Art und Weise; einige Menschen haben mehr gute als böse Arten. Andere wiederum haben mehr böse. Obwohl der Mensch fünf Sinne hat, hat jeder dieser Sinne ein Gegenteil (ḍidd) von den fünf Arten; wenn z. B. der Mensch einen mitleidigen Blick wirft, kommt dieser Blick aus dem Licht und dem Guten; wirft er dagegen einen drohenden Blick, ist es ein Blick von der Finsternis. So ist es mit allen Sinnen.

66 Radd 51,10-16.
67 Milal 188,17f.
68 Baḥr: arab. Text bei *Kessler:* Mani 347,11f.
69 Tawḥīd: arab. Text bei *Vajda:* Le Temoignage 4.
70 Ta'rīḫ: arab. Text bei *Taqizadeh-Širazi:* Mani 104,3.
71 Maqālāt 337,14-338,2.
72 Ḥayawān: arab. Text bei *Taqizadeh-Širazi:* Mani 88-89; vgl. *Badawi:* Histoire de la Philosophie 142f.

Der Gehörsinn ist aber von ganz besonderer Art. Was es im Sehsinn Gutes und Lichtes gibt, entspricht nicht dem Guten im Gehörsinn, aber es widerspricht ihm auch nicht und setzt sich ihm auch nicht entgegen. Es entspricht ihm nicht wegen des Unterschiedes der beiden Sinne. Aber es ist ihm nicht entgegengesetzt, weil die Sinne nicht entgegengesetzt sind.

Die Arten des Bösen sind untereinander verschieden und entgegengesetzt den Arten des Guten. Die Arten des Guten sind untereinander verschieden aber einander nicht entgegengesetzt. Die Zusammenarbeit ergibt sich nicht zwischen den Verschiedenen und nicht zwischen den Entgegengesetzten, wohl aber zwischen den Übereinstimmenden. An-Naẓẓām bestreitet nun diese Behauptung der Manichäer auf folgende Weise:

Man würde die Manichäer fragen: Was sagt ihr über einen Menschen, der zu einem anderen sagt: Mein Herr, haben sie NN gesehen? Der andere antwortet: Ja. Ich habe ihn gesehen!

Hat jener, der gehört hat, nicht eine Verbindung gehabt mit dem, der gesehen hat; und der, der gesehen hat, hat der nicht eine Verbindung hergestellt mit dem, der geschmeckt hat? Wenn nicht, warum hat dann die Zunge geantwortet: Ja!, wenn es nicht darum ist, daß der, welcher die Stimme gehört hat, die Zunge hat?"

Es gibt also einen Zusammenhang zwischen den Sinnen; sie sind nicht isoliert, sondern jeder kann mit den anderen Sinnen in Kontakt treten.[73]

9. Licht — Ursprung der Erkenntnis?

Hierbei bezieht sich al-Qāsim auf folgendes Lehrstück der Manichäer:[74]

„Gelobt und geheiligt sei das Licht! Wer es nicht kennt, der erkennt keine andere Sache, die anders ist als das Licht; und wer an ihm zweifelt, gewinnt keine sichere Kenntnis von einer Sache, die nach ihm ist."

al-Qāsim meint, daß das kein richtiges Lob sei, wenn das Licht sich selbst lobt, d. h. ein Teil davon lobt den anderen, denn die Finsternis (sein Feind) wird das Licht sicherlich nicht loben. Wenn aber die Muslime das Licht loben, dann nur, weil Gott es geschaffen hat; und geheiligt ist das Licht, weil Gott es geheiligt hat.[75] Anschließend wendet sich al-Qāsim dem gnostischen Aspekt des Lichtes zu: „Wer es nicht kennt, der erkennt keine andere Sache, die anders ist als das Licht."

Hier kann sich al-Qāsim wiederum nicht zurückhalten zu betonen, welch sinnloses Gerede und welcher Wahnsinn Ibn al-Muqaffaʿ wohl antreibt, solches zu behaupten. Trotzdem, daß man nicht die Lichtlehre des Ibn al-Muqaffaʿ anerkennt, kann man ein guter Arzt, Künstler oder Kaufmann

---

73 vgl. *Badawi:* Histoire de la Philosophie 143; vgl. zur Lehre an-Naẓẓāms über die Sinneswahrnehmungen; *Horten:* Systeme 221ff.

74 Radd 11,7-8.

75 Radd 11,8-12,6.

sein. Ibn al-Muqaffaʿ wäre vollkommen überzeugt, daß sein Arzt, den er konsultiert, niemals zu heilen vermag, und niemals vermag bei der Behandlung ein gutes Ergebnis zu erzielen, wenn nicht mit einer sicheren Weisheit von der Medizin, aber nicht vom Licht. Diejenigen, die Medizin und Kunst betreiben, meint al-Qāsim, sind nicht im Zweifel über ihr sicheres Wissen (von der Medizin und Kunst); in gleicher Weise hat das Volk keinen Zweifel in der Wirkung vom Schaden und Nutzen.

Der einzige, der keine Sicherheit hat, von dem, was er über das Licht sagt, ist Ibn al-Muqaffaʿ[76].

76 Radd 12,7-13,2.

II. Ontologischer Ansatz

1. Wer ist der Handelnde?

Genauso wie für al-Qāsim bildet auch für an-Naẓẓāms Widerlegung des Manichäismus jenes Dogma der manichäischen Lehre den Ausgangspunkt, mit welchem behauptet wird, daß vom Lichte nur Gutes und von der Finsternis nur Böses ausgehen könne: „Wisse, daß die al-Manānīya behauptet, daß die Wahrheit und die Lüge verschieden (muḫtalifān) und gegensätzlich (mutaḍāddān) sind, und daß die Wahrheit ein Gutes ist, das vom Lichte ausgeht (wa-huwa mina n-nūr), und daß die Lüge ein Böses ist, das von der Finsternis ausgeht (wa-huwa mina ẓ-ẓulma).“[1]

Nun tritt aber an-Naẓẓām, wie al-Ḫayyāṭ berichtet, mit folgendem Beispiel den Gegenbeweis an:

„Sodann fragte sie (Manichäer) Ibrāhīm (an-Naẓẓām) nach einer Angelegenheit, wo er sie verwirrte:

Ein und derselbe Mensch lügt manchmal in einem Zustand, und in einem anderen Zustand sagt er die Wahrheit. Er wollte sie dorthin bringen, daß sie zugeben, daß ein und derselbe Tuende (al-fāʿil al-wāḥid) manchmal zwei verschiedene Dinge (šay'ān muḫtalifān) hervorbringen kann, Gut und Böse, Wahrheit und Lüge. Man zerstört auf diese Weise die These von der Ewigkeit der Zwei (Gottheiten) (qidam iṯnayn), von denen die eine gut und die andere böse ist, eine These, die sehr berühmt ist. Er sprach zu ihnen (Manichäer):

Was glaubt ihr von einem Menschen, der eine Aussage gemacht hat, in der er log. Wer ist der Lügner?

Sie sagten: Die Finsternis!

Er sagte: Wenn er aber danach seine Lüge bereut und spricht: ‚Ich habe gelogen und Böses getan!‘ Wer ist dann der Sprecher von ‚Ich habe gelogen?‘ Sodann waren sie verwirrt und wußten nicht, was sie sagen sollten.

Hierauf sagte zu ihnen Ibrāhīm (an-Naẓẓām): Wenn ihr behauptet, daß das Licht spricht: ‚Ich habe gelogen und Böses getan‘, dann hätte es (Licht) gelogen, weil die Lüge nicht aus dem Licht hervorgehen kann und weil es die Lüge nicht sagt, und weil weiters die Lüge ein Böses ist; ansonsten gehe vom Licht Böses hervor; das aber zerstört eure These.

Und wenn ihr antwortet: Die Finsternis habe gesagt: ‚Ich habe gelogen und Böses getan‘, dann hätte sie die Wahrheit gesagt; die Wahrheit aber ist ein Gutes, daher könne dann die Finsternis Wahrheit und Lüge hervorbringen. Beide sind aber bei euch verschieden. Weiters können dann auch

1 Intiṣār 30,7-9; vgl. *Nader:* Le Livre 28: „... que le vrai est un bien, qui'l émane de la Lumière, et que le faux est un mal et qui'l émane des Ténèbres.“ Ich orientiere mich bei der Übersetzung des Intiṣār grundsätzlich an *Nader's* französischer Übersetzung.

von ein und derselben Sache zwei verschiedene Sachen hervorgehen, Gut und Böse, eurer Meinung nach. Und das zerstört eure These von der Ewigkeit der Zwei (Gottheiten) (qidam al-iṯnayn).“[2]

Ibn Qutayba berichtet von einer ähnlichen Frage, die al-Ma'mūn an einen Dualisten (ṯanawīy) gerichtet habe:

„Hat ein Sünder jemals seine Sünden bereut?

Dualist: O doch!

al-Ma'mūn fragte weiter: Ist die Reue eine Sünde oder ein Wohltun?

Dualist: Ja, ein Wohltun!

al-Ma'mūn: Derjenige, der bereut hat, ist es derjenige, der gesündigt hat oder ein anderer als er?

Dualist: Ja, es ist derjenige, der gesündigt hat!

al-Ma'mūn: Dann ist aber der Verursacher des Guten gleichzeitig auch der Verursacher des Bösen; das aber vernichtet euer Reden (von den zwei ewigen Prinzipien, Gut und Böse), denn derjenige, der einen bedrohlichen Blick hat ist auch derjenige, der einen mitleidsvollen Blick hat.

Dualist: Ich behaupte, daß derjenige, der gesündigt hat, ein anderer ist als derjenige, der bereut hat.

al-Ma'mūn: Hat er nun etwas bereut, das von einem anderen als von ihm selbst stammt oder hat er etwas bereut, das von ihm selbst stammt? — Und er brachte ihn (den Dualisten) zum Schweigen.“[3]

Dadurch, daß in diesen Beispielen beide Aspekte, Gut und Böse, ein und dieselbe Handlung (Reue über eine böse Tat) betreffen, ergibt sich für einen Dualisten das Problem der Zuordnung zu einem der beiden Prinzipien. Dieser Schwachpunkt wird aufgegriffen und den Dualisten gezeigt, daß ihr Hauptdogma, Licht als ausschließliche Quelle des Guten und Finsternis als ausschließliche Quelle des Bösen, widersprüchlich ist. Reue setzt einen personalen Akt voraus bzw. einen Handelnden, in welchem diese beiden Prinzipien wirksam werden.

Was al-Qāsim auf der empirischen Ebene als Widerspruch konstatierte, wird hier auf die Seins-Ebene transformiert. Daher stellt al-Ḫayyāṭ auch die Meinung an-Naẓẓāms bezüglich Wahrheit und Lüge der Meinung der Manichäer gegenüber, denn nach der Darstellung an-Naẓẓāms kann ein und derselbe Tuende manchmal zwei verschiedene Dinge hervorbringen, Gut und Böse, Wahrheit und Lüge. Auf diese Weise werde die These von der Ewigkeit der beiden Prinzipien widerlegt.

Nun aber hat die durch al-Ḫayyāṭ betonte Hervorhebung, daß an-Naẓẓām eine andere Meinung habe als die Manichäer bzw. die Dualisten insgesamt, einen entsprechenden Hintergrund. Nachdem al-Ḫayyāṭ richtig gestellt hatte, daß es nach an-Naẓẓām der Mensch selbst ist, der in einem Zustand die Wahrheit sagt und in einem anderen Zustand lügt, macht er eine

2 Intiṣār 30,9-20.

3 'Uyūn: arab. Text bei *Taqizadeh-Širazi:* Mani 101; vgl. die Parallelstelle in: Ḥayawān: arab. Text bei *Taqizadeh-Širazi:* Mani 89-90; vgl. weiters Fiṣal: arab. Text bei *Taqizadeh-Širazi:* Mani 231.

Einschränkung dieser These, insofern als er zugesteht, daß aber an-Naẓẓām behaupte, „daß ein und dieselbe Art (al-ǧins al-wāḥid) nicht zwei Arten von Tun (ǧinsān mina l-fiʿl) hervorbringen kann.“[4]

Dieser Konzeption von ‚ǧins wāḥid‘ liegt an-Naẓẓāms naturalistische Einstellung zugrunde und bildet somit den Ausgangspunkt für al-Baġdādīs Behauptung, an-Naẓẓām habe dualistische Ansichten vertreten:

In der von al-Baġdādī an-Naẓẓām angelasteten fünften Häresie behaupte dieser, „daß alle Tiere von einer Art (ǧins wāḥid) seien, weil sie alle darüber übereinstimmen, daß sie dieselben Wahrnehmungskräfte besitzen. Daher behaupte an-Naẓẓām, daß, wenn Taten übereinstimmen, es ein Beweis sei, daß das, was diese (Taten) verursacht, ebenfalls übereinstimme. Er behaupte also, daß zwei verschiedene Taten (ʿamalān muḫtalifān) nicht ein und derselben Art (al-ǧins al-wāḥid) entstammen würden, genauso wie das Feuer und der Schnee nicht gleichzeitig jeweils Erwärmung und Kühlung hervorbringen.“[5] Dies aber sei nach al-Baġdādī die Meinung der Dualisten (aṯ-ṯanawīya), die behaupten, daß das Licht nur Gutes tue und die Finsternis nur Böses; weil nämlich ein und derselbe Tuende (al-fāʿil al-wāḥid) nicht zwei verschiedene Handlungen (fiʿlān muḫtalifān) vollbringen kann. Genauso, wie vom Feuer und vom Schnee nicht gleichzeitig jeweils Erwärmung und Kühlung bewirkt werden.

Dieses Faktum führt uns zuerst zur Lehre von dem rūḥ, pl. arwāḥ (Geist, Seele) und weiters dann zur Behauptung an-Naẓẓāms, daß Gott nichts Böses tun könne, was ein weiteres Indiz für seine angeblichen „dualistischen Ansichten“ ist.

2. Seele, Lebensgeist (rūḥ, pl. arwāḥ/pneuma)

Wie uns al-Ḫayyāṭ berichtet — es handelt sich hier um die Meinung Ibn ar-Rēwandīs —, gestehe an-Naẓẓām den Manichäern nicht nur zu, daß die arwāḥ die Wahrheit sagen, lügen, sündigen und bereuen, sondern er an-Naẓẓām selbst sei ebenfalls Verfechter dieser These,[6] d. h. daß die arwāḥ das eigentlich handelnde Prinzip im Menschen sind. Einschränkend und damit an-Naẓẓām von den Manichäern abgrenzend, wird hinzugefügt, daß dieser aber nicht die These vertrat, der rūḥ[7] setze zwei verschiedene Arten (ǧinsān muḫtalifān) des Tuns, nämlich gute, die vom Licht ausgehen, und böse, die von der Finsternis ausgehen, also im dualistisch-manichäischen Sinne; so

4 Intiṣār 30, u. -31,2; vgl. folgende Ausdrucksweise bei der Darstellung der Dayṣānīya: „das Licht ist von einer Art (ǧins wāḥid) und die Finsternis ist von einer Art“: Fihrist 339,3-4; Milal 194,7-8; allgemein für die Dualisten: vgl. Maqālāt 308,16ff; vgl. auch Uṣūl 54,2-4; Maqālāt 332, 11ff.

5 Farq 120,4-11; vgl. Milal 37; Maqālāt 309,7-8.

6 Intiṣār 30,4-7.

7 vgl. Intiṣār 129, Anm. 36.

überliefert z. B. aš-Šahrastānī[8] als Lehre der Manichäer, daß Licht und Finsternis jeweils fünf Geschlechter besitzen: vier davon sind Körper (abdān), das fünfte ist deren Rūḥ, der sich in diesen Körpern bewegt: also der rūḥ des Lichtes und der rūḥ der Finsternis!

In diesem Zusammenhang hat al-Ašʿarī von an-Naẓẓām eine antimanichäische Aussage bewahrt: „Es berichtet Zurqān als Meinung an-Naẓẓāms, daß der rūḥ das mit Sinnen und Verstand Begabte sei, daß er ein einziger Teil (ǧuzʾ wāḥid) sei, und daß er nicht Licht und nicht Finsternis sei."[9]

Als Verteidiger der Willensfreiheit spricht an-Naẓẓām vom rūḥ des Menschen bzw. „ist der Mensch der rūḥ";[10] dagegen sprechen die Manichäer sowohl vom rūḥ des Lichtes als auch vom rūḥ der Finsternis bzw. von deren beider Seele (an-nafs).

Nun wurde schon längst erkannt, daß an-Naẓẓām seine Lehre über den rūḥ unter dem Einfluß der stoischen Lehre vom pneuma formuliert hat: „Das wesentlichste Kennzeichen des stoischen Kosmos ist das Pneuma (πνεῦμα: ‚Hauch, Atem, Geist, Seele'), ein alles durchdringendes Substrat, zu dessen Funktionen es gehört, die Kohärenz aller Materie zu bewirken und den Kontakt zwischen den verschiedenen Teilen des Universums aufrechtzuerhalten."[11]

Nach stoischer Auffassung ist der rūḥ eine solche Art pneuma bzw. Stoff,[12] das durch folgende Analogie definiert werden kann: „Der Kosmos ist von Kräften geformt und beherrscht, die Materie in ähnlicher Weise aktivieren, wie es beim lebenden Körper durch die Seele geschieht."[13]

Analog zu dieser stoischen Lehre vom Seelenpneuma berichtet al-Baġdādī von folgender Behauptung an-Naẓẓāms, die ihn in die Nähe der Naturalisten (aṣḥāb aṭ-ṭabīʿīya) rückt:[14] „Der Mensch ist der rūḥ, der in Form eines feinen Körpers (ǧism laṭīf) den kompakten Körper durchdringt. Dies kommt noch zu seiner anderen Ansicht, daß dieser rūḥ das Leben ist, verflochten mit diesem Körper (al-mušābaka li-hāḏā l-ǧasad). Und er hatte bereits behauptet, daß er (rūḥ) im Körper (al-ǧasad) ist nach Art des Durchdringens (al-mudāḫala) und daß er eine Substanz (ǧawhar) ist ohne Verschiedenheit und Gegensatz (ġayr muḫtalif wa-lā mutaḍādd)."[15]

Letztere Aussage „eine Substanz ohne Verschiedenheit und Gegensatz" ist wohl gegen den Dualismus gerichtet und wäre demnach ein Indiz dafür,

---

8 Milal 189,14-16.

9 Maqālāt 331,11-12; vgl. Farq 119,3-4 v. u.: an-Naẓẓām habe behauptet, daß der rūḥ von einer Art (ǧins wāḥid) sei und seine Taten seien von einer (anderen) Art (ǧins wāḥid).

10 Maqālāt 331,9.

11 *Sambursky:* Das physikalische Weltbild 183; vgl. S. 218ff; vgl. *van Ess:* Ḍirār b.ʿAmr 267; *Horovitz:* Über den Einfluß 8ff.

12 *Sambursky:* Das physikalische Weltbild 192.

13 *Sambursky:* Das physikalische Weltbild 219; vgl. *Horten:* Systeme 206ff; *Horovitz:* Über den Einfluß 12ff.

14 vgl. Milal 38,11.

15 Farq 117,13-16; vgl. Milal 38,11-12; Maqālāt 331,9-10; es handelt sich bei mudāḫala um die stoische Idee von der κρᾶσις δι᾽ ὅλων; vgl. *Horovitz:* Über den Einfluß 10ff; *Horten:* Systeme 207, Anm. 1; weiters S. 213f und 230f.

daß an-Nazzām gegen den Dualismus ankämpfte. al-Baġdādī folgert dann allerdings weiter, daß von dieser Ansicht an-Naẓẓāms Häresie resultiere, daß es nicht der Mensch ist, der gesehen werden kann, sondern der Körper, in welchem er sich befindet. Wenn er weiter vom Menschen behaupte, er sei nicht der sichtbare Körper, sondern nur ein rūh innerhalb eines Körpers, dann müsse er auch zugeben, daß der Esel nicht dessen Körper sei, sondern nur ein rūḥ in seinem Körper und daß der rūḥ das Leben ist in Einheit mit dem Körper.[16] Dieser rūḥ als eine Art Seelenpneuma sei nach an-Naẓẓām das eigentliche Wesen des Menschen: „Der rūḥ ist ein Körper (ǧism) und er ist die Seele (an-nafs)",[17] bzw. ist der Mensch „an-nafs und ar-rūḥ, der Leib (al-badan) hingegen ist nur ihr Werkzeug (ālatu-hā) und ihre Form (qālibu-hā)." Weiters sei es „der rūḥ, dem die Kraft und das Vermögen (istiṭā'a), das Leben und der Wille zukommt. Er ist vermögend durch sich selbst und das Vermögen ist vor der Handlung."[18]

Dieser rūḥ als das eigentlich handelnde Prinzip des Menschen „wird aber handlungsunfähig durch einen Schaden (āfa), welcher ihn befällt; diese Unfähigkeit (al-ʿaǧz) ist bei ihm ein Körper (ǧism)."[19]

Von einem solchen Schaden spricht auch al-Ḫayyāṭ: „Ibrāhīm (an-Naẓẓām) habe die Lehre vertreten, daß die arwāḥ von ein und derselben Art (ǧins wāḥid) sind, und daß die anderen ‚Körper' (al-aǧsām), wie die Farben, Geschmäcker und Gerüche ein Schaden (āfa) für sie (arwāḥ) sind." an-Nazzām meine, fügt al-Ḫayyāṭ hinzu, „daß die ‚Körper' ein Schaden für die arwāḥ in dieser Welt, die eine Welt des Unglücks, der Prüfung und der Trauer ist, seien."[20]

al-Ašʿarī dagegen verwendet den Terminus badan (Körper), der für den rūh ein Schaden (āfa), Gefängnis und Unterdrückung sei.[21] Möglicherweise verweist der Terminus āfa auf dualistische Sprechweise, denn an-Naẓẓām versucht die manichäische Prinzipienlehre mit dem Hinweis darauf zu widerlegen, daß das Licht nicht nur von der Finsternis beherrscht wird, sondern daß es auch die al-āfāt beeinflussen können.[22]

Im Gegensatz zu den Akzidentialisten (aṣḥāb al-aʿrāḍ) spricht an-Naẓẓām als Anhänger der Naturalisten (aṣḥāb aṭ-ṭabā'iʿ) überall von ‚Körpern', die einander durchdringen (mudāḫala). „an-Naẓẓām behauptet, daß Farben, Geschmäcker, Gerüche, Bewegungen, Wärme, Kälte, Klänge, Schmerzen feine Körper (aǧsām laṭīfa) sind."[23] Auf die Beschaffenheit dieser „Körper", die in anderen Körpern darinstecken, sie durchdringen (mudāḫala), hat der Mensch keinen Einfluß; „er kann sie nicht ändern..., sondern höchstens

16 Farq 117,16ff.
17 Maqālāt 333, u.
18 Milal 38, 10-14; vgl. Maqālāt 334, 1-4.
19 Farq 118, u. -119,2; vgl. 119,3-14 (Widerlegung); *Horovitz:* Über den Einfluß 14f.
20 Intiṣār 34, 9-15; in 36,9 ist von den Gegensätzen (aḍdād) der arwāḥ die Rede.
21 vgl. Maqālāt 331,10-11; 334,2-3. Auch die Dayṣāniten sprechen von al-āfa: vgl. Maqālāt 332,3 v. u. und 338,6.
22 Intiṣār 39,17-18.
23 Maqālāt 404,1-2; vgl. Maqālāt 327,5ff; Milal 39,8; Farq 122,10-17.

zusammenfügen. Sie verhalten sich dann gemäß ihrer ‚Natur'."[24] Was in Erscheinung tritt (ḥadaṯa), wie z. B. das Fallen des Steines, wenn ihn jemand in die Höhe wirft, ist anerschaffene Natur (ḫilqa), und diese Tätigkeit kommt nur Gott zu, der z. B. den Stein mit einer besonderen Naturanlage ausgestattet hat (ṭabaʿa ... ṭabʿan).[25]

Auch diese Idee bezüglich der ‚Körper' steht in Verbindung mit dem stoischen Körperbegriff; wie *Sambursky* ausführt, sei für die Stoiker alles, „was Wirkungen ausübt und durch Wirkungen beeinflußt werden kann, einschließlich der Seele, körperlicher Natur."[26] Allerdings lassen sich auch hier wieder Anklänge an die dualistische Terminologie feststellen.[27] Daß alle Fähigkeiten des rūḥ in seinem Wesen begründet sind, sieht *Horten* im Zusammenhang mit an-Naẓẓāms Leugnung der Akzidenzien,[28] ein Faktum, das ihn mit den Dualisten verbindet:

„Ein Dualist konnte nicht anerkennen, daß etwas einmal gut und ein andermal böse sein mag; für ihn war nur denkbar, daß es von Natur aus, dann aber auch immer gut, oder von Natur aus, dann aber auch immer böse sei ... Die Akzidenzienlehre implizierte Vereinigung von Gegensätzlichem, schien ein Verstoß gegen das Widerspruchsgesetz ..."[29]

al-Ašʿarī überliefert uns von manichäischen Dualisten, „daß ihre Lehre die Akzidenzien (al-aʿrāḍ) verneint."[30] Wohl aber gab es auch Dualisten, die beim menschlichen Handeln Akzidenzien anerkannten,[31] und dies tat auch

24 *van Ess:* Ḍirār b. ʿAmr 250; vgl. Milal 39,14.
25 vgl. Maqālāt 404,3ff.
26 *Sambursky:* Das physikalische Weltbild 201; vgl. *van Ess:* Ḍirār b. ʿAmr 251.
27 Für die Termini ǧism und badan vergleiche folgende manichäische Überlieferungen: „Von manichäischen Dualisten wird erzählt, daß die Körper (aǧsām) aus zwei Prinzipien (aṣlān) bestehen, und daß jedes von diesen beiden Prinzipien aus fünf Arten (aǧnās) besteht: schwarz, weiß, gelb, grün und rot; und daß es keinen Körper (ǧism) gibt, der nicht auf diese Art gebildet wird" (Maqālāt 349,3-6).
„Die al-Manānīya sagt, daß der Mensch die fünf Sinne ist, die wiederum Körper (aǧsām) sind" (Maqālāt 337,14ff).
„Die Manichäer behaupten, daß die Körper (al-aǧsām) vom Ursprung her aus zwei ewigen Arten bestehen; diese beiden sind Licht und Finsternis, welche beide der Gestalt und dem Tun nach einander entgegengesetzt sind; und jedes von ihnen beiden hat fünf verschiedene Körper (abdān) ..." (Uṣūl 53,13-15); vgl. dazu Milal 38,11-12 (badan und ǧism).
In Milal 189,14f wird überliefert, daß Licht und Finsternis jeweils fünf aǧnās formen; vier davon sind Körper (abdān), das fünfte ist deren jeweiliger rūḥ.
In Milal 190,6-11 wird ǧism mit laṭīf verbunden: „Andere sagen: es gäbe nichts außer dem Körper (al-ǧism); die Körper (al-aǧsām) aber bilden auf dreifache Weise die Erde des Lichtes. Es seien aber fünf (Körper); dort sei daher noch ein anderer Körper (ǧism), feiner (alṭaf) als jener, und das sei die Luft, und das sei die Seele des Lichtes; und noch ein anderer Körper (ǧism), feiner (alṭaf) als dieser; das sei die frische Luft, und das sei der rūḥ des Lichtes."
Grundsätzlich wird man wohl folgender Unterscheidung zwischen badan und ǧism zustimmen können: „Badan (pl. abdān) désigne dans la langue commune le corps organique, tandis que ǧism (pl. aǧsām) est le corps en général" (*Vajda:* Le Témoignage 16, Anm. 3).
28 *Horten:* Die Lehre vom Kumūn 781f.
29 *van Ess:* Ḍirār b. ʿAmr 258.
30 Maqālāt 349,6.
31 Maqālāt 349,12-17.

an-Naẓẓām: „Alle Taten des Menschen sind Bewegungen, welche wiederum Akzidenzien (aʿrāḍ) sind."[32] Die Tatsache, daß an-Naẓẓām beim menschlichen Handeln Akzidenzien gelten läßt, ermöglicht ihm zu sagen, daß es der Mensch bzw. sein rūḥ ist, der in einem Zustand lügt und in einem anderen Zustand die Wahrheit sagt; damit aber kann er sich von jenen Dualisten, die bezüglich des menschlichen Handelns die Akzidenzien leugnen, klar abgrenzen.

Es stellt sich nun die Frage, welche Auffassung von rūḥ an-Naẓẓām eigentlich vertrat: die aristotelische, die platonische oder aber eine andere: „Croit-il que l'âme est la forme du corps, à la manière d'Aristote, ou qu'elle en est distincte, le corps n'étant qu'une prison de l'âme? Croit-il l'âme une substance purement spirituelle, ou un corps subtil, plus fin que les autres corps de la nature? Autant de questions qui ne sauraient trouver de réponses dans ce que nous rapportent nos sources."[33]

Nach *Horten* sei die Lehre an-Naẓẓāms vom rūḥ „eine Idealisierung des stoischen Materialismus, bewirkt durch die platonische Lehre von der Seele."[34]

an-Naẓẓām wurde, wie bereits erwähnt, der Vorwurf gemacht, dualistische Ansichten zu vertreten. Gleichzeitig aber bekämpfte er die Lehre der Dualisten mit allen Mitteln der Vernunft, wie schon al-Baġdādī[35] feststellte; letzterem zufolge versucht ihn wohl auch al-Ḫayyāṭ durch seine Polemik gegen den Šīʿiten Ibn ar-Rēwandī reinzuwaschen, indem er klarstellt, daß nicht an-Naẓẓām dualistisch-dayṣānitische Ideen vertrete, sondern daß dies der rāfiḍitische Theologe Hišām b. al-Ḥakam gewesen sei, dessen Lehrmeister ein gewisser Abū Šākir ad-Dayṣānī war, einer, wie überliefert wird, mit geheimer dualistischer Neigung.[36]

Nach al-Baġdādī habe an-Naẓẓām von diesem Hišām die Lehre bezüglich der „Körper" übernommen und aus dieser Häresie geschlossen, daß die Körper einander durchdringen (mudāḫala).[37] Im folgenden wird die Auseinandersetzung um an-Naẓẓāms „manichäisch-dualistische" Ideen weiter zu verfolgen sein.

3. Gott tut keine Ungerechtigkeit

Im Zusammenhang mit der Diskussion, ob Gott auch Ungerechtigkeit vollbringen könne, wird von einer Frage an-Naẓẓāms berichtet, die er den Manichäern gestellt habe,[38] nämlich: ob sich das Licht von aller Ewigkeit her (lam yazal) von der Finsternis unterscheide?

32 Maqālāt 346,13; vgl. 358,10.
33 *Badawi:* Histoire de la Philosophie 130; vgl. *Nader:* Muʿtazila 268ff.
34 *Horten:* Die Lehre vom Kumūn 792.
35 Farq 120,11ff; vgl. Farq 117,5-6: an-Naẓẓām habe eine Schrift gegen die Dualisten verfaßt.
36 vgl. *van Ess:* Ḍirār b. ʿAmr 257f.
37 Farq 114,1-3.
38 Intiṣār 39,6-9.

„Der Grund dieses Unterschiedes", fragt an-Naẓẓām, „könnte denn der anders sein als natürlich (ṭibāʿ) oder frei (iḫtiyār)? (Er sagte): Wenn dieser Unterschied natürlich ist, dann verschwinden die natürlichen (determinierten) Handlungen (afʿāl aṭ-ṭibāʿ) nur mit dem Verschwinden der Natur selber. Wenn dieser Unterschied aber frei ist (d. h. in der freien Entscheidung des Lichtes besteht), wie wißt ihr dann", fragt an-Naẓẓām die Manichäer, „ob das Licht, da es frei (entscheidet), nicht das Böse gegenüber dem Guten bevorzugt oder ob die Finsternis das Gute nicht dem Bösen gegenüber bevorzugt?"

Diese Diskussion, natürliche oder freie Entscheidung, überliefert auch al-Murtaḍā: „Sie (die Manichäer) sagen: Alles Gute kommt vom Lichte und alles Böse von der Finsternis; die einen sagen: durch ihre Natur (ṭabʿ), die anderen: durch freie Wahl (iḫtiyār), außer daß ihrer beider freie Wahl nicht ihrer beider Natur zuwiderlaufe. Man sagt, daß seine Bedeutung dies sei: das Licht wähle Gutes in guter Absicht, die Finsternis wähle Böses in böser Absicht. Sie sagen: die Dinge bilden einen Gegensatz hinsichtlich des Schönen und des Häßlichen gemäß der Teile des Lichtes und jener der Finsternis. Nicht ist frei ein Ding seinem Wesen nach, vielmehr zusammengesetzt aus ihnen beiden (Licht und Finsternis)."[39]

an-Naẓẓām trifft dann im Folgenden die Unterscheidung, daß nur Gott frei (muḫtār) die Gerechtigkeit wähle, und daß es ihm unmöglich sei, die Ungerechtigkeit zu wählen. Der Beweis dafür, daß Gott keine Ungerechtigkeit vollbringen kann, ist nach an-Naẓẓām die Abwesenheit jener Fehler in ihm, welche die Kontingenz (ḥadaṯ) von jenem beweisen, dem diese Fehler angehören.[40] an-Naẓẓām behauptet in diesem Zusammenhang sogar, daß Gott nicht nur das Böse nicht tue, sondern nicht einmal die Macht habe, Böses zu tun; d. h. er kann seinen Dienern nur Gutes tun. Weiters impliziert dies auch, daß die Schöpfung von Gott nicht vollkommener hätte geschaffen werden können als sie es realiter ist.[41]

al-Ḫayyāṭ versucht an-Naẓẓāms Postulat, daß Gott nur Gutes tun könne, folgendermaßen zu erhärten: „Wisse, daß Ibrāhīm (an-Naẓẓām) unterschied zwischen seiner These und dem, was er die Manichäer verpflichtete zu glauben. Er sagte: Ich habe bemerkt, daß die Ungerechtigkeit nur durch ein

39 Baḥr: arab. Text bei *Kessler:* Mani 347,13ff.

40 Intiṣār 39,9-10; 16-17.

41 vgl. Milal 37,6-38,3; 41,7-8: Man hat an-Naẓẓām von muʿtazilitischer Seite (Basra) den Vorwurf gemacht, daß nach seiner Lehre Gott in seinem Handeln determiniert sei (maṭbūʿ und maǧbūr); er kann also nicht als frei Handelnder bezeichnet werden, wenn er nicht zwischen Handeln und Unterlassen wählen kann. Aber an-Naẓẓām konterte folgendermaßen: Was ihr gegen mich betreffend der göttlichen Macht ins Feld führt, kann auch gegen euch betreffend der göttlichen Tätigkeit verwendet werden, denn nach euch ist es unmöglich, daß Gott das Böse vollbringe, selbst wenn es in seiner Macht läge, es auszuführen. Nach aš-Šahrastānī habe er diese Ansicht von den alten Philosophen (qudamāʾ al-falāsafa) übernommen.
Dagegen Farq 113,14-15: „Von den Dualisten entnahm an-Naẓẓām die Lehre, daß derjenige, der die Gerechtigkeit verübt, nicht die Ungerechtigkeit und Lüge zu vollbringen vermag"; vgl. die weitere Exemplifizierung in Farq 115, u. -117,5; *Horten:* Systeme 198ff.

unvollkommenes Wesen (ḏū āfa) vollbracht wird, — durch die Notwendigkeit dazu gezwungen —, oder aber durch ein Wesen, das die Ungerechtigkeit nicht kennt. Ungerechtigkeit und Notwendigkeit aber beweisen die Kontingenz (ḥadaṯ) von jenen, denen sie beigefügt sind. Gott ist jedoch über all diesem."[42]

An einer anderen Stelle — Diskussion an-Naẓẓāms mit den Dayṣāniten — versucht al-Ḫayyāṭ seinen Schützling folgendermaßen gegenüber der Lehre der Dayṣāniten abzugrenzen: „Aber Ibrāhīm (an-Naẓẓām) behauptet nicht, daß Gott die Gerechtigkeit vollbringt aufgrund seiner Natur (ṭibā'), denn sonst sei Ibrāhīm gezwungen anzunehmen, daß Gott von aller Ewigkeit her handelt. Vielmehr behauptet er, daß Gott die Gerechtigkeit tut aufgrund einer freien Auswahl (iḫtiyār) seiner Handlungen. Jener,der frei wählt (al-muḫtār) ist wohl der, der handelt, wann er will, und der sich enthält zu handeln, wann er will. Er muß seinen Handlungen auch vorangehen. Das ist der Unterschied zwischen der These Ibrāhīms und der These der Dayṣāniten."[43]

Nun meint an-Naẓẓām, daß die Manichäer für ihre Thesen nicht dieselben Beweise vorbringen können, wie er, denn sie behaupten nach wie vor, „daß das Licht das Nützliche (al-manāfi') anzieht und den Schaden (al-maḍārr) abstößt; daß es (Licht) Übel (al-āfāt) beeinflussen kann, und daß die Finsternis es beherrschen kann bis zu dem Punkt, wo das Licht, aufgrund dieser Vorherrschaft, nichts mehr weiß. Wenn es so wäre, haben die Manichäer keinen Beweis, daß das Böse und die Ungerechtigkeit nicht aus dem Licht hervorgehen können. Daher, wenn sie behaupten, daß das Licht frei entscheide (muḫtār), müssen sie auch zugeben, daß das Gute aus der Finsternis hervorgehen kann, und ebenso das Böse aus dem Licht."[44]

an-Naẓẓām verweist hier also auf die Schwäche des Lichtes, ähnlich wie früher bereits al-Qāsim.

Ausgangspunkt für an-Naẓẓām ist das Postulat, „daß Gott frei seine gerechten Taten wählt, sein rechtes Urteil und das Gute, das er seiner Schöpfung tut ... Aber er betrachtet die These dessen als absurd, der annimmt,

---

42 Intiṣār 39,13-15; vgl. Maqālāt 576,5-10: Für das Wohltun Allāhs gibt es keine Grenze, da er für seine Schöpfung immer das Beste (aṣlaḥ) tut.

43 Intiṣār 39,1-4.

44 Intiṣār 39,17-21; dieser Abschnitt erinnert in gewisser Weise an aš-Šahrastānīs Darstellung der Dayṣānīya: „Ein Teil von ihnen sagt: Nachdem die Finsternis das Licht überlistet hatte, so daß sie an der niederen Seite des Lichtes festhang, strebte das Licht danach, sich von ihr zu befreien und sie von sich zu stoßen; und es stützte sich darauf und versinke darin, gleichwie der Mensch, welcher aus dem Schlamm, in welchen er hineingefallen ist, herauskommen will; er stütze sich auf seinen Fuß, um herauszugehen, sinke aber immer tiefer hinein; es bedürfe also das Licht einer gewissen Zeit, um die Befreiung von ihr und die Absonderung von seiner Welt auszuführen. Ein anderer Teil sagt: Das Licht sei in die Finsternis aus freier Wahl (iḫtiyār) gegangen, um sie glücklich zu machen und um die gesunden Teile aus ihr herauszuführen in seine Welt. Nachdem es aber hineingegangen sei, stecke es eine Zeitlang fest darin, und es tue das Ungerechte und Häßliche aus Zwang und nicht aus freier Wahl. Wenn es aber in seiner Welt getrennt für sich wäre, so würde von ihm nur lauter Gutes und lauter Schönes kommen; und es sei ein Unterschied zwischen dem Tun aus Zwang und dem Tun aus freier Wahl" (Milal 195, 1-8).

daß Gott Ungerechtigkeit oder Lüge tun kann, zwei Taten, die nur einem schwachen Wesen (ḏū āfa) entspringen können, das Nützliches oder ein Interesse verfolgt, oder aber einen Schaden abwährt. Gott ist vielmehr weit über diesen Attributen, die die Kontingenz dessen beweisen, der dadurch charakterisiert wird.“[45]

Wenn nun die Manichäer behaupten, daß das Licht das Nützliche anzieht und das Schädliche abstößt, dann ist damit die Kontingenz von Licht und Finsternis erwiesen, d. h. beide können jeweils sowohl Gutes als auch Böses tun.

Ausgelöst wurde diese Darlegung durch die Behauptung der Manichäer, „daß das Licht Seinesgleichen befohlen habe, welche vermischt sind mit ihrem Gegenteil (bi-ʿadūwi-hī) in der Welt, das Gute zu tun, wo sie (die Gleichen) doch das Böse nicht tun können; weiters wird die Finsternis für das Böse getadelt, das sie tut, obwohl sie nicht das Gute tun kann.“[46]

an-Naẓẓām wundert sich über diese Aussage der Manichäer, weil doch eine unfreie Handlung weder Lob noch Tadel verdienen könne. Er versucht die Problemstellung anhand eines Vergleiches zu veranschaulichen:

„Ibrāhīm (an-Naẓẓām) war über etwas Sonderbares enttäuscht: nämlich die al-Manānīya habe weiter behauptet, daß das Licht Seinesgleichen befohlen habe zu tun, was es (das Licht) weiß, daß es ihm selber natürlich ist (maṭbūʿ) und das, was es selber weder nehmen noch lassen kann. Aber das Licht ist wie das Feuer in bezug auf seine Hitze, und das Eis in bezug auf seine Abkühlung. So wie derjenige, der dem Feuer befiehlt zu heizen und dem Eis abzukühlen, ein Ignorant und Trottel ist, ebenso ist derjenige, der denen befiehlt, die in derselben Lage sind wie diese (Feuer und Eis), ein Ignorant.“[47]

Nun wird aber an-Naẓẓām, der sich über ein derartig widersprüchliches Reden der Manichäer wundert, von seiten Ibn ar-Rēwandīs vorgehalten, er begehe denselben Fehler:

„Trotzdem behauptete er, daß es für die Muslime notwendig ist, daß sie Allāh loben für das Tun der Gerechtigkeit, obwohl es ihm unmöglich ist, eine Ungerechtigkeit zu tun, ebenso wie sie ihn bitten müssen, mit Gerech-

---

Vgl. dazu Intiṣār 38,21-24: „Die Dayṣāniten haben behauptet, daß das Licht die Weisheit vollendet aufgrund seines Wesens und seiner Natur, und daß die Härte der Finsternis und ihr schädlicher Einfluß auf das Licht sich aufgrund ihres (Finsternis) Wesens und ihrer Natur manifestiert. Und es sagte zu ihnen Ibrāhīm (an-Naẓẓām): Wenn es so wäre, wie ihr behauptet, wäre das Licht von aller Ewigkeit her vermischt mit der Finsternis, da seine Vermischung mit ihr, wenn es (Licht) ihren schädlichen Einfluß erleidet, eine Weisheit ist, und daß es die Weisheit vollbringt aufgrund seines Wesens und seiner Natur. Und das, was in der Natur einer Sache ist, kann sich von dieser nicht trennen. Dieser Schluß ist unwiderlegbar.“

45 Intiṣār 42,20-23.

46 Intiṣār 42,6-8; vgl. die Parallelstelle in Farq 117,5-10.

47 Intiṣār 42,11-14.

tigkeit ihre Sachen zu beurteilen und Ihnen zu tun, was gut für sie ist, trotzdem es ihm nicht möglich ist es anders zu tun."[48]

In ähnlicher Weise hat bereits al-Qāsim kritische Anfragen an Ibn al-Muqaffaʿ gerichtet, der aufrief, dem Manichäismus zu folgen, wo Hoffnung und Rechtleitung zu finden seien:

„Wer ist es, der hofft? Wehe ihm! Etwa die Finsternis, die nicht hoffen kann und von der nur Schaden ausgehen kann, und die, gemäß seiner Aussage, niemals losgelöst ist von der Blindheit. Oder etwa das Licht, welches sich nicht fürchtet und nicht blind ist, und von dem man, gemäß seiner Aussage, niemals etwas anderes herleiten kann als nur Zufriedenheit?"[49]

Und wen ruft er denn auf, das Tun des Bösen zu meiden und sich dem Tun des Guten zuzuwenden: „Ist es vielleicht das Licht, welches nichts Böses tun kann oder das Rechte (al-muṣīb),[50] welches nicht sündigen kann? Von daher gibt es keine Notwendigkeit zu seinem Aufruf und Appell; ansonsten: Wieso macht das Licht nicht das Böse und verhält sich in der Art wie seine Feinde?"[51]

Ähnliche Fragen stellt auch Ibn Ḥazm; bei ihm jedoch findet sich noch ein zusätzlicher Aspekt:

„Wenn sie (Manichäer) sagen, der Sinn der Aufforderung, die an das Licht ergeht, Gutes zu tun, ist der, daß das Licht die Finsternis am Böse-Tun hindere, so wird zu ihnen gesagt: Hätte das Licht überhaupt Macht gehabt jenes zu verhindern, bevor ihr es dazu aufgefordert habt oder nicht? Wenn sie dies bejahen, daß es in seiner Macht war, wird zu ihnen gesagt: Dann hat aber das Licht gefrevelt, dadurch daß es das nicht verhindert hat, was die Finsternis an Frevel begangen hat. Und wenn ihr sagt: Es vergaß jenes!, so wird zu ihnen gesagt: Das Vergessen ist ein Mangel (naqṣ) und eine Unwissenheit bezüglich des Lichtes; dies aber sind wiederum Eigenschaften des Bösen, die nach eurer Darstellung dem Licht nicht zukommen..."[52]

Aufgrund dieser seiner Lehren wird an-Naẓẓām in den häresiographischen Werken in die Nähe des Dualismus und seiner vielfältigen Formen gerückt.

Nach al-Baġdādī entnahm er von den Dualisten die Ansicht, daß derjenige, „der Gerechtigkeit tut, nicht gleichzeitig auch Ungerechtigkeit und Lüge tun kann."[53]

al-Baġdādī vergleicht also die Ansicht an-Naẓẓāms mit der Ansicht der Dualisten, welche behaupten, daß das Prinzip des Guten nichts Böses tun

---

48 Intiṣār 42,8-10; vgl. Farq 117,10-12: „Wenn nach deiner Lehre Gott gedankt wird für das Tun der Gerechtigkeit und Wahrheit und keine Macht hat, Frevel und Lüge zu vollbringen, warum streitest du dann den Dualisten das Recht ab, die Finsternis zu tadeln, weil sie Böses tut, wo sie doch das Gegenteil nicht tun kann."

49 Radd 14,8-16,8.

50 vgl. *Guidi:* La lotta 28, Anm. 7: „al-muṣīb, s'intende l'elemento giusto, cioé la luce."

51 vgl. *Guidi:* La lotta 28, Anm. 8: „Se l'elemento buono, la luce, facesse il male, diverrebbe eguale ai suoi nemici, cioé alla tenebra"; vgl. Fiṣal: arab. Text bei *Taqizadeh-Širazi:* Mani 229-230.

52 Fiṣal: arab. Text bei *Taqizadeh-Širazi:* Mani 231,17ff.

53 Farq 113,4-114,1.

könne, und das Prinzip des Bösen nichts Gutes; ebenso behaupte an-Naẓẓām, daß Gott nicht die Macht besitze, Böses zu tun.

Seine vierte Häresie sei nach al-Baġdādī, „daß die Körper von zwei Arten sind, lebend und tot; daß es weiters für den lebenden Körper unmöglich ist, zu sterben, und für den toten Körper, wieder lebendig zu werden. Diese Ansicht nahm er von den Dualisten (aṯ-ṯanawīya l-burhānīya), die behaupten, daß das Licht ein lebender und leichter Körper ist, dessen Eigenart es sei, ständig aufzusteigen, und daß die Finsternis ein schwerer, toter Körper ist, dessen Eigenart es sei, ständig hinabzusteigen; weiters daß der schwere, tote Körper unfähig ist, licht zu werden, und daß das Licht als lebender Körper unfähig ist, ein schwerer, toter Körper zu werden."[54]

al-Ašʿarī[55] überliefert als Behauptung an-Naẓẓāms, daß sich die Gegensätze „durchdringen (yudāḫil)"; so durchdringe z. B. das Leichte das Schwere.

Horovitz weist hier wiederum auf den Einfluß der Stoa hin, die sich ebenso bemühte, solche Gegensätze aufzuzeigen, d. h. das Gesetz des Gegensatzes, das sich durch die ganze Natur zieht.[56]

„Von diesem Standpunkte aus begreifen wir wohl, wie Naẓẓām gerade die Ansicht der Dualisten bekämpfen mußte; die Gegensätze sind nach ihm kein Beweis für ein doppeltes Prinzip, sondern eher für das Gegenteil, für die Einheit der Welt, sie weisen auf einander hin und werden durch einander erkannt. Ebenso nun, wie die Vermutung Ḳahirs, die Behauptung Naẓẓāms von der Einteilung der Körper sei den Dualisten entlehnt, falsch ist, so gilt das Gleiche in bezug auf die Ansicht, daß Gott das Böse nicht tun könne. Wir können in dieser lediglich einen Ausdruck für den Determinismus Naẓẓāms erblicken, seine Übereinstimmung mit den Stoikern, welche ein und dasselbe Wesen, nur in verschiedenen Beziehungen gedacht, bald als Gottheit, bald als allumfassendes Naturgesetz und unabänderliches Schicksal bezeichnen."[57]

Horten[58] dagegen findet eine Entlehnung aus der Stoa weniger naheliegend, weil, wenn sich in seinem System dualistische Züge finden, er diese wohl von den Dualisten entlehnt haben wird.

Allerdings meint er an einer anderen Stelle folgendes: „In der Lehre von Gott wirken sodann platonische Gedanken (Gott wirkt notwendig das Gute, er ist die Güte) mit zoroastrischen (es klingen die beiden Reihen an:

---

54 Farq 119,16-120,3; vgl. *Horten:* Systeme 200ff.

55 Maqālāt 327,5ff.

56 vgl. *Horovitz:* Über den Einfluß 30ff;
vgl. *Platon:* Phaidon 105 c-d: Von der Beobachtung des Gegensatzes aus (103 c-d: „das Entgegengesetzte wird niemals sein Entgegengesetztes"), schließt er sodann auf die Unsterblichkeit der Seele: „Die Seele also, wessen sie sich bemächtigt, zu dem kommt sie immer Leben mitbringend. — Das tut sie freilich. — Ist nun wohl etwas dem Leben entgegengesetzt oder nichts? — Es ist. — Und was? — Der Tod. — Also wird wohl die Seele das Gegenteil dessen, was sie immer mitbringt, nie annehmen, wie wir aus dem vorigen festgesetzt haben. — Und gar sehr festgesetzt."

57 *Horovitz:* Über den Einfluß 31.

58 *Horten:* Systeme 201.

Licht, Gott, Gutes, Leben — Finsternis, Teufel, Böses, Tod) und aristotelisches zusammen (Gott ist wesenhaft Wissen; sein Schaffen ist Erkennen, das mit mathematischer Notwendigkeit willenlos erfolgt)."[59]

Bei dieser Formulierung von Gegensätzen ist einmal zu bedenken, daß es sich hier um die Grundstruktur des Dualismus handelt. Nicht nur die Dayṣāniten[60] behaupten, daß das Licht lebend ist und die Finsternis tot, sondern, wie wir z. B. von al-Murtaḍā[61] erfahren, ist dies auch die Lehre der Manichäer. Allerdings muß hier dann weiters an-Naẓẓāms naturalistischer Hintergrund mitbedacht werden. Und hierzu liefert uns die Darstellung al-Ḫayyāṭs, wenn auch ein subjektives — im Sinne der Verteidigung an-Naẓẓāms —, so doch ein differenzierteres Bild von an-Naẓẓāms angeblichen „dualistischen Lehren", als es uns etwa durch die häresiographischen Werke vermittelt wird. *Hortens* Behauptung, „die dualistische Lehre gilt nur von der Gottheit und den Naturdingen",[62] wird wahrscheinlich nicht ganz aufrechtzuerhalten sein, wenn man die Ausführungen al-Ḫayyāṭs über die Kontingenz der Dinge, also deren Naturanlagen, weiters jene über den freien Willen des Menschen mitbetrachtet: auf der einen Seite Gott, der nur das Gute tun kann, ihm gegenüber die Dinge, die kontingent sind, d. h. ihren Naturanlagen entsprechend handeln, was aber nicht heißen muß, daß auf sie der Terminus „dualistisch" anzuwenden ist; denn gerade für das Licht weist an-Naẓẓām nach, daß es aufgrund seiner Kontingenz sowohl Gutes als auch Böses hervorbringen kann. Und zuletzt der Mensch mit seinem freien Willen, d. h. der Möglichkeit, zwischen Gut und Böse zu wählen.

Weiters ist natürlich zu unterscheiden zwischen dem Reden von den Naturanlagen der Dinge — Wärme des Feuers und Abkühlen des Schnees — und einer ethischen Sprechweise. In bezug auf Licht und Finsternis ist also nicht von deren entsprechenden Naturanlagen die Rede, sondern es wird auf sie die ethische Terminologie — gut und böse — angewandt, was durchaus zu beachten ist. Diese Konzentration auf eine ethische Terminologie hat wohl darin ihren Grund, daß an-Naẓẓām den Manichäern die Kontingenz von Licht und Finsternis beweisen will; und dies konnte er nur auf derselben sprachlichen Ebene, auf der sich auch die Manichäer bewegten, nämlich mit Hilfe der ethischen Sprechweise. Bezüglich der anderen Dinge, die als Beispiele angeführt wurden, wie Feuer und Schnee, konnte er im Vergleich von deren natürlicher Beschaffenheit sprechen.

59 *Horten:* Die Lehre vom Kumūn 792.
60 vgl. Milal 194,5-6.
61 vgl. Baḥr: arab. Text bei *Kessler:* Mani 347,12f.
62 *Horten:* Systeme 209.

B. WIDER DIE VERMISCHUNG VON LICHT UND FINSTERNIS

I. Das Prinzip des Gegensatzes schließt eine Mischung aus (al-Qāsim)

al-Qāsim gibt die manichäische Lehre von der Vermischung von Licht und Finsternis folgendermaßen wieder: „Alle Dinge sind eine Mischung (mizāǧ) aus Licht und Finsternis.“[1] — „Zuerst waren beide noch nicht vermischt,[2] am Ende jedoch waren sie vermischt.“[3]

„Weiters bestimmte er für beide die Ähnlichkeit bezüglich der Gleichheit (šibh al-istiwā') und vertrat für beide die Ansicht von der Gleichheit (as-sawā') in zwei Zuständen (fī ḥālayn), die beide Licht und Finsternis zusammen vereinigen. Weiters vertrat er auch für Licht und Finsternis die Ansicht von der Gleichheit bezüglich ihrer beider Handeln, das einander gleicht... Gemäß Mani vereinigten die beiden Zustände, — in welchen sich Licht und Finsternis vorfinden —, in der Vermischung, d. h. in ihrem Gegensatz, und in ihrer beider Gemeinsamkeit hinsichtlich des Tuns des Bösen und des Tuns des Guten, Licht und Finsternis.“[4]

Mit diesen Aussagen aber widerspricht Mani seiner eigenen Behauptung von der Gegensätzlichkeit der beiden Prinzipien. al-Qāsim fügt noch einen grundsätzlichen Einwand gegen die manichäische Mischungslehre hinzu:[5] Wenn nun aber jemand ihre Behauptung leugnen würde, indem er einwendet: „Aber das Licht und die Finsternis sind bereits zwei Mischungen und hinter ihnen beiden und für sie beide gibt es bereits zwei Prinzipien (aṣlān)?“

An einer anderen Stelle fragt al-Qāsim die Manichäer, ob nicht die Gegensätzlichkeit von Licht und Finsternis analog zum Gegensatz der Dinge überhaupt zu sehen ist, „denn der Gegensatz verbindet sich niemals mit einem Gegensatz, außer er zerstört ihn oder aber er hat die Fähigkeit zur Vereinigung. Von gegensätzlichen Prinzipien kann man daher nur dann sprechen, wenn sie aufgrund ihrer Gegensätzlichkeit nicht vereinigt werden können, (also in ihrer Gegensätzlichkeit Stabilität aufweisen). (Wenn sie sich vermischen können), dann ist damit die Vernichtung des Wesens (al-mawǧūd) in ihren beiden Substanzen (a'yānu-humā) verbunden oder aber die Ver-

1 Radd 4,14.
2 vgl. Radd 4,15: „lam yakun bayna-humā fī mā ḫalā min dahri-himā imtizāǧ“ (Nicht gab es zwischen beiden, in dem, was vergangen von ihrer beider Zeit, eine Mischung); vgl. *Guidi:* La lotta 5, Anm. 3: „Prima della cosmogonia“; *Vajda:* Le Témoignage 7: „leur passé éternel.“
3 Radd 4,18-19,
4 Radd 4,16-20.
5 Radd 4,20-5,1.

änderung von beiden als Folge ihrer beider Vereinigung aufgrund ihrer beider natürlicher Eigenschaften (ša'ni-humā)."[6]

Als Beispiel führt er folgendes an: Die Vernichtung des Schnees und des Feuers in ihren beiden Substanzen bei ihrem gegenseitigen Kampf; oder die Veränderung zweier Farben oder zweier Geschmacksarten bei ihrer beider Mischung.

„Wie also kann man die Vereinigung von zwei Substanzen behaupten, die bei ihnen zwei Prinzipien (aṣl) sind?[7] Und wie kann man nach der Vermischung von Licht und Finsternis noch von Schaden und Nutzen sprechen? Entweder stehen beide im Gegensatz zueinander oder sie sind vermischt; wenn letzteres der Fall ist, dann sind beide veränderlich wie die Veränderung der beiden vermischten Dinge bei ihrer beider Mischung zu einer einzigen Handlungseinheit."[8]

Wie ist es aber mit Lachen und Weinen, gesund oder krank, hungrig oder satt, geduldig oder ungeduldig usw. Alle diese Tätigkeiten und Zustände sind einander gegensätzlich; aber von jedem dieser Gegensätze kann ein Böses abgeleitet werden. Nach manichäischer Lehre würde das heißen, daß dann alle diese gegensätzlichen Tätigkeiten und Zustände ihren Ursprung in der Finsternis haben; von der Finsternis aber kann man sie deswegen nicht herleiten, weil ja diese in sich nicht gegensätzlich ist. Ebenso nicht vom Licht, weil auch das Licht in sich nicht gegensätzlich ist.[9]

Ibn Ḥazm[10] bringt in ähnlicher Weise ein Gegensatzpaar als Argument gegen die Manichäer ins Spiel, nämlich Vergnügen (laḏḏa) und Schmerz (al-aḏā): Die Manichäer nämlich behaupten, schreibt Ibn Ḥazm, daß das Vergnügen eine Eigenschaft (ḫāṣṣa) des Lichtes sei und nicht der Finsternis zugehöre; dagegen sei der Schmerz eine Eigenschaft der Finsternis und nicht des Lichtes. Dies sei aber nach Ibn Ḥazms Meinung falsch, denn es gäbe kein Vergnügen außer in der Beziehung (bi-l-iḍāfa); dasselbe gelte auch für den Schmerz. Wenn kein Schmerz existierte, dann gäbe es auch kein Vergnügen und umgekehrt.

Als Beispiel führt er an, daß das Vergnügen beim Menschen anders sei als beim Esel. Dasselbe gelte für den Schmerz: es gibt Dinge, die die Schlange kaum stören, jedoch dem Menschen wehtun.

Mit dieser Relativierung bzw. Subjektivierung von Vergnügen und Schmerz will Ibn Ḥazm sagen, daß die manichäische Prinzipienlehre, Licht als ausschließliche Quelle des Guten und Finsternis als ausschließliche Quelle des Bösen zu sehen, falsch ist; beide, gut und böse, sind ebenfalls einer Subjektivierung unterworfen. Ein weiterer Katalog von Widersprüchen ergibt sich für al-Qāsim aus dem einheitlichen Mischungskomplex:[11]

---

6 Radd 7,3-14.

7 vgl. *Guidi:* La lotta 11: „Ora come è possibile (affermare) l'unione per quelle due sostanze, che essi affermano essere i due principî..."

8 Radd 7,9-12.

9 Radd 7,15ff.

10 Fiṣal: arab. Text bei *Taqizadeh-Širazi:* Mani 231,2ff.

11 Radd 50,7-51,5.

Nach manichäischer Lehre ist der Mensch eine Mischung aus den beiden Prinzipien Licht und Finsternis; nun, fragt al-Qāsim, woher kommt aber dann die Feindschaft von zwei gemischten Dingen, nachdem sie doch durch die Mischung zu einem einzigen Mischungskomplex wurden (ʿuqda min al-mizāǧ wāḥida), wie etwa die Feindschaft der Menschen untereinander?

Wie kommt es, daß gute Menschen böse und böse Menschen gute Nachkommen haben können? Oder wie kann von den Bösen eine Sache hervorgebracht werden, die nicht böse ist? Nicht findet man, daß die Söhne den Vätern im Tun des Guten nachfolgen, andererseits auch nicht, daß die Söhne ihren Vätern im Tun des Bösen nachfolgen.

Wieso geht aus zwei so entgegengesetzten Dingen wie Mann und Weib immer nur eines hervor, das entweder Mann oder Weib ist, aber kein Wesen, das beiden Geschlechtern zugehört? Jede Ableitung (kull farʿ šay'), so behaupten die Manichäer, sei wie ihre Wurzel (ka-aṣli-hi).[12] Wie al-Qāsim nachgewiesen hat, ist Gleiches nicht in der Lage, Gleiches zu schaffen. Denn auch die Mischung selbst ist ein Ergebnis, das abgeleitet wird von einer ihr nicht ähnlichen Sache; und die Verbindung, die durch die Vermischung passiert, ist nicht gleich ihrem Ursprung (aṣl) (nämlich Licht und Finsternis), weil ihr Ursprung aus zwei Dingen besteht, sie aber ist eine einzige Sache ... Zu den Behauptungen der Manichäer gehört auch, daß die Dinge in ihren Substanzen (ǧawāhir) keinen Veränderungen unterliegen, sondern nur in ihren Formen (ṣuwar); die Form des Lichtes ist erheiternd und erhellend, jene der Finsternis betrübend und verdunkelnd. Wenn sich nun beide vermischen, dann wird ihre Vermischung in einer anderen Form aufgefaßt, die weder erheiternd und erhellend noch betrübend und verdunkelnd ist. Woher stammt diese dritte Form, wenn nicht von der Schöpfung (ḥādiṯa)?[13]

Das hier angesprochene Verhältnis zwischen Substanz und Form wird im Folgenden anhand der Auseinandersetzung zwischen Ibn ar-Rēwandī und an-Naẓẓām näher zu verfolgen sein.

II. Gott steht über den Dingen

Ähnlich wie bereits al-Qāsim das Faktum der VERMISCHUNG von Licht und Finsternis als widersprüchliches Ereignis ausgewiesen hat, versucht auch an-Naẓẓām Widersprüche bei diesem manichäischen Lehrstück festzustellen. Die Position an-Naẓẓāms erfahren wir im Rahmen der polemischen Auseinandersetzung zwischen Ibn ar-Rēwandī und an-Naẓẓām; letzteren versucht al-Ḫayyāṭ von den dualistischen Anschuldigungen reinzuwaschen. Der Ausgangspunkt der Widerlegung ist bei an-Naẓẓām derselbe wie bei al-Qāsim; der zu widerlegende Satz der manichäischen Doktrin lautet:

12 vgl. Radd 7,19: wa-farʿu-hū wa-aṣlū-hū (hier erfolgt die Zurückführung auf die Finsternis).

13 Radd 51,17-21.

„Das Licht und die Finsternis sind verschieden und gegensätzlich (mutaḍāddān) in ihrer beider Wesen (anfusu-humā) und in ihrer beider Handlungen, und die Richtungen ihrer beider Bewegungen sind verschieden."[14]

an-Naẓẓām fragt sodann die Manichäer, „wie konnten sich denn beide vermischen, ineinander übergehen (tadāḫalā) und sich vereinigen von selbst aus, da es ja über ihnen keinen Qāhir (= Gott) gibt, der über sie beide Macht ausübt, und keinen, der zusammenfügt, indem er sie beide vereint, und keinen, der sie abhält von ihren Handlungen, sowie er auch abhält den Stein von seiner natürlichen Tendenz zu fallen und das Wasser von seiner natürlichen Tendenz zu fließen?"

Nach an-Naẓẓām müßte sich aufgrund der These der Manichäer, wie al-Ḫayyāṭ berichtet, der Unterschied und Gegensatz zwischen Licht und Finsternis nur noch steigern. „Und Ibrāhīm behauptete, daß es für die Dinge einen Schöpfer gibt, der sie erschafft und einen Lenker, der sie führt, und der sie nötigt zu dem, was er will, und der sie leitet in der Weise, wie er möchte, und vereinigt von ihnen, was will sein Vereinigen, und der trennt von ihnen, was will sein Trennen. Das ist der Unterschied zwischen dem, was Ibrāhīm gesagt und dem, was die Manichäer behauptet haben. Und er ist offenbar und nicht ist Verborgenheit in ihm."[15]

Nun scheint aber diese eben beschriebene Position an-Naẓẓāms nicht so eindeutig klar gewesen zu sein, wie sie al-Ḫayyāṭ darstellt, denn Ibn ar-Rēwandī polemisiert gegen an-Naẓẓām in folgender Weise:

„Wir haben euch berichtet, wie Ibrāhīm die Manichäer zwang anzunehmen, daß die Mischung von Licht und Finsternis unmöglich ist, weil beide verschieden sind bezüglich der Art (al-ǧins) und des Handelns, und weil die Richtungen, in die beide in Bewegung gesetzt werden, verschieden sind, und daß sich beide trotzdem vereinen und ineinander verflochten sind (yatadāḫalān). Ibrāhīm brachte alle möglichen Argumente vor zur Unterstützung dieser These (maḏhab), ebenso wie er sich angestrengt hatte, sie zu bekämpfen mit allen Kräften."[16]

Ibn ar- Rēwandī scheint mit „yatadāḫalān" auf an-Naẓẓāms Lehre von kumūn[17] und mudāḫala anzuspielen; beide Ausdrücke weisen nämlich auf

---

14 Intiṣār 31,11-12.

15 Intiṣār 31,13-18; vgl. Intiṣār 27, 9ff: Ibn ar- Rēwandī behaupte, daß Abū ʿAffān ar-Riqqī, einer der Gefährten an-Naẓẓāms, die Manichäer gezwungen habe anzuerkennen, daß die Vermischung ewig war wegen der Ewigkeit der Grundursache.

16 Intiṣār 31,7-10.

17 vgl. Farq 127-128,4 und Milal 39, 12-14; weiters *Horten:* Die Lehre vom kumūn 774ff; auf die Verbindung der Lehre vom kumūn mit den Manichäern, als Gegensatz zur creatio ex nihilo, verweist Ǧābir b. Ḥayyān (vgl. *van Ess:* Ḍirār b. ʿAmr 258). Diese Lehre war auch al-Qāsim bekannt (vgl. *Pines:* Atomenlehre 99, Anm. 2). Im Kitāb ar-Radd 44,4-45,3 beschäftigt er sich mit folgender Aussage von Ibn al-Muqaffaʿ: „Das Sein einer Sache, die nicht aus einer anderen Sache hervorgeht, findet in der Vorstellung keinen Platz; und was in der Vorstellung keinen Platz findet, das ist unmöglich." Ibn al-Muqaffaʿ will damit sagen, daß die Dinge ewig sind und daher ist eine Entstehung aus dem Nichts unmöglich. Im folgenden widerlegt al-Qāsim diese Ansicht.

den Mischzustand unserer gegenwärtigen Welt und scheinen damit dualistischer Prägung zu sein.[18]

Nach *van Ess* habe an Naẓẓām folgende Variante von der kumūn-Lehre vertreten: „gewisse Dinge, Qualitäten, dinglich verstanden als Ingredienzen, sind in anderen von Anfang an, von ‚Natur' aus, ‚verborgen' wie das Feuer im Stein; unter bestimmten Umständen werden sie uns sichtbar und offenbaren ihre Wirkkraft." an-Naẓẓām hat also zwischen Ingredienzen und Eigenschaften nicht unterschieden. Von theologischer Seite (Ḍirār b. ʿAmr) wurde ihm vorgehalten: „kumūn impliziert, daß Gott auf diese Körper, die ihre Wirkkräfte von Natur aus in sich tragen, nicht mehr direkt einzuwirken vermag; sie reagieren nach ihrem eigenen Gesetz. Damit aber ist gegen das Einheitsbekenntnis (tawḥīd) verstoßen: Gott hat andere selbständig wirkende Kräfte neben sich."[19]

Wie ist es also trotz des Gegensatzes von Licht und Finsternis möglich, daß sich beide vermischen konnten?, bzw. wie versucht al-Ḫayyāṭ seinen Schützling von den dualistischen Anschuldigungen freizusprechen.

Für an-Naẓẓām gäbe es für die Vermischung zwei Möglichkeiten: einmal geht er vom Grundsatz des „Gleichheitsprinzipes" aus bzw. von der Auffassung der Determiniertheit der Dinge: „es läge in der Natur des Gleichen (šaʾn ṭabīʿa š-šakl) sich dem Gleichen anzunähern."[20]

„Das Gleiche jedoch trennt sich von seinem Gleichen, dem anzuhaften es bestimmt ist von Natur aus, wenn es gezwungen war und wenn es dazu verhindert war, wie man den Stein verhindert zu fallen, oder das Wasser am Fließen und die Flamme am Emporlodern hindert. Aber wenn man es sich selbst überläßt und seiner eigenen Natur, dann kann das Gleiche nur seinem Gleichen anhaften."[21]

Daraus folgt: Wenn die Mischung von Licht und Finsternis in deren beider Natur liegt, dann gibt es nichts, meint an-Naẓẓām, was das Licht und die Finsternis daran hindern kann, da es außer ihnen kein drittes gibt (nach manichäischer Ansicht). Dies entspricht der zweiten Möglichkeit, die al-Qāsim angibt, nämlich daß beide Substanzen mischungsfähig sind, also die Fähigkeit zur Vereinigung besitzen.

---

18 In Maqālāt 327,15 wird auf die Verknüpfung von kumūn und mudāḫala mit imtizāǧ verwiesen; al-Baġdādī versteht nicht, wieso an-Naẓẓām die Lehre von der Vermischung zu widerlegen versucht, wo er doch selbst lehrt, daß die leichten und schweren Körper (Seele und Körper) sich gegenseitig durchdringen; er verweist ebenfalls auf mudāḫala und mizāǧ (Farq 120,11-16); vgl. dazu Fihrist 329,16: Eindringen (tadāḫala) des Satans in die Strahlen des Lichtes; vgl. Maqālāt 349,7-11: Als Lehre der Dayṣāniten wird angegeben: Dem Licht wird das Weiße, der Finsternis das Schwarze zugeordnet; von der Mischung dieser beiden Farben entstehen die anderen Farben.

19 *van Ess:* Ḍirār b. ʿAmr 246.

20 Intiṣār 39,10-11;

21 Intiṣār 39, u. -40,2; an-Naẓẓām scheint hierbei einem Prinzip frühgriechischen Denkens, nämlich dem Prinzip „Gleiches zu Gleichem", verpflichtet zu sein; wir treffen auch hier anhand dieses Denkens auf die beiden von an-Naẓẓām dargelegten Möglichkeiten, „daß die Freundschaft des Gleichen im allgemeinen als das natürliche Verhalten der Dinge angesehen wird, während die Einheit des Verschiedenen auf die Einwirkung einer besonderen Kraft zurückgeführt wird"; *Müller:* Gleiches zu Gleichem XVIII).

Die zweite Möglichkeit betrifft die Frage an-Naẓẓāms, die er an die Manichäer richtet: Wie konnten sich die gegensätzlichen Prinzipien Licht und Finsternis vereinigen, da es doch nach manichäischer Lehre keinen Qāhir gibt, der über sie beide Macht ausübt, und der sie beide zusammenfügt, ihrer natürlichen Beschaffenheit zuwider?

Dahinter steht, wie al-Ḫayyāṭ berichtet, eine Kontroverse zwischen an-Naẓẓām und Ibn ar-Rēwandī; Ibn ar-Rēwandī gibt als Auffassung an-Naẓẓāms bezüglich der Körper (al-aǧsām) folgendes an: „eine Substanz (al-ǧawhar) könne nicht etwas tun, was nicht in ihrer Natur liegt, oder ihr Urheber könne sie nicht zwingen, etwas zu machen, was nicht in ihrer Natur. Er sagt: Wenn man ihn (an-Naẓẓām) fragt: Kann Gott die erkaltende Hitze und die wärmende Kälte schaffen und sie zwingen zu tun, was nicht in ihrer Natur ist?, so wird er die Frage absurd finden. Er (Ibn ar-Rēwandī) sagte: Trotzdem behauptet er, daß Gott die Gegensätze zur Vereinigung gezwungen, die nicht in ihrer Natur liegt.“[22]

Ibn ar-Rēwandī scheint hier wieder darauf anzuspielen, daß an-Naẓẓām Verfechter der stoischen Lehre von mudāḫala und kumūn[23] war. al-Ḫayyāṭ versucht im folgenden die wahre Meinung seines Schützlings wiederzugeben:

„an-Naẓẓām hat behauptet, daß Gott die Gegensätze zur Vereinigung gezwungen habe, ein Faktum, das nicht ihrer Natur entspricht (fī ǧawhari-hā), wenn sie sich selbst überlassen wären; wenn man aber das aufhält, was in ihnen den Widerstand ausmacht und sie zur Vereinigung zwingt, wird ihr Wesen (ǧawharu-hā wa-ša'nu-hā) zur Vereinigung geführt, auf Grund des Zwanges, der sich auf sie auswirkt, ebenso wie es ihr Wesen war, einander abzustoßen, solange sie sich selber überlassen waren.“[24]

Das Wasser hat die Tendenz zu fließen, man kann es aber auch daran hindern; der schwere Stein hat die Tendenz zu fallen, aber man kann ihn auch daran hindern; und das Feuer hat die Tendenz zu brennen, sich in die Höhe zu erheben, aber man kann es auch daran hindern, dann wendet es sich nach unten. Weiters habe, wie Ibn ar-Rēwandī behauptet, an-Naẓẓām beobachtet, „daß das Heiße und Kalte trotz allem, was sie an Gegensatz und Abstoßung in sich tragen, vereint sind in einem einzigen Körper (ǧasad wāḥid). Damals verstand ich, daß sie sich nicht von selbst vereinigt haben, weil sie von selber dazu tendieren, einander entgegenzustehen (ša'nu-humā at-taḍādd) und daß der, der sie vereint hat, derjenige ist, der sie vereint geschaffen hat und sie dazu gezwungen hat, was ihrem Wesen widerspricht. So hat er bewirkt, daß ihre Vereinigung trotz ihres Gegensatzes (taḍāddu-humā) beweist, daß der, der sie vereint hat, ihr Schöpfer ist. Dann sagte er (Ibn ar-Rēwandī): Und er (an-Naẓẓām) behauptet, daß der Mensch, der keine Körper (al-aǧsām) produzieren kann, die Wärme in das kalte Wasser einführt, bis dieses lauwarm ist; so vereint er sie (Wärme und Wasser), obwohl sie einander entgegengesetzt sind; so wie er auch die trockene Erde mit

22 Intiṣār 41,12-15.
23 vgl. Maqālāt 327,5-14.
24 Intiṣār 41,20-23.

der Feuchtigkeit des Wassers vereint, bis sie einander in Gleichgewicht halten und einander erhalten. Er überlegt nicht", meint Ibn ar-Rēwandī, „daß der Mensch auf diese Weise einen Beweis erbringt, daß er Sachen schaffen kann."[25]

al-Ḫayyāṭ wirft Ibn ar-Rēwandī völlige Unkenntnis bzw. Verfälschung dessen vor, was an-Naẓẓām wirklich sagte: „Ibrāhīm (an-Naẓẓām) hat gesagt: Ich habe das Warme gesehen dem Kalten gegenübergestellt und habe festgestellt, daß die zwei Gegensätze sich nicht vereinen an ein und demselben Ort durch sich selber. Ich verstand damals dies sehend, daß es ein Wesen gibt, das sie vereint und das sie gezwungen hat entgegen ihrer Natur. Jedoch das, was den Zwang oder die Verhinderung erleidet ist schwach. Und die Schwäche und die Wirkung des Einflusses dessen, der es zwingt, beweist, daß es kontingent ist und daß ein Mittler es bewirkt hat und daß ein Urheber es geschaffen hat ohne ihm ähnlich zu sein. Andererseits, wenn er ihm ähnlich wäre, wäre er kontingent wie es. Dieser Mittler ist Gott. Wenn also jemand außerhalb Gottes das Feuer, das Wasser, den Staub und die Luft einigt, beweist dies zuerst, daß diese Elemente kontingent sind, ohne daß ihr Schöpfer der Mensch sei, der sie vereint, denn der Mensch erleidet denselben Zwang wie sie! Daher ist der Schöpfer dieser Dinge auch der Schöpfer des Menschen, der ihnen ähnlich ist (al-mušabbih la-hā). Und Gott, dem niemand ähnlich ist (lā yušabbihu-hū šay') und der nichts ähnelt, ‚nichts ist wie er' (Sure 42,11: laysa ka-miṯli-hī šay')."[26]

an-Naẓẓām will damit sagen, wie al-Ḫayyāṭ ausführt, „daß die Tatsache über diese Dinge zu verfügen, einen Einfluß auf sie auszuüben und sie daran zu hindern auszuführen das, was in ihrer Natur, beweise, daß sie schwach sind. Ihre Schwäche (ḍaʿfu-hā) ist ein Beweis ihrer Kontingenz (ḥadaṯ) und ihre Kontingenz fordert, daß es einen Schöpfer gibt, der sie erschaffen hat, denn es ist unmöglich, daß es eine Wirkung gibt ohne Grund."[27]

„Donc toute dérogation aux lois de la nature des choses suppose une force supérieure à la nature capable d'exercer la contrainte sur les corps et

---

25 Intiṣār 40,10-17; aufschlußreich für diese Kontroverse ist ein Textstück aus dem Kitāb al-Ḥayawān von Ǧāḥiẓ (z. nach der Übersetzung von *van Ess:* Ḍirār b. ʿAmr 249):
„Wir stellen fest", sagt an-Naẓẓām, „daß die Töpferware sich für das Auge und für das Gefühl, für den Geschmack und den Geruch, beim Einritzen und beim Beklopfen anders verhält, als wir es beim Feuer, beim Wasser und bei der Erde allein feststellen. Und doch ist diese Töpferware eben diese Dinge und ist das Holz eben diese Dinge, nur daß eines von Menschenhand das andere von Gott zusammengefügt ist. Der Mensch (al-ʿabd) kann die Komponenten einer Zusammensetzung nicht ihrer Substanz nach umwandeln (yaqlibu), wenn er sie auf die bewußte Weise zusammensetzt". Diese Einzelbestandteile nennt an-Naẓẓām, wie wir bereits ausführten, „Körper", auf deren Beschaffenheit der Mensch keinen Einfluß hat; der Mensch schafft also nicht „akzidentiell" etwa die Härte eines Steines; diese ist ihm vielmehr als Ingrediens von vornherein mitgegeben (vgl. *van Ess:* Ḍirār b. ʿAmr 249, Anm. 30).
vgl. Milal 38,15-17: an-Naẓẓām behaupte folgendes: „Jede Tat, die das menschliche Vermögen in bezug auf das Tun überschreitet, ist Tun Gottes, auf Grund der Naturanlagen der Dinge. Z. B. gab Gott dem Stein seine Natur und verlieh ihm eine spezielle Naturanlage..." an-Naẓẓām spricht also den Körpern eine eigene Natur (ṭabīʿa) zu.

26 Intiṣār 40,20-41,5.

27 Intiṣār 41,8-10.

les soumettre à des lois autres que celles qui leur sont propres. Et les lois de la contrainte telles qu'elles sont exercées par le contraignant constituent le déterminisme dans la nature."[28]

Nach an-Naẓẓām einigen sich also die Gegensätze von Natur aus nicht; ihre Einigung setzt vielmehr eine Kraft voraus, die die beiden Gegensätze übersteigt und die die Fähigkeit besitzt, die natürlichen Fähigkeiten der Körper auszuschalten, die sie vor ihrer Vereinigung entfalteten, und die sie zwingen kann, daß sich die Gegensätze einigen nach jenen Gesetzen, die sie selbst festlegt.

Diese höhere Kraft ist ewig und absolut, weil kein Zwang auf sie ausgeübt werden kann.[29]

---

28 *Nader:* Muʿtazila 205; vgl. Milal 38,15-18.
29 vgl. *Nader:* Muʿtazila 205ff.

C. WIDER DIE EWIGKEIT (QIDAM) VON LICHT UND FINSTERNIS

Jener Aspekt der manichäischen Lehre, auf den sich eigentlich die gesamte Widerlegung, direkt oder indirekt, bezieht, ist die Behauptung der Manichäer, Licht und Finsternis seien zwei ewige Prinzipien. Diese Widerlegung geschieht im Zusammenhang mit der Erörterung des Lichtreiches und des Finsternisreiches.

Am Ausgangspunkt der Auseinandersetzung steht die Anschuldigung von seiten Ibn ar-Rēwandīs und der Muʿtaziliten gegen an-Naẓẓām, die folgendermaßen lautet: „Ibrāhīm (an-Naẓẓām) behauptete, daß die Natur des Feuers das Aufsteigen sei. Und wenn es sich dem entwindet, was es in dieser Welt zurückhält, würde es keinen Augenblick mehr verweilen, sondern würde in die höheren Regionen entschwinden. Genau das ist seine Rede bezüglich der arwāḥ. (Hierauf sagte er): Es berichteten mir einige seiner Anhänger: Abū Isḥāq sagte mir: Wenn die arwāḥ schwerer wären und wenn sie schwer blieben, würden sie, einmal losgelöst von ihren Gegensätzen (aḍdād) auf der Erde, nicht einen Augenblick verweilen, sondern in ihre Regionen hinabsinken; aber wenn sie leicht wären, würden sie ihre oberen Regionen erreichen. (Er sagte): Die Muʿtazila beschuldigt ihn, festgehalten zu haben, daß die Welt gemischt (mamzūǧ) ist von Leichtem, das die Tendenz hat, in die Höhe zu steigen und von Schwerem, das die Tendenz hat, in die Tiefe zu steigen, und gemischt von Beweglichem aus sich selbst, und gemischt von Unbeweglichem, bewegt aus der Kraft eines anderen.“[1]

al-Ḫayyāṭ kritisiert diese Aussage als These der Dayṣāniten und kontert dem Autor des Buches, nämlich Ibn ar-Rēwandī, „daß er mit dem, was er soeben über Ibrāhīm (an-Naẓẓām) erzählte, glauben machen wollte, daß dieser behaupte die Existenz einer höheren Welt (ʿālaman fī l-ʿulūw) und die

1 Intiṣār 36, 5-12; vgl. Tawḥīd: arab.Text bei *Vajda* 4: „Weiters finden wir, daß die obere Region der Dinge die klarste (aṣfā) ist und die unterste die getrübteste (akdar). Die natürliche Beschaffenheit dieser beiden ist die Leichtigkeit und die Schwere. Ihrer beiderseitige Angelegenheit ist ihre gegenseitige Abstoßung, denn das Leichte steigt hinauf, während das Schwere absinkt“;
vgl. Farq 120, u. -121,10: „Seine sechste Häresie ist seine (an-Naẓẓāms) Meinung, daß es die Natur des Feuers ist, alles zu übersteigen, und daß, wenn es befreit ist von den Hindernissen (aš-šawā'ib), die es in dieser Welt gefangen halten, es emporsteigt bis es die Himmel und den Thron überschreitet, außer daß sich Gleiches von seiner Art mit ihm vereinigt, dann steigt es nicht empor.
Bezüglich des rūḥ sagte er dasselbe, daß, wenn er vom Körper getrennt ist, er sich erhebt, und eine Veränderung in ihm stattfindet.
Dies ist ähnlich der Ansicht der Dualisten: Wenn sich nämlich jene Teile des Lichtes, die mit den Teilen der Finsternis vermischt sind, von ihnen trennen, so erheben sie sich zur Welt des Lichtes; und wenn das Licht über den Himmeln stabil ist, vereinigen sich die arwāḥ mit ihm. an-Naẓẓām ist daher ein Dualist.“

Existenz einer unteren Welt (ʿālaman fī s-sufl), die beide unterschieden sind von der Welt, in der wir leben."[2]

Aber diese Meinung sei, wie al-Ḫayyāṭ richtigstellt, nicht die These an-Naẓẓāms. Wenn dieser behaupte, daß das Leichte sich erhebt und das Schwere die Tendenz hat, hinabzusinken, so wollte er damit sagen, „daß, wenn man dem Leichten die Natur läßt, die Gott in ihm gelegt hat, (es emporsteigen würde und die oberen Regionen unserer Welt erreichen würde; und wenn man dem Schweren die Natur beläßt, die Gott ihm gab), es würde hinuntersinken in die Regionen unter unserer Welt, denn Ibrāhīm behauptet in dem Oben und Unten nicht zwei Welten, unterschieden von unserer Welt, wohin die Leichten und Schweren tendieren, wenn sie ihrer eigenen Natur belassen werden."[3]

Ausgelöst wurde diese Diskussion durch das, was an-Naẓẓām über das Feuer sagte und seine Verteidigung durch al-Ḫayyāṭ: Ibn ar-Rēwandī habe gesagt:

„Ibrāhīm (an-Naẓẓām) behauptet, daß das Feuer eines Dochtes nicht länger dauert als einen Augenblick, und daß das, was man in einem Augenblick sieht, etwas anderes ist als das, was man vorher gesehen hat. Es wurde zu ihm (Ibn ar-Rēwandī) gesagt: Das ist eine Lüge gegen Ibrāhīm, weil das Feuer bei Ibrāhīm Wärme und Licht ist. Und die Wärme und das Licht sind bei ihm zwei Körper (ǧismān), die beide fähig sind, zu verweilen."[4]

Es wurde bereits erwähnt, daß an-Naẓẓām vom rāfiḍitischen Theologen Hišām b. al-Ḥakam die „Körper"-Lehre übernahm und damit auch die Lehre von mudāḫala und kumūn.[5]

al-Ḫayyāṭ klärt aber die Positionen beider in diesem Zusammenhang folgendermaßen: „Derjenige, den man beschuldigt, die These der Dayṣānīya zu teilen, ist das Oberhaupt der ar-Rāfiḍa, Hišām b. al-Ḥakam, bekannt als Freund des Abī Šākir ad-Dayṣānī; dieser wandte sich gegen den Islam und kritisierte seine Prinzipien (arkān), dann wandte er sich gegen den Monotheismus (at-tawḥīd), den er entstellte, indem er behauptete: ‚Der Ewige (al-qadīm) ist ein Körper (ǧism)'. Auf diese Art widerlegt er, daß die Körper ein Beweis der Kontingenz sind, behauptet aber, daß einige unter ihnen ewig sind (qadīm)."[6]

Weiters ähnle das, was an-Naẓẓām behauptet, auch in nichts der These der Manichäer, „weil diese bestimmen eine Welt für das Licht in der Höhe (obere Region) und eine Welt für die Finsternis in der Tiefe gleich unserer Welt, zwei Welten unterschiedlich zu unserer und nicht vermischt, wobei

2 Intiṣār 36,12-14.

3 Intiṣār 36,14-18.

4 Intiṣār 36,3-4; vgl. *van Ess:* Ḍirār b. ʿAmr 241ff: an-Naẓẓāms Rede über das Feuer nach Ǧāḥiẓ in seinem Kitāb al-Ḥayawān; *Nader:* Muʿtazila 205.

5 Durch mudāḫala können sich für Hišām zwei Dinge, z. B. Wärme und Farbe in bezug auf das Feuer, an ein und demselben Ort befinden (Maqālāt 60,7ff). Wärme und Farbe sind aber auch zwei Körper, ebenso wie Geschmack und Geruch, nach Hišām (Maqālāt 44,10ff); vgl. *van Ess:* Ḍirār b. ʿAmr 257.

6 Intiṣār 37,6ff.

unsere Welt gemischt ist mit zwei Teilen von jenen beiden Welten, und daß die zwei Welten mit allem, was sie umschließen unendlich sind (qadīmān), und daß das, was zeitlich ist, nur die Mischung unserer Welt hier ist.“[7]

al-Ḫayyāṭ meint daher, daß folgende manichäische These von seiten Ibn ar-Rēwandīs an-Naẓẓām zu Unrecht zugeschrieben werde: „Ibrāhīm (an-Naẓẓām) behauptete, daß das Licht sich über alle Dinge erhebt. Wenn es diesen Hindernissen (šawā'ib) entkommt, die sie in dieser Welt einkerkern, würde es keinen Augenblick verweilen, sondern es würde sich erheben über alles bis daß es den Thron überschreitet. Es sei denn, das Licht sei von derselben Natur wie dieser (Thron), dann würde es diesem anhaften und ihn nicht mehr verlassen.“[8]

Ibn ar-Rēwandī wird gekontert, daß der Frevel und der Atheismus der Manichäer nicht in dieser Behauptung bestehe, sondern in der These, daß das Licht und die Finsternis ewig sind (qadīmān): „In Wirklichkeit frevelten die Manichäer, indem sie behaupteten, daß das Licht eine solche Natur hat (sich zu erheben) und die Finsternis, deren Natur so ist (sich hinabzusenken), ewig sind (qadīmān). Ibrāhīm beweist, daß alle Lichter ebenso wie alle Finsternisse geschaffen sind, und er behauptet, Gott allein sei unendlich (qadīm).“[9]

An einer anderen Stelle[10] ist die Rede von der Ewigkeit der Zwei (Gottheiten) (qidam al-iṯnayn).

Die Aussage, die an-Naẓẓām für seine Zeitgenossen in verdächtige Nähe zum Dualismus rückte, war, daß er behauptet habe, daß das Licht und das Feuer von den šawā'ib, die arwāḥ von den aḍdād in dieser Welt zurückgehalten bzw. eingekerkert werden; also eine z. T. deutliche Anspielung auf die mikrokosmische Gefangenschaft des Lichtes, wie sie von den Manichäern behauptet wird.[11]

Bezüglich der räumlichen Aufteilung von Licht und Finsternis macht aš-Šahrastānī folgende Angaben: „Der Raum des Lichtes hat die Richtung nach oben; die Mehrzahl derselben ist der Ansicht, daß es (das Licht) sich im Norden erhebt. Einige glauben, daß es sich an der Seite der Finsternis befinde. Der Raum der Finsternis dagegen hat die Richtung nach unten; und die Mehrzahl derselben ist der Ansicht, daß sie (die Finsternis) sich im Süden nach unten erstreckt. Einige glauben, daß sie sich an der Seite des Lichtes befindet.“[12]

Aber der eigentliche Hintergrund der Auseinandersetzung zwischen al-Ḫayyāṭ und Ibn ar-Rēwandī bildet folgendes manichäische Lehrstück: „Die frische Luft (an-nasīm), welche sich auf der Erde befindet, höre nicht auf, in die Höhe zu steigen, weil es ihre Angelegenheit sei, in ihre Welt emporzusteigen (al-irtifāʿ); ebenso steigen auch alle Lichtteile empor und

7 Intiṣār 36,18-20.
8 Intiṣār 35,8-11.
9 Intiṣār 35,11-14.
10 Intiṣār 30,12.
11 vgl. Radd 49,20-50,6, wo ebenfalls von einer Gefangenschaft des Lichtes die Rede ist.
12 Milal 189,10ff.

erheben sich in die Höhe; und die Teile der Finsternis steigen stets hinab und sinken in die Tiefe (tasafful) bis die (einen) Teile von den (anderen) Teilen befreit sind und die Vermischung ein Ende habe und die Zusammensetzungen aufgelöst seien und jedes zu seinem Ganzen und seiner Welt gelangt sei; das sei die Auferstehung und die Heimkehr.“[13]

Den konkreten Akt der Befreiung der Lichtteile von den Finsternisteilen schildert an-Nadīm folgendermaßen: „Mani sagt: Hierauf schuf er die Sonne und den Mond, um das, was sich in der Welt vom Lichte befinde, rein auszuscheiden. Daher scheidet die Sonne das Licht, das mit den Teufeln der Hitze vermischt war, und der Mond das Licht, das mit den Teufeln der Kälte vermischt war, in der Säule der Lobpreisungen (ʿamūd as-subuḥ) rein aus. Und es steigt jenes (ausgeschiedene Licht) zugleich mit den sich erhebenden Lobgesängen, den Hymnen, dem guten Wort und den frommen Werken in die Höhe. Er sagt: Nun wird jenes (Licht) der Sonne übergeben. Hierauf übergibt die Sonne jenes (Licht) einem Licht über ihr in der Welt der Lobpreisung, so daß es in jener Welt zu dem höchsten, reinen Lichte wandert. So zu tun hören sie nicht auf, bis von dem Licht ein so fest verbundenes Stück übrigbleibt, daß die Sonne und der Mond es nicht auszuscheiden vermögen...“[14]

al-Yaʿqūbī überliefert uns einen Beweis dafür, daß Licht und Finsternis zwei Ewige sind: „Der Beweis dafür, daß es zwei Ewige sind (iṯnān qadīmān), gut und böse, ist daraus zu ersehen, daß, nachdem sie in eine Materie gelangten (al-mādda al-wāḥida), von ihr (der Materie) sonst nicht zwei verschiedene Handlungsweisen (fiʿlān muḫtalifān) ausgehen würden, wie z. B. von dem heißen in Brand setzenden Feuer keine Kühlung ausgeht; und wie von dem, von welchem Kühlung ausgeht, keine Erhitzung und Erwärmung ausgeht. In dieser Weise also kommt von dem, von welchem das Gute ausgeht, nicht das Böse; und von welchem das Böse ausgeht, nicht das Gute. Der Beweis dafür, daß beide lebendig und tätig sind, liegt darin, daß sowohl das Gute als auch das Böse seine Tätigkeit fortsetzen.“[15]

Diese Stelle bei al-Yaʿqūbī läßt uns wieder zu an-Naẓẓām zurückkehren, denn aufgrund dieses Beweises, den al-Yaʿqūbī für die Ewigkeit der beiden (Licht und Finsternis) vorbringt, wird gegen an-Naẓẓām der Vorwurf der Konspiration mit dem Dualismus erhoben. Und wie wir sehen, ist dieser Vorwurf nicht aus der Luft gegriffen, denn die Manichäer argumentierten für die Ewigkeit der beiden Prinzipien mit denselben Argumenten, mit denen an-Naẓẓām die Kontingenz beider beweisen wollte.

al-Qāsim nimmt auch auf dieses Thema „Lichtreich und Finsternisreich“ bezug, bringt aber einen anderen Aspekt ein: „Die Manichäer behaupten,

---

13 Milal 191,9-12.

14 Fihrist 330,22ff; in Radd 52,20-54,3 wendet sich al-Qāsim gegen das sinnlose Reden der Manichäer bezüglich: Vater der Größe (abū l-ʿaẓama), Mutter des Lebens, Geliebte der Lichter (ḥabīb al-anwār), Wächter von Gräben und Mauern, Bote, Urmensch (al-insān al-qadīm), Archonten, Säule der Lobpreisungen (ʿamūd as-subuḥ); Aufgabe von diesen ist die Zurücktreibung der Finsternis und die Aussonderung der Lichtteile bei noch bestehender Mischung. al-Qāsim flucht auf diese Gestalten alle, ohne sie im Einzelnen zu widerlegen.

15 Ta'rīḫ: arab. Text bei *Taqizadeh-Širazi:* Mani 104,8ff; vgl. *Kessler:* Mani 328.

daß aus einer Sache immer nur eine ihr in der Substanz (ǧawhar) gleiche (ähnliche) abgeleitet werden kann, und daß die Natur (šaʼn) des Lichtes Höhe (al-ʿulūw) und Erhebung (al-irtifāʿ), die der Finsternis Tiefe (as-sufūl) und Erniedrigung sei. Analog dazu ist die Natur von jedem Gegensatzpaar. Weiters behaupten sie, daß in der Trennung einer Sache von ihrer Natur ihr Untergang und ihre Vernichtung liege: z. B. ist die Natur des Feuers das Erwärmen. Wenn nun diese Natur, also das Erwärmen, vernichtet wird, dann wird auch sein Wesen vernichtet, weil es nichts Warmes gibt, wenn nicht durch etwas, das erwärmt. Nun behaupten sie, daß das Licht sich von seinem Bereich der Höhe entfernt habe und herabstieg in diese untere Erde (al-arḍ as-suflī). Darin liegt aber eine Veränderung des Lichtes, und daher liegt darin die Vernichtung seines (des Lichtes) Wesens; dasselbe gilt für die Finsternis, wenn sie ihre Tiefe verläßt und sich zur Höhe begibt.

Nach manichäischer Lehre sollen sie (Licht und Finsternis) noch weiter fortbestehen, bisher der stärkste Widerspruch.“[16]

16 Radd 52,2-19.

D. WIDER DIE UNENDLICHKEIT

Die zu widerlegende Behauptung der Manichäer lautet: „Die Humāma hat ihre Regionen (bilād) durchlaufen und die Regionen des Lichtes erreicht... Die Regionen der Humāma sind nicht begrenzt (lā tatanāhā) an Maß (ḏarʿ) und Ausdehnung (misāḥa)";[1] bzw. „die Regionen sind begrenzt in einer einzigen Richtung" oder „Licht und Finsternis sind begrenzt in einigen ihrer Richtungen, nämlich in Ausdehnung und Maß."[2]

Nach an-Nadīm[3] grenze das Wesen Licht an das Wesen Finsternis ohne eine Trennwand. Und zwar berühre das Licht mit seiner Außenseite die Finsternis. Nicht begrenzt (lā nihāyatan) ist das Licht nach seiner Oberseite hin, seiner rechten und linken Seite; ebenso nicht begrenzt ist die Finsternis in der Tiefe, nach rechts oder links.[4]

Die „Humāma" ist nach aš-Šahrastānī[5] der Geist der Finsternis. Die Behauptung, daß der Geist der Finsternis seine Regionen durchlaufen habe, ist wohl eine Anspielung auf den Anschlag Satans auf das Lichtreich:[6] „Nachdem dieser Satan sich aus der Finsternis gebildet und den Namen Urteufel erhalten hatte, begab er sich ans Verschlingen, Verschlucken und brachte Verderben; er drang nach rechts und nach links vor und stieg zur Tiefe nieder. Bei alledem brachte er Verderben und Vernichtung dem, dessen er habhaft werden konnte. Hierauf stieg er zur Höhe hinauf und sah die Strahlen des Lichtes, empfand sie aber als fremdartig. Da sah er, daß sie höher waren. Er erbebte, drang in sie ein (tadāḫala), in einen nach dem anderen, und nahm seine (des Lichtes) Elemente (in sich) auf. Sodann stieg er plötzlich zur Höhe hinauf..."

an-Naẓẓām formuliert als Gegenargument folgendes: „Wenn die Regionen der Finsternis nicht begrenzt sind, dann ist das Durchlaufen dieser unendlichen Region unmöglich, weil eine durchlaufene Ausdehnung bereits begrenzt ist; denn was nicht begrenzt ist an Ausdehnung und Maß, kann nicht durchlaufen werden, sonst wäre es endlich."[7]

Nach Meinung von Ibn ar-Rēwandī behaupte aber an-Naẓẓām trotzdem, „daß es keine Region gibt, die durch die arwāh durchlaufen ist, die nicht teilbar ist im Unendlichen (ġayr mutanāhiya); und daß es keinerlei durchlaufenen Teil gibt durch die arwāḥ, der nicht unendlich in sich selbst wäre.

---

1 Intiṣār 31,20ff und 32,3f.
2 Intiṣār 32,21f und 32,15f.
3 Fihrist 329,9-10.
4 vgl. Fihrist 332,25-26; 329,24; Milal 189,10ff und 192,2ff; Baḥr: arab. Text bei *Kessler:* Mani 346.
5 Milal 189,18.
6 Fihrist 329,13ff; vgl. Farq 123,4-124,2.
7 Intiṣār 31,21f und 32,4-5.

Wisse, daß die Manichäer behaupten, daß die Regionen der Humāma nicht begrenzt sind an Maß und Ausdehnung."[8]

al-Ḫayyāṭ stellt im Folgenden richtig, daß an-Naẓẓām nicht behauptet hätte, „daß die arwāḥ vollständig durchlaufen hätten die Regionen, unbegrenzt (lā tatanāhā) in Ausdehnung und Maß. Meiner Treu, wenn er diese These aufrechterhalten hätte, hätte er denselben Irrtum geteilt, den er den Manichäern vorwarf. Aber er hat ihn nicht aufrechterhalten. Diese These ist für ihn unmöglich. In Wirklichkeit leugnet Ibrāhīm (an-Naẓẓām), daß die Körper (aǧsām) eine Ansammlung von Atomen (aǧzā') sind, die nicht teilbar sind (lā tataǧazza'u). Und er behauptete, daß es keinen Teil eines Körpers gibt, der nicht in zwei Hälften geteilt werden könne in der Vorstellung."[9]

Mit dieser Behauptung stellte sich an-Naẓẓām allerdings gegen die anderen Muʿtaziliten.

Also muß der rūḥ beim Verlassen des Körpers ebenso wie die Humāma in begrenzter Zeit unbegrenzte Strecken zurücklegen. „Aufgrund der Tatsache, daß die Manichäer annehmen, daß die Regionen endlich sind in einer einzigen Richtung, mußten sie an-Naẓẓām zugestehen, daß das Licht und die Finsternis begrenzt sind an Maß und Ausdehnung in allen Richtungen bzw. daß die Regionen der Humāma begrenzt sind in allen Richtungen von Ausdehnung und Maß." Ebenso behauptete an-Naẓẓām, „daß, da er keinen Körper gefunden, der nicht endlich wäre an Ausdehnung und Maß, und nicht fähig geteilt zu werden und Gegenüberzustehen, daraus folgere, daß alle so sind."[10]

Nach an-Naẓẓām ist also die Welt nicht begrenzt hinsichtlich der Teilbarkeit der Körper, aber begrenzt hinsichtlich von Maß und Ausdehnung, d. h. Raum und Zeit! Die Atheisten (ahl ad-dahr) dagegen behaupten, daß die

8 Intiṣār 32,1-2.

9 Intiṣār 32,5-9 und 34,2ff; vgl. dazu Intiṣār 129, Anm. 38; vgl. weiters Farq 123, u. -124,14: die zehnte Häresie an-Naẓẓāms laute folgendermaßen: „Jeder Teil (Atom) ist ins Unendliche teilbar (lā ilā nihāya)"; wenn aber die Körper bis ins Unendliche aufgeteilt werden können, wie ist es dann möglich, wird an-Naẓẓām vorgehalten, daß diese unendlich teilbare Strecke durchlaufen werden kann? Wie durchläuft also die menschliche Seele die begrenzte Welt, deren Teile ins Unendliche teilbar sind und wie erhebt sie sich in eine unendliche Region? Dies geschieht nach ihm durch den „Sprung" (aṭ-ṭafra), „c. à. d. qu'un corps passe d'un premier lieu à un troisième ou à un dixiéme lieu sans parcourir les lieux intermédiaires" (*Nader:* Muʿtazila 184; vgl. auch 182-188); allerdings erwähnt al-Ḫayyāṭ im Zusammenhang mit der Rechtfertigung an-Naẓẓāms diesen „Sprung" nicht; möglicherweise will er auch durch die Erwähnung von bloß „zwei Hälften" die Lehre an-Naẓẓāms von der Unendlichkeit der Teilbarkeit beschönigen: vgl. dazu *Pretzl:* Atomenlehre 127.
Zu ṭafra vgl. Farq 124, u. -125,2; Maqālāt 321, 323, 324 und 325. Mit der Idee von ṭafra gibt an-Naẓẓām eine Antwort auf Zenon von Elea und seine Paradoxe: vgl. *Sambursky:* Das physikalische Weltbild 291f.
Die Frage, von wem an-Naẓẓām diese Lehren (Leugnung des Atoms und ṭafra) übernommen hat, wird in den häresiographischen Werken verschieden beantwortet: vgl. Farq 113,3 v. u.; 50,15-16; Milal 38,2 v. u.; insgesamt vgl. dazu *Pretzl:* Atomenlehre 125-127. Zur Frage, ob an-Naẓẓām tatsächlich eine unendliche Teilung angenommen hat, vgl. *Pines:* Atomenlehre 10ff.

10 Intiṣār 32,17ff.

Körper an Maß und Ausdehnung unendlich sind, d. h. wiederum, daß Raum und Zeit unendlich sind.[11]

Die Probleme, die sich durch diese doppelsinnige Verwendung des Begriffes „unbegrenzt (lā yatanāhā)" für an-Naẓẓām ergeben, hat bereits al-Baġdādī gesehen: „Wenn aber die Regionen der Finsternis nach unten unbegrenzt sind, wie kann sie dann die Humāma durchqueren, denn das Durchqueren von einer Strecke, die nicht begrenzt ist, ist unmöglich. Hierauf behauptet an-Naẓẓām ungeachtet dieser Tatsache, daß, wenn der rūḥ sich vom Körper trennt, er die Welt nach oben durchläuft; trotzdem behauptet er, daß die zurückgelegte Strecke vom Weltall unbegrenzt an Teilen sei (ġayr mutanāhiya al-aǧzā'), während jeder Teil wieder unbegrenzt ist an Teilen. Wie kann sie daher der rūḥ in einer begrenzten Zeit durchqueren? Dies wurde möglich durch die Lehre vom ‚Sprung'... Verwunderlicher als das ist aber, daß er von den Dualisten die Schlußfolgerung herleitet, daß Licht und Finsternis in jede der sechs Richtungen begrenzt sind. Dazu führte ihn die Lehre, daß Licht und Finsternis begrenzt sind in der Richtung, in der sie sich begegnen. Gemäß dem versuchte er zu zeigen, daß jeder Körper begrenzte Teile im Zentrum hat, weil er nach allen Seiten hin begrenzt ist. Wenn nun aber aus der Begrenztheit des Körpers nach seinen sechs Richtungen nicht die Endlichkeit in seinem Zentrum bezüglich der Teile gefolgert werden kann, dann trennt er sich nicht von den Dualisten in deren Ansicht, daß Licht und Finsternis begrenzt sind nach der Richtung, wo sie sich treffen. Daraus darf man aber nicht schließen, sie seien auch in den übrigen Richtungen endlich."[12]

Auch Ibn Ḥazm nimmt auf diese Lehre der Manichäer bezug, nämlich daß das Licht in der Höhe und die Finsternis nach der Tiefe unbegrenzt seien, begrenzt jedoch nur an der Seite, wo sie einander treffen, unbegrenzt daher an den anderen fünf Seiten. Dies widerlegt Ibn Ḥazm mit dem Hinweis auf jene Fakten, die auch die notwendige Begrenzung des Universums bestätigen. Weiters seien die ‚Eigenschaften', die die Manichäer den beiden

---

11 Intiṣār 33,1ff; an-Naẓẓāms Beweisführung gegen die Dahriten (Intiṣār 33-34) geht davon aus, daß die Körper in bezug auf ihre Bewegung endlich sind an Ausdehnung und Maß; z. B. sind die Bewegungen der Himmelskörper verschieden, daher müssen die von ihnen zurückgelegten Strecken zueinander in einem arithmetischen Verhältnis stehen. Die Annahme einer Ewigkeit dieser Bewegungen würde aber ein solches Verhältnis unmöglich machen, da es im Unendlichen keine Teile gibt usw. (vgl. dazu *Pines:* Atomenlehre 15f).
Vgl. Radd 45, 4-47,2: al-Qāsim widerlegt hier die These jener, die behaupten, daß alles, was wir mit unseren Sinnen wahrnehmen, ursprünglich und ewig sei; die solches behaupten zerfallen in mehrere Schulen: die eine sagt, das Entstehen der Dinge (al-ḥadaṯ) sei ein Vereinigen und ein Sichtrennen; eine andere sagt, die Substanz verändere sich; wieder eine andere sagt, das Entstehen der Dinge sei, daß verschiedene und einander entgegengesetzte Dinge auseinander hervorgehen...
Wenn die Dinge unbegrenzt wären, so al-Qāsim, dann wären sie auch unerkennbar und qualitativ unbestimmbar. Wir erkennen sie aber, also müssen die Dinge eine Grenze haben. Dann muß auch das Ganze begrenzt sein, dessen Teile sie sind.
Somit widerlegt er jene, die die Ewigkeit der Materie behaupten.

12 Farq 124,2ff.

Prinzipien zuteilen, dem Licht die Höhe und der Finsternis die Tiefe, falsch, weil ein Ding klein ist in bezug auf ein anderes Ding, das größer als es ist. Und ein großes Ding ist klein, hinsichtlich eines anderen Dinges, das sich über ihm befindet (wörtl.: weil die Tiefe nur durch die Beziehung (al-iḍāfa) existiert und ebenso die Höhe; jede Höhe ist tief in bezug auf das, was über ihm ...). Deshalb muß beim Licht auch eine Tiefe und bei der Finsternis auch eine Höhe existieren.[13]

13 Fiṣal: arab. Text bei *Taqizadeh-Širazi:* Mani 230,18-231,4.

ZUSAMMENFASSUNG

Ist die Widerlegung des Manichäismus durch den Zayditenimām al-Qāsim bereits von muʿtazilitischen Gedankengängen beeinflußt worden, so gilt das erst recht für jene Widerlegung durch den Muʿtaziliten an-Naẓẓām. Seine Diskussionen mit den Manichäern trugen wohl am entschiedensten zur Herausbildung jener Argumentationsweise bei, die für die folgende Zeit beispielgebend war. Jedoch ist die Situation jener Zeit, in der an-Naẓẓām seine Gedanken gegen den Manichäismus bzw. gegen den Dualismus formulierte, sehr vielschichtig. Wir haben bereits des öfteren darauf hingewiesen, daß die in manichäisch-dayṣānitischer Umgebung gepflegten Traditionen mit ihrem stoischen Gedankengut — z. T. spielen wohl auch gewisse indische Spekulationen eine Rolle — an-Naẓẓāms Denken und Reflektieren nicht unbeeinflußt gelassen haben.[1]

„Es muß dies keine direkte Abhängigkeit gewesen sein. Das manichäische Lehrgebäude war wohl dasjenige, mit dem sich die entstehende islamische Theologie am entschiedensten auseinandersetzte; da hat man sich dann auf den Gegner eingestellt, hatte vielleicht von vornherein die ‚kulturelle Basis' mit ihm gemein. Das schloß die Vielgestalt individueller Lösung nicht aus. Wir stehen im Umkreis der sogenannten *aṣḥāb aṭ-ṭabāʾiʿ*; der Terminus *ṭabīʿa* ‚Natur' war charakteristisch. Jedoch ist keineswegs gesagt, daß sie, trotz gemeinsamen Namens, mehr als einen gewissen Fachjargon und gewisse Grundaxiome gemeinsam hatten."[2] Nicht nur an-Naẓẓām wird diesen hin und wieder zugerechnet, sondern auch gewisse Manichäer.

Im Zentrum der Widerlegung steht die manichäische Prinzipienlehre: Licht und Finsternis als zwei ewige Prinzipien, wobei Licht als Quelle des Guten und Finsternis als Quelle des Bösen fungiert; weiters die Vermischung dieser beiden Prinzipien und zuletzt der Aspekt der Unendlichkeit des Lichtreiches und des Finsternisreiches.

Im Grunde sind es bloß zwei Begriffe, die die Muslime in ihrem Innersten aufwühlten, zwei Begriffe, die sie nicht schweigen ließen, solange der Gegner nicht zum Schweigen gebracht wurde; es sind dies:

qadīm (ewig) bzw. *qidam al-iṯnayn* (Ewigkeit der Zwei (Gottheiten))
oder *lam yazal* (noch immer)
und *lā yatanāhā*, *lā nihāyatan, ġayr mutanāhin* (nicht begrenzt).

Während die ersteren Begriffe von den beiden Prinzipien ausgesagt werden, wird der letztere dem Lichtreich und dem Finsternisreich attributiert.

Nun muß aber diese klar dualistische Sprachweise bezüglich des Ewigkeitsattributes der beiden Prinzipien im folgenden näherhin betrachtet werden.

---

1 vgl. *van Ess:* Ḍirār b. ʿAmr 261.

2 *van Ess:* Ḍirār b. ʿAmr 259.

al-Ya'qūbī überliefert, daß Mani behauptet habe, daß der Leiter der Welt (mudabbir al-'ālam) zwei (iṯnān) sind, und daß es zwei ewige Dinge sind (humā šay'ān qadīmān), Licht und Finsternis; weiters zwei Schöpfer (ḫāliqān), nämlich der Schöpfer des Guten und der Schöpfer des Bösen. An einer anderen Stelle spricht er von zwei Ewigen (iṯnān qadīmān).[3]

Bīrūnī spricht von der Ewigkeit (qidam) des Lichtes und der Finsternis und deren beider Anfangslosigkeit (azalīyatu-humā).[4] aš-Šahrastānī berichtet, „daß die Manichäer glauben, daß die Welt geschaffen und zusammengesetzt sei aus zwei ewigen Grundprinzipien (aṣlān qadīmān), Licht und Finsternis, die nicht aufhören und aufhören werden (wa-innahumā azalīyān lam yazālā wa-lan yazālā)."[5]

al-Murtaḍā[6] überliefert, daß die Manichäer an die göttliche Natur des Lichtes und der Finsternis glauben und an deren beider Leben und Macht.

Diese klaren Hinweise auf einen strengen Dualismus relativieren sich allerdings im Fihrist.

Bereits am Beginn heißt es: „Mani sagt: Den Ursprung der Welt bilden zwei Wesenheiten (kawnān); die eine von ihnen ist das Licht und die andere ist die Finsternis. Jede von ihnen ist getrennt von der anderen. Das Licht ist der erste Große, aber nicht der Quantität nach. Es ist die Gottheit, der König der Paradiese des Lichtes."[7]

Eine entsprechende analoge Angabe für die Finsternis wird allerdings nicht gegeben. Bezüglich des Satans vermerkt an-Nadīm: „Mani sagt: Von dieser Erde der Finsternis entstand der Satan. Er ist nicht etwa ewig seinem Wesen nach (azalīyan bi-'ayni-hī), vielmehr waren seine Wesensbestandteile (ǧawāhiru-hū) in seinen Elementen ewig ('anāṣiru-hū azalīya)."[8]

Bezüglich der Bewaffnung des Urmenschen und des Urteufels mit den jeweiligen fünf Arten, wird nur bei den fünf Arten des Lichtes erklärend hinzugefügt „... nämlich den fünf Gottheiten (al-ilāha al-ḫamsa)."[9]

Weiters wird dann der Urmensch gerettet! Und am Ende des manichäischen Mythos steht folgerichtig der Sieg des Lichtes! Weiters: „Beschreibung der Lichterde und des Lichtäthers, welche beide zugleich mit dem Lichtgotte ewig sind (azalīyān)."[10] Innerhalb dieser Beschreibung: „Jener Lichtgott auf dieser Erde ist ein ewiger Gott" (ilāh azalīy).[11]

3 Ta'rīḫ: arab. Text bei *Taqizadeh-Širazi:* Mani 104,1-2.

4 Aṯāru: arab. Text bei *Taqizadeh-Širazi:* Mani 204,15.

5 Milal 188,15-17.

6 Baḥr: arab. Text bei *Kessler:* Mani 346,5.

7 Fihrist 329,3-4; vgl. Übersetzung v. *Dodge* 777: „Light is the great (element) and the first, but not in quantity"; *Stroumsa:* König und Schwein 147: „Licht ist das erhabene (Element) und das erste, aber nicht in Bezug auf Quantität."

8 Fihrist 329,11-12; vgl. *Dodge* 778: „... who is not eternal in his own person, but the elements of his ingredients are eternal."

9 Fihrist 329,21.

10 Fihrist 332,8-9.

11 Fihrist 332,17.

Bei der „Beschreibung der Erde der Finsternis und ihrer Glut" fehlt aber das Wörtchen azalīy (ewig).[12]

Ein gewisses Ungleichgewicht zwischen den beiden Prinzipien zeigt sich vor allem nach der Darstellung des Fihrist; hier wird anscheinend, wie *Stroumsa*[13] richtig gesehen hat, zwischen Person und Materie unterschieden; denn nach Fihrist ist die Materie, ebenso wie Gott, ewig, nicht aber ist der Satan ewig.

Stroumsa zeigt in seiner Untersuchung, daß die absolute Symmetrie zwischen den beiden Prinzipien niemals konsequent durchgeführt wurde.[14] Möglicherweise handelt es sich bei der eindeutigen Sprechweise einiger arabisch-islamischer Autoren bezüglich der Ewigkeit der beiden Prinzipien und ihres jeweiligen Reiches um die Auswirkungen der spezifischen Grundstruktur des islamisch (arabischen) Manichäismus, nämlich: Zurückdrängung des Mythos und Hervorhebung des Logos!

Den absoluten Attributen „ewig" und „unendlich" werden von seiten der Kritiker des Manichäismus, wie wir bereits gesehen haben, die Begriffe „Kontingenz" (al-ḥadaṯ), „kontingent" (muḥdaṯ) und „begrenzt" (yatanāhā) entgegengestellt bzw. Mangel (naqṣ), Unvermögen, Mangel (muqaṣṣir, taqṣīr), Schwäche (ʿaǧz, ḍaʿf), Schaden, Übel (āfa, pl. āfāt) und Hindernis, Fehler (šaʾiba, pl. šawāʾib). Damit aber wird „Licht und Finsternis" wieder jener Platz zugewiesen, der beiden seit Schöpfungsbeginn eigen ist.

Vor allem bezieht sich die Hauptmasse der Kritik an-Naẓẓāms am Manichäismus auf die Kontingenz von Licht und Finsternis. Aufgrund der Sorge der Muʿtazila um die Reinerhaltung der absoluten Einheit Gottes (tawḥīd), wird der Kampf gegen den Manichäismus, der vor allem von ihrer Seite her gefochten wurde, verständlich. Diese Sorge drückt sich beispielhaft in ihrer Lehre von der Geschaffenheit des Koran aus, gegen die herrschende sunnitische Lehre, die von einer Ungeschaffenheit des Koran ausging.[15]

Die Muʿtaziliten sahen darin die Gefahr von mehreren Göttern. Diese Diskussion um den Koran, ob geschaffen oder ungeschaffen, wurde natürlich im Rahmen der Attribute Gottes geführt. Gerade die Gotteslehre al-Qāsims weist viele Übereinstimmungen mit jener der Muʿtazila auf, geht aber über diese hinaus. Für al-Qāsim ist die Grundeigenschaft Gottes die „völlige Verschiedenheit von Gott und Schöpfung."[16]

al-Qāsim beginnt sein Kitāb ar-Radd mit der Feststellung des fundamentalen Unterschiedes zwischen Gott und seiner Schöpfung; er veranschaulicht dies anhand des Aspektes der „Verschiedenheit" (muḫtalif, iḫtilāf), die den geschaffenen Dingen zukommt, und damit auch Licht und Finsternis;

---

12 Fihrist 332,20f.

13 *Stroumsa:* König und Schwein 148.

14 vgl. *Stroumsa:* König und Schwein 142ff; vgl. weiters *Puech:* Der Begriff der Erlösung 167f; *Cramer:* Zur dualistischen Struktur 93ff; als Beispiel könnte man Ibn al-Muqaffaʿ anführen, weil bei ihm das Prinzip Licht anscheinend die Oberhand hat.

15 vgl. *Watt/Marmura:* Der Islam II,248ff.

16 *Madelung:* Der Imam al-Qāsim 112.

Gott als Schöpfer dieser vielfältigen Verschiedenheiten ist daher unberührt von dieser Verschiedenheit und Gegensätzlichkeit.[17]

Die völlige Verschiedenheit von allen Dingen sei gerade diejenige Eigenschaft, die von keinem Ding ausgesagt werden könne. Die Einzigkeit Gottes, seine Verschiedenheit von der Schöpfung, die Unmöglichkeit ihn wahrzunehmen - „Dies ist seine Eigenschaft bezüglich der Existenz (*annīya*) und der Essenz (*ḏāt*). Es ist eine einzige Eigenschaft, die in ihm nicht mannigfaltig, und ohne Unterschied ist. Wäre sie mannigfaltig und nicht einzig, so wäre er zwei und mehr in der Erwähnung und Anzahl. Seine Eigenschaft ist er."[18]

Das Problem der Attribute war eines der am häufigsten und heftigsten diskutierten Probleme der zeitgenössischen Theologie. Und hier zeigt sich der Unterschied zwischen al-Qāsim und den Muʿtaziliten; letztere gingen von mehreren Wesensattributen Gottes aus. Damit aber diese Attribute nicht als ewige Hypostasen mißverstanden werden konnten, verlegten sie sie in das Wesen Gottes selbst.

Nicht aber identifizierten sie diese Attribute mit dem Wesen selbst. Die Beschränkung auf ein einziges Attribut Gottes, nach al-Qāsim, nämlich auf die „Verschiedenheit Gottes", und die Identifizierung von Attribut, Essenz und Existenz in Gott, kennt die muʿtazilitische Theologie nicht.[19]

al-Qāsim wiederum fehlten die Spekulationen, die das Verhältnis der Attribute zum Wesen und untereinander formulierten. Besonders der Nachweis al-Qāsims, daß die beiden Prinzipien Licht und Finsternis jeweils kein einheitliches Ganzes darstellen, sondern geteilt sind, wird verständlich aus seiner Behauptung von Gottes Erhabenheit über die Ähnlichkeit mit der Schöpfung.

„‚Es gibt kein Ding, von dem man aussagen kann, es sei in Wirklichkeit eines (*wāḥid fī l'ḥaqīqa*), außer Gott'. Denn alle Dinge sind in sich geteilt, haben ein Oben und Unten, Hinten und Vorn, und an ihren Eigenschaften haben andere Dinge teil."[20]

Wenn es nun die Eigenschaft der Dinge ist, wie al-Qāsim behauptet, sich beeinflussen zu lassen (ta'ṯīr), dann ist klar, daß derjenige, der Einfluß ausübt, keine Ähnlichkeit (šibh, auch Gleichheit) mit dem von ihm Beeinflußten gemeinsam hat.

Andernfalls müßte man von ihm alles aussagen, was für die Dinge gilt, wie es ja tatsächlich die Manichäer tun, indem sie die Konsubstantialität Gottes mit der Schöpfung behaupten: Der Beweis für die Kenntnis von Gott ergibt sich aus der Beobachtung der Begrenztheit aller Dinge dadurch, daß sie sich beeinflussen und formen lassen; weiters dadurch, daß ihre Dimensionen begrenzt sind. Und diese Begrenztheit weist auf den Schöpfer hin.[21]
„Wenn also die Beeinflussung (ta'ṯīr) der Dinge feststeht, wie wir ausgeführt haben, und wenn jeder auf diese Weise argumentieren kann, wie wir es

17 Radd 3,1-4,4.
18 Kitāb ad-dalīl Fol. b: z. n. *Madelung:* Der Imam al-Qāsim 112.
19 *Madelung:* Der Imam al-Qāsim 113.
20 Kitāb al-mustaršid fol. 76a: z. n. *Madelung:* Der Imam al-Qāsim 114; vgl. Radd 16,9-17,12.
21 Radd 41,3-20.

getan haben, dann ist auch klar, daß derjenige, welcher Einfluß ausübt (al-mu'aṯṯir) keine Ähnlichkeit oder Gleichheit (aš-šibh) mit dem von ihm Beeinflußten hat, und daß derjenige, welcher die Eigenschaft zur Formung eines geformten Dinges besitzt, erhaben ist über die Gleichheit mit dem von ihm Geformten; weiters, daß, wenn Gott in die Nähe der Ähnlichkeit (oder Gleichheit) zu dem von ihm Geformten gerückt wird und man keinen Unterschied bei Gott macht, dann jeder Aspekt eines Dinges gleichzeitig auch einer von seinen Aspekten (maʿānī-hi) ist; und was bei den Dingen in bezug auf Größe und Kleinheit vorhanden, Gott wird wie das Ding; ebenso setzt man dann Gott auf gleiche Ebene mit dem Ding bezüglich dessen Unvermögen (ʿağz), Meßbarkeit und Niedrigkeit, die in Schwäche und Beeinflußbarkeit bestehen. Dann aber wird derjenige, der Einfluß ausübt zum Beeinflußten und derjenige, der die Dinge formt, zu einem geformten Ding. ... und der Schöpfer der Dinge wird zu einem geschaffenen Ding und das Geschaffene wird zu einem Schöpfer... Aber der Allerhöchste ist erhaben über die Beschreibung derjenigen, die ihn ähnlich machen (al-mušabbihūn) und erhaben über der Lüge, die in bezug auf ihn ersonnen wird von denen, die ihn mit den erschaffenen Dingen vergleichen (at-tašbīh)."[22]

Die rein rationale Durchdringung des manichäischen Mythos — beeinflußt von der griechischen Philosophie —, bezüglich des dem Lichtreich und dem Finsternisreich attributierten Ewigkeitsbegriffes, weiters bezüglich der Schwäche des Lichtes, die zur Vermischung führte, und zuletzt bezüglich der vielfältigen Gliederungen von Licht und Finsternis, mußte angesichts der absoluten Einheit und Unähnlichkeit des einzigen Gottes, einem Muʿtaziliten als absurd erscheinen, nicht nur als falsch.

Bei dieser rationalen Durchforstung des manichäischen Mythos konstatiert sowohl al-Qāsim als auch an-Naẓẓām das Fehlen einer echten Personalität im Manichäismus, sowohl auf der Seite Gottes, als auch auf der des Menschen.[23] an-Naẓẓām diskutierte dieses Problem sehr anschaulich anhand des Beispieles „Reue". Es ist zuwenig, daß der Mensch Licht- und Finsternisträger ist, er muß vielmehr geschaffen und geführt sein.

Nach an-Naẓẓām ist Gott derjenige, der die Gerechtigkeit tut aufgrund einer freien Auswahl (iḫtiyār) seiner Handlungen, der also frei wählt (muḫtār).[24]

al-Qāsim wiederum stellt fest: „Wenn nun jemand sagt: ‚Warum hat (Gott) sein Werk hervorgebracht, und was ist der Grund, weshalb er seine Schöpfung geschaffen hat?' so (antworten wir): ‚Es ist das Gutdünken (*iḫtiyār*) bezüglich dessen, was er geschaffen, und die Bekundung seiner Weisheit (*ḥikma*) in dem, was er sichtbar gemacht aus seiner Freigebigkeit und Großmut...'"[25]

---

22 Radd 41,20-42,16.

23 vgl. *Colpe:* Der Manichäismus 181.

24 Intiṣār 39,1-4.

25 Radd 32 (z. n. der Übersetzung von *Madelung:* Der Imam al-Qāsim 108f).

Wenn sich al-Qāsim so sehr befleißigt, den Nachweis zu erbringen, daß Licht und Finsternis sowohl Gutes als auch Böses tun können, dann will er damit auf die natürliche Beschaffenheit der Dinge hinweisen, d. h. auf deren Kontingenz.

Diese rationale Durchdringung des manichäischen Mythos mit Hilfe der Empirie, geschah aus folgenden Gründen: einmal aufgrund der manichäischen Lehre von der Konsubstantialität zwischen Schöpfer und Geschöpf, und zum andern aufgrund der Doppelsinnigkeit des manichäischen Licht-Begriffes:[26] „Die große Spannweite des Lichtbegriffes ermöglicht es, die ganze Reihe von den physisch Blinden bis zu den dogmatischen Gegnern als Lichtfeinde zu begreifen, und entsprechend alle, die sehen, bis zu denen, die erkennen wollen, zum Bekenntnis des Lichtes zu rufen ... Es können also je nach Bedarf mit ‚Licht' physische Helligkeit oder erlösende Erkenntnis, mit ‚Lichtfreunden' Menschen mit offenen Augen oder solche, die nach geistiger Erkenntnis oder sittlicher Vollkommenheit streben, mit ‚Lichtfeinden' physisch Blinde oder verstockte sündige Ignoranten bezeichnet werden. Das heißt, diese Begriffe werden äquivok gebraucht und sind Homonyme. Indem al-Qāsim sie mit unendlicher Mühe als solche entlarvt ..., erschließt er dem Islam das Denken, das grundsätzlich jede Gnosis überwindet."[27]

Nach an-Naẓẓām ist es der Mensch, der sowohl Gutes als auch Böses aus freier Entscheidung heraus tut; Gott dagegen kann nach ihm nur Gutes tun. Auch al-Qāsim nimmt darauf bezug, indem er die Willensfreiheit des Menschen verteidigt: Gott hat mit seiner Schöpfung grundsätzlich das Gute vor;[28] das Böse kommt erst aufgrund der freien Entscheidung des Menschen hinzu.[29] Gott aber zwingt niemandem zum Bösen, ansonsten wäre der Mensch ja nicht frei.[30] In diesem eindeutigen Sinne wie bei an-Naẓẓām wird bei al-Qāsim das Verhältnis Gott und das Böse nicht geklärt; allerdings spricht er in diesem Zusammenhang den Manichäern die freie Willensentscheidung ab[31] — dies resultiert aus dem Faktum, daß, wie bereits angeführt, es aufgrund der manichäischen Prinzipienlehre keine echte Personalität geben kann: „Der Mensch kann kein Mensch sein und eine Wohltat kann keine Wohltat sein, wenn der Mensch nicht Herr seiner selbst und frei

---

26 vgl. Radd 10,14-11,6: Ibn al-Muqaffaʿ behauptet: „dessen Größe (ʿaẓama) bezwungen hat seine Feinde, die Unwissende bezüglich ihm sind und Blinde in bezug auf ihn für seine Größe, sowie der Blinde, obwohl er einen geringen Anteil vom Tag hat, nicht anders kann, als von einem strahlenden Tag zu sprechen." — „Wie ist die Ähnlichkeit zwischen dem Blinden und dem Lichtfeind möglich, die Ibn al-Muqaffaʿ anstellt", fragt al-Qāsim, „denn der Blinde verkennt den Tag auf keinen Fall, nicht achtet er ihn gering mit Verachtung ..., hingegen wissen die Lichtfeinde, wie er behauptet, vom Licht nichts, befinden sich im Irrtum und gehen in die Irre bezüglich seiner Lichtlehre."

27 *Colpe:* Der Manichäismus 182.

28 Radd 34,21-35,6.

29 Radd 22,23-24,2.

30 Radd 24,3-23.

31 Radd 20,13-19.

(muḫtār) ist. Und die Wohltat ist keine Wohltat, wenn sie Zwang anspornt."[32]

al-Qāsim folgert dies konsequent aus der manichäischen Prinzipienlehre; ob man den Manichäern aber tatsächlich die freie Willensentscheidung absprechen kann, wird sich vermutlich nicht so einfach sagen bzw. folgern lassen; zumindest sei dies nach *Colpe* abzulehnen:

„Indem aber die Herrschaft eines Prinzips im Menschen als determinierend verstanden wird, wird die Möglichkeit der freien Entscheidung, die Mani durch die Lehre vom Widerstreit beider Prinzipien im Menschen gerade gewinnen wollte, dem Manichäer zu Unrecht abgesprochen."[33]

an-Naẓẓām allerdings setzt seine Beweisführung viel grundsätzlicher an, indem er bei „Licht und Finsternis" zwischen „frei" und „natürlich" unterscheidet.

Das vieldiskutierte Problem des Bösen wurde von der islamischen Orthodoxie dahingehend gelöst, daß es genauso wie das Gute in die Allmacht Gottes verlegt wurde, jedoch unter Beibehaltung der menschlichen Willensfreiheit.

al-Qāsim und an-Naẓẓām formulierten nicht zuletzt deswegen diverse Einwände und Beweise gegen die manichäische Prinzipienlehre in ähnlicher Weise, ging doch der eine von seiner Erfahrung aus und der andere schöpfte aus seinen naturalistischen Ansichten.

32 Radd 20,16-19.

33 *Colpe:* Der Manichäismus 271; vgl. dazu die Überlieferung bei al-Murtaḍā: Baḥr: arab. Text bei *Kessler:* Mani 347,13f: „Nicht ist ein Ding seinem Wesen (kawn) nach frei, vielmehr aus ihnen beiden (Licht und Finsternis) zusammengesetzt."

LITERATURVERZEICHNIS

Abel A.: Dayṣāniyya, in: EI² II, 199.

Arnaldez R.: Ibn Ḥazm, in: EI² III, 790-799.

al-Aš'arī Abū l-Ḥasan 'Alī b. Ismā'īl: Kitāb maqālāt al-islāmīyīn wa-ḫtilāf al-muṣallīn, ed. *H. Ritter,* Bde. 1-2 und Indices, Bibliotheca Islamica Bd. 1a-c, Konstantinopel 1929-1933.

Azar R.: Der Begriff der Substanz in der frühen christlich-arabischen und islamischen Gotteslehre, Ph. D. Diss., Universität Bonn 1967.

Badawi'Abdurraḥmān: Histoire de la Philosophie en Islam. I: Les Philosophes Théologiens, Paris 1972.

al-Baġdādī 'Abdalqāhir: Uṣūl ad-dīn, Istanbul 1928.

al-Baġdādī 'Abdalqāhir: Kitāb al-farq bayna l-firaq, ed. Muḥammad Badr, Kairo 1910.
Englische Übersetzung von *Seelye K. Ch.:* Moslem Schisms and Sects by al-Baghdādī, Pt. I. New York 1920.

Bergsträsser G.: Besprechung von *Guidi:* La lotta tra l'islām e il manicheismo, in: Islamica 4 (1931) 295-321.

Colpe C.: Der Manichäismus in der arabischen Überlieferung, Ph. D. Diss., Universität Göttingen 1954.

Ders.: Anpassung des Manichäismus an den Islam (Abū 'Isā al-Warrāq), in: ZDMG 109, N. F. 34 (1959) 82-91.

Ders.: Die religionsgeschichtliche Schule. Darstellung und Kritik ihres Bildes vom gnostischen Erlösermythos, Göttingen 1961.

Cramer M.: Zur dualistischen Struktur der manichäischen Gnosis nach den koptischen Manichaica, in: Oriens christianus 39 (1955) 93-101.

Dodge B.: s. an-Nadīm.

Enzyklopaedie des Islām, 5 Bde., Leiden/Leipzig 1913/1927/1936/1934/1938.

The *Encyclopaedia* of Islam, New Edition, 5 Bde., Leiden/London 1960/1965/1971/1978/1986.

van Ess J.: Ibn ar-Rēwandī, or the making of an image, in: al-Abhath 27 (1978-1979) 5-26.

van Ess J.: Ḍirār b. 'Amr und die „Cahmīya". Biographie einer vergessenen Schule, in: Der Islam XLIII (1967) 241-279.

Ders.: Al-Khayyāt, in: EI² V, 1162-1164.

Ders.: Frühe mu'tazilitische Häresiographie. Zwei Werke des Nāšī' al-akbar (gest. 293 H.), Beiruter Texte und Studien Bd. 11, Beirut 1971.

Ders.: Anfänge muslimischer Theologie. Zwei antiqadaritische Traktate aus dem ersten Jahrhundert der Hiğra, Beiruter Texte und Studien Bd. 14, Beirut 1977.

Ders.: Zwischen Hadīt und Theologie. Studien zum Entstehen prädestinatianischer Überlieferung, Studien zur Sprache, Geschichte und Kultur des islamischen Orients, N. F. Bd. 7, Berlin, New York 1975.

Flügel G.: Mani, seine Lehre und seine Schriften, Leipzig 1862.

Gabrieli F.: L'Opera di Ibn Al-Muqaffa', in: Rivista degli Studi orientali 13 (1932) 197-247.
Ders.: Ibn Al-Muḳaffa', in: EI² III, 883-885.
Goldziher – (Goichon): Dahriyya, in: EI² II, 95-97.
Guidi M.: s. al-Qāsim.
al-Ḫayyāṭ Abū 'l-Ḥusain 'Abd ar-Raḥīm b. Muḥammad: Kitāb al-intiṣār wa-l-radd 'alā b. al-Rawandī, ed. *H. S. Nyberg,* Kairo 1925 Französische Übersetzung von *A. N. Nader:* Kitāb al Intiṣār. Le Livre du Triomphe et de la Réfutation d'ibn al Rawandi l'Hérétique, Beyrouth 1957.
Horovitz S.: Über den Einfluß der griechischen Philosophie auf die Entwicklung des Kalam, in: Jahresbericht des jüdisch-theologischen Seminars, Breslau 1909.
Horten M.: Die philosophischen Systeme der spekulativen Theologen im Islam, Bonn 1912.
Ders.: Die Lehre vom Kumūn bei Naẓẓām († 845), in: ZDMG 63 (1909) 774-792.
Ibn an-Nadīm: Kitāb al-Fihrist, ed. *G. Flügel,* 2 Bde., Leipzig 1871-72. Englische Übersetzung von *B. Dodge:* The Fihrist of al-Nadīm, Bde. 1-2, New York/London 1970.
*Kessler K.:*Mani. Forschungen über die manichäische Religion, Bd. 1: Voruntersuchungen und Quellen, Berlin 1889.
Kraus P.: Beiträge zur islamischen Ketzergeschichte. Das Kitāb az-zumurruḏ des ibn ar-Rāwandī, in: Rivista degli Studi orientali 14 (1934) 335-379.
Kraus P. – (Vajda G.): Ibn Al-Rāwandī, in: EI² III, 905-6.
Levi della Vida: Besprechung von *Guidi:* La lotta tra l'islam e il Manicheismo, in: Oriente Moderno 8 (1928) 82-87.
Madelung W.: Der Imam al-Qāsim ibn Ibrāhīm und die Glaubenslehre der Zaiditen, Studien zur Sprache, Geschichte und Kultur des islamischen Orients, N. F. Bd. 1, Berlin 1965.
Massignon L.: Zindīḳ, in: EI¹ IV, 1329-30.
Müller C. W.: Gleiches zu Gleichem. Ein Prinzip frühgriechischen Denkens, Klassisch-Philologische Studien, Heft 31, Wiesbaden 1965.
Nader A. N.: Le Système Philosophique des Mu'tazila, Beyrouth 1956.
Ders.: s. al-Ḫayyāṭ.
Nyberg H. S.: Al-Mu'tazila, in: EI¹ III, 850-56.
Ders.: Zum Kampf zwischen Islam und Manichäismus, in: OLZ 32 (1929) Sp. 425-441.
Ders.: Al-Naẓẓām, in: EI¹ III, 963-64.
Palacios M.: Abenhazam de Cordoba y su Historia critica de las ideas Religiosas, Bd. II., Madrid 1928.
Pines S.: Beiträge zur islamischen Atomenlehre, Berlin 1936.
Platon: Werke in acht Bänden, Griechisch und Deutsch, Bd. 3: Phaidon, Das Gastmahl, Kratylos, Darmstadt 1974.
Pretzl O.: Die frühislamische Atomenlehre, in: Der Islam XIX (1931) 117-130.

Ders.: Die früh-islamische Attributenlehre, München 1940.
Puech H.-C.: Der Begriff Erlösung im Manichäismus, in: Der Manichäismus, hrsg. v. *G. Widengren,* Darmstadt 1977, 145-213.
al-Qāsim ar-Rassī b. Ibrāhīm: Kitāb ar-radd ʿalā z-zindīq al-laʿīn b. al-Muqaffaʿ, ed. *M. Guidi,* Roma 1927.
Italienische Übersetzung von *M. Guidi:* La lotta tra l'islām e il manicheismo. Un libro di ibn al-Muqaffaʿ contro il Corano confutato da al-Qāsim b. Ibrāhīm, Roma 1927.
Rohde E.: Psyche. Seelencult und Unsterblichkeitsglaube der Griechen, 2 Bde. in 1 Bd., Darmstadt 1980 (Reprograf. Nachdruck d. 2. Aufl., Freiburg i. B., Leipzig u. Tübingen 1898).
Sambursky S.: Das physikalische Weltbild der Antike, Die Bibliothek der Alten Welt Bd. MCMLXV, Zürich u. Stuttgart 1965.
Schacht J.: Eine Schrift von ibn ar-Rawandī, in: OLZ 29 (1926) Sp. 837-841.
aš-Šahrastānī Muḥammad b. ʿAbdalkarīm: Kitāb al-milal wa-n-niḥal, ed. *W. Cureton,* London 1846.
Übersetzungen: Deutsch von *Th. Haarbrücker:* Abu-'l-Fath' Muhammad asch-Schahrastāni's Religionspartheien und Philosophenschulen, Halle 1850.
Englisch von *A. K. Kazi* und *J. G. Flynn:* Muslim Sects and Divisions: The Section on Muslim Sects in Kitāb al-Milal wa 'l-Nihal by Muhammad b. ʿAbd al-Karīm Shahrastānī (d. 1153), London, Boston, Melbourne and Henley 1984.
Seale M. S.: Muslim Theology, London 1964.
Spuler B.: Hellenistisches Denken im Islam, in: Saeculum 5 (1954) 179-193.
Strothmann R.: Thanawiya, in: EI[1] IV, 797-799.
Ders.: Al-Zaidīya, in: EI[1] IV, 1295-97.
Ders.: Besprechung von al-Ḫayyāṭ: Kitāb al-intiṣār, in: Der Islam 16 (1927) 280-83.
Stroumsa G.: König und Schwein. Zur Struktur des manichäischen Dualismus, in: Religionstheorie und politische Theologie, hrsg. v. I. Taubes, Bd. 2: Gnosis und Politik, Paderborn 1984, 141-153.
Taqizadeh S. H./Širazi A. A.: Mānī wa-Dīn-eʾū, Teheran 1335 /1956-57.
Vajda G.: Le Témoignage d'al-Māturidī sur la doctrine des Manichéens, des Dayṣānites et des Marcionites, in: Arabica 13 (1966) 1-38; 113-128.
Ders.: Die Zindīqs im Gebiet des Islam zu Beginn der ʿAbbasidenzeit, in: Der Manichäismus, hrsg. v. *G. Widengren,* Darmstadt 1977, 418-63.
Watt W. M./Marmura M.: Der Islam II: Politische Entwicklungen und theologische Konzepte, Stuttgart, Berlin, Köln u. Mainz 1985.
Widengren G. (Hrsg.): Der Manichäismus, Wege der Forschung Bd. CLXIII, Darmstadt 1977.